创新与实践

本科人才培养与教育
教学改革论文集
2023—2024

对外经济贸易大学教务处　编

对外经济贸易大学出版社
中国·北京

图书在版编目（CIP）数据

创新与实践：本科人才培养与教育教学改革论文集.
2023—2024 / 对外经济贸易大学教务处编. —北京：
对外经济贸易大学出版社，2024.12. -- ISBN 978-7
-5663-2655-3

Ⅰ. G649.2-53

中国国家版本馆 CIP 数据核字第 2024271Y5J 号

创新与实践

本科人才培养与教育教学改革论文集 2023—2024

Chuangxin Yu Shijian

Benke Rencai Peiyang Yu Jiaoyu Jiaoxue Gaige Lunwenji 2023—2024

对外经济贸易大学教务处　编

责任编辑：黄艳楠

出版发行：对外经济贸易大学出版社
社　　址：北京市朝阳区惠新东街 10 号
网　　址：www.uibep.com
资源网址：www.uibepresources.com
邮政编码：100029
邮购电话：010－64492338
发行部电话：010－64492342
E-mail：uibep@126.com

成品尺寸：185mm×260mm
印　　张：25.75
字　　数：579 千字
ISBN 978-7-5663-2655-3
印　　刷：北京九州迅驰传媒文化有限公司
版　　次：2024 年 12 月北京第 1 版
印　　次：2024 年 12 月第 1 次印刷
定　　价：72.00 元

编 委 会

序言

春风化雨，秋风送爽。

党的二十大如春风拂地，明晰了高等教育的发展目标，提出到2035年把我国建成教育强国、科技强国和人才强国，强调教育、科技、人才是全面建设社会主义现代化国家的基础性、战略性支撑，特别强调要深化教育领域综合改革，培养高素质教师队伍，推进教育数字化。党的二十届三中全会进一步提出，统筹推进教育科技人才体制机制一体改革，提升国家创新体系整体效能。高校作为教育、科技、人才的集中交汇点，成为基础研究和重大科技突破的策源地。

2024 年 9 月全国教育工作会议的召开，恰如秋日亮丽多彩，会议强调发挥高等教育龙头作用，深化科教融汇、促进产教融合、以技术转移为纽带推进高等教育高质量发展，要坚持不懈用习近平新时代中国特色社会主义思想铸魂育人，实施新时代立德树人工程。加快建设高质量教育体系，统筹推进育人方式、办学模式、管理体制、保障机制改革，紧扣自主人才培养主题，铸就担当民族复兴大任的时代新人。

教师作为高等教育高质量发展的主力军，提升教师教书育人能力，要以教育家精神为引领，强化高素质教师队伍建设，拓展师资培训新思路，推进教师资源配置优化和管理制度改革，营造尊师重教、尊师重道社会风尚，以教师之强支撑教育之强。

为加强优秀教育教学成果的交流与推广，教务处多年来持续编撰《创新与实践　本科人才培养与教育教学改革论文集》。本书收录了对外经济贸易大学广大教师和教学管理工作者结合教学育人和管理育人心得，特别是关于拔尖创新人才培养、课程建设等方面的教育教学改革论文。我们会持续关注本科教学综合改革新动态，促进对外经济贸易大学教育教学高质量发展。

是为序。

陈德球

2024 年 11 月 10 日

目录

第一编　拔尖创新人才培养

第二编　课程建设

第三编 高教论坛

第一编

拔尖创新人才培养

“三全育人”本硕量化金融人才培养体系的创新与实践

邓　军　冯建芬　余　湄　潘慧峰　王天一　聂　晶　吴卫星

摘　要：为解决量化金融人才为谁培养、怎么培养的问题，本文总结对外经济贸易大学金融工程系2015年以来的实践经验，建立了“三全育人”本硕量化金融人才培养体系，通过课程思政全面渗透、产学研一体化培养模式改革、校企协同全过程深度融合、师资梯队“传帮带”模式探索、融合金融科技教学资源共治共享等方式，做到对量化金融人才全方位、全过程、全素质培养。希望为我国其他高校深刻落实教育部“三全育人”方针，全面潜移默化实施课程思政，提升量化金融人才服务中国的针对性，提供培养模式参考和教学资源参考。

关键词：量化金融人才培养　“三全育人”　培养模式创新与实践

引言

量化金融是应用性和实践性很强的学科，在教育部提出“三全育人”方针的背景下，如何做到对量化金融人才全方位、全过程、全素质培养，高效实现协同育人、实践育人、国际合作育人，将人才培养与现代信息技术深度融合，更好地提升量化人才服务中国的针对性？对外经济贸易大学金融工程专业经过近10年的探索，以习近平新时代中国特色社会主义思想为指导，依托对外经济贸易大学“双一流”应用经济学科群和优势专业，秉持“以本为本”，培养德智体美劳全面发展，服务中国实体经济的高层次金融人才的原则，构建了课程思政多样化全盘渗入、金融科技深度融合、拔尖创新与创业并举、教学

作者简介：邓军，对外经济贸易大学中国金融学院副教授，博士生导师；
冯建芬，对外经济贸易大学中国金融学院教授，硕士生导师；
余湄，对外经济贸易大学中国金融学院教授，博士生导师；
潘慧峰，对外经济贸易大学中国金融学院教授，博士生导师；
王天一，对外经济贸易大学中国金融学院教授，博士生导师；
聂晶，对外经济贸易大学中国金融学院副教授，硕士生导师；
吴卫星，对外经济贸易大学中国金融学院教授，博士生导师。

项目资助：2023年度中央高校教育教学改革专项研究生教改项目“揭榜挂帅”重大项目（J20240042）；
对外经济贸易大学中央高校基本科研业务费专项资金（批准号ZD6－01）。

资源最大共享的“三全育人”多层次量化金融人才培养模式。

一、建设情况

项目设立与建设过程中我们遇到了一些问题和难点，针对这些问题和难点，将教学方法及实践情况总结如下。

（一）潜移默化树人才

本科阶段是学生世界观、人生观、价值观形成的关键阶段，如何坚持“以本为本”，同时结合研究生高层次人才培养特色，在量化金融专业教育中潜移默化融入课程思政，不断增强学生的“四个自信”，培养有理想、有本领、有家国情怀的社会主义接班人和建设者是难点。应把立德树人作为人才培养的基本原则，并且内化到量化金融人才的培养全过程。

自 2018 年以来，我们不断将思政教育融入教学大纲中，细化到章节和知识点。同时结合当代学生的思想特点和发展需求，优化内容供给，通过鲜活的本土化案例、实训调研、企业走访、先进事迹引领、课程红色小组等方式激发学生的责任担当和使命感，培养学生的职业操守，把思政教育潜移默化地融入本硕量化金融人才培养中。在此过程中，充分发挥教师的模范作用，通过青年教师基本功大赛、结对子等形式，采用“传帮带”机制，形成了“长江学者”、教学名师、青年骨干的师资梯队，不断提高师生的获得感。

（二）本硕一体化培养

针对目前普遍重“智育”轻“德育”人才培养现状，量化金融本科人才培养侧重学生的全面发展，注重金融、数学、计算机基础的夯实，以及“德育”和动手实践能力的培养。而量化投资硕士重在高层次创新型人才培养，是国家参与全球人才竞争的重要布局。因此，如何完善本硕量化金融人才的多维度、多层次的一体化培养是难点。

应结合本科教育的全面发展要求和硕士高层次创新型人才培养特点，本科定位于“打基础”，硕士阶段则“重实践”，本硕教学层次分明。对量化金融本科生提前分配学业指导老师，开设高阶课程，开展本硕学术交流和合作课题研究，组织本硕参加国内外量化金融相关比赛，提前选修量化专硕课程，实现本硕量化金融人才的一体化培养。

（三）“引进来”“走出去”协同育人

现代信息技术，例如大数据、人工智能、金融科技、虚拟现实，为量化金融人才的培养孕育了新的土壤。量化金融是应用性和实践性很强的学科，如何高效实现协同育人、实践育人、国际合作育人是难点。

由于量化金融具有实践性强、技术难度高、交叉性广等特点。在本硕培养过程中，应通过“引进来”和“走出去”的方式实现高层次本硕量化金融人才的协同育人培养。“引进来”体现在：通过引入学界和业界前沿讲座，联合企业开设学分实务课程（如与中粮期货、大商所、一德期货、中量网等共同开设的课程），开办业界实训营（如况客科技 FOF 投资实训、聚宽量化实训营）、建设企业实习实践基地（如中信证券、中粮期货、国美金融、华融、紫光智能等实习实践基地），聘请校外业界导师，校企联合举行量化金融比赛（如"品今杯"量化投资大赛、"求索杯"期权做市大赛等）等多途径实现人才培养落地。"走出去"体现在：推荐学生进入企业开展深度的合作研究，联合企业申请课题（如中期协场外期权定价研究、黄金期权做市、亚洲金融协会智库等），组织学生暑期实训、企业走访（如赴中粮期货、中信建投证券等）和调研，学生自发组织（QuantFactory 量化投资俱乐部）等多途径提升学生实践、组织管理、创新、创业能力。

此外，依托数量金融实验教学中心、金融工程实验室等，在课程中融入大数据、人工智能和金融科技模块，同时结合虚拟仿真教学、网络公开课、慕课等形式实现本硕量化金融人才培养与现代信息技术的深度融合，提升学生的实践和创新能力。

（四）团队互助、新老帮扶

新时代赋予了量化金融师资队伍新的使命，如何平衡师资队伍的考核评价，避免师资队伍出现"青黄不接"现象，师资队伍实现有序、可持续的发展是难点。

我们通过新老师生结对子形成教学帮扶、青年教师基本功大赛、量化金融人才培养专题研讨会、业界培训（如大商所全国高校教师衍生品研修班、期权高级研修班等），国外高水平机构访学交流、案例大赛（如"智享杯"实验教学案例大赛），提升师资队伍教学能力和与现代信息技术的融合。同时出版高水平量化金融教材（如国家一流教材《金融风险管理》、本硕教材《金融计算》《金融衍生品》和 21 世纪统计学系列教材《应用随机过程》等），以及组织党支部活动把立德树人、以德施教融入教学团队血液。

（五）资源共享、示范带动

量化金融学科历史较短，可参考的经验少，如何协同全国高校培养新时代高层次量化金融人才，在全国起到示范作用，并积极推动和加强量化金融的社会服务功能和"新文科"背景下财经院校进行创新创业教育是难点。

我们通过开设多门慕课（"金融工程学""金融市场学""固定收益证券分析""金融经济学""金融时间序列"等）、学科共建、跨校选课、双培、人才培养专题研讨会、课程资源共享、教学平台共享等形式加强与高校和科研院校协作，提升拔尖人才培养水平，以树立量化金融人才培养在国内的示范作用。

二、创新与实践效果

（一）项目成果的创新点

项目成果包含了多个创新，总结如下。

1. 建立多角度、多形式思政教育体系，形成全过程、全方位的"三全育人"思政培养体系。如课程思政进大纲、进知识点，举办多种形式的业界讲座、合作开设学分课程，实地教育，强化底线意识，等等。

2. 形成了本硕结合、产教结合、学赛结合、中外结合的复合人才培养模式。如建立本硕人才联合培养机制、业界专家进校园直接授课、举办全国性的量化交易与期权交易做市大赛、开设暑期学校、引导学生参加国际大赛走国际化培养路线等。

3. 形成了“走出去”和“引进来”相结合的师资培养体系，引导教师树立“敢为人先”“科研服务教学”“育才服务国家”的为师之道。如：开创全国首个量化投资项目；教研结合，鼓励老师深入一线解决实际问题；育才服务国家，大力支持西部高校的建设等。

（二）成果推广应用效果

成果推广应用效果包括人才培养效果、教学教研效果以及辐射示范三个方面。

1. 人才培养效果显著

（1）课程教学效果显著。所有专业课程教学评价优秀，其中 24 门次课程位居学院前 10%，获校级教学成果奖 6 项、特等奖 1 项，北京市教学成果奖 1 项。

（2）本硕学生创新能力和就业质量明显提高。出国读研的比例及顶级项目录取有大幅提升，已经有麻省理工学院、牛津大学、北京大学、清华大学等 30 多所世界一流大学成为学生国内外深造的学府，仅 2015 年中国人民大学就接受对外经济贸易大学金融学院保送本科生 20 多名。学生参赛屡获佳绩，仅 2014 年就有 127 人次获奖；2015 年获得美国数学建模竞赛特等奖；在 2016 年加拿大举办的 Rotman 国际交易大赛中，获算法交易全球第二名。

（3）毕业论文质量明显提升。学院已招收 6 届量化金融本科生 220 人、量化投资专硕近 200 人，多人获评全国和北京市优秀毕业论文。

（4）毕业学生受到市场青睐。首届量化金融本科生深造率近 80%，量化专硕毕业生大部分进入量化交易、行业研究、资产管理等知名金融机构工作。

（5）科研能力提升。通过提前分配学术指导老师，学生与老师联合发表权威学术论文和会议论文 200 多篇，其中不乏发表在《金融研究》《财经研究》*Journal of Futures Markets*，*Economic Modelling* 等国内外权威期刊上。

2. 教学教研效果显著

本次教学改革为金融工程专业积累了丰富的教学教研成果。包括：立项实验类课程建设项目 25 项，北京市高等教育教学改革项目 3 项，教育部教学改革专项项目 2 项，“北京市高等学校实验教学示范中心”项目 1 项；教学案例获第四届全国经管类实验教学案例大赛特等奖；《金融风险管理》教材获第六届金融图书“金羊奖”；“金融工程学”获评北京市优质本科课程；金融风险管理获得国家首批一流本科课程；金融工程专业获得国家首批“双一流”专业建设；师资团队所在党支部获评 2020 北京市优秀党支部；金融工程获评北京市优秀育人团队；获评 2021 年全国优秀金融硕士教学案例；获评全国优秀金融硕士学位论文 2 项；获评第二批国家一流本科课程 2 项。此外，部分教学模式改革成果形成了公开发表的教改论文，如冯建芬和王春蕾（2014）分析了金融工程专业的实验实践教学环节设计问题；冯建芬和严渝军（2017）针对结合二三课堂提升课程实践教学质量的问题，探索一种融合三类课堂的实践教学模式，以改革金融课程的实验教学；冯建芬等（2020）探讨了金融工程学产学研结合的教学模式改革问题。

3. 辐射示范作用突显

（1）国内院校辐射带动。虚拟仿真软件使用量超过 2 万人次，慕课（MOOC）选课人数超过数万人，30 多所高校学生参与期权做市大赛，多所国内高校和业界专家来对外经济贸易大学交流量化金融人才培养经验。

（2）专业评估优秀。在 2018 年金融工程专业 OBE 评估中获得专家一致认可和高度评价，以全优通过评估。

（3）国际认可。2018 年成为国内唯一加入国际量化金融协会（IAQF）的院校，提升了对外经济贸易大学量化金融人才的国际知名度和竞争力。

（4）学界和业界影响。多次在金融工程学科建设与学术研讨会、量化投资峰会、金融工程学年会上分享对外经济贸易大学金融工程以及量化专硕的培养模式，引起强烈反响，得到了专家的高度认同。

（5）媒体报道和排名居于前列。人民网等媒体报道对外经济贸易大学量化金融人才和量化专硕高层次人才培养。在艾瑞深中国校友会的金融工程排名中，2017—2019 年连续三年全国排名第一，2021—2023 年在“软科中国大学专业排名”中连续获评 A+，2022 年在《中国大学及学科专业评价报告（2022—2023）》（中国科教评价网发布）中位列全国第一。金融专硕连续多年全国排名第二。

结语

我们以习近平新时代中国特色社会主义思想为指导，结合量化金融本硕教学背景，创新与实践了“三全育人”本硕量化金融人才培养体系。

针对建设过程遇到的问题和难点总结出具有潜移默化树人才、本硕一体化培养、“引进来”“走出去”、协同育人等特色的教学方法。建立多角度、多形式思政教育体系；形成本硕结合、产教结合、学赛结合、中外结合的复合人才培养模式；构建“走出去”和“引进来”相结合的师资培养体系。项目的创新与实践实现了课程教学质量显著提高，本硕学生创新能力和就业质量明显提高，毕业论文质量学生科研能力明显提升。项目的推广辐射带动了国内外多所院校，在国内外专业评估中均获得较高认可，得到学界和业界专家的高度认同，相关媒体报道和排名也居于前列。

参考文献

[1] 冯建芬，王春蕾．金融工程专业实验实践类课程教学环节的设计创新与实践［G］//对外经济贸易大学教务处．2014 本科人才培养与教育教学改革论文集．北京：对外

经济贸易大学出版社，2014：177－184.

[2] 冯建芬，严渝军．融合一、二、三课堂的实践教学模式的开发与实施［J］. 金融教育研究，2017，VOl.30，No.6：77－81.

[3] 冯建芬，余湄，杜冬云，邓军．金融工程学产学研结合的教学方法改革研究［G］// 对外经济贸易大学教务处．2019 本科人才培养与教育教学改革论文集. 北京：对外经济贸易大学出版社，2020：18－25.

财经类高校拔尖创新人才培养路径探析

刘天一　郭建成

摘　要：拔尖创新人才培养，在新时代高等教育中的重要性与日俱增。它能够从一定程度上作为现代教育教学改革成效的重要参考依据，也是我国新时代人才强国战略的核心环节。财经类高校拔尖创新人才培养要着重从确立价值导向、提高人文素养、夯实理论基础、激发学术潜力、培养实践能力、拓展国际视野等方面优化培养模式，培养一批德智体美劳全面发展，具有社会责任感、创新精神、国际视野的财经领域青年拔尖人才，着力构造具有“中国思想、中国特色、中国气派”的“国内一流、世界知名”的经济学学科建设高地。

关键词：拔尖创新人才　人才培养　培养模式

引言

人才安全关系着国家安全和发展，人才是全面建设社会主义现代化国家的基础性、战略性支撑[①]。如何做好拔尖创新人才培养工作是我国各类高校的重要课题，各高校肩负着育拔尖人才、强创新之基的使命，在新时代新征程上为教育高质量发展提供强大动力。财经类高校应基于学科特色注重复合型人才培养，在实践和创新等方面不断探索，为全面建设社会主义现代化国家提供有力人才支撑。

一、拔尖创新人才培养的必要性

拔尖创新人才培养是深入贯彻习近平新时代中国特色社会主义思想和党的十九大精神，全面落实立德树人根本任务，落实《北京市“十四五”时期教育改革和发展规划（2021—2025 年）》以及北京市教育委员会关于印发《北京高等教育本科人才培养质量提升行动计划（2022—2024 年）》的重要任务，深化本科教育教学改革，提升拔尖创新人才的培养质量，是全面实现学校“双一流”建设目标，为培养拔尖创新人才提供学科交叉

作者简介：刘天一，对外经济贸易大学教务处助理研究员；
郭建成，对外经济贸易大学科研处助理研究员。

① 周洪宇，李宇阳. 习近平总书记教育重要论述的新发展——党的二十大报告关于教育的系列新论述研究［J］. 国家教育行政学院学报，2023，302（2）：7－15，70.

融合的成长环境，加快探索形成拔尖创新人才培养的“财经类高校范式”的重要举措。党的二十大报告强调，全面提高人才自主培养质量，着力造就拔尖创新人才，聚天下英才而用之。报告给出了明确的新时代人才培养方向。我们要全面贯彻落实党的二十大精神，“实施科教兴国战略，强化现代化建设人才支撑”，加强拔尖创新人才培养基础支撑，加快建设拔尖创新人才精准培养体系，探索健全拔尖创新人才培养体制机制，厚植拔尖创新人才成长土壤。

新时代教育强国、科技强国和人才强国建设的重要组成部分是拔尖创新人才自主培养，推进高等教育高质量发展要紧紧围绕培养拔尖创新人才这一核心主题。在高等学校分类发展体系下，拔尖创新人才也应积极构建分类培养体系。拔尖创新人才的基本命题是人才培养，在世界一流大学创新人才培养实践中，高质量教学是贯穿其中的核心。

梁微等（2017）提出，随着国家对创新创业教育的不断完善和推动，越来越多的高校开始广泛实施拔尖创新人才培养作为其特色发展和提升核心竞争力的有效途径[①]。彭术连等（2022）提出，衡量高水平大学建设的关键在于拔尖创新人才培养，打造高水平师资队伍、深化科教融合、提升国际合作交流水平等都是拔尖创新人才培养的关键支撑点[②]。王新凤、钟秉林（2023）提出，党的二十大报告将教育、科技、人才进行一体化部署，这对拔尖创新人才的选拔培养提出了新的时代要求[③]。目前，我国拔尖创新人才选拔培养依旧存在国家层面相关法律政策制度建设不完善、各项政策目标和政策主体缺乏等问题，提升拔尖创新人才选拔培养的效率刻不容缓。韩婷芷（2022）提出，我国“双一流”建设高校要将拔尖创新人才培养放在重要位置，这也是国家重大战略部署之一，财经类高校更应基于优势学科，彰显学科特色，探索自主特色发展新模式，为财经专业领域输送拔尖创新人才[④]。

二、拔尖创新人才培养意义

张妍（2023）提出，在新时代新征程上注重拔尖创新人才自主培养意义重大，拔尖创新人才培养也是新时代高质量发展的首要任务。人才培养是拔尖创新人才的核心基本点，高校在“双一流”建设中，将创新人才培养放在首要位置，同时也要注重内涵建设，特色建设，将高质量教学贯穿始终[⑤]。

① 梁微，吴志强，周立亚，等. 地方高校全程互动拔尖创新人才培养机制构建——以君武学堂为例［J］. 大学教育，2017，(07)：137－140.

② 彭术连，肖国芳，刘佳奇. 我国高校拔尖创新人才培养的路径依赖及变革突破［J］. 科学管理研究，2022，40（6）：122－129.

③ 王新凤，钟秉林. 拔尖创新人才选拔培养的政策协同研究［J］. 清华大学教育研究，2023，44（1）：38－45.

④ 韩婷芷. 传统优势学科如何赋能高校拔尖创新人才培养——基于我国 33 所行业特色型大学的分析［J］. 江苏高教，2022，251（1）：83－90.

⑤ 史秋衡，张妍，卢美芬，等. 拔尖创新人才培养的理念、路径与方法［J/OL］. 宁波大学学报（教育科学版），2023（2）：1－18.

诺江（2023）表明，基于经济全球化的背景，各国之间的竞争主要体现在拔尖创新人才的竞争，拔尖创新人才的综合实力在竞争中尤为关键①。拔尖创新人才要建立分类培养体系，在培养重点上，更加突出服务国家战略需求。

（一）助力高质量成果产出

高校具有科研、教育的双重属性，人才引入水平很大程度上决定了高校的科研和人才培养水平。目前各个地区已经针对不同层次高水平人才的引进出台了相应的人才政策和计划。对于高校而言，高质量人才引进可以给予高校正向反馈，对于高校开拓创新、提升论文和研究报告产出质量、增强重点课题研究等方面有积极作用。高水平人才引进可以拓宽高校科研覆盖面，以高水平人才为基石，为高校高质量发展聚力赋能。在此背景下，高校对于拔尖人才的需求与日俱增。对于财经类专业高等学校，在拔尖人才培养方式及体系方面的研究更能提供一定的参考意义。

（二）强化学科建设引领作用

目前我国高等教育向一流高等教育方向发展，财经类高校是我国高校队伍的重要组成部分。为推进高等院校的发展，国家相继出台了一流高校建设名单，加大力度推进高水平高校建设，其中财经类一流高校为财经类学科建设提供示范和导向作用。财经类高校与传统综合类高校相比，具有基础专业性强、生源质量高、学科建设力度大、专业类师资储备充足的优势，同时，肩负着财经类高校人才培养模式改革创新先锋的重要历史使命。在高校教育加速发展的新时代，要培养起一批具有坚定思想政治站位的拔尖创新人才，才能更好地发挥好自身的优势，为一流高校和一流学科建设起到示范性作用。

三、财经类高校拔尖创新人才培养模式探索

（一）坚持学术发展与爱国主义精神培育并重

在新时代新征程上，财经类高校要坚定不移地回答好“为谁培养人”“培养什么样的人”“如何培养人”三个基本问题。在为党育人、为国育才的同时，在人才培养方面要注重培养敢于创新、意志坚定、勤奋刻苦、团结协作等必备品质。财经类高校要务实基础学科方面，产出高质量原创性成果，大力发挥优势学科实力。以经济学部为载体，以“双一流”学科优势为支撑，创新经济学基础学科拔尖学生培养模式，按照“强化使命担当，注重思政育人，强调交叉融合、创新学习方式、拓宽国际视野”思路，构建各类实验班，总体办学目标是培养未来能够在开放经济领域、金融监管机构、保险行业等从事理论研究的青年拔尖人才。致力于培养一批马克思主义信仰坚定，经济学理论基础扎实，专业

① 诺江. 拔尖创新人才培养须着眼于前沿——韩震教授访谈录［J］. 教育科学论坛，2023，（05）：55－59.

知识丰富，熟悉中国经济运行与改革实践，具有家国情怀、国际视野、创新意识和责任担当的拔尖青年人才。

（二）发挥“导师制”培养模式作用

导师制的实践在培养拔尖创新人才方面发挥着重要作用。高校师资队伍不仅是推动科研发展的重要力量，更是人才培养的重要支撑，拔尖创新人才需要热爱教育、造诣高深、经验丰富、视野开阔的优秀学者作为引导者进行正确的引领，需要他们发挥表率和示范作用。优秀的学者能够以自身的言行来影响几代人，在指导学生学术提升水平、人生发展方面有积极作用。这些正向影响将提升学生的学习驱动力和学习创造力，达到“让拔尖创新人才培养未来拔尖创新人才”的效果，亦能激发出新时代人才培养和学科交叉背景下导师制的活力。

（三）促进学科交叉融合，全面推动复合型人才培养

在知识爆炸的时代，传统的专业壁垒逐渐被知识传播方式打破，创造力必须以大量的知识储备作为基础。传统的授课方式被微视频、慕课（MOOC）等知识传播方式冲击，大量的知识涉猎从不可能变为触手可及。传统方式上的知识传播已经不能满足拔尖创新人才培养的需要。要发挥学生摄取知识的主观能动性，并提供广阔的知识平台，更好地满足学生对创新性知识获取和学习的需求；要顺应发展，拓宽通识教育范围，做好专业教育和双创教育的结合，在“厚基础、宽口径”的基础上，按照“精专业、重学术”思路，构建核心课程体系；强化科教融合，培养德才兼备、具有较强科研创新能力的拔尖人才；支持高水平特色型大学强化办学特色，依托优势学科专业，培养品学兼优、能力突出的行业领军人才。

四、关于拔尖创新人才培养路径的探讨

（一）打造一流核心教师队伍

学校是教育的主阵地，而教师则是学校的核心力量，教师队伍水平是人才培养的核心要素，培养拔尖创新人才，应当充分考虑和重视教师队伍建设。拔尖创新人才的培养，实际上是“领跑者”的培养，培养未来的“领跑者”最适合的教练则是当下的“领跑者”。财经类高校要发挥财经类特色优势，打造核心教师团队，要聘请海内外一批热爱教育事业、学术造诣深厚、教学经验丰富、具有国际视野的杰出学者参与拔尖创新人才培养；选聘国家级教学名师、长江学者、万人计划领军人才为学业导师。教师们在育人内容和课程设计方面都应紧抓财经类特色进行优化和创新，进而起到教师引领学生的作用。教师传递的不仅仅是学术知识，更多的是价值观和人文精神，在传授中将创新精神和品格与学术知识融合，进而激发学生的学术兴趣，鼓励学生学术创新。

（二）构建高阶性、前瞻性课程体系，激发学术潜力

围绕拔尖创新人才培养目标，突出新文科要求，应着力优化核心课程体系。首先需要强化跨学科教育，这意味着要打破传统学科间的界限，鼓励学生在不同学科领域之间进行交叉学习和研究。通过引入跨学科项目、课程和研究机会，培养学生更广泛的知识视野和综合解决问题的能力。跨学科教育有助于学生跨越学科壁垒，探索多元知识领域之间的联系，培养创新思维和跨领域合作能力。此外，应该在课程设计中加强实践导向和案例分析教学模式，将理论与实际相结合，增强学生的实务操作能力和临场应变能力。例如，通过与行业合作设计课程项目，让学生直接参与企业的实际问题解决，或通过模拟和案例学习的方式让学生在模拟的业务环境中应用所学知识解决问题。这种教学方法不仅能够提高学生对专业知识的掌握度，还能够让他们体验决策的复杂性和多样性，为未来的职业生涯做好准备，帮助其快速成长为真正具有学科特长和特殊潜质的拔尖创新人才。

（三）创新学习方式

培养拔尖创新人才并不是一味叠加学生的学习量，而应在“适量”的基础上，弱化既有理论对学生思维的束缚，培养学生独立思考的能力，加强学生的自主学习和思辨能力，同时增强学生的创新思维能力。探索新教育手段与外语基础课结合的方式，打造新外语课堂，培育专业创新点，在学习过程中使学生们的创新动力得到激发。增加实验实践教学比重，实验实践是学生创新能力培养的重要阵地，让学生们在一流实验课程中发挥主观能动性和创造性，培养创新思维，提高创新能力。突出复合型、国际化、精英型的人才培养特色，用不同视角，展现财经类专业特色，服务于国家战略。

（四）强化科研育人

深入实施本科生学术能力提升计划。例如科研助手制度、导师制度，鼓励学生早进课题、早进实验室，开展科研训练；资助学生参加国内外学术会议、学科竞赛等活动，促进学生自主深度学习；完善荣誉课程和荣誉学位项目建设，鼓励学生参与挑战性学习，激发学生创新激情，培养科研兴趣，提升科研能力。提升科研能力和水平往往无法通过逻辑分析出来，而要用到顿悟的办法，在这其中，艺术就显得格外重要，因此，培养拔尖创新人才，不仅要打破束缚想象力的桎梏，还应催生能够激发创造力的新要素，在科教融合的同时，也要科艺融合，培养学生的创造性。

（五）构建高水平人才培养体系

着力推进分类培养，深入实施培养机制改革，确立学术学位以理论素养和创新能力培养为重点，专业学位以技术素养和实践能力为重点，深化弹性学分制改革，全面开展双学位、辅修、暑期国际学校等培养方式，实现财经类高校复合型人才培养。创新教学模式，强化核心教师团队建设，优化核心教材，创新核心实践，优化课程建设体系，创新

课程内容。将财经类特色专业与课程思政相融合，将基础性核心课程与前瞻性课程相结合，将理论知识与实际案例融合讲授。积极探索新技术的应用，利用 MOOC、云课堂等手段，实现课程的“数字化”和“数字化”的课程，力争在 MOOC、微课程群、国家级精品课程建设等方面获得更大突破。切实做到在高水平人才培养体系中进行机制、模式、内容创新优化。

结语

秉承党的二十大关于人才培养的精神，财经类高校拔尖创新人才培养模式应致力于培养尖端综合型青年经济学人才。在拔尖创新人才培养过程中，本着“厚基础、宽口径、精专业、重学术”的人才培养思路，以学生为本，着力打造个性化、定制化、专业化、差异化的学科交叉人才培养方案。重点突出财经类高校“传承优势，彰显特色”，聚焦开放经济理论的创新引领，全方位、全过程提升拔尖创新人才的综合素质，真正培养一批具有浓厚爱国主义情怀、胸怀“国之大者”的拔尖创新复合型人才。

参考文献

[1] 周洪宇，李宇阳．习近平总书记教育重要论述的新发展——党的二十大报告关于教育的系列新论述研究［J］．国家教育行政学院学报，2023，302（2）：7－15，70．

[2] 梁微，吴志强，周立亚，等．地方高校全程互动拔尖创新人才培养机制构建——以君武学堂为例［J］．大学教育，2017，（07）：137-140.

[3] 彭术连，肖国芳，刘佳奇．我国高校拔尖创新人才培养的路径依赖及变革突破［J］．科学管理研究，2022，40（6）：122－129．

[4] 王新凤，钟秉林．拔尖创新人才选拔培养的政策协同研究［J］．清华大学教育研究，2023，44（1）：38－45．

[5] 韩婷芷．传统优势学科如何赋能高校拔尖创新人才培养——基于我国 33 所行业特色型大学的分析［J］．江苏高教，2022，No.251（1）：83－90．

[6] 史秋衡，张妍，卢美芬，等．拔尖创新人才培养的理念、路径与方法［J/OL］．宁波大学学报（教育科学版），2023（2）：1－18．

[7] 诺江．拔尖创新人才培养须着眼于前沿——韩震教授访谈录［J］．教育科学论坛，2023，（05）：55-59.

大类招生背景下的本科教育协同发展研究

连英青　顾新宇

摘　要：随着高考改革的步伐日渐推进，教育改革进入深水阶段，新的模式改变了以往科类的界限，也拉近了高中与大学培养人才的距离。大类招生作为应对高考改革、本科教育的关键举措，其带来的大类培养要求本科教育协同的实现，即跨学科协同对人才发展有着至关重要的作用。本文通过分析目前固守的专业划分对本科教育的束缚影响，结合新形势下对学生综合素质的要求，提出本科教育的协同贯通会助力人才全方位发展，为我国社会发展、开放创新提供不可替代的智力保障。

关键词：大类招生　大类培养　本科教育　跨学科协同

引言

自2014年高考改革以来，至今已有十年时间。在过去的十年中，高考改革推动了高校教育改革的进程，也对招生方式提出了新的要求。2017年高考改革首次在上海、浙江落地，选考科目的不同带来了专业选择的探索，相较以往传统的文理科学生，改革后的学生培养打破了文理科界限。如何在不同的选考科目组合中选择到学科和专业期望的生源，是各高校面临的重要题目，最为直接的便是各高校采用大类招生的方式尽可能宽口径吸纳生源。赵菊梅（2020）根据前期大类培养所依托的组织不同，将目前国内高校开展的大类招生培养分为学院内大类招生培养、跨学院大类招生培养、开设实验班大类招生培养、成立本科生院大类招生培养等四种模式。大类招生培养模式改革面向全校本科生，涉及全校所有专业学院和所有专业，覆盖全校深层次的人才培养模式探索，具有整体性、系统性和制度创新的意义。但是通识教育课程与专业课程的冲突形影相随，专业分流与专业院系利益分配密切相关。谭颖芳、张悦（2021）指出，我国大类招生与培养改革处于校本探索阶段，形成了以专业大类与试验班为载体的全学科、宽学科与细学科方案，未来须进一步深化大类招生与培养改革，遵循学科发展逻辑，重构大类培养方案；遵从人才培养逻辑，全面服务学生发展；遵行教育治理逻辑，有效构建协同机制。赵菊梅、金红莲（2023）阐述了进一步深入推进本科教育大类培养模式改革，需要把握改革总体方向，选择适合的通专结合的大类培养模式；尊重学生个性，服务学生个性化多样

作者简介：连英青，对外经济贸易大学招生就业处助理研究员；
顾新宇，对外经济贸易大学招生就业处讲师。

化发展；从国家制度和学校层面，坚持渐进变迁的改革路径；抓住招生口径、课程设置、专业选择、教学管理等关键要素，进行系统改革。2021 年，教育部根据落地四年后的选科及招生录取结果，结合各高校人才培养模式，制定了较为详尽的各学科及专业的选考科目要求，规范了招生的大类设置和科目设置，于 2024 年正式实行。大类招生的推进，更重要的是对大类培养提出了极高要求，原有的专业划分具有很强的行业性，对本科教育有着诸多影响。虽然部分高校较早实行宽口径、厚基础的通识培养，或者进一步探索的跨院系、跨专业的学部或书院制培养，但在招生方式改革和教育教学改革中仍需要更新模式，协同发展，为适应新时代的人才需求目标做好生源选拔与培养。

一、专业划分对本科教育的影响

（一）专业划分具有行业性

近年来，社会对于人才的需求多变，由“全能型”逐渐偏向“专业型”，社会分工倾向细分明晰，人员招聘、人才选拔都在此基础上做出了相应调整。基于此，在向社会输送人才的国内高校也纷纷探究社会之所需，专业培养瞄准行业性，这也成为专业划分的重要目标和依据。同时，行业型大学也逐渐火热，例如外语类的北京外国语大学、上海外国语大学，财经类的对外经济贸易大学、上海财经大学、中央财经大学，政法类的中国政法大学、中南财经政法大学，信息类的北京邮电大学、西安电子科技大学等。此类行业性特色鲜明的大学与综合类大学不同，着力发展的专业较为集中，因此这类专业的毕业生专业素质强，深受用人单位青睐，所以专业划分的行业性突出明显，特别是现在考生和家长对于未来就业的求稳预期明显，因此，选择行业属性明显的高校成为一种趋势。

（二）学科门类过细充满计划色彩

高等教育是基础教育的延伸和拓展，本科教育目标应为培养学生的综合探究能力，著名高等学府哈佛大学的校训仅为两个字“真理”，即目标旨在培养学生探究真理的能力，学校中并未有直接探究真理的课程，而是通过不同色彩的课程从多方面带领学生通向真理。我国目前高校本科教育的专业设置以大类为基础，将专业细化，一方面将“计划”的色彩着重凸显，即每个专业固定学生数量、每个地区固定招生专业数量，对专业的发展有着人为制定的因素；另一方面高中生对于学科认知存在不完全性，凭借高考分数、志愿填报期间的短暂学习，很难对某个具体专业有着全方位了解，学科门类过细在一定程度上是“一考定终身”的延续，不能为考生切实地提供综合素质的培养。李姣姣、陈莉（2014）通过对国内外工商管理大类分流现状的分析，研究工商管理大类分流运行机制的实践困境，分析我国高校工商管理大类招生、分流培养的运行机制中出现的专业分化加剧、热门专业出现填报拥挤等问题，对所谓的“冷门专业”的发展产生冲击。即使采取了大类招生和培养的方式，依旧难以避免“冷”“热”的问题，因此，部分高校在进行大类分流时设定固定专业数量，根据计划数和学生通识培养阶段的学习成绩进行分流，保证热门专业的上限和冷门专业的下限。大类招生和培养可以激发专业发展动力，禹奇才、蔡忠兵、苗琰（2014）论证了大类招生从制度层面有效激发了教与学的热情，政策溢出效应明显，为教学改革提供了内生动力，使校内资源整合得以实质性推进，但专业结构的优化调整工作滞后，有待进一步加强，另外专业分流过程中干扰因素多，制度刚性有待强化。目前部分高校在探索完全参考志愿进行分流，例如对外经济贸易大学国际商学院的工商管理类（包含会计学、财务管理、人力资源管理、市场营销等专业）和国际经济贸易学院的经济学类（包含国际经济与贸易、财政学、税收学等专业）实行经过大一的通识培养后，大二分流完全参考学生志愿，不参考学生成绩，真正做到专业选择以学生兴趣为主导。从分流结果来看，暂未出现某专业无学生选择的情况，同时激发了专业教师的教学动力及热情，推动了专业的建设与发展。

（三）学科壁垒限制创新思维

从目前的本科教育学科设置、专业划分来看，我国高等学校的学科设置存在界限，跨学科或者同源学科之间有着清晰壁垒。高中学生在备战高考前已经历过一次专业划分，按照惯例的文、理分科，将考生分为两部分。经过大学的专业选拔，又一次出现了人为划分，且专业间的差距有小有大，学生即使有机会进行转专业或者辅修、修习双学位，但都有一定难度。从科学选才的角度来衡量，在学生对某类学科有着浓厚兴趣的基础之上进行专业培养，会事半功倍地培养出综合能力高的学生，其研究能力是在兴趣发展的环境下提升的，与填鸭式学习有着本质区别，学生的主动性会大大增加。目前高考改革正逐渐打破文、理界限，让学生根据兴趣选择自己擅长的科目，这在一定程度上削减了壁垒的划分，虽然仅有20种类型，但也是学生在基础教育阶段的重要改革和创新。进入本科教育的选拔，若可以继续贯彻“兴趣是最好的老师”，对学生进行基于通识类教育的宽口径培养，将会给学生带来基础性的了解、熟悉专业的划分、打破唯一话语的思考模式，更有利于学生未来的培养和发展。

（四）专业划分难以避免时滞性

高等院校的专业发展是因时因势推动前进的，教育改革本质上体现在培养的改革，专业发展应和培养紧密结合起来。目前本科教育专业过早选择、划分，已经为初入学的学生制定了未来四五年后步入社会选择职业的通道，学生改变选择的机会较少，且改变选择的成本较高，因此大部分考生都会在进入学校的专业坚守学习，为未来发展做准备，甚至为跨专业考研、深造提前谋划。牟蕾、杨益新（2019）认为，推进大类培养改革和一流专业建设，关键是要合理把握大类培养改革与专业建设的辩证统一关系，大类培养改革需要以专业建设和发展为基础，同时大类培养改革有助于激发专业建设深层活力，解决好大类培养的内容问题、实施问题和评价问题，需要从实践出发。专业的发展与时代紧密相连，随着“一带一路”建设的推进，一些沿线地区的小语种专业逐渐兴起；在大数据时代的催化下，大数据、人工智能、区块链等专业也应运而生。专业的发展变化更迭速度飞快，某些在目前看来热门的专业也许在若干年后就会成为冷门专业，某些目前就业质量高的专业在未来发展中也有被人工智能等发达科技所替代的可能性。学生入学时选择的专业不代表未来发展的绝对出路，即使课程教育可以随之调整改善，但专业范围即大概率决定了就业路径，这是本质上无法改变的条件，很显然这与综合培养学生的初衷有不同的方向。

二、新形势下人才培养的更高要求

（一）社会要求复合型人才

随着国际化水平的逐渐提升，国际合作快速加强，国际化分工逐渐细化，这是全世界范围内国际分工协作发展的重要目标。社会需要专业人才的强力支撑，但单一的专业人才缺少大局意识、整体意识。相比较而言，复合型人才有着绝对优势，基础扎实，眼光长远，拥有着多学科的多维度思考方式，也有着相得益彰的专业搭配，例如外语优秀的金融人才、或者精通法律的金融人才，比单一金融专业从业者有着为社会贡献力更大的可能性，在保证基础平均的水平上，突出专业素质，可满足更长远的发展需求，也为行业发展提供了多角度的思考路径。

（二）单一培养机制不适应时代诉求

国外高等院校以及我国部分院校的模式主要为通识教育为基础、专业课与选修课并重，特别在一些院校通识教育学科协同，自然科学与人文社会科学设置了交融课程，为学生提供了多样且丰富的课程体系。我国单一的培养机制已成为过去式，只有同时强调知识的广度和深度，才能给予学生更广泛发展的可能性，才能发掘更多栋梁之才。目前诸多高校成为企业智库，企业也成为高校产学研的重要出口，校企联合模式逐渐发展，形成了学院主导、共建共享、企业学院、教学工厂、基地集群几种特色形式，从培养机制上打破了原有的单一培养制度；另外院校间跨校联合培养模式也逐步推进，例如“学院路共同体”“跨校联合双学位”等，各院校将自身的优势专业或学科放到集体培养的大环境中共同培养优质生源，满足学生对于跨学科知识的求知欲，跨越专业的壁垒限制。时代的选择是高校培养发展的指明灯，单一的培养模式已无法满足社会之所需、时代之诉求。

（三）学生自身的个性化诉求

每一位学生都是一个独立的灵魂，千人千面，他们有着自己独特的想法和意识，有着不可复制的发展方式。学生的个体化差异客观存在，尊重个体化差异培养，尊重生命的完全体现是我们必须面对的话题。国内外都在推进“全人教育”，即充分发展个人潜能以培养完整个体的教育理念与模式。全人教育的培养模式从个体出发，不把学校作为企业的加工厂，完全批量复制某一种模式的人才，而是因地制宜、因人而异，为学生提供通识类的全方位教育，在此基础上挖掘兴趣爱好与特长，将其引导并发挥到极致。如何在高等院校的培养中充分体现全人教育理念，需要从学生的个体差异中寻找答案，这是学生个体的独立的重要诉求。

（四）面向未来的教育发展模式

根据社会需求来看，复合型的培养方式才是社会、企业、国家所需的人才输出机制，而优势资源总是有限的，所以打破专业壁垒、院校壁垒，实现资源共享、跨学科协同才是关键路径。以往的教育模式以教师教授为主，未来的教育以学生学习为主，更加凸显学生的主体性，一节理论课、一节讨论课、一节实践课等课程复合搭配，令学生有着理论付诸实践的思想，也从多个学科领域出发，多角度看待问题。古人有云“学海无涯苦作舟”，但未来的学习未必是件苦差事，取得的学历也仅仅是某一阶段学习的总结见证，未来终身学习、快乐学习将成为教育的主流。

三、本科教育的协同贯通助力人才全方位发展

（一）大类培养的专业融通

随着高考改革的逐步推进，文、理科界限逐渐被打破，大学本科教育也陆续开始了宽口径的大类培养，其范式主要为大学一年级到二年级进行通识类课程、基础类课程学习，不进行专业划分，高年级进行专业方向的划分，分别流向不同分支专业进行后续方向培养。大类培养将专业融会贯通起来，培养的学生基础厚、视野广，能够在广泛收集信息的基础上寻找自己感兴趣的研究发展方向，通识的培养也为专业的学习提供了基础保障，更能完整地理解学科，研读知识。在大类培养的基础上，部分院校推出了辅修、双学位的培养模式，给学有余力的学生提供跨学科协同带来的复合型培养，专业之间的协调搭配，使得学生能挖掘更多潜力，也能够将自己所学的跨学科知识交融整合，为未来求职就业提供更多选择。例如法学与金融学的结合，可以为学生提供律师事务所、银行岗位的多项选择，也可以在律所里从事经济案件，也可以在银行中从事法务工作，大大提高了就业可能性，也随之增强了核心竞争力。近几年，各省开始探索跨校联合培养和双学士学位项目，不仅实现复合型人才培养的目标，更要求专业的融通，真正做到学科交叉，制定交叉的课程、交叉的实践，特别在一些应用领域中深化“人工智能＋”的主题，服务行业发展，例如人工智能在金融领域的应用，拓展资产管理的配置效率；大数据在电子商务中的应用，提高消费的精准度。

（二）招生培养就业上下游的延伸互动

招生架起了基础教育与高等教育之间的桥梁，招生考试作为选拔人才的主要方式，较为公平地选择了学校所需人才，通识的大类培养需要大类招生作为排头兵，前期进入高中作为先锋广泛吸纳人才。与专业选才不同，大类招生旨在对学生传递专业所在的行业

信息，让学生从高中阶段结合自己兴趣爱好、学科特长选择科目，进而符合大学专业人才选拔的条件。高考改革推动了校际的联系，大学多以此为契机，与高中建立良好合作关系，进行贯通式培养。大学教授、专家、学者走进高中校园，为学生做学术报告、开设先修课程，学生对专业有了前期了解，不再单纯以分数高低选定专业，也不再单纯以社会收入水平或岗位认可度来选定专业，而以自身兴趣为出发点，选定未来的专业与院校。目前一些定向进行人才招揽的方式也为未来培养提供了一种上下游互动的可能性，例如 2024 年起又有诸多高校恢复“少年班”，即从初中应届毕业生中选拔学生进入高中＋预科＋本科＋研究生的学习方式，提前锁定未来大学或专业的选择；又如某些高中设置的“飞行班”，定点为飞行院校、航空航天院校输送毕业学生，也为未来航空研究机构、航空公司输送科研人员、飞行人员等，大学从招生、培养、就业三方面连接了上游的高中、下游的就业单位，形成了良好的人才发展途径。

（三）信息化的实际效用放大

信息化的飞速发展减少了沟通交流距离，学科的距离也因此被拉近。过去的学生若想旁听其他专业或者其他院校的课程，需要长途跋涉克服距离的障碍，现在只需借助信息化手段即可实现跨专业、跨院校学习，这在一定程度上推进了跨学科的协同，提供了有效的技术保障。信息化的融合，为学生选择不同专业的课程打造了快速、实用、有效的路径。例如现在十分流行的慕课平台，对于跨院校、跨专业选课十分有效，打破了地域界限，北京院校的学生可以选修上海院校的课程，中国院校的学生可以旁听美国院校的课程，真正意义上达到了共享的教育目的，也应和了“好的大学没有围墙”。为适应大类招生与大类培养的前期准备，大学选修课程在高中火热开展，以往学生只能定期参加学校开展的专家学术报告，当选修课程与慕课有机结合，高中生在互联网上学习大学课程成为现实。未来网络课程将持续快速发展，不用受限于地域、人员、时间等因素，满足学生对于多领域、跨专业知识的求知欲，也进一步推进课程合作、校企合作、校际合作等，切实将信息化的效用方法，服务于人才的贯通、全方位培养。

（四）满足社会的成才需求

未来人工智能是社会发展的重要方面，很多岗位被人工智能所替代的可能性大大增加，独立思维的人才是人工智能最不可能替代的群体，在信息爆炸的时代，每个人都有着无数的途径获取知识，如何快速学习知识、获取有效知识、掌握跨领域知识是社会所需人才的必备条件。大学本科教育通过学科协同的方式，对学生进行基础教育的夯实、专业教育的锻炼、跨学科教育的拓展延伸，旨在培养基础厚、视野广、专业强的复合型人才。拥有跨学科背景的人才是未来决策制定者的中流砥柱，也是推动社会发展的关键人群，因此满足社会的成才需求，要抛弃固守的旧思维，用全新开放的思想武装。大学本科教育需在基础教育拓展的基础上，大类招生，跨学科协同培养，切实保证输送人才的独特性、不可替代性，也为国家社会发展、改革创新提供人才智库、智力保障。

参考文献

[1] 左崇良，胡刚．校企合作的五种模式［J］．中国高校科技与产业化，2011（3）：65－66．

[2] 唐少清．全人教育模式的中外比较［J］．社会科学家，2014（12）：110－118．

[3] 潘潇潇．高校大类招生改革过程中的若干问题及对策探讨［J］．佳木斯职业学院学报，2017（3）：196－197．

[4] 郑朝荣．高校大类招生培养的现状分析与对策［J］．教育教学论坛，2016（24）：69－70．

[5] 三萍，王琳．“大类招生，分流培养”模式下专业选择与专业认同关系的实证研究［J］．浙江理工大学学报（社会科学版），2017，38（2）：176－181．

[6] 谭颖芳，张悦．大类招生与培养：历程、方案与走向［J］．教育发展研究，2021，41（Z1）：81－91．

[7] 尹兆华．我国高校大类招生的困局与解困［J］．中国考试，2021（1）：47－51．

[8] 赵菊梅．传统与变革：我国本科院校大类招生培养模式与分类体系［J］．现代教育管理，2020（8）：43－52．

[9] 李姣姣，陈莉．“大类招生、分流培养”运行机制的困境和对策——以工商管理类专业为例［J］．黑龙江高教研究，2014（8）：81－83．

[10] 禹奇才，蔡忠兵，苗琰．推进高校大类招生改革若干问题的探讨［J］．高教探索，2014（1）：136－139．

[11] 赵菊梅，金红莲．我国本科教育大类培养模式改革的特征和实践路径［J］．现代教育管理，2023（5）：52－61．

[12] 牟蕾，杨益新，闫春更，等．高校大类培养改革实践：内容、实施与评价问题［J］．中国大学教学，2019（11）：70－74．

对外经济贸易大学创新方法人才培养模式探索与实践

汪　洋　李茂国　王铁栋　朱泉国　孔朝阳　孙永伟

摘　要： 教育部创新方法教学指导分委员会进一步深入推进高校创新教育改革，将创新教育贯穿人才培养全过程，加强创新方法学科建设、课程建设，推动创新教育与专业教育深度融合，不断提高创新人才培养质量。对外经济贸易大学近年来注重建设创新方法人才培养模式，主要包括知识体系、培养方案、课程体系、教材体系、师资体系和推广模式等六个组成部分。创新方法人才培养模式的建立健全对于提高创新方法人才培养质量、培养大学生的创新实践能力和解决问题能力等方面具有重要的意义。

关键词： 创新工程学　创新方法　高等教育　人才培养

引言

2023年，习近平总书记在《扎实推动教育强国建设》中强调："全面提升教育服务高质量发展的能力。要把服务高质量发展作为建设教育强国的重要任务。建设教育强国、科技强国、人才强国具有内在一致性和相互支撑性，要把三者有机结合起来、一体统筹推进，形成推动高质量发展的倍增效应。要进一步加强科学教育、工程教育，加强拔尖创新人才自主培养。"习近平总书记在党的二十大报告中强调，必须坚持科技是第一生产力、人才是第一资源、创新是第一动力。高等教育是国家发展的重要支柱，对提升国家综合国力、推动社会进步和维护社会稳定具有不可替代的作用。高等教育是科学研究和技术创新的重要基地。通过基础研究和应用研究，高校推动了新知识的创造和技术的进步，为社会提供了创新动力。国家迫切需要高校培养出大量的创新人才，满足社会和企业创新发展的需求。

作者简介：汪洋，对外经济贸易大学国际商学院副教授；
李茂国，对外经济贸易大学党委副书记，研究员；
王铁栋，对外经济贸易大学国际商学院党委书记，教授；
朱泉国，对外经济贸易大学创新工程实验室总工程师，高级工程师；
孔朝阳，对外经济贸易大学国际商学院副教授；
孙永伟，对外经济贸易大学创新工程实验室副主任，教授级高级工程师。

项目资助：科技部创新方法工作专项项目（项目编号：2020IM030100）；对外经济贸易大学国际商学院创新工程实验室科研项目课题专项资金（78220301）。

2013年，教育部成立2013—2017年教育部高等学校教学指导委员会时首次设立创新方法教学指导分委员会，旨在进一步深入推进高校创新教育改革，将创新教育贯穿人才培养全过程，加强创新方法学科建设、课程建设，推动创新教育与专业教育深度融合，不断提高创新人才培养质量。本项目的完成人从2013年开始开展创新方法人才培养的相关研究、实践和推广，2020年获批科技部创新方法工作专项《创新方法高等教育人才培养研究与示范》项目，该项目旨在从理论到实践层面，系统化地建立全新的创新方法人才培养模式。创新方法人才培养模式主要包括知识体系、培养方案、课程体系、教材体系、师资体系和推广模式等六个组成部分。创新方法人才培养模式的建立健全对于提高创新方法人才培养质量、培养大学生的创新实践能力和解决问题能力等方面具有重要的意义。

一、创新方法人才培养知识体系

（一）以创新工程学理论体系为基础

创新方法人才培养知识体系以创新工程学理论体系为基础。创新工程学是指运用工程学的思想方法研究创新规律，培养掌握创新规律的创新人才。创新工程学理论体系由教育部高等学校创新方法教学指导分委员会（以下简称教指委）主任委员、对外经济贸易大学党委副书记李茂国首创提出，从创新主体、创新过程、创新要素三个维度展开，包括创新思维、创新方法、创新链等几个模块。创新思维、创新方法、创新链具有累积递进的关系。

为了解决创新方法知识体系杂乱无章的问题，教指委组织编写了《创新工程知识体系与系列课程建设方案》（以下简称《建设方案》），共分3篇14章，比较系统地归纳了创新思维、创新方法、创新链中常用的大约100种工具方法，为高校构建创新工程学的课程体系提供指导。

（二）持续完善创新方法知识体系

《建设方案》提供了创新方法知识体系的框架性指导，还需要不断迭代、完善，创新方法也需要不断发展。例如比较典型的创新方法——TRIZ发明问题解决理论，就在不断丰富完善、快速发展。人工智能（AI）对创新方法也产生了深远的影响，它不仅简化了创新过程，还推动了科学研究范式的转变，并促进了新场景的出现和市场的调整。随着技术的发展，AI使得之前难以实现的应用场景变得可能，颠覆式地优化了一些传统场景，并创造了全新的应用场景。例如，图像识别技术的进步使得它在医疗、娱乐、安防等多个领域得到了广泛应用。AI技术的应用改变了传统的科学研究方法，使得研究更加高效和精准。例如，在新材料的研发中，传统的“试错法”被数据驱动的精准设计所取代，这大大提高了研发效率和成功率。AI技术的发展也促进了不同学科之间的融合，推动了跨学科创新的产生。例如，AI与医学、物理学、生物学等领域的结合，催生了一系列新的研究方向和技术应用。对外经济贸易大学创新工程实验室团队在创新工程学理论体系方面不断创新发展，包括将数字思维融入创新思维中，以产品研发流程、产品实现过程为主线系统匹配创新工具方法，以及对创新链、产业链、资金链、人才链的“四链融合”模式和创新生态系统方面进行研究，丰富创新方法知识体系。

二、创新方法人才培养方案建设

对外经济贸易大学制定系统化融入创新方法的人才培养方案：建设了本科生创新创业实验班培养方案和 MBA 创新创业实验班培养方案并实施，制定了人工智能创新创业试验班方案。

（一）本科生创新创业实验班培养方案

对外经济贸易大学本科生创新创业实验班 2023 年第一年招生，其培养目标是为中国式现代化建设与科技创新服务培养高水平的实践者、研究者、管理者。毕业生去向包括但不限于政府科技创新管理部门、创新创业孵化基地、高新技术产业园区、科技创新企业、风险投资机构、知识产权服务机构等。在本科生创新创业实验班的培养方案中，将“创新思维”课程纳入通识通修类的科技进步与科学精神模块，为 2 个学分、32 个学时，必修；将“创新方法”“创新管理”纳入专业方向类课程，各为 2 个学分、32 个学时，必修；除此以外，还开设创新创业大赛，为 2 个学分、32 个学时，必修；创新创业实习，2 个学分、32 个学时，必修。本科生创新创业实验班培养方案，大大提升了创新方法的课程学分占比，体现了专创融合，理论与实践结合。

（二）人工智能创新创业试验班培养方案

人工智能创新创业试验班由对外经济贸易大学国际商学院和信息学院联合主持，中国金融、保险和法学等学院共同参与，形成人工智能创新创业试验班项目领导小组并推进建设。该试验班按照“AI 创新创业项目生命周期”制订教学计划，围绕生命周期节点规划课程模块，建设三级项目式课程承载培养目标，一个培养体系多个毕业出口分流培养。试验班以“人工智能＋创新创业＋应用场景领域＋企业需求”为核心模式，以跨学院多专业联合培养为主要途径，以创业管理与人工智能专业为基本要素，以参与学院与应用领域相关的各专业为有机组成，培养具备以“创新创业＋人工智能＋经贸、管理、法学”为特色的跨学科交叉融合能力的拔尖创新型人才。

（三）MBA 创新创业实验班培养方案

对外经济贸易大学国际商学院 MBA 创新创业实验班已开办了 3 年，其培养方案也经过不断的迭代优化。培养目标由原来的“培养适应开放型经济建设的拔尖创新人才”调整为“服务创新驱动发展战略，培养具有全球视野的创新创业管理精英人才”。招生定位由原来的“边创边学、先学后创、先创后学，实现学业和创业的双丰收的创业人员”调整为“具有创新创业能力和创新生态体系管理能力的人才”。在 MBA 创新创业实验班的培养方案中，将创新思维、创新方法、创新管理三个模块统合为创新工程学，为 3 个学分、48 个学时，必修。在企业师资授课中，增加移动课堂，开展企业实地调研等实践性更强的学习环节。在创新创业实践中增加对学生参与创新创业大赛的认定，计入学分。MBA 创新创业实验班培养方案的优化，更加重视创新方法的实践应用，更加重视学生的创新能力培养。

三、创新方法人才培养课程体系

（一）以建设方案为指导构建课程体系

创新工程学的课程体系构建以《建设方案》为框架。作为财经类高校，结合自己的办学特点，从中选择适合自己的内容，构建富有自己特色的课程体系。在《建设方案》的框架下合理规划课程体系，开设创新思维、创新方法、创新链等独立模块的课程，也开设进阶式、贯通式的课程；开设了以了解、理解为目的的初级课程，又开设以掌握、应用为目的的精进课程。根据创新工程学进阶式知识体系，构建基于创新思维与方法的通识课程体系架构。

根据本科—硕士—博士贯通式理论课程体系架构，基于创新方法进阶式的知识体系，探索理论课程的建设途径，建设创新方法系列课程。已经在本科生、研究生培养中开设“创新思维”课程。在 MBA 创新创业实验班开设了创新方法系列课程，包括“创新思维”“创新方法”“创新管理”课程。创新管理主要介绍创新链和创新生态，创新链主要以企业的研发流程为主线，系统讲解研发过程中的常见问题、研发各阶段的核心任务，以及实用和适用的创新方法工具；创新生态主要以“四链融合”分析架构为主要内容展开。在本科生开设“创新工程学（创新项目）”以项目为主。

（二）以专创融合为基础丰富课程体系

本科层面设置了创新创业课程模块，其中开设了基于创新方法的“创业管理”“创业实践”“风险投资：理论与实践”等课程，此外在其他模块中还开设了基于创新方法的“管理科学”课程；硕士层面开设了“创业管理”专创融合课程；博士层面开设了“商业创新及创新经济”课程。探索基于创新思维、创新方法、创新链和创新生态的专创融合课程的教学方法、教学资源以及创新考核方式，编制了教学大纲进行了教学设计。

四、创新方法人才培养教材体系

（一）开发创新方法系列教材

贯彻“专创融合”思想，结合本科生、硕士生、博士生的专业特点开发创新方法系列教材，教材中的案例体现专业特色、体现时代特点。创新方法系列教材包括《基础理论》

教材、《实践应用》教材、《成果转化》教材等，其中基础理论可以提高创新意识，实践应用可以培养创新能力，成果转化可以体现创新价值。对外经济贸易大学创新工程实验室团队重视创新方法教材体系建设，正在编写《创新思维》以及《创新方法》等系列教材。

（二）建设创新方法实验教材

创新方法的教材目前偏理论教学的多，重实验训练的少。对外经济贸易大学创新工程实验室规划建设过程中，同步进行实验内容的策划，创新工程实验室授课教师与本科学生共同设计了 100 个左右的创新科学实验，编制了实验操作指导书，购置了部分实验教学器材。创新实验指导书包括实验目的、实验原理、实验器材、实验步骤、实验分享等内容。可以通过实验项目加深对创新思维、创新方法的理解。

五、创新方法人才培养师资队伍建设

积极倡导研究型教学、复合型和多元化师资队伍建设，建立一支兼具专业基础和创新方法应用能力的专门师资队伍。针对学校“创新方法”师资队伍教师数量不足、教师队伍结构不够合理的现状，着力从长效机制建设、创新方法知识和能力提升、师资结构优化三个方面开展工作。

（一）师资队伍建设举措

（1）学校专门成立创新工程实验室，具体开展基于创新方法的人才培养的研究和示范。

（2）建立全方位师资能力培养制度，推进“创新方法”“专创融合”以及“科研能力”的有机结合，提升创新方法知识和能力。对骨干教师进行“创新方法”培训，例如，主要老师完成了 TRIZ 一级培训，部分教师完成 TRIZ 二级、三级培训，也有 TRIZ 五级大师。在促进教师对“创新方法”的了解、认识、掌握的基础上，引导其将“创新方法”应用于科研过程，促进研究型教学，创新工程实验室专门组织教师申报基于创新方法的科研项目课题申报和研究。

（3）聘请多年在“创新方法”以及“创新人才”培养方面有丰富经验的来自企业的专业人士加入创新工程实验室，参与课程体系建设并作为课程主讲教师；同时聘请一些业界实践经验丰富人士担任实践教授和兼职教授。

（4）创新工程实验室坚持每周召开内部研讨会，讨论内容包括创新工程学的学科建设、专业建设、课程建设、教材建设、教学模式和社会服务等。

（5）创新工程实验室非常重视企业调研和社会服务，密切关注新能源、人工智能、机器人等赛道的创新成果，与一些头部企业建立联系；深入调研区域创新生态规划建设，为地方政府提供可行建议。

（二）师资队伍建设效果

（1）创新工程实验室的成立，从组织层面保障师资队伍的建设、培训、激励等长效机制的建立及实施。

（2）全方位的培训以及教学科研项目的助力形成了复合型师资队伍。

主要教师均参与创新方法的相关培训。目前有20余项基于创新方法的教学科研项目正在研究中。提升了相关教师的教学科研水平，并将创新方法成果转化到课堂，实现教学与科研的有机结合。

逐渐建立起了一支兼具专业基础和创新方法应用能力的多元化师资队伍。学校专职创新方法相关的教师和业界人士共同组成培养学生的导师组，培养掌握并应用创新思维、创新方法、创新链和创新生态的本科生和研究生。

六、创新方法人才培养推广应用

通过成果选择、成果转化、运用验证、推广普及以及巩固深化等环节，多渠道、多内容、全方位探索推广此成果；在高校、企业、行业以及社会服务多渠道推广；在人才培养模式的知识体系、课程体系、教材体系、培训体系、教学模式等内容上全面展开和推广。

（一）推广应用举措

1. 探索教指委指导下的应用推广模式

在教指委指导下，通过教指委相关的会议以及培训等方式，选择成果，推广对外经济贸易大学创新方法知识体系、创新方法人才培养方案、课程体系建设等内容，获得高校及企业反馈，并进一步修改迭代成果。

2. 面向高校和企业开设创新方法培训

为了提升高校教师的创新实战能力，提高科技成果转化成功率，优化创新工程学的课程设计，对外经济贸易大学举办“创新工程学师资培训班”，并为国家能源集团、锐捷网络等企业开展创新方法相关培训。

3. 将创新方法知识体系内容服务企业、行业和社会

学校国际商学院采用实践教授和教师作为方法论专家与领域专家结合的方式，使创新方法更好地服务实践。在实战型创新方法专家的带领下，企业的研发工程师们发挥自身的专业优势，使创新方法与专业相结合，从而更加有效地突破思维定式，产生更能落地有效的创新解决方案。例如，在中国航空工业集团、宁德时代新能源科技股份有限公司、北京中科三环高技术股份有限公司、中国海洋石油集团有限公司、上汽通用汽车等企业中开展创新方法的推广应用工作。

（二）推广应用效果

1. 通过教指委、学会和竞赛平台，成果辐射面大大增强

对外经济贸易大学主导建设的创新工程学理论体系、知识体系被教育部创新方法教指委和高校高度认可，制订了《创新工程知识体系与系列课程建设方案》并向全国高校推广。在教指委年会、中国创造学会创新工程学分会成立大会上，受邀在多所高校举办的报告

会上推广本成果，例如在大连理工大学、浙江工业大学、海南大学、兰州理工大学等报告会上向高校和企事业单位推广应用本成果，收到良好反馈，成果推广效果显著。

2. 通过教学研究和实践探索，成果深入实践，助力发展

本成果衍生出近 20 项教学和科研项目，团队加强信息沟通交流，不断深化巩固成果。创新方法已经在许多企业研发、创新项目之中获得了成功运用。接受创新方法培训以及多年实践经验丰富的教师团队，三年来以企业现场考察纾困解难等形式，走进企业，点对点解决实际问题，助力区域以及企业科技创新、转型升级、四链融合。

结语

对外经济贸易大学创新方法人才培养模式探索与实践首先从学科建设角度系统地研究创新工程学，构建了以创新方法为核心的创新工程学知识体系，解决了高校创新方法没有学科支持，不能持续、深入开展的问题。在创新工程学知识体系指导下，建立本—硕—博贯通式创新方法课程体系，开发了相应人才培养方案，分层次编写创新工程学和创新方法系列教材。成立专门组织机构，建立长效机制，培养兼具专业基础和创新方法应用能力的师资队伍。通过成果选择、成果转化、运用验证、推广普及以及巩固深化等环节，多渠道、多内容、全方位探索推广此成果。未来将在示范应用的基础上不断总结，反复迭代，形成创新工程学背景下中国特色的创新方法高等教育人才培养模式。

参 考 文 献

[1] 顾海良.《习近平新时代中国特色社会主义思想概论》体系结构述要［J］. 思想理论教育导刊，2023（11）：4－14.

[2] 教育部高等学校创新方法教学指导分委员会. 创新工程知识体系与系列课程建设方案［M］. 北京：高等教育出版社，2023.

[3] 李茂国，汪洋，马一丹，等. 创新工程学体系构建研究［J］. 科学决策，2020（4）：1–20.

[4] 张炜.高等教育强国建设的成就与路径——从内涵式发展到高质量发展的演进［J］. 中国高教研究，2023（10）：1－8.

高校大类招生分流培养模式探索

韩玉桃

摘　要：随着时代的发展和教育的改革，大类招生分流培养的学生管理模式日渐成为高校的主流选择。大类招生分流培养模式在加强社会综合人才培养、推动高校创新办学方式和促进学生明晰个人发展方面有其特有的优势。文章对该模式在国内外的实施情况进行探讨，指出了它在人才培养方面的优点，同时也提出了目前该模式在实施过程中所面临的一些问题。最后从完善大类招生培养方案、合理设计分流培养方案以及落实导师制度、加强校企合作等方面提出一系列优化策略。

关键词：大类招生　专业分流　人才培养

引言

人才培养模式是学校在综合考量学生个性、发展需求以及社会、就业和行业需求的基础上，为学生设计并实施的一套旨在构建知识、能力和素质结构的教育方案。“大类招生”策略允许学生在专业类别内选择不同专业进行报考，而“分流培养”则是在相同专业类别内根据年级差异进行招生。这两种模式均旨在培养学生的创新精神和实践技能，特别强调个性化发展，为学生提供更广阔的成长和选择空间，以适应社会经济发展对应用型人才的需要。在知识结构的构建上，它们注重知识体系的全面性、系统性、科学性和实用性，目的是加强学生的专业理论基础，拓展知识视野，并增强实践应用与创新能力，满足社会进步的需求。

自 20 世纪 80 年代以来，我国对于大类招生分流培养模式进行了一系列探索。2014 年，国务院出台《关于深化考试招生制度改革的实施意见》，启动新高考改革，标志着“专业优先”的投档方式正式启用，强势专业将成为高校招生的“硬通货”。这种情况下，通过大类招生“打包录取”考生，成了部分高校录取优质生源的手段之一。2023 年 1 月 11 日，教育部印发《关于做好 2023 年普通高校招生工作的通知》，对 2023 年普通高校招生工作做出部署，其中在招生规范管理方面指出，严格规范高校大类招生行为，高校原则上按专业开展招生，少数探索大类招生的高校要精心制定培养分流方案。

作者简介：韩玉桃，对外经济贸易大学副教授，博士生导师。

项目资助：对外经济贸易大学 2024 年度课程思政研究课题。

借鉴国际上的高等教育经验，如美国的耶鲁大学、斯坦福大学、密歇根大学等顶尖学府，在招生过程中普遍不依据具体专业进行招生。这些学府采取的大类招生制度允许学生在入学后根据学科门类或专业类别进行选择，进而更精确地定位到与个人兴趣和能力相匹配的专业领域。此外，大类招生制度为学生在学习过程中提供了更多选择，有助于提高其学习能力。总体而言，大类招生分流培养模式代表了高等教育发展的一种趋势。

一、大类招生的缘起与模式

（一）大类招生分流的缘起

大类招生分流的缘起主要是为了应对高等教育领域面临的挑战和需求。在我国，采用大类招生分流培养的人才培养模式，其根源是在 20 世纪 80 年代后期，北京大学实施的元培计划。彼时，元培计划提出了“加强基础，淡化专业，因材施教，分流培养”的十六字高等教育教学改革方针。而我国强调通识教育是从 20 世纪 90 年代开始的，时任教育部副部长周远清指出：“高度计划经济体制下形成的高等教育体系突出的问题表现在：专业口径过窄、人文教育薄弱、教学模式单一、教学内容偏旧、教学方法过死。”当时南京大学、复旦大学等高校纷纷展开大类招生模式的早期摸索，加大选修课建设力度、开设不分文理和专业的少年部、成立基础学科教学强化部等等，以改变专业教育过窄的状况，全面提升学生的文化素质。从 2001 年开始，北京大学实行大类招生，接着，清华、复旦、北师大都相继推出，至今大类招生已初具规模。

2021 年 6 月，根据教育部公布的 2021 年高校招生专业目录，高校按照学科大类招生已成为一种趋势。实行大类招生，已经是我国高校开展通识教育的普遍做法。据《大类模式：我国研究型大学本科专业教育模式改革探索》一文数据显示，到 2020 年，除国防科技大学以外的 41 所一流大学建设高校全都进行了大类专业招生改革，有 7 所高校尚未实施全面大类招生改革。

从目前的情况来看，所谓的大类招生模式，指的是在高考录取的时候，不是以专业来招生，而是以学科大类来招生。在进入大学之后，按照大类招生的培养计划，用一年或两年的时间，对通识课程和大类基础课程进行学习，并获得学分。之后，采取以学生志愿为主，以学习成绩为辅的方式，进行专业分流。在分流之后，通过专业培训，达到专业的培养目标。

推行大类招生的初衷旨在提高教育质量，满足学生个性化发展的需求，同时更好地适应社会和经济发展的需求。早在 1870 年，哈佛大学就开创了一种“学生自主选择的分流教育模式”。目前，众多世界顶尖大学都采纳了更为开放的教学策略，即在本科教育初期，甚至贯穿整个本科阶段，不划分具体专业，而是让学生广泛学习基础课程，以此奠定坚实的学术基础。通常到第二学年或研究生阶段，学生才根据个人兴趣和职业规划选择深入学习的专业领域。这种教育模式旨在实现更广泛的通识教育，培养学生的综合素质和创新能力。

（二）大类招生分流培养的三种模式

大类招生分流培养模式作为高等教育改革的重要方向，其多样化的实施策略旨在满足不同学生的学习需求与个性化发展。常见的有以下三种模式。

1. 按学科招生模式

按学科招生是当前高等教育中广泛采用的一种招生策略。在这一模式下，高校将具有相似学科属性或专业特色的多个专业整合为一个大类进行招生。学生在入学后的大一或大二阶段，接受广泛的基础教育，这有助于他们建立扎实的学科基础，同时也为学生提供了充足的时间来探索自己的兴趣和职业方向。到了大二或大三，学生再根据个人兴趣、特长以及学校的指导，分流到具体的专业，开始深入学习专业课程。这种模式不仅有助于学生的全面发展，也便于学校进行更为系统和有效的教学管理。

2. 按院系招生模式

按院系招生模式中，高校通常以学院或系为单位，将相关联的专业归类为一个大类进行招生。学生在入学后，可以在所属院系的范围内，根据自己的兴趣、特长和成绩选择专业。这种招生模式为学生提供了较为灵活的专业选择空间，同时也鼓励学生在院系内部探索不同的学术领域。高校通过这种方式，不仅能够为学生提供丰富的学习资源和发展平台，还能够激发学生的学术潜能，帮助他们实现个人职业目标。

3. 按“基地班”“实验班”模式招生

“基地班”“实验班”模式招生是一些高校为了培养具有创新精神和实践能力的优秀人才而采取的特殊招生方式。例如，北京大学设立的“理科实验班类”“工科实验班类”等，这些班级通常以大类的形式进行招生，学生在入学后根据自己的兴趣和特长选择专业，享受较为自由的转专业政策。此外，一些高校的实验班或基地班在学生入学后通过选拔机制进行招生，这种方式不仅能够吸引更多有潜力的学生参与，还能让学生在不同的学科领域中获得更广泛的学习机会，促进其全面而深入的发展。

这三种模式各有特点，但共同的目标是为学生提供更加个性化和灵活的教育路径，以适应快速变化的社会需求和促进学生的终身发展。高校在实施这些模式时，需要综合考虑学校的教育资源、学科优势以及学生的个性化需求，以确保招生和培养工作的有效性和针对性。

（三）大类招生分流培养与普通专业培养的区别

首先，从专业名称方面来看，与专业招生比较起来，按类招生的专业类名称没有对专业名称进行细化，通常是某一学科领域内的一级学科或者二级学科。

根据招生计划来看，在按类招生的院校中，学校的招生计划数不再按照专业进行划分，而是直接下达到了按当年计划招生的专业类中。因此，考生在填报志愿的时候，只需要填写对应的大类，而不需要选择确定自己就读的具体专业。

从培养模式角度来看，在分类招生的过程中，不同的大学要根据自身的教学资源、学科建设、专业布局、院系建制、教学管理、学生管理、就业方向等因素，来制定相应的培养模式，而这些因素又各不相同。就算是同一所大学，在培养模式和转学时间上也是不一样的。

在人才培养期间，同一专业各大类的招生对象、将在同一时间、在同一教学平台上，开展该专业各大类的共性课程的学习。之后，学生要与个人的爱好、特长相结合，并对自身的条件、学校教学资源情况及就业状况进行综合考虑，主动地接受导师的指导，再以学生的志愿和学校有关规定为依据，由学生选择专业或专业方向进入相应的专业学习。

二、大类招生分类培养优势与问题

（一）大类招生分流培养的优势

大类招生是高校根据我国教育发展的实际情况做出的涉及人才培养模式、课程体系、教学方式方法的一次深刻的教学改革。实行大类招生，是高校招生的一种基本策略，高校大类招生分流培养的优势主要包括以下四点。

第一，专业方向对口。大类招生分流培养是根据学生的兴趣和能力分流到对应的专业，使学生的学习更加贴合自己的兴趣爱好和天赋。大类招生给学生提供了更多的专业选择空间，学生入学时不事先确定学习的具体专业，而是在入学后经过基础课的共同学习，在大学二年级下学期或三年级才选择专业或专业方向，能够避免因强制学习某门课程而导致的学习压力和退缩情况。

第二，培养了学生的通用能力。大类招生政策坚持以“厚基础，宽口径”为原则，强化做人（人格素质）的基础和强化做事（职业能力）的基础。大类招生分流培养以通识教育为基础，强调学生的素质教育和全面发展，培养学生的创新思维、实践能力、口头和书面表达能力等通用能力，能为学生未来的职业发展打下坚实的基础。

第三，提高就业竞争力。大类招生分流培养可为学生提供更加丰富的专业选择，使学生能够更好地掌握未来职业发展的方向，增强自己的就业竞争力，明晰职业发展前景。

第四，提高学生综合素质。大类招生分流培养不仅关注学生专业知识的学习，还注重学生综合素质的培养和提升，包括思想品德、文化素养、身体素质、心理素质等方面，为学生提升综合素质提供了良好的机会。

此外，大类招生有利于使“冷热”专业趋向平衡，能够培养社会需要的各类专业人才。

总之，大类招生分流培养模式的优势在于更加符合学生兴趣和能力特点，更注重培养学生全面发展和学科交叉发展的能力，更能为学生的职业发展打下坚实的基础。

（二）大类招生分流培养面对的问题

一开始，学校主要是想让学生们有更多的时间去了解自己所学的专业，然后根据自己的能力来选择自己想学的专业；但也有些大学为了提高自己的高招录取分数，会将一些比较冷门的专业和一些比较“火”的专业融合在一起，这为大类招生分流培养制度带来了一系列问题。

第一，冷热专业发展失衡，加剧学生大学期间“内卷”。当前，分流制度主要采取的是一种以学生的志愿选择为主、以学生的学习成绩为辅的分流模式。在这种分流方式下，大多数高校都把绩点作为一个重要的参考因素来进行分流，这样就使得学生在正常学习中的竞争更加激烈，在某种程度上，会产生把学习成绩好的学生分流到热门专业，把学习成绩差的学生分流到冷门专业的现象，最终造成了热门专业都是优等生，冷门专业都是绩点相对较低的学生。这样的恶性循环，将会造成冷、热专业发展的不平衡，将不利于高校的整体发展，也不利于复合型人才的培养。长此以往，专业分流问题必然会对经济的发展产生影响。

第二，缺少兴趣导向型指引，学生学习的主观能动性不强。由于教育资源是有限的，大学对每个专业招收的学生都是有分配指标限制的，所以，学生不能完全按照自己的主观想法和兴趣爱好来选择自己想学的专业，而是要看成绩高低和排名。这就会导致，只要不是学生自己选择的专业，学生就会对被分流的专业产生较低的认同感，还会对被优先选择的专业产生排斥，学生的专业归属感不强，不能调动学生的学习积极性。这样，不但会影响日常学习，还会影响学生的身心健康。

第三，学生家长担心分流，学校有可能错失人才。大类招生分流培养在一定程度上使得高考报考定位困难。考生在报考的时候不光要考虑同一专业或相似专业不同学校的分数，还要考虑大类招生中各专业本身是不是“值”这些分。专业分流时，部分高校直接满足学生报考意愿，部分高校根据学生报名择优录取。如果大类里包含的方向关联性较强还好，如果有那种方向完全不同或者差距较大的专业，很容易导致一部分学生错过自己本来想去的专业方向。同时，还一部分在高考报考之前就明确自己心愿的学生，也可能会因为想避免分流“意外”索性直接放弃原本的目标院校，从而导致学校错失人才。

解决这些问题需要高校、教育管理部门和学生三方的共同努力，通过不断的探索和实践，优化大类招生分流培养模式，以更好地满足社会发展和学生个性化发展的需求。

三、大类招生分类培养优化措施

经过几十年的探索，大类招生分流培养模式在我国的本科院校仍然存在着许多问题，并非每一所大学都适用。因此，各高校在推行大类招生模式时，应对对外经济贸易大学的实际情况进行充分的调研，从专业设置、人才培养、就业情况、师资队伍及管理体制等方面进行论证，选择符合对外经济贸易大学办学理念、培养目标和特色，符合社会发展的模式。此外，还可以分阶段、分步骤推行大类招生，可以在一些专业中进行试点，并根据实际执行情况逐步推行，遵循“边试点、边探索、边推进、边完善”的原则，探索出一种适合对外经济贸易大学发展的人才培养模式。本文给出的大类招生分类培养的优化措施主要包括以下五点。

第一，以学生为本，构建科学培养方案。高校应该进一步完善课程设置，根据不同专业的学生，设立专业课程和通识教育课程，并提供选修课程，采用灵活的教学方式，将传统教学模式和现代教学模式相结合，激发学生学习动力，满足学生的多元化课程需求，促进学生的全面发展。在大类培养阶段，高校需要构建完善的课程体系，包括通识教育类课程、大类基础课程及专业课程，以培养学生扎实的基础知识和宽广的知识面。同时，实施激励机制，营造良好的学习环境。完善管理制度，建立健全管理制度，实行规范的管理流程。此外，在新生入学之后，要充分发挥入学教育的作用，对大类培养专业分流工作的实施环节、学校当前的专业现状，以及学生们今后在大类内可供选择的专业等方面做出详尽的解释，使每一位学生都能完全清楚大类培养专业分流给自己的大学生活带来的影响，并能在大类培养专业分流实施过程中采取行之有效的措施，防止其带来的不利影响。通过对大学生的专业知识的普及，可以降低他们在将来的职业选择上走入误区的概率。具体措施参考如下：一是开设“专业见面会”，主要介绍该专业的基本情况、发展趋势和将来的就业情况，使学生对该专业有较为深入的认识；二是发放专业图册，使学生对自己所学的专业有比较清楚的认识，并为今后进行“大类”培养做铺垫；三是开展学科分流咨询活动，组织各级各类报告会、交流活动，详细解答学生的疑问。在通识教育阶段提供专业引导和咨询服务，帮助学生了解不同专业的学习内容、发展前景等，以做出更明智的专业选择。

第二，充分把握专业分流节奏，明确分流标准和程序，实行“双导师”制。高校应制定明确的专业分流标准和程序，确保学生可以根据自己的兴趣和专长，结合社会需求和个人发展规划，选择适合的专业方向。更进一步，高校需要建立科学合理的评价机制，不仅评价学生的学术成绩，还要评价学生的创新能力、团队协作能力等综合素质，依托于完善的机制进行合理分流。此外，要求专业教师和学生共同参与课程设计，激发学生学习兴趣。强化导师角色，针对不同专业的学生，设立专业导师，开展个性化指导和服务，帮助学生克服学习和生活上的困难，加强沟通交流，提升学生的综合素质和自我发展能力。

第三，加强实践教学。通过实践教学环节，如实验室开放、企业实习、项目研究等，增强学生的实际操作能力和工程实践能力，让学生更好地了解自己所学专业，提高自己的动手能力和解决问题的能力，提升学生的实际操作水平和创新精神。

第四，加强校企合作，学校与企业进行深度合作，共同制定课程，同时利用学校的优势资源，为学生提供更多的实践机会和就业机会，将学生的就业需求与专业需求对接起来，让学生更好地适应社会需求，从而更好地发挥自身优势。

第五，引导学生自主学习。为学生提供自主学习的平台和机会，鼓励学生自我学习和探索，增强学生的独立思考和创新意识，提升学生的学习成果和专业素质，进而推动学生在校内外实现更多的自我价值。

总之，为优化大类招生分类培养，需要在课程设置、导师制度、实践教学、校企合作和自主学习等方面充分发挥优势，以满足学生的多元化需求，为学生未来职业发展提供更多的可能。

结语

经过数十年的发展与实践，“大类招生分流培养”模式已在高等教育领域得到广泛认可与实施。这一模式不仅顺应了社会对复合型、创新型人才的迫切需求，也代表了我国高等教育教学改革的重要方向。然而，当前阶段，大类招生仍面临诸多挑战，高校应避免将其作为控制投档线、保障某些专业录取率的工具，而应回归教育的本质，着力构建全方位的人才培养体系。通过“通识教育”与“专业教育”的有机结合，以促进学生全面发展为目标，为学生提供更广阔的选择空间。

展望未来，大类招生分流培养模式仍需在实践中不断探索与完善。如何更好地发挥其优势，实现内涵式发展，需要各大高校与教育工作者共同努力，走出一条既彰显高校特色、又契合我国国情的创新之路。这不仅是一项长期而艰巨的任务，更是推动我国高等教育事业繁荣发展的必由之路。

参考文献

[1] 冯杰梅. 高校实施大类招生模式存在的问题及优化研究[J]. 北京教育(高教版), 2019(6): 29-32.

[2] 卢晓东. 关于北京大学“十六字”教学方针的反思[J]. 中国大学教学, 2014(1): 19-28.

[3] 王金超, 李佳思, 曹建民. 高校大类招生模式实践运行中存在的问题及其优化策略[J]. 轻纺工业与技术, 2020, 49(2): 102-103.

[4] 尹苗苗. 高校“大类招生、分流培养”模式探析[J]. 合作经济与科技, 2019(16): 140-141.

[5] 张超. 高等院校大类招生培养专业分流的研究与实践[J]. 产业与科技论坛, 2019, 18(4): 243-244.

海关管理专业人才培养模式国际比较

崔景华　肖笑瑶

摘　要： 随着经济全球化的不断发展，海关作为国家边境安全的重要保障，越来越受到各国政府的重视。海关管理专业人才作为海关事业的核心力量，其培养和教育成为国际社会共同关注的焦点。海关管理专业人才培养关乎海关能否高效率、高质量履行监督管理职权，对于守护国家经济安全有着重要意义。本文旨在通过对比分析不同国家或地区海关管理专业人才的培养方法和机制，挖掘其中的优缺点，并提出相应的建议，以期为我国培养国际化与高水平海关管理专业人才提供借鉴和参考。

关键词： 海关管理　人才培养　国际比较

引言

伴随着快速发展的国际贸易和日益频繁的跨境活动，海关在国家安全、经济发展和社会稳定等方面发挥着至关重要的作用。在经济全球化背景下，各国海关面临着诸多共同问题和挑战，如国际贸易的复杂性和多样性、跨境疾病的传播和防控、跨国犯罪的打击和防范等。海关管理专业人才作为海关事业的核心力量，其培养和教育成为国际社会共同关注的焦点。因此，社会发展实践对海关管理专业人才的培养提出了更高的要求。然而，当前全球海关管理专业人才短缺的问题日益凸显，如何培养高素质的海关管理专业人才成为各国海关面临的共同挑战。本文旨在通过对不同国家或地区的海关管理专业人才培养进行比较研究，以期发现其中的共同点和不同点，以及在不同国情和背景下所形成的独特培养模式。这些经验和做法对于解决我国海关管理专业人才短缺问题具有重要意义。本文主要采用案例分析的方法进行研究，结合代表性高等院校的实际案例，对不同国家或地区的海关管理专业人才培养进行深入剖析。面对经济全球化的不断发展，各国海关部门以及高等教育院校普遍重视国际合作与交流，共享资源、知识和经验，以提高海关管理专业人才的国际竞争力。通过深入剖析不同国家或地区海关管理专业人才培养的共同点和差异之处，我们从中汲取经验，为我国海关管理专业人才的培养提供启示和借鉴。

作者简介：崔景华，对外经济贸易大学政府管理学院教授，博士生导师；

肖笑瑶，对外经济贸易大学政府管理学院博士研究生。

一、海关管理专业人才培养情况概述

（一）海关管理专业人才培养体系发展概况

20 世纪初，随着海关在国家经济发展和国际贸易中的重要性日益凸显，海关管理专业的建设开始受到一些国家的重视，大学纷纷开设海关管理专业课程，并组织开展相关领域研究。之后，海关管理专业的发展方向也伴随着经济全球化进程的推进而不断变化，海关管理从业人员不仅需要应对日益复杂的国际贸易环境，还需要不断适应和提升以适应全球化的挑战。近年来，随着科技创新的不断进步，海关管理专业也逐渐开始与新兴技术相融合，着眼于提高海关管理效率和贸易便利性。同时，海关管理专业人才的培养越来越注重国际间的交流与学习，各高校通过与国际机构以及国家政府部门进行合作开发学习培训项目以应对跨境贸易安全和贸易高便利化带来的挑战。

国内海关管理学的诞生是很多学科理论在海关管理活动环境中长期交融的结果。我国海关管理专业的起源可以追溯到 1908 年，清政府在北京建立“税务学堂”，一所官办的近现代新式学堂，该学堂是世界上最早从事海关高等专业教育的学校之一。1913 年税务学堂更名为“税务专门学校”。税务学堂是清末实施新政，旨在培养税务专门人才、争取税务自主权而设立的。这所学校为我国培养了第一批专业的税务人才，为我国近代海关和税务事业的发展奠定了基础。

1949 年中华人民共和国成立后，海关作为国家的重要职能部门，其管理逐渐规范化、专业化，与之相对应，海关管理人才的培养也在根据国情的实际变化不断地作出调整，本文按照教育对象的不同分为如下两个方面进行梳理。首先是海关干部的在职教育培训。1951 年，海关总署开始举办海关干部在职培训班；1953 年，在对外贸易部海关总署牵头下，上海海关学校成立，开始招收海关管理专科学生，这是新中国第一所部属中等海关专业学校。对外经济贸易大学的海关管理系设立于 1974 年，海关总署（当时的海关管理总局）与对外经济贸易大学（原北京对外贸易学院）协商，于当年学校建立海关管理系，最早走出了部校共建之路。1975 年学校招收了第一批海关干部进修学员 49 人。1983 年，海关总署干部管理学院建立，该学院主要承担海关系统干部队伍的在职培训任务，承担海关各级各类干部培训、业务技能培训，开展海关业务理论与实践研究，以及国内外合作与交流，为提高海关干部队伍的整体素质和业务水平提供了坚实的保障。

其次是海关人才的学历教育，目前开设海关管理专业的代表性高校主要有两所，即上海海关学院和对外经济贸易大学。两所院校均是首先招收专科生，而后随着全国教育大背景的转变逐渐提供本科、研究生学历教育。1980 年，经国务院批准，以上海海关学校为基础，改建成为上海海关专科学校。1996 年更名为上海海关高等专科学校。2007 年 3 月，教育部批准在上海海关高等专科学校的基础上设立上海海关学院，这是新设置的全日制普通本科高等学校。对外经济贸易大学则是于 1976 年招收了三年制海关专业学生 47 人，1978 年开始正式招收本科生，是我国最早成立的海关管理本科专业。1985 年海关管理系开始招收海关管理专业研究生，2008 年开始招收博士研究生，2011 年获得 MPA（公共管理硕士）招生资格，海关 MPA 开始招生。经过 46 年的发展，对外经济贸易大学目前是全国高校海关管理专业中唯一一所具备本、硕、博完整培养体系的高等院校。

综上可知，我国的海关管理教育体系是基于海关管理实践需求逐步建立并发展起来的，首先是针对海关在职人员的继续教育培训，然后是海关管理的专科教育，随着全球化的加速和国际贸易问题的愈加复杂化，此专业逐步衍生出对本科、研究生学历教育的需求。

（二）海关管理专业人才培养体系

就培养体系来看，海关管理专业的人才培养层次分为学士、硕士和博士三层培养体系。根据已有研究文献估计，全球范围内共有海关管理相关学位项目 30 个，其中，学士学位项目有 13 个、硕士项目有 17 个。国外海关管理相关专业人才的培养一般多与交叉学科相结合，国外高校在本科和硕士培养阶段，将海关管理与供应链管理、国际贸易、税务管理、边境安全与口岸管理等领域相结合，而我国既有独立的海关管理专业也有与其他交叉学科结合的培养。在博士培养阶段，海关管理相关研究领域则更加宽泛，比如对外经济贸易大学对于博士层次的人才培养，是在公共政策与管理下设置海关管理方向，而澳大利亚查尔斯特大学则是设有海关、边境管理和国际贸易博士研究生学位。

二、国际海关管理专业人才培养模式比较

（一）本科阶段海关管理专业人才培养模式国际比较

本科阶段的海关管理人才培养，一些高等院校会单独设置海关管理专业，也有很多选择将海关管理与交叉学科相结合。另有一些国家没有单独设置海关相关专业，而是在相关专业下开设海关管理相关课程。表 1 为各个国家本科学历海关管理相关专业与课程设置的对比情况。

1. 拉脱维亚

拉脱维亚的地理位置优越，且这个面积相对较小的国家在国际运输网络中占据了非常重要的位置。由此，商业贸易成为拉脱维亚经济中一个重要支撑，因此，其也很重视对海关人才的培养。拉脱维亚海关管理专业较为有名的高校为里加科技大学。此大学设置海关与税务管理学士、硕士项目。本部分主要介绍拉脱维亚海关管理本科人才培养体系。海关与税务管理专业学士项目课程非常有特色。该课程由里加科技大学与世界海关组织（WCO）、拉脱维亚海关当局以及国家税务局合作设计开发，该学士学位提供全日制和非全日制学习，全日制学习周期为 4 年，非全日制为 5 年。

海关与税收管理专业学士学位课程的学生需要完成学士学位必修课程并达到两个专业标准（即海关专业和税收专业）之一后，获得相应专业能力所需的理论知识和实践技能。课程体系由学位必修课和选修课组成。必修课主要包括三个模块，一是通识课程，

二是专业理论基础和信息技术基础课程，三是专业核心课程，主要包括财务风险分析、海关流程概述等专业基础课程。选修课包括专业选修课和任选课，专业方向必选课分为海关管理和税收管理两个方向，具体课程如表1所示。

2. 澳大利亚

澳大利亚拥有较为完善的海关管理相关专业的学历教育体系，拥有包括本科、研究生等层次的教育，比如查尔斯特大学提供的边境管理学士学位课程，堪培拉大学提供的国际海关法律与管理硕士项目等。就其本科阶段人才培养而言，具有代表性的是查尔斯特大学与澳大利亚海关和消费税研究中心（CCES）、世界海关组织等国际机构以及国家政府机构合作提供的边境管理学士学位课程。

查尔斯特大学海关管理专业课程体系以边境管理和海关问题为核心，开设了边境管理科机构与管理原则、贸易监管与便利化、海关进出口程序等10门专业核心课程，以及8门选修科目，涵盖了边境管理政策法律、贸易合规管理和国际最佳实践等各个方面。学校提供较为灵活的学习方式，全日制形式学习时长为3年，非全日制则为6年（远程教育）。

3. 俄罗斯

俄罗斯拥有一所专门培养海关人才的俄罗斯海关学院，其是俄罗斯联邦海关总署下属的高等教育机构，设有海关管理本科专业，总院设在莫斯科市，在圣彼得堡、罗斯托夫、符拉迪沃斯托克设有分院。另外，为了满足俄罗斯巨大的教育与培训需求，政府构建了俄罗斯海关学院与其他高等教育机构海关专业的合作平台——俄罗斯海关大学教育与方法协会（EMACU）。

俄罗斯海关学院海关管理专业的人才培养方案中，本科阶段的课程主要包括基础课程和专业课程。基础课程包括“海关法学”“海关情报学”“国际贸易学”“国际物流学”“关税学”“海关管理学”“海关执法学”“海关经济学”等。专业课程则根据海关管理专业的特点，涵盖了与海关工作相关的各个领域，如报关、进出口监管、风险管理、税收管理、海关执法等。同时，为了增强学生的实践能力，本科人才培养方案中还安排了一系列实践环节。如现场考察、模拟实验、国际交流、实习实践等。

4. 日本

就学历教育而言，日本的大学没有开设专门的海关管理专业，主要是在与海关业务相关的专业下开设海关课程。例如，大阪商业大学的国际物流专业、北海道大学经济系下的国际贸易专业等。由于这些专业需要学生具备一定的海关管理知识与技能，所以，这些学科通常会开设一些与海关管理相关的课程。比如在物流管理专业下，会开设跨境物流海关管理与监管、关税与贸易壁垒等方面的课程；国际贸易学科下设关税、非关税壁垒、服务贸易等方面的课程，帮助学生理解国际贸易规则和海关管理的相关基础理论。

除了学历教育以外，对于海关官员培训方面，日本的海关培训学院（Customs Training Institute，CTI）是专门从事海关管理关员培训的机构。

5. 中国

中国设置海关管理本科专业的高校为上海海关学院和对外经济贸易大学。

上海海关学院是海关总署直属的全日制本科高等学校。前身为创建于 1953 年的上海海关学校。在具体教学过程中，上海海关学院海关管理专业积极探索国际教育合作，主要围绕海关业务改革设置课程，开展差别化教学与人才培养。例如，在海关管理专业设置海关国际事务、海关风险管理、海关税收、海关法律、物流与通关监管五个专业方向，同时，上海海关学院海关管理专业还注重实践教学，通过加强实验室建设和实习基地建设，不断完善实践教学内容和体系。

对外经济贸易大学具有海关管理本科、硕士、博士生培养资质。本科阶段，海关管理专业的核心课程主要包括“公共政策”“海关导论”“海关监管实务”“关税制度”“协调制度归类”“海关稽查”“贸易数据分析与写作”“贸易安全与便利化”等。

表 1　海关管理相关专业学士课程体系国际比较

国家	代表性学校	专业	专业核心课程
拉脱维亚	里加科技大学	海关与税务管理专业	海关信息系统、海关稽查、海关监管技术和设备、国际运输法、全球物流与运输海关风险管理、受限制和违禁物品控制、海关费用管理、海关关税制度、边境安全和供应链
澳大利亚	查尔斯特大学	边境管理专业	边境管理机构与管理规则、贸易监管与贸易便利化、海关进出口程序、税则归类介绍、海关估价方法、国际贸易规则、供应链安全管理
俄罗斯	俄罗斯海关学院	海关管理专业	进出口监管、关税学、海关管理学、海关执法学
日本	大阪商业大学 北海道大学	国际物流、 国际贸易专业	跨境物流海关管理与监管、关税与贸易壁垒、关税、非关税壁垒、服务贸易
中国	上海海关学院	海关管理专业	海关监管、海关税收、海关统计、海关缉私、海关稽查、海关风险管理、进出境检验检疫实务、海关商品归类、海关估价、原产地规则等
	对外经济贸易大学	海关管理专业	公共政策、海关导论、海关监管实务、关税制度、协调制度归类、海关稽查、贸易数据分析与写作、贸易安全与便利化等

资料来源：依据各个国家高校网站相关资料整理

（二）海关管理专业国内外人才培养体系对比分析

为了更加清晰地对比国内高等院校海关管理相关专业的人才培养模式，表 2 从培养层次、专业设置、合作单位、重点课程四个方面整理了不同国家高校的教育实践。从表 2 中可以看出，各国海关管理相关专业和课程的设置与其如何界定海关管理这一交叉学科的定位归属具有重要关系。不同高校对海关管理人才的培养层次也因其学校条件覆盖范围而存在显著差异，这不仅体现在学士培养项目，也涉及硕士和博士培养项目。

表 2　国内外海关管理相关专业人才培养体系情况一览

国家	高等院校	学位	专业	合作单位	重点课程
中国	对外经济贸易大学	学士	海关管理	与中国海关系统合作为学生提供实习机会	关税理论与关税制度、海关稽查等
		科学硕士	海关管理		关税理论与政策、海关管理技术等
		专业硕士	海关管理		海关税收征管、海关监管等
		博士	公共政策与管理		公共管理前沿、公共政策前沿等
	上海海关学院	学士	海关管理	世界海关组织 中国海关总署	海关监管、海关税收、海关统计等
		专业硕士	海关管理		
德国	明斯特大学	硕士	海关、税务和国际贸易法	AWA 外贸学院	世贸组织规则和国际贸易法、国际海关规则和欧洲海关立法、与海关相关的国际和欧盟税法、供应链安全和贸易便利化等
拉脱维亚	里加科技大学	学士	海关与税务管理	世界海关组织 拉脱维亚海关当局以及国家税务局	海关关税制度、边境安全和供应链等海关管理专业方向课程
		硕士	海关与税务管理		现代海关和税务研究方法等专业课程
澳大利亚	查尔斯特大学	学士	边境管理	澳大利亚海关和消费税研究中心（CCES） 世界海关组织	边境管理机构和边境管理原则等
		硕士	海关管理		海关管理理论与实践等
		博士	海关、边境管理和国际贸易		海关、边境管理和国际贸易等
俄罗斯	俄罗斯海关学院	学士	海关管理	世界海关组织	关税学、海关管理学、海关执法学等
西班牙	巴塞罗那大学	硕士	法律与海关管理	无	国际贸易管理，欧洲海关、立法和 AEO，欧盟货物原产地、入境和出境规则，海关制度、海关程序和海关价值等
荷兰	伊拉斯姆斯大学	硕士	海关和供应链合规管理	世界海关组织 荷兰海关总署 AWA 外贸学院	海关管理规定、供应链管理、信息技术与合规等

资料来源：依据各个国家高校网站相关资料整理

三、海关管理人才培养国际经验借鉴

（一）人才培养中信息化教学趋势显著

对比多所国际院校海关管理课程可以发现，在数字经济迅速发展的背景下，海关管理专业在培养人才时，日益注重信息系统在出入境管理中作用的发挥，包括信息技术在贸易便利化和合规性审查中发挥的作用等。信息技术将海关管理与大数据相结合，一方面可以提高海关管理效率以及通关效率，另一方面也能帮助进出口商节约成本。因此，培养体系中加入信息技术教育元素，将会从政府管理和企业贸易两个方面提升毕业生的就业素质。

（二）与国家安全、物流等学科领域相结合

将海关管理学习与其他专业教育相结合，海关管理作为国际贸易的重要支柱课程，与国家安全、物流等专业相结合，开发辅修课程，实现交叉领域的教学。海关相关课程作为辅修或者是选修课程，供学生自由选择，而不是严格按照专业进行管理，这样就可以实现交叉领域教学，扩大学生的知识面，为学习国际贸易等相关专业奠定更为广泛的知识基础，从而培养具有国际视野的海关管理人才。

（三）注重人才培养中的国际合作

综合多所院校的项目概述可以观察到，高等院校，尤其是欧洲国家的院校，在课程设计方面注重与政府机构、世界海关组织等国际组织进行合作开发，以便更好地培养学生的全球视野以及引导学生关注专业领域的国际热点问题。

（四）人才培养注重理论与实践的结合

对比国内外院校的人才培养体系可以看出，上述院校在人才培养中非常注重海关理论与实践的结合。主要体现在以下三点：一是在招生对象上，尤其是硕士项目，招收对象很多是针对具有相关领域工作经验的人士，这就为实践性教学提供了学生基础；二是注重研讨性的课程设置，帮助学生利用理论知识解决实际问题，注重海关教学的基础性和前瞻性；三是体现在培养方案中实践项目的设置上，无论是学士学位项目，还是硕士学位项目，都要求学生完成一定实践项目的学分，引导学生用理论解决工作中的实际问题，成果多以小组汇报的形式呈现。

结语

在完善海关管理专业人才培养体系的过程中，我国可以根据教学实践借鉴国外丰富的人才培养经验，如主动与国际机构合作，利用大数据平台实现优质资源教学共享，提升

学生利用信息系统解决海关管理中实际问题的能力；多角度多渠道引导学生关注海关相关领域的实践问题，提高学生利用理论知识解决实际问题的能力；以及培养学生的综合素质等方面。这些经验可以帮助我国的海关管理教育更好地适应时代发展的需要，提高教育质量和学生的综合素质。

参考文献

[1] 王菲易，黄胜强．海关学的学科构建、学科组成与未来发展：学科演进的视角[J]．海关与经贸研究，2021，42（5）：1－21．

[2] 张琳，孙梦婷，顾秀丽，等．交叉学科设置与评价探讨[J]．大学与学科，2020，1（2）：86－101．

[3] 金宏彬．海关管理专业课程的国际比较[J]．对外经贸，2017（12）：148－151．

[4] 郑建民．对推进海关高等教育深入发展的几点思考[J]．海关与经贸研究，2014，35（2）：1－7．

通过开展国际模拟法庭竞赛促进涉外法治人才的培养

李沣桦

摘　要：习近平法治思想指导下的涉外法治人才培养需要作为国家涉外法治人才培养摇篮和主要阵地的法学院校充分发挥法学教育的主导作用。其中，通过开展国际模拟法庭竞赛来促进涉外法治人才的培养，是一个重要且可行的路径。本文首先对当前我国法学院校开展国际模拟法庭竞赛的实践教学进行现状剖析，并分析了当前主要的国际模拟法庭赛事及其特点。本文认为国际模拟法庭竞赛在涉外法治人才培养中起着关键作用，进而从实证角度探讨国际模拟法庭的作用。最后，本文为法学院校、教师和学生开展国际模拟法庭竞赛提供了完善建议。

关键词：习近平法治思想　涉外法治人才培养　国际模拟法庭竞赛

引言

党的十九届四中全会提出，“加强涉外法治工作，建立涉外工作法务制度，加强国际法研究和运用，提高涉外工作法治化水平”。[①]党的十九届五中全会强调，“加强涉外法治体系建设，加强国际法运用”。[②]党的二十大报告进一步指出，“加强重点领域、新兴领域、涉外领域立法”。[③]在中央全面依法治国工作会议上，习近平总书记发表重要讲话，强调要坚持统筹推进国内法治和涉外法治。加强涉外法治建设，是习近平法治思想的重要组成部分；而加强涉外法治人才的培养，则是涉外法治建设中占据举足轻重地位的基础工程。培养涉外法治人才，需要基于国家战略进行统筹规划和顶层设计，是一项需要依据具体需求导向、各方共襄斯举的重要工作。作为培养国家涉外法治人才的摇篮和主要阵地，高校应当充分发挥法学教育在培养涉外法治人才中的主导作用，通过系统规划涉外法治人才的培养方案，有效实施和评估各项促进涉外法治人才培养的路径和措施。在这

作者简介：李沣桦，对外经济贸易大学法学院副教授，博士生导师。

①《中共中央关于坚持和完善中国特色社会主义制度　推进国家治理体系和治理能力现代化若干重大问题的决定》，2019年10月31日。

②《中共中央关于制定国民经济和社会发展第十四个五年规划和二〇三五年远景目标的建议》，2020年10月19日。

③《高举中国特色社会主义伟大旗帜　为全面建设社会主义现代化国家而团结奋斗——在中国共产党第二十次全国代表大会上的报告》，2022年10月16日。

其中，通过开展国际模拟法庭竞赛来促进涉外法治人才的培养，是一条重要且可行的路径。

一、开展国际模拟法庭竞赛的实践教学现状

模拟法庭（Moot Court）是一种在全球法学院中广泛使用的模拟法庭诉讼和仲裁庭庭审的教学方法，旨在让法学院学生通过扮演法官、仲裁员或代理律师的角色，在模拟的法庭环境中练习辩论、陈述和辩护等技能，提高其法律素养和实践能力。模拟法庭通常采用真实案例或虚构案例进行模拟，参赛学生需在限定时间内撰写诉状、答辩状、上诉状等法律文书，并在模拟庭审中进行辩论、质询、陈述和辩护等环节。

模拟法庭起源于英国，最早的模拟法庭记录于公元997年。在当代，国际模拟法庭竞赛给各国法学院学生提供了一个同台竞技的机会。不同国家和地区举办的国际模拟法庭赛事在比赛规则、赛制和参与对象等方面可能存在差异，但是国际模拟法庭的核心目的和形式是基本相同的。在中国，目前已经有不少大学和法学院开设了“模拟法庭”课程，并且积极参与国际模拟法庭竞赛。综观中国法学院校的国际模拟法庭竞赛实践教学，主要参与的国际模拟法庭竞赛如表1所示。

表1 主要国际模拟法庭赛事

赛事名称	成立年份	主要法律领域	国际赛地址	国际赛参赛队伍总数（个）	是否设置国内赛/区域赛
Philip C Jessup	1960年（1968年设置国际赛）	国际公法	美国华盛顿特区	664（2022年）	是
Willem C Vis	1993	国际商事仲裁	奥地利维也纳	378（2023年）	可选择设置
Willem C Vis（East）	2003	国际商事仲裁	中国香港	150（2021年）	可选择设置
Foreign Direct Investment International Arbitration	2008	投资者—国家争端解决	非固定	65（2022年）	是
Frankfurt Investment Arbitration	2007	国际投资仲裁	德国法兰克福	105（2022年）	是
John Jackson WTO	2002	世界贸易组织法	瑞士日内瓦	71（2022年）	是
International Criminal Court	2005年（2007年设置国际赛）	国际刑法	荷兰海牙	95（2021年）	是
Nuremberg	2014	国际刑法	德国纽伦堡	50（2021年）	书面申请
Price Media Law	2007	国际人权法	英国牛津	100（2021年）	是
Mandela World Human Rights	2009	国际人权法	瑞士日内瓦	36（2022年）	书面和口辩申请

续表

赛事名称	成立年份	主要法律领域	国际赛地址	国际赛参赛队伍总数（个）	是否设置国内赛/区域赛
Lachs Space Law	1992 年（1993 年设置国际赛）	空间法	非固定	官网未提供	是
Sarin Air Law	2010	航空法	非固定	36（2021 年）	是
International Maritime Law Arbitration	2000	国际海事法	非固定	34（2021 年）	否
Fletcher Insolvency	2016	国际破产法	非固定	34（2021 年）	书面申请
Oxford Intellectual Property Law	2003	知识产权法	英国牛津	32（2021 年）	书面申请
PAX	2013	国际私法	非固定	26（2021 年）	否
Stetson Environmental Law	1997 年（2001 年设置国际赛）	国际环境法	美国格尔夫波特	23（2023 年）	是

二、国际模拟法庭竞赛在涉外法治人才培养中的作用

（一）国际模拟法庭竞赛对参赛学生能力的提升

国际模拟法庭竞赛在培养本科层面涉外法治人才中发挥着重要作用。首先，参与国际模拟法庭竞赛有助于提高本科生的法律分析和论证能力，夯实学生的国际法和涉外法基础。在国际法模拟法庭竞赛中，学生需要进行鞭辟入里的法律分析和论证，以支持自己的观点和立场。这要求学生对国际公法的相关知识以及经贸、人权或环境等具体国际法领域有深入的了解，并能够将其应用到具体案例中。通过参加国际模拟法庭，学生可以提高自己的国际法和普通法案例检索、国际条约分析和论证能力，增强对国际法的理解和掌握。

其次，参与国际模拟法庭竞赛有助于增强学生对国际法和涉外法实践的理解和应用能力。国际模拟法庭是一种将理论知识应用到实践中的方式。通过模拟案例的辩论和裁判过程，学生可以更好地理解和应用国际法。例如，FDI International Arbitration 模拟法庭竞赛的很多案例是真实国际投资法案件中的核心法律争议点的整合和加工，涉及大量复杂的现实难题。学生需要在对国际条约、双边投资协定、习惯国际法和相关国内法进行研读的基础上，分配角色、准备辩词和展示证据。

最后，参与国际模拟法庭竞赛有助于拓展学生的国际化视野，促进学生的国际交流，提升文化理解能力。国际模拟法庭通常是由来自不同大洲、不同法域、不同国家和地区的学生参加的，这为学生提供了一个互相协作、交流、学习和了解不同国家和民族文化的机会。新冠肺炎疫情全球大流行结束后，国际模拟法庭竞赛恢复了线下比赛。通过参

加国际模拟法庭竞赛，学生可以结交来自不同国家和地区的同龄人，并了解他们对国际法律和治理的看法和理解，增强自己的跨文化交流能力。

（二）国际模拟法庭竞赛对涉外法治人才培养的实证分析

近年来，我国法学院校学生在国际模拟法庭竞赛上斩获诸多佳绩。各校参赛的主力队员，基本上以法学院本科生为主。以培养涉外经贸法治人才著称的对外经济贸易大学法学院，其参加国际模拟法庭竞赛的主力队员大多数是本科生，特别是就读于法学院涉外型卓越经贸法律人才实验班的学生。法学院针对国际模拟法庭竞赛成立了“模拟法庭俱乐部”，俱乐部下设秘书处，在学院和教师的指导与监督下进行管理、组织和协调国际模拟法庭竞赛参赛队伍的备赛与参赛活动。各个国际模拟法庭竞赛的参赛队员入选为俱乐部的正式会员。同时为了打造人才梯队，俱乐部在队外吸收和发展具有潜力的梯队会员，进行定期培训。俱乐部推行学生教练制度，通过历届优秀会员的“传帮带”，形成独具特色的贸大国际模拟法庭文化。目前，国际模拟法庭竞赛是法学院涉外法治育人的重要机制。在2015—2020年间，贸大在主攻的Philip C Jessup、Willem C Vis、FDI International Arbitration、John Jackson WTO、International Criminal Court和Price Media Law六大国际模拟法庭赛事中，团体及个人共获得24个国际奖项和约40个国家级奖项，其中包括10个全国冠军，成绩稳居全国法学院校前列。①

国际模拟法庭竞赛让法学院本科生在高端国际赛事中获得难能可贵的历练与成长机会，而这也是培育国家高端涉外法治人才的切实有效的途径之一。涉外法治人才的培养是一个长期而复杂的过程，对其可以从多个方面进行客观评估，同时也存在着一些社会各界广泛接受的指标，其中，高端奖学金项目是一个被各国普遍认可的人才培养评价指标，例如，自有着“全球青年诺贝尔奖”之称的罗德奖学金面向中国开放申请以来，北京大学法学院获得“罗德学者”奖学金的本科生全部都参加过国际模拟法庭竞赛。

基于对外经济贸易大学的样本分析，本科生通过参加国际模拟法庭竞赛，提高了国际法律实务能力、团队协作能力和跨文化沟通能力，使得他们在涉外法治人才培养的数个量化指标中表现优异。首先，在涉外就业方面，作为国际模拟法庭主要生力军来源的涉外型卓越经贸法律人才实验班，在毕业生的就业率和就业质量上长期名列国内法学院校前茅，“十三五”期间的毕业生高质量就业率接近100%。在深造上，相当一部分毕业生前往美国排名前20的法学院，以及北京大学法学院等国内精英法学院。其次，在高端国际律师事务所奖学金方面，参加国际模拟法庭竞赛的学生连年获得众达国际法律奖学金、贝克·麦坚时和奋迅联合奖学金和美迈斯法学奖学金。这三项奖学金具有高度竞争性，其中贝克·麦坚时和奋迅联合奖学金和美迈斯法学奖学金在北京仅向北京大学法学院、清华大学法学院、中国人民大学法学院、中国政法大学和对外经济贸易大学法学院等5所顶尖法学院校的学生开放申请。最后，在国际组织后备人才的培养输送方面，对外经济贸易大学法学院以国家战略需求为导向，为学生赴政府间国际组织和其他重要非政府国际组

① 筑梦“贸法”成就辉煌——贸大国际模拟法庭竞赛（2015—2020）。

织实习或任职创造条件。例如，法学院成功申报的国家留学基金管理委员会“国际经济组织后备法律人才培养项目”等国际组织实习和合作项目，为法学院本科生申请国际组织实习和就职开拓了重要渠道。这其中，获得重要国际组织实习和就职机会的学生基本上都参与过国际模拟法庭竞赛。

三、有效开展国际模拟法庭竞赛的建议

随着中国的经济和政治实力的不断增强，越来越多的中国企业和个人在国际事务中扮演着重要的角色，这也带来了涉外法治人才需求的日益增长。在坚持以习近平法治思想为指引下，在梳理国际模拟法庭竞赛实践教学的运行现状及其对涉外法治人才培养的作用分析基础上，法学院校可通过以下途径来有效开展国际模拟法庭竞赛，促进涉外法治人才的培养。

首先，打破学科之间的壁垒，构建“法学＋英语＋N”三个维度的涉外法治课程体系。第一个维度是法学课程，需要在贯通大陆法系课程的基础上，培养学生的普通法思维，也需要在掌握国内法知识的基础上，针对不同的竞赛领域加大对“国际公法”、“国际经贸法律”以及“国际海洋法”等课程的讲授力度。这可能需要进一步加强国际法学科的建设，在符合条件的情况下修订学位授予和人才培养目录，例如，武汉大学增设的国际法本科专业。第二个维度是英语课程，不仅需要在广度和深度上提供一般英语课程，更需要打造合理的法律英语课程。法律英语作为一种专业语言，有着严谨、准确和明确的特点，是国际法律从业者必备的技能，在国际模拟法庭这样的国际化和专业化的环境中同样对竞赛庭辩起着至关重要的作用。第三个维度是具有无限可能的创新课程，既包括与心理和精神相关的课程，也包括外在的“谈判和庭审礼仪”课程。这些课程可以提升学生职业素养、增强仪表形象以及与法官和仲裁员的沟通交流能力，从而更好地适应竞争激烈的模拟法庭庭辩程序。

其次，将国际模拟法庭与具体“国际法”课程进行有效结合，在授课中既讲授国际法基础知识，同时也设置模拟法庭环节，引导学生将所学的基础知识应用到模拟法庭案例实践中。例如，针对 FDI International Arbitration 模拟法庭，在设置国际投资法课程时，可视情况组织一次或数次模拟法庭。在实体上，鼓励教师结合讲授的国际投资法基础知识，撰写模拟法庭案例。鉴于国际模拟法庭竞赛所用案例涉及多个法律争议点，而每个课堂的时长有限，因此，课堂上使用的模拟法庭案例需要针对课程内容进行专门创作。例如，在讲授仲裁庭管辖权内容时，可就 Salini Test、双边投资条约与 ICSID 公约的 Dual Test，以及 ECT 的临时适用等问题进行案例的编纂。下面这份适用于对外经济贸易大学课堂模拟法庭的原创案例可作为样本参考。

FDI MOOT CASE OUTLINE 2024

I. The Factual Background to the Claims

1. State A promulgated in 2019 the General Electricity Regulation which regulated and

facilitated electricity production from renewable sources, and more remarkably provided a number of incentives to producers. The General Electricity Regulation was a complex regime aimed principally at establishing a stable subsidy system that guaranteed attractive profitability for electricity production under the special regime.

2. Company M was incorporated in State B.A number of facts might indicate that Company M was directly or indirectly controlled by Company N. Company N was incorporated in State A, and was 100% owned by nationals from State A.

In 2020, Company M entered into a joint venture agreement with Company X, making an investment of $1 billion on wind power generation plants in State A. Company X was a State A-owned enterprise. Wind power production was within the special regime under the General Electricity Regulation. The joint venture agreement was alleged being obtained through bribery.

3. State A slid into an economic crisis in 2022, and the government took a number of measures aimed at reducing the tariff deficit, including by significantly reducing the level of subsidies paid to renewable generators. State A issued a Decree in 2022 which eliminated the entire regime of fixed tariffs and premiums under the General Electricity Regulation.

4. State B was Contracting Party to the Energy Charter Treaty ('ECT'). State A signed the ECT in 2019, but had not ratified the ECT.

Company M initiated in 2023 the UNCITRAL arbitration proceedings against State A pursuant to articles 26(4) and 45 of the ECT. Company M alleged that State A's actions in entirely eliminating the special regime under the General Electricity Regulation violated State A's obligations under the ECT by:

(a) expropriating its investment contrary to article 13;

(b) denying the fair and equitable treatment ('FET') contrary to article 10(1);

(c) subjecting the claimant' investment to unreasonable measures, contrary to article 10(1);

(d) failing to honour undertakings entered into with the claimant' investment, again contrary to article 10(1).

II.Applicable Rules

1. The 2010 Arbitration Rules of the United Nations Commission on International Trade Law

2. The Energy Charter Treaty

3. Key Provisions of State A's Domestic Law

III.The Legal Issues for the Tribunal

1. Whether Company M was an Eligible Investor

Points for Debating	Directly or Indirectly Foreign Control
Claimant's Argument	Company M was not directly or indirectly controlled by foreign Company N.
Respondent's Argument	The nationality of Company M was State A, and thus Company M was not a protected investor under the ECT.

2. Whether the Corruption Allegation Deprived the Claimant' of Relief through International Arbitration

Points for Debating	The Effect of Acts of Bribery or Corruption
Claimant's Argument	Dismissing an otherwise viable claim that had been tainted by corruption was in effect rewarding a State for engaging in bribery or corruption alongside the Claimant.
Respondent's Argument	The acts of corruption contradicted international public policy and thus precluded the claims from going forward.

3. Whether ECT could be Provisionally Applied to the Case

Points for Debating	Provisional Application of the ECT
Claimant's Argument	The "all or nothing" approach should be adopted in interpreting article 45 of the ECT, which required an analysis and determination of whether the principle of provisional application *per se* was inconsistent with the Constitution, laws or regulations of State A.
Respondent's Argument	The "piecemeal" approach should be employed, given that the wording in article 45 of the ECT necessitated an examination of each separate article of the ECT to determine whether the provisions contained therein were contrary to the constitution or other legislation or regulation of the State concerned.

4. Whether Regulatory Reforms Implemented By State A to Special Regime Applied to Electricity Generation Systems was Tantamount to Expropriation

Points for Debating	Indirect Expropriation
Claimant's Argument	The Decree issued by State A had amounted to an indirect expropriation because it gave rise to a significantly negative effect upon the enjoyment and economic profitability of Claimant's investment.
Respondent's Argument	Although the change of law might have affected the value of Claimant's shares, such reduction in the profitability had not been of a degree sufficient to characterize it as an indirect expropriation.

5. Whether Company M Had Been Denied the Fair and Equitable Treatment

Points for Debating	Reasonable investment-backed expectations of a foreign investor against a host State's regulatory rights
Claimant's Argument	Article 10(1) of the ECT entitled the Claimant to expect that State A would not drastically and abruptly revise the regime on which its investment depended, especially not in a way that destroyed its value.
Respondent's Argument	FET standard did not grant foreign investors a right to regulatory stability *per se*, and States were always entitled to preserve their rights to modify their regulatory regimes to adapt to circumstances and changing public needs.

在程序上，鼓励教师制定详细的模拟法庭流程和规则，明确学生的角色（仲裁员、外国投资者或投资东道国）和责任，以及辩论和裁断的标准和程序。在模拟庭审前，为学生提供充分的准备时间和辩论机会，以确保他们能够充分发挥自己的能力和技能。为了帮助学生更好地理解和掌握国际投资法和仲裁程序，需要为他们答疑解惑，提供专业的指导和建议。在模拟庭审结束后，需要进行复盘，为学生提供详细的反馈和评估，包括讨论学生在模拟法庭中的表现、学生所面临的挑战、学生学到的经验和教训等，以便他们了解自己的优点和不足，并不断提高自己的庭审辩论能力和技能。

最后，为增强话语权，可与国际模拟法庭主办方合作开展模拟法庭竞赛，或搭建模拟法庭竞赛平台。例如，当前 Philip C Jessup 和 Price Media Law 两项国际模拟法庭竞赛就与中国人民大学法学院合作，分别进行中国国内赛区和亚太赛区的选拔。International Criminal Court 模拟法庭则与中国政法大学合作，进行中国国内赛区的选拔。在搭建模拟法庭竞赛平台、创建模拟法庭赛事方面，中国 WTO 模拟法庭竞赛是由商务部和中国政法大学、西南政法大学等机构合作举办，中国国际海洋法模拟法庭竞赛则由武汉大学中国边界与海洋研究院等机构合作举办。与国际模拟法庭主办方合作开展模拟法庭竞赛，有利于提升中国法学院校的国际声誉，搭建法学教育和法律从业者之间的桥梁；而创建模拟法庭竞赛，有利于中国法学院校打破校际壁垒，加强院校之间的资源整合与共享，最终促进涉外法治人才的培养。

结语

作为法治建设方面的最新理论成果，习近平法治思想是指导我国法治建设的总体思想和基本遵循。习近平法治思想提出了加强涉外法治建设的新要求，强调了加强中国参与国际和涉外法律事务的能力建设。涉外法治人才培养也需要紧跟时代发展，适应国际法治建设的要求，提高涉外法律人才的国际化素质和竞争力。其中，通过开展国际模拟法庭竞赛来促进涉外法治人才的培养，是一个重要且切实有效的路径。当前，中国法学院校已通过开展多项国际模拟法庭竞赛来探索涉外法治人才的培养方案。这一实践教学模式需要进一步打破学科之间的壁垒，构建“法学＋英语＋N”三个维度的涉外法治课程体系；需要将国际模拟法庭与具体国际法课程进行有效结合，在课程设置中使增加模拟法庭环节常态化；更需要与国际模拟法庭主办方合作开展模拟法庭竞赛或搭建模拟法庭竞赛平台，以增强话语权，最终实现通过开展模拟法庭竞赛促进涉外法治人才培养的目标。

参考文献

[1] Mohamed A. Rachid & Charles R. Knerr, ‘Brief History of Moot Court: Britain and U.S.’, Presented at the Annual Meeting of the Southwestern Political Science Association, Galveston, TX, March 16－20, 2000.

[2] 杜焕芳. 涉外法治专业人才培养的顶层设计及实现路径［J］. 中国大学教育，2020

(6): 22-30.
[3] 杜焕芳. 坚持以习近平法治思想为指引 加快推进涉外法治体系和能力建设[J]. 中国司法, 2022(8): 6-11.
[4] 彭芩萱, 李光辉. 积淀、贡献与展望: 习近平法治思想指导下的涉外法治人才培养[J]. 法学教育研究, 2022(3): 3-19.
[5] 张晓君, 陈正己. 新发展格局背景下涉外法治人才培养模式的创新[J]. 法学教育研究, 2022(3): 85-106.

外语类高校开展区域国别复合型人才培养的模式探索

王林越　孙亚文

摘　要：区域国别研究作为准确把握内外形势变化的必要手段、正确认识外部世界的有效工具、服务我国对外工作大局的有力支撑，对构建中国特色大国外交新格局具有重要意义。2022 年 9 月，区域国别学被正式纳入交叉学科分类下的一级学科，为建设融通中外、服务大局的区域国别学科和培养心怀家国、精通语言、专业能力突出的区域国别交叉人才提供了支撑。外语类高校具有开展区域国别人才培养的资源优势，应当乘势而上、精准把握，通过强化顶层设计、推进学科交叉融合和国际交流等方式，推动区域国别复合型人才培养，输送服务对外开放战略和外交大局的专业人才。

关键词：区域国别学　人才培养　复合型人才

引言

伴随我国综合国力的不断提升和对外开放战略的纵深推进，区域国别研究的战略意义逐渐凸显，区域国别人才培养的需求也逐渐提升。构建融通中外、交融促进、服务大局、支撑有力的区域国别人才培养体系，是高校服务国家战略、推进“双一流”建设的重要抓手。

一、国内外区域国别人才培养的发展历程与现状

（一）国外区域国别人才培养的发展历程与模式

区域国别研究自诞生以来便被认定为是一门涵盖多学科、知识和内容的广泛的综合性研究。Szanton（2002）在《知识的政治职能：区域研究与学科》一书中将国别和区域研究的内涵界定为“有共同志向的学术领域和行为的集合”，包括掌握研究对象国语言、了解其风土人情和历史文化、开展深入的实地调研和跨学科研究等。

国外的区域国别研究主要受到外交策略影响和驱动，并作为认识外部国家和制定外交

作者简介：王林越，对外经济贸易大学区域国别研究院助理研究员；
孙亚文，对外经济贸易大学国际学院研究实习员。

策略的有力支撑。以美国为例，第二次世界大战至冷战时期伴随军事和外交战略需求，对区域国别研究重要性和必要性的认识逐渐兴起："二战"期间，美国为满足海外军事活动需求和政策需要而设立军方"语言和地区"培训项目（牛可，2016），以福特基金会、洛克菲勒基金会、卡内基基金会为主的民间基金会也开始关注国际问题和国别研究（刘杉，2011）。1943 年起，美国社会科学研究理事会（SSRC）等机构逐步完成了"区域研究"的机构设置和研究范式建构，标志着区域国别研究的正式诞生。1946 年，美国出台《富布莱特法案》，支持海外交流和研究项目，推动外语教学和研究（朱兰，2023），为区域国别研究提供了制度支持、语言保障和人才储备，区域国别研究逐步在美国兴起。1957 年，美国《国防教育法》开始对设立的语言和区域研究中心提供资金支持，至今仍未中断。1988 年，美国《高等教育法》中再次强调区域国别研究的重要价值，包括保障世界多极化时代的安全稳定、加强与世界其他国家的交流沟通、开展专门性和针对性地缘政治研究等。

人才培养方面，美国的区域国别人才培养体系覆盖专业和地区相对广泛，包含对欧洲、亚洲、北非、拉丁美洲等国家和地区的政治、经济、文化、艺术、宗教等全方位的研究体系，国内知名高校及区域国别研究中心均开设相关课程和设置人才培养体系。在课程设置方面，本科阶段多以通识教育和基础课程为主，包括对地区的基本认识、区域国别研究方法的教学等。研究生阶段则主要侧重于某一具体领域内的研究，以应用为主，并为智库和研究中心提供智力支持。

总体而言，美国区域国别研究和人才培养主要呈现以下特点：一是高度的政策导向性和战略服务性。美国的区域国别研究诞生于"二战"后及冷战期间，以认识世界、辅助决策为主要目的，实践证明，其对于美国对外战略或政策的制定起到了重要辅助和指导作用。二是拥有稳定的政策和财政支持。美国的区域国别研究通常由固定的法案、法律和政策支持，为持续性跟踪调研和演进创造了必要的环境和条件。三是发展历程长、体系较为完善。美国的区域国别研究起步于世界局势变动的大背景下，目前已基本形成以区域国别研究中心、高校及科研机构、智库为主体，以政府研究项目和教育计划为支撑的区域国别研究体系；其人才培养和课程设置也较为全面科学，从不同视角、不同区域为美国的对外政策和战略提供支持。

（二）国内区域国别人才培养模式与现状

1. 国内区域国别人才培养的发展历程

我国区域国别研究最早源于针对某一具体国别和区域开展的专门性研究，例如，美国研究、俄罗斯研究、非洲研究等，研究领域相对广泛，呈现出较为分散的研究格局。20 世纪以来，随着我国综合国力的提升，认识世界的需求逐渐增加，各高校、政府和研究机构开始布局针对某个对象国别和区域的研究中心、研究所。以对外经济贸易大学为例，2001 年，学校设置区域国别研究所，整合其下十余个语系，开展区域国别研究的早期探索。2017 年，教育部发布《教育部办公厅关于做好 2017 年度国别和区域研究有关工作的通知》（教外厅函〔2017〕8 号），在全国范围内设立 395 家国别和区域研究备案中心，覆盖全球 188 个国家和地区，由教育部国际合作与交流司负责联系和指导。国别和区域研究基地和中心的建立，为统筹全国范围内区域国别研究力量，开展体系化、成熟化研究提供了保障，也为区域国别学学科的建立提供了研究基础和条件。

在此背景下，部分高校尝试启动区域国别学科建设探索，根据教育部发布的《学科授予单位自主设置交叉学科名单》，截至2022年6月，全国共有近10所高校设置区域国别相关交叉学科，包括首都师范大学、北京外国语大学、上海外国语大学、江苏师范大学和华侨大学等。上述学科均以“外语＋”为人才培养方向，交叉学科包括历史学、经济学、法学、管理学等，为区域国别学科人才培养提供了经验。

2022年，国务院学位委员会、教育部正式印发《研究生教育学科专业目录（2022年）》，将区域国别学纳入交叉学科分类下一级学科，可授予外国语言文学、法学、历史学和经济学学位。区域国别学成为一级学科，为区域国别人才培养提供了扎实的依据，为开展区域国别人才培养工作提供了明确的指引。2024年，《研究生教育学科专业简介及其学位基本要求（试行版）》发布，为区域国别学学科方向设置提供了参考和依据，为区域国别学的学科建设和人才培养路径指引了方向。据调研，目前全国范围内有近50所高校启动了区域国别学学科点申报工作，预计第一轮区域国别学人才培养的热潮将要到来，也将为区域国别学人才培养模式提供实践案例和经验借鉴。

2. 国内区域国别人才培养的特点

综合来看，国内的区域国别人才培养主要呈现出如下特点：一是虚体实体相结合的人才培养机构设置，当前国内大部分高校的区域国别研究机构实体化建设不充分，且受到交叉学科属性影响，单一学院难以独立支撑区域国别复合型人才培养的功能，在学科交叉融合、师资队伍建设、体制机制建设等方面仍存在经验不足的问题。二是人才培养方案差异性较大，大部分高校以外语为基础，辅以历史学、国际关系等学科，培养类型以研究生为主，在学科交叉融合、课程体系设置、专业方向设置等多个方面缺乏成熟引导和更为科学的布局。三是专职兼职相结合的师资队伍建设，当前国内区域国别师资队伍以外语专业研究人员为主，同时吸纳其他专业的研究力量开展多领域、多学科的交叉研究，主要以双跨、双聘、特聘等形式开展队伍建设。区域国别师资队伍的成果认定、奖励激励和阵地建设普遍尚不成熟，进而影响了人才培养的质量和稳定性。四是人才培养探索与实践相互交织促进，当前大部分高校的区域国别人才培养处于起步或转型阶段，学生培养的模式、课程体系设置、海外实践方案制定与支撑、论文评审与指导等仍在探索阶段，并将结合人才培养实践不断完善和提升，呈现出以探索推动实践、以实践反哺探索的发展模式。

二、外语类高校开展区域国别人才培养的优势

掌握研究对象国语言是开展区域国别研究的必要条件和工具，外语类高校丰富的小语种基础和资源，为区域国别人才培养提供了先天优势，具体表现在以下三个方面。

（一）语言学科优势为区域国别人才培养奠定了基础

外语类高校拥有丰富的语言学科基础，多语种优势为区域国别人才培养提供了必要工

具，外语学科现有的多维度、多元化研究基础也为区域国别人才培养提供了必要的资源储备。当前，我国对外开放战略和外交大局亟须范围广、全局性和广泛性研究，特别是“一带一路”沿线国家和一些小国，精通研究对象国语言是开展上述区域国别研究的必要条件，语言类高校可以充分依托现有小语种资源和研究基础，培养精通语言、掌握专业研究能力和了解研究对象国历史文化的复合型人才。

（二）国际交流资源为区域国别复合型人才培养创造了环境

区域国别学需要扎根当地、熟知研究对象国社会环境和风俗文化的专业人才。外语类高校拥有较为丰富的国际交流资源，特别是拥有海外教学合作机构或基地，为学生赴当地开展田野调查和本土化学习提供了条件，为培养明国情、知国策、懂民俗的区域国别人才提供了培养环境。

（三）外语人才培养经验为区域国别人才培养提供了支撑

培养具有外语能力、能够运用外语开展研究的人才是区域国别学人才培养的必然要求，而外语学科的人才培养经验能够为高校建设“外语+”交叉学科提供基础的队伍保障、研究基础和方法支撑。外语类高校在设计培养方案时，能够充分发挥外语的支撑作用，推动“外语+专业”人才培养模式转型和创新，布局以外语为基底、专业为特色的区域国别人才培养模式。

三、外语类高校开展区域国别人才培养的思路

外语类高校应立足自身基础和特色，理顺人才培养思路和路径，以外语专业为基底构建区域国别人才培养模式，培养一批具有出色语言能力、专业技能、家国情怀的区域国别复合型人才。

（一）区域国别人才培养的特点

1. 以服务大局为牵引的人才培养导向

区域国别学诞生于世界格局深刻演变和我国国际传播需求不断提升的大背景下，是服务国家战略和外交全局的必然要求。区域国别研究在我国的发展历程相对较长、布局较广泛，目前全国范围内约有四百余所区域国别研究机构，为区域国别人才培养提供了经验和基础；区域国别学的设立，更加体现了区域国别研究和人才培养的战略需求与价值。区域国别人才培养需要充分立足国际国内形势，立足两个大局，以服务国家需要和推动学科建设为导向，为国家发展战略和政策制定提供人才储备和智力支持。

2. 与国家战略的融合程度和契合水平高

区域国别学与国家战略具有显著的相关性，直接服务于国家的外交战略，为战略的实施和创新式发展直接提供支撑和借鉴。区域国别学以其多语种优势和对政治经济文化等多学科的融合性研究特色，精准服务“一带一路”沿线国家的政策需求；通过非通用语

和一些小国研究，掌握当地国情国策和社情民意，推动我国外交政策的落地，拓展国家外交网络和国际形象建设体系，精准服务于战略制定和高效对外传播，强化了学科的供需链条和战略价值。

3. 交叉性和战略性对人才培养提出了更高的要求和标准

区域国别学涵盖的学科范围和研究主体极为广泛，横向上涵盖全球范围内的国家和地区，纵深上包括具体对象的政治、经济、文化等多个领域，为人才培养提供了多种路径和模式选择，也为人才培养提出了更高的标准和模式创新要求。为更全面深入了解研究对象国国情实际，更专业地立足国际国内背景提出政策建议，区域国别人才既需要掌握当地语言，又需要拥有开展某一具体领域的研究方法和知识储备，还需要能够扎根实地开展较长时间的田野调研。这对培养体系的设计、培养方向的设置、人才准入标准、培养人才的去向等提出了更高的挑战和要求。

（二）区域国别人才培养的目标

1. 精通当地语言、熟谙历史文化的国别通

精通对象国语言是开展区域国别研究的基础要求，也是开展跨文化交流研究的必要保证。在掌握语言的基础上，研究人员需要熟知对象国的历史文化与社会风俗，融入当地的生活环境和文化氛围，以当地视角和思维开展区域国别拓展性研究，成为某一具体国别和区域的研究专家和通才。

2. 具有突出的研究能力的专业人才

在外语基础上，区域国别人才需具备专业的研究能力和研究方法，能够深入对象国开展本土化、深入式和创新性研究，能够就具体研究领域提出科学的研究结论和政策建议，服务国家对外开放战略和外交大局，这也对研究人员的学术思维、专业素养和研究能力提出了较高要求。

3. 具有田野调查能力的研究学者

区域国别研究人才应拥有较长的在研究对象国的生活经历，具有较强的调查能力和探索精神，能够通过深入当地的田野调查和切身实践感悟，收集丰富的区域国别研究素材和信息，提出现实可行的政策建议和研究结论，拓展区域国别研究的内涵和实践价值。

4. 具有家国情怀和敏锐研究能力的战略科学家

区域国别学人才培养的重要目的在于培养具有家国情怀、具有突出战略服务能力的学者和战略科学家。在当前复杂演变的国际形势下，能够立足国家战略和利益，坚守初心、服务家国，是区域国别学人才培养的重要目的和出发点。

四、外语类高校开展区域国别人才培养的难点

外语类高校虽然具有区域国别人才培养的优势和基础，但从单纯的语言教学过渡到复合型人才培养，往往存在以下这些问题。

（一）寻求语言与其他专业的结合点存在困难

外语类高校拥有丰富的语种教学资源，但在聚焦某一具体专业领域开展深入的区域国别研究方面，存在一定的困难；在统筹外语与其他专业，寻求与其他专业结合的创新点和优势等方面，缺乏相关经验。如何整合校内资源，寻求外语与专业的契合点，开展“外语＋专业”的交叉学科人才培养，是外语类高校需要重点关注的问题。

（二）培养过程中容易存在“重语言、轻研究”的现象

当前外语研究主要偏重于文学、语言学等研究领域，对区域国别的经济、政治、社会等系统性的研究相对薄弱，在人才培养过程中，可能会忽视对学生专业技能和研究能力的指导与培养。同时外语学科往往存在“重语言、轻研究”的问题，队伍的研究积极性不足，成果生产力不足，对于带动学生参与科研、培养学生科研能力和兴趣存在一定阻碍。

（三）人才培养方案和去向有待进一步论证

外语专业学生学分修习要求相对较高，课程安排较为紧凑，在此基础上交叉其他专业方向课，容易加大学生的修读压力。如何正确设置学生培养方案，分阶段安排修读课程，是当前外语类高校开展区域国别学人才培养需要重视的内容。同时区域国别学学科可授予四类学位，选取何种学位，如何增强学生的竞争力，需要进一步探讨和研判。

五、外语类高校开展区域国别人才培养的路径

外语类高校应立足优势和基础，通过科学多元的课程设置、完善的人才培养周期和国际化的人才培养方式等，注重培养学生语言技能、专业素养、国际视野等多维度能力，更好地服务于国家战略和外交大局。

（一）强化设计，统筹配置校内资源，推进交叉学科人才培养

从学校层面加强顶层设计，统筹人才培养所需要的各类资源，明晰主次、规划路径，以优势学科带动和辐射区域国别学的人才培养，建立“优势学科＋区域国别”的交叉学科人才培养方案；打破传统的学院育人模式，以特色人才培养项目或人才培养实验班的模式，整合不同专业领域的研究资源，从语言、专业能力、实践经验和国际思维等多个角度设置人才培养方案，培养一批拥有国内领先的专业领域研究能力、聚焦重点区域或国别的研究人才；以人才培养拉动区域国别研究，打造学校特色的区域国别专业领域研究名片，形成人才培养与科学研究双促进的良好局面。

（二）拓宽渠道，强化联合培养，拓展人才培养国际化网络

高校应积极应用和拓展现有的国际合作资源，促进区域国别学学生走出国门、深入当

地，开展丰富而深入的田野调查，培养学生的国际知识背景和跨文化沟通研究的能力。积极拓展与企业、政府部门和海外机构的合作交流，邀请外交官员、驻外大使、海外专家等通过开设系列讲座、国际研讨会、线上授课等形式，加强学生对区域国别学的认识，开拓国际视野，培养学生的国际素养；积极拓展海外交流机会，通过建立实践基地、参与国际交流项目或实习、国际联合培养、海外访学、交换学习等方式，保障学生拥有海外学习经历和田野调查机会；建立国内外双向人才培养体系，既培养面向海外的区域国别研究人才，又引进海外区域国别留学生，丰富区域国别研究的视域、主体和研究思路，拓展区域国别研究人才的来源和体系。

（三）拓展路径，多元化人才培养方式，建立高质量人才输送机制

拓展区域国别人才的培养路径，根据不同人才培养目标和去向制定差异化的人才培养模式：建立区域国别人才本硕博贯通式培养方案，全流程精准培养战略储备人才；明确招生标准和要求，特别招收熟练掌握一门及以上外语的学生，加快外语本科生转型和研究能力深造；设置区域国别学人才定向培养和高级研修方案，精准对接具有区域国别研究需求的政府和企业部门；打通区域国别人才直输渠道，通过遴选等方式向需求部门输出高素质区域国别人才，解决人才培养的价值输送和去向问题。

（四）创新机制，理顺人才培养思路，建立科学完善的评价体系

立足区域国别人才培养的目标，科学设置区域国别人才培养方案，重点强化对语言能力、专业研究能力和对象国实践经历的培养和考察，确保区域国别学培养的学生拥有浓厚的家国情怀，能够熟练借助语言工具，开展某一具体领域的研究。同时，对区域国别成果认定评价体系进行创新式调整，打破传统的学部式认证体系，强化实践内容和咨政成果的认证和应用，为培养学生的战略服务能力和素养，提供必要的制度和体系支撑。

参考文献

[1] Szanton, David L.. The Politics of Knowledge: Area Studies and the Disciplines [M]. 2002.
[2] 牛可．地区研究创生史十年：知识构建、学术规划和政治—学术关系［J］．北京大学教育评论，2016，14（1）：31－61，189．
[3] 刘杉．由政府政策需求主导的历程：现代国别研究在美国的发展［J］．中国社会科学报，2011（6）：1－4．
[4] 朱兰，王秀红．我国区域国别研究型人才培养机制创新：基于当代英美发展的比较视角［J］．东北师大学报（哲学社会科学版），2023（2）：149－157．

芝加哥大学通识课程设置与启示

李燕红

摘　要：本文梳理了芝加哥大学的通识教育发展史以及中国大学的通识教育发展历程，结合对外经济贸易大学语境下的通识教育理念与实践，提出思考与可能的发展建议。

关键词：通识教育　素质教育　核心课程

引言

芝加哥大学成立于1981年，是美国著名的私立综合性大学，以研究生院为主，同时兼顾大学部。1929—1951年，时任芝加哥大学第五任校长Robert Hutchins提出了旨在防止学术课程和职业课程过分专门化的“芝加哥计划”，对美国和世界其他大学的本科通识教育产生了巨大影响，并一直沿用至今。虽然哥伦比亚大学是通识教育的开拓者，但是芝加哥大学把两年制扩展为四年制，并使核心课程（Common Core）初步成型，奠定了通识教育核心课程的美国特色模式。

素质教育（Suzhi Education）是中国特色教育思想，Suzhi Education 作为一个概念于2018年收入《教育哲学与理论百科全书》，对中国教育改革产生了重要影响。对芝加哥大学通识教育核心课程的研究有助于进一步辨析“素质教育（Suzhi Education）”与“通识教育（General Education）”“博雅教育（Liberal Education）”等概念之异同。思想需要模式来实现，“素质教育”或“通识教育”思想的重要实现模式之一是相应的课程和人才培养方案。对相应概念的辨析、思想的研究以及课程的分析，有助于进一步完善我们的人才培养方案，做好教育人才培养思想的落脚点。持续讨论通识教育有助于在改革的风潮中确认其不可替代的价值（陆一，2024）。

本文梳理了芝加哥大学的通识教育发展史以及中国大学的通识教育发展历程，结合对外经济贸易大学语境下的通识教育理念与实践，提出思考与可能的发展建议。

一、芝加哥大学通识教育核心课程发展历程

芝加哥大学的通识教育核心课程发展经历了六个阶段（表1）。

作者简介：李燕红，对外经济贸易大学教务处副研究员。

表 1 芝加哥大学通识教育核心课程发展历程一览

时间	历时（年）	阶段	主要特点
1931—1941	10	“芝加哥”计划	4 门必修，为期 1 年
1942—1957	15	哈钦斯学院	设立全通识教育课程，14 门必修，为期 4 年，高中阶段提前开始
1958—1965	8	1950 年代的宗教改革运动	缩减课程，为期 2 年
1966—1984	18	“分工”	部分权力下放专业学院，通识课程分四大类，不同专业学院采用不同通识课程大纲
1985—1998	13	核心课程	取消专业学院的通识课程制定权，21 门通识课程，21 门专业课程 + 选修通识
1999 至今	23 +	现阶段核心课程	核心课程（18 门）、专业课程和选修课程各三分之一，赋予学生更大自主选择权

数据来源：根据芝加哥大学官网资料整理

（一）“芝加哥”计划（1931—1941 年）

19 世纪末期，美国采纳德国的高等教育模式，将科研纳入高等教育的办学任务之中。《赠地法案》的出台进一步加速了美国公立大学的发展速度，大学的规模拓展力度进一步加大，科学领域的课程数量不断增加，冲击本科教育课程设置，导致过分专业化和碎片化，并且进一步冲击了“博雅教育”模式中的学生通过经典学习而获得“心智训练”的课程。芝加哥大学、哥伦比亚大学、哈佛大学率先进行课程改革，并最终延伸为全美高等教育领域的“通识教育运动”（the general education movement）。

1931 年秋季学期，芝加哥大学开始实施第一个核心课程。这个被称为“新计划”（the new plan）的课程在落地实施之前经过了特别委员会三年的讨论。最初的课程设计结构是综合广泛知识领域，为一、二年级学生提供跨学科的通识教育框架。“新计划”的核心课程包括四门必修的、为期一年的概论课程，分别为人文学科、社会科学、自然科学和生物科学，每门课程每周包括三次讲座和一次讨论，成绩由学年末的一场长六小时的综合考试成绩确定。通过通识课程领域的综合考试后才能确定专业（Roger Geiger & Karen Paulsom，1993）。

“通识教育运动”所倡导的教育是培养学生“为过好普通生活（common life）做好准备”，所以相应的课程设置中包括“知识与技能（funds of knowledge）”“信念（beliefs）”“语言与思想习惯（habits of language and thought）”“道德真理（moral truths）”“科学论述（scientific generalizations）”“审美（aesthetic conceptions）”“民族精神价值（spiritual values of the race）”等（Earl James McGrath，1946）。通过通识课程领域的综合考试后才能确定专业的做法，与通识教育首次被提出时的含义的思想基本一致，“它是学生进行任何专业学习的准备，为学生提供所有知识分支的教学，这将使学生在致力于学习一种特殊的专门知识之前将对知识的总体状况有一个综合的、全面的了解”（Packard，1829）。

（二）哈钦斯学院（the Hutchins College）（1942—1957 年）

针对“新计划”在执行过程中课程内容设计过于强调记忆事实，而忽视“思想”的状况，1942 年 1 月，芝加哥大学对核心课程进行了大规模的重新设计，并在大学本科教育的处理方式上进行了一些显著的调整。调整后的版本建立了一个为期四年的全通识教育课程，从通常的 11 年级开始，学生将在 16 岁进入大学，在 20 岁毕业，毕业的时候相当于大学第二年。同时，该计划将通识必修课程从 4 门增加到了 14 门，每门课的每周工作量调整为两次讲座和两次讨论，意味着大学的所有四年都有通识课程，从而有效地取消了本科生专攻学科领域的做法，同时教学方法从以讲座为基础转变为以讨论为基础。

（三）1950 年代的宗教改革运动（1958—1965 年）

20 世纪 50 年代，时任芝加哥大学校长采取了回归新计划所青睐的教学法的举措，并采取措施撤销 Hutchins 所做的改变，放弃接受 10 年级后即可开始大学的新生，恢复了通常在 12 年级后开始的标准时间表，恢复了本科专业的传统做法，缩减四年制核心课程。在新的安排下，本科学习的前两年将致力于核心课程的学习，而后两年将包括在学生选择的专业学院进行选修课程的学习以及专业课程的深入学习。

（四）“分工”（1966—1984 年）

1966 年 1 月，芝加哥大学制定了新课程计划。在这个新计划下，有一个“共同学年”，包括四门一年长的通识课程，分别来自人文学科、自然科学、生物科学和社会科学。这些课程中至少有两门必修在第一年修读。许多今天存在的核心课程系列就是在这个时期产生的。除了这个“共同学年”之外，几乎所有课程要求的决定权都转移到了学院，不同的学科专业部门采用不同的通识课程大纲。因此，学生在这个时期在学院修读的课程主要分为四大类：共同学年、分院系核心要求、专业要求和选修课。

（五）核心课程（1985—1998 年）

1985 年的本科教育重组取消了学院分部对课程制定的特权，重新采用了一个适用于所有学生的标准化课程。根据这个计划，本科生在四年的学习过程中需要修读 42 门课程，其中 21 门为通识要求，21 门为专业课程和选修课程。重组后的通识核心课程包括七个学期的人文学科和文明研究，六个学期的自然科学，社会科学和外语各三个学期，数学两个学期。

（六）现阶段的核心课程（1999 年至今）

芝加哥大学在分析大规模调查数据结果的基础上，于 1999 年秋季学期引入了对核心课程的最新改革。根据调查中反映出的核心课程难以应对的问题，新的改革以提高博雅教育和学生生活质量为目标，将核心课程从 21 门减少到了 18 门（如果通过考试证明语言能力，可以减少到 15 门）。新的、更简洁的核心课程包括六个学期的人文学科、文明研究和艺术，三个学期的社会科学、外语，以及两个学期的生物科学、物理科学和数学。因此，本科课程由三分之一的核心课程、三分之一的专业课程和三分之一的选修课程组成，为三、四年级学生提供了更大的能力和空间来设计他们自己的教育计划。最新版本的核心课程被证明具有显著的持久性，在各学院中奠定了通识教育的基础，同时促进了创新和改革。

以经济学学生的课程提供分类为例，其主要包括五大类，具体见表 2。学生需要在第三年完成所有五个类别的学生可能希望考虑进行独立研究的项目，包括在他们的大四时参加研讨会并写一篇荣誉学士学位论文。

表 2　芝加哥大学经济学学生的课程提供分类

类别	课程目标
基础课程	为学生提供在专业中取得成功所需要的基本技能
核心课程	包括三门旨在向学生介绍“经济学方法”的课程
实证方法序列	为学生提供数据分析的基本技术
经济政策课程	将核心课程中开发的工具应用于财政政策、货币政策和与当前经济状况相关的其他政策讨论
选修课程	允许学生根据兴趣定制经济学专业课程，并选择在计算机科学、统计学、数学和布斯商学院中获得预先批准的两门课程

数据来源：根据芝加哥大学官网资料整理

自 1999 年核心课程改革以来，其课程在多方面得到强化和更新：新的留学项目、新的专业、跨学科项目辅修计划、计划内课组、选修课程，增加了初级水平以外的语言学习参与度，并配有强大的辅导计划，以及为学生提供的许多新的研究和语言学习奖学金的机会。

二、中国大学的通识教育发展历程

近现代中国大学的通识教育发展步伐与中国大学早期的发展几乎同步。这一具体理念和实践在 20 世纪上半叶领先中国现代大学教育的清华大学和北京大学的办学宗旨和教育实践中得以体现，尤其是在蔡元培和梅贻琦分别担任北京大学和清华大学校长期间，通识教育受到了广泛的重视。梅贻琦 1921 年在芝加哥大学进修一年，研习物理学，获硕士学位。他任清华大学校长期间，从文化使命出发倡导“通识为本，而专识为末”的大学理念。

中国基于对应试教育的反思提出素质教育。21 世纪初，通识教育在国内部分大学再度兴起之前，20 世纪 80—90 年代，中国部分高校广泛讨论并开设文化素质教育课程，部分高校在教育部的领导下成立文化素质教育中心。

进一步加大的国际教育交流促进了我国教育教学改革与通识教育的进一步发展。通识教育在国内部分大学再度兴起，且学术界不再满足于浅尝辄止的讨论（陈卫平，1987；李曼丽，1998）。2010 年国务院《关于开展国家教育体制改革试点的通知》完善教学质量标准，探索了通识教育新模式。2013 年教育部《关于 2013 年深化教育领域综合改革的意见》中指出，在探索创新人才培养途径中，鼓励和支持高校结合实际，探索通识教育新模式。2016 年，《中华人民共和国国民经济和社会发展第十三个五年规划纲要》提出“推进高等学校综合改革，实行通识教育和专业教育相结合的培养制度”，首次从国家层面明确了通识教育的重要性。中国各类高校相继建立各具特色的通识教育课程模式。2017 年，习近平总书记在党的十九大报告中将 1999 年以来党中央提出的“全面推进素质教育”，以及后来在不同场合所提出的“全面实施素质教育”修改为“发展素质教育”。2022 年，习近平总书记在党的二十大报告中再次强调了“发展素质教育”，而且提前到第五节“实施科教兴国战略，强化现代化建设人才支撑”中，进一步体现了国家对人才的迫切要求。

持续出台的国家政策对通识教育课程设置提出了明确指导和质量规范。国家要求高校本科生除了专业课之外必修学习 9 门课程，涵盖“德智体美劳”全面发展的五个方面。这 9 门必修课为：“思想政治理论课”“大学英语课”“军事课”“大学体育课”“大学生心理健康课”“大学生职业发展与就业指导课”“创业基础课”“劳动教育课程”“公共艺术课”。2018 年教育部委托高等学校教学指导委员会编写《普通高等学校本科专业类教学质量国家标准》，对 92 个本科专业类的教学基本要求提出了八个方面的要求，各专业类都将通识知识作为专业知识体系中的一部分，通识课程纳入专业课程体系中。

三、对外经济贸易大学语境下的“通识教育”理念与实践

通识教育和专业教育的关系问题是高等教育领域的经典议题，在不同的时期具有不同的通专关系侧重点。理解对外经济贸易大学校语境下的“通识教育”理念与实践，需要在历史发展中动态把握我国在整个高等教育发展动态中的专业教育到通专融合的取向变迁。

（一）学校概况

对外经济贸易大学（UIBE）之前的北京对外贸易学院于 1951 年建校，是新中国第一所培养对外贸易专门人才的高等学府。“外”字特色促成了北京对外贸易学院以至后来的对外经济贸易大学本科教育的基本模式。专业教育为国家外贸建设培养出了大量高级专业人才。

（二）通专融合人才培养独特举措

1. 以学科建设支撑通专融合人才培养

改革开放以来，社会经济文化的发展对跨学科、综合能力的人才的需求越来越多、要求越来越高。对外经济贸易大学也在外语外贸学科优势的基础上，发展成涵盖经、管、法、文、理、工六大学科门类的学科优势明显的大学，通过多学科建设为学生的全面发

展和综合素养提升提供学科和专业基础以及师资基础。同时对外经济贸易大学是中国国内院校中首批把“四史”教学作为基础通识教育的高校，进一步体现了对外经济贸易大学在做好“外”字文章专业建设的同时，坚持社会主义办学方向、坚持立德树人根本任务的办学理念。

2. 探索学分制改革支撑通专融合人才培养

2001 年，学校开始实行弹性学分制，为通识教育改革提供学分上的底层制度保障。同时将培养方案设为“公共基础课程”和“专业课程”两个模块，成为通识教育课程的前期基础。2015 年，学校明确提出加强通识教育，启动对本科培养方案的深度改革工作，并召开培养方案大讨论，重点讨论通识课程宽广化、学科基础课精炼化、选修课模块化等，在公共基础课程的基础上，建设通识通修课程。2016 年开始以“新文科”理念为引导全面启动通识教育改革工程。2017 年开始，本科生培养方案对通识课程和通修课程进行分列，强化学生选修通识课的要求。2018 年，核心通识课程正式纳入本科生培养方案，出台《对外经济贸易大学本科生大类培养主修专业确认实施方案（试行）》。2020 年构建全新的通识教育体系。

3. 高品质课程建设支撑通专融合人才培养

2012 年对外经济贸易大学调整现有学期，增设国际小学期，举办暑期国际学校，邀请世界一流大学及国际组织的专家、学者、政要来校开设高质量、全英文、国际化课程，并制定《暑期国际学校管理办法》《本科生赴境外高校修读学分兑换管理办法》，实现境内外课程与校内课程的有机融合。2017 年开始对外经济贸易大学大力加强核心通识课程建设，通过第三方慕课（MOOC）平台引入校外网络通识课程平台，实现校内通识课程与校外通识课程的有机融合。承担暑期国际学校教学的教师都是经过层层推荐、专家评审认真挑选确定的国际一流专家学者。承担通识课程教学的教师是对外经济贸易大学具有较高学术造诣、教学水平高的教师。经过多年不断迭代完善建设，多年来，对外经济贸易大学通识课程确定为五大模块。

4. 优质资源建设支撑通专融合人才培养

学校教务处与图书馆联合开展“通识大讲堂”系列活动，邀请知名专家学者给学生讲授学科前沿。学校举办暑期国际学校“高端前沿讲座”系列活动，邀请世界知名专家学者、政要分享国际学科前沿和实证热点；增设拔尖国际暑期学校学术训练营，给拔尖学生提供与世界一流大师近距离接触和请教、一起做科研项目的机会；开辟暑期国际学校课程志愿者等涉外工作岗位。针对拔尖创新人才培养基地开设“求索书院”名师大讲堂，给学生提供近距离接触名家大师的机会。重视学生在校期间的实习实践，通过提供优质的实践项目资源着力培养学生的全球视野和创新能力。除了国内的企业和社会企业实习实践，还输送大量学生到联合国教科文组织等国际组织实习或任职。组织学生参加大型国际会议志愿服务等。

综上所述，多年来，对外经济贸易大学围绕通专融合的高素质复合型人才培养目标，以文化素质教育为基础，在新文科背景下吸收通识教育的理念与经验，不断迭代完善，逐渐构建起了更加全面更加合理的本科人才培养体系。

四、启示建议

（一）完善通识课程体系设计，做好大类招生与人才培养的有效衔接

加强通识教育课程体系顶层设计，形成全校联动机制，明晰通识课程的定义与目标定位，特别是在目前高考大类招生与人才培养的背景下，需要进一步明确通识课程在为专业培养做好前期准备中的作用与意义。目前对外经济贸易大学的通识教育体系存在概念范围过大、课程设置过散、师资还有待进一步优化等问题。需要结合学校学科专业特色，打造拥有自己“外”字品牌的旗舰跨学科通识课程。

（二）引进 MOOC 等第三方平台通识课程的同时做好对外经济贸易大学特色课程转化

虽然对外经济贸易大学学科建设逐步完善，从对外贸易专门学校发展成涵盖经、管、法、文、理、工六大学科门类的学科优势明显的大学，但是必须承认，目前还是强经、管、法，理、工等学科还比较薄弱，农、医、军、艺等学科还没有，因此相应的局限性还是比较明显。信息技术的发展为引入 MOOC 等第三方的优秀通识课程提供了方便，但是目前只是买入 MOOC 课程，让学生自行在线观看，学习的效果比较有限。建议可以采取线上线下深度融合开设高质量通识课程的模式。比如，对外经济贸易大学的教师选定线上 MOOC 课程后，带着学生一起上对应的课，逐步培养成教师能独立深入地讲授此课程，既培养了校内的优秀通识课程师资，又深入发挥了线上 MOOC 的教学效果。

（三）加强通识课程教学效果评估及提升途径的研究

通识素养的重要性已经得到共识，但是通识课程的设置以及效果的评估、效果提升路径的探讨等实证研究很少，需要进一步加强，特别是要重视相关数据的收集与分析，提供实证数据支持，而这些也是进一步迭代完善通识课程设置的重要参考依据。

参考文献

[1] 陈卫平，刘梅龄．香港中文大学的通识教育及启示［J］．高等教育研究，1987（2）：74－78．
[2] 李曼丽．通识教育——一种大学教育观［M］．北京：清华大学出版社，1998．
[3] 陆一．中国大学通识教育的教养结构［J］．复旦教育论坛，2024（22）：1．
[3] 夏文斌．新文科背景下通识教育体系的创新实践［J］．中国高等教育，2021（12）：20－21．
[4] 熊光清．关于行业特色型高校加强通识教育的思考［J］．北京教育（高教），2021，（9）：75－77．

[5] Roger Geiger, Karen Paulsom. Robert Maynard Hutchings and the University of Chicago [J]. American Journal of Education, 1993, 2, 180－189.

[6] Earl James McGrath. The General Education Movement [J]. The Journal of General Education. 1946, 1 (1): 3－8.

[7] Michael A. Peters ed., Encyclopedia of Educational Philosophy and Theory [M]. Springer, 2018.

[8] Packard A S. The Substance of Two Reports of the Faculty of Amherst College to the Board of Trustees, with the Doings of the Board Thereon [J]. In: North American Review, 1829, vol.28: 300.

数字经济时代下的经济统计学专业优化改革研究

陈全润　刘思明　许　可　张俊荣

摘　要：本文对数字经济时代下的人才需求状况进行了研究。发现数字经济发展创造了大量新的就业需求，统计学相关专业人才需求旺盛，但同时数字经济相关人才供需存在较大缺口。进一步，本文围绕数字经济时代对人才需求的新变化以及国家重大发展战略对经济统计人才培养的新要求，提出通过课程设置与专业方向优化调整、思政引领下的教学内容更新与教材建设等措施对“经济统计学”专业进行系统性优化改革。最后，对下一步的改革举措进行了展望。

关键词：经济统计学　专业优化　数字经济

引言

全球已进入数字经济时代，数字化改变了企业生产经营方式、居民消费方式、政府决策方式。据中华人民共和国工业和信息化部测算，2021 年我国数字经济规模超 45 万亿元，占国内生产总值（GDP）的 39.8%，位居世界第二[1]。数字产业化和产业数字化的快速推进对经济统计人才培养提出了新要求和新需求。在此背景下，新经济统计学专业亟待建设。此处的“新”体现在两个方面：一是数字化催生的新经济现象需要进行科学的测度，目前有很大一部分数字经济成果被漏统；二是大数据获得成本的下降促进了机器学习等新统计方法的应用，目前这些方法研发与应用的主力在企业界，急需在高等教育中普及。

针对以上变化，本校经济统计系根据教务处发布的《关于制订 2021 级本科人才培养方案的原则性意见》，对经济统计学专业培养方案进行了修订。此轮培养方案修订突出了“五育并举”“新财经”“思政”“实验实践教学”“课程体系优化（OBE）”等元素。同时，围绕经济学教育部高等学校教学指导委员会的指导意见，在课程设置与教学大纲中注重介绍中国经济学理论以及培养学生解决中国经济问题、服务中国经济建设的能力。另外对专业选修课体系进行了优化，设置了四大模块：“经济与贸易统计模块”“金融统计模

作者简介：陈全润，对外经济贸易大学统计学院教授；
刘思明，对外经济贸易大学统计学院副教授；
许可，对外经济贸易大学统计学院副教授；
张俊荣，对外经济贸易大学统计学院讲师。

项目资助：对外经济贸易大学 2022 年中央高校教育教学改革专项项目（项目名称：“经济统计学”专业优化改革方案研究）。

块”“商务统计模块”和“基础模块”。通过此次培养方案的修订，经济统计学专业的课程体系更趋完善，更加符合时代发展的新趋势。

然而，专业优化改革的后续环节仍有多方面的内容需要跟进，例如，课程设置的结构调整、专业方向的优化与再平衡等。本研究将针对数字经济时代的新变化以及当前经济统计学专业建设面临的挑战与不足[2-5]，探索构建适应新时代社会经济发展的经济统计学专业优化改革方案。以适应数字经济时代发展为目标，通过数字经济时代的人才需求调研、课程设置优化、专业方向调整、教学内容更新与教材建设等方面的研究，产出一整套系统性的专业优化改革方案。根据方案优化改革后的新经济统计学专业将呈现宏微观并重，数字经济特色突出，培养方向与社会需求匹配度高的特点。

一、数字经济时代的人才需求状况

进入21世纪以来，随着大数据、物联网、人工智能等现代信息技术的诞生和发展，新一轮科技革命席卷全球。依托各类新型技术手段，数字经济在世界各国蓬勃发展。近年来，发展数字经济已成为信息时代各国提高经济发展质量、提升国家治理能力和抢占竞争优势的关键点。美国、加拿大、英国、巴西、印度等国家纷纷将发展数字经济作为国家经济发展的重要战略。对于中国而言，数字经济近年来发展势头良好，已成为国民经济发展中最核心的增长极之一。《“十四五”数字经济发展规划》（以下简称规划）中指出：2020年我国数字经济核心产业增加值占国内生产总值（GDP）比重达到7.8%，数字经济为经济社会持续健康发展提供了强大动力。规划中进一步提出“十四五”期间我国数字经济的发展目标，到2025年，数字经济迈向全面扩展期，数字经济核心产业增加值占GDP比重达到10%，数字化创新引领发展能力大幅提升，智能化水平明显增强，数字技术与实体经济融合取得显著成效，数字经济治理体系更加完善，我国数字经济竞争力和影响力稳步提升。党的二十大报告指出，要加快发展数字经济，促进数字经济和实体经济深度融合，打造具有国际竞争力的数字产业集群。

数字经济已成为经济增长的“新引擎”，其发展速度之快、辐射范围之广、影响程度之深前所未有，正推动生产方式、生活方式和治理方式深刻变革，成为重组全球要素资源、重塑全球经济结构、改变全球竞争格局的关键力量。与此同时，数字经济的快速发展催生了人工智能、物联网、云计算等一批新产业新业态，数字技术领域新职业不断涌现。2022年9月27日，人力资源和社会保障部审议通过了《中华人民共和国职业分类大典（2022年版）》（以下简称《大典》）。值得关注的是，为适应数字经济发展需要，《大典》中首次增加“数字职业”标识（标识为S），共标识数字职业97个，占职业总数的6%，反映出我国数字经济领域蓬勃发展的态势。

数字经济的创新驱动实质是人才驱动，人才短缺是制约数字经济发展的重要因素之一。在《“十四五”数字经济发展规划》中，明确提出了“鼓励将数字经济领域人才纳入各类人才计划支持范围”，各地也出台了培养和鼓励相关领域人才发展的具体措施，为地方数字经济发展打好人才基石。高速发展的数字经济时代改变了传统职业、工种和岗位的需求，对统计学相关专业人才培养也提出了新的要求。

（一）数字经济发展创造大量就业新需求

就业是最大的民生工程、民心工程、根基工程，是社会稳定的重要保障。近年来，数字经济蓬勃发展，促进新增市场主体快速增长，创造大量就业岗位，深刻影响了我国就业结构与就业质量。数字经济打破了时间和空间的界限，催生新的企业生产组织方式和新的就业模式。工业互联网工程技术人员、智能制造工程技术人员以及以容量大、门槛低、灵活性强等为特征的外卖骑手、在线医生等新兴职业逐渐生成。与此同时，新技术的应用使得数字经济时代下生产效率不断提高，进而提高了劳动者收入，增加了产品市场需求，从而进一步增加了企业的劳动力需求。数字经济的发展创造了大量就业新需求。数据显示，2018 年我国数字经济领域就业岗位 1.91 亿个，占全年就业总人数的 24.6%，同比增长 11.5%；其中，数字产业化就业岗位约 1 220 万个，同比增长 9.4%；产业数字化就业岗位高达 1.78 亿个，同比增长 11.6%[6]。波士顿咨询公司预测显示到 2035 年中国整体数字经济将创造高达 4.15 亿的总就业容量[7]。数字经济相关重点行业对就业带动作用尤为突出，以电子商务行业为例，2019 年我国电子商务直接吸纳就业和创业人数达 3 115.08 万人，电子商务带动信息技术、相关服务及支撑行业从业人数达 2 010.57 万人。数据显示，仅阿里巴巴零售平台已创造包括淘宝店主、快递、电商服务业及上下游产业链共 3 083 万人就业，预计 2035 年贡献就业将超过 1 亿人次[7]。腾讯集团公共事务部相关报告指出，以微信小程序为例，2020 年微信小程序开发、产品、运营等工作机会超过 780 万个，同比增长 45.6%[11]。在数字经济的迅猛发展下，新型就业形态和场景大量涌现，使得当前社会对人才的能力要求也发生了巨大变化。数字经济领域专业领军人才不仅要具备大数据分析、机器学习和人工智能等数字技能，还要掌握经济思维，更要拥有分析问题的宏观视角。而经济统计学作为统计学方向的重要专业，能同时培养学生的数据分析能力和经济学思维方式。经济统计学人才是建设数字中国的生力军，在未来的人才培养方面应当更加注重人工智能等数字技术与经济学课程的紧密融入，从而更好地支撑数字中国的建设。

（二）数字经济相关人才供给存在较大缺口

数字经济的发展对劳动者的教育水平提出了更高要求，我国现有的教育水平及结构与数字经济对于劳动力的需求不匹配，数字化人才供给显著不足。我国教育体制以注重培养专业化人才为主，导致现阶段既了解传统行业技术、业务流程与发展需求，又能够掌握和应用数字技术的复合型人才严重缺乏。高德纳咨询公司对全球 460 位高管的调查显示，缺乏人才，尤其是懂技术又懂业务的融合型人才，是实现数字化转型的最大阻碍。《全球数字经济竞争力报告（2020）》显示，全球 30 个主要城市中，北京竞争力排第八，是中国唯一进入前十的城市，但是其数字人才竞争力排在第 23 位（得分 48.22，是纽约的 71%），数字人才短板明显[8]。《中国 ICT 人才生态白皮书》显示 2020 年我国数字人才缺口接近 1 100 万，且伴随全行业的数字化推进需要更为广泛的数字化人才引入，人才需求缺口仍然持续放大[9]。

（三）数字经济时代统计学相关专业人才需求旺盛，并对人才培养提出新要求

数字经济的发展推动了产业数字化和数字产业化，融合催生了众多的数字经济新产业、新业态和新模式，创造出来众多的新岗位、新职业，为大学毕业生提供了广阔的发展机遇与平台。与此同时，高等教育也要不断改革创新，实现学科专业结构的优化升级，提升大学生的数字素养和数字技能，实现更高质量就业。《“十四五”数字经济发展规划》中也指出，要深化数字经济领域新工科、新文科建设。经济统计学专业旨在培养适应数字经济和大数据时代发展，具备扎实的现代经济统计学理论基础和信息技术，掌握经济、金融、贸易和管理等领域的统计理论方法和数据应用技能的国际化复合型高素质人才，是数字经济人才培养的典型专业。随着数字经济的快速发展，数字经济产业及传统产业对统计学相关专业人才的需求与日俱增，统计学相关专业人才培养面临着新的机遇和巨大挑战。

目前，对数字经济相关就业的内涵尚无统一界定。中国信通院将其定义为以数字技术创新应用为核心技能，依托信息网络进行研发、生产、服务、管理等工作任务的相关就业，岗位类别可分为技术运维从业人员和管理运营及服务从业人员[10]。其中，技术运维从业人员指的是从事数字技术相关技术研究、开发维护的人员，包括对数字制造装备、生产线进行设计、安装、调试、管控和应用的工程技术人员，以及对数字产品进行设计、编码、测试、维护和服务的工程技术人员。数字经济管理及服务从业人员主要指的是运用数字技术及数字化工具进行管理、服务的人员，包括应用数字化工具或数据分析，进行产品设计、采购、生产、销售、服务等的管理和服务人员，以及依托数字平台进行销售运营、顾客服务、视觉营销等工作的管理和服务人员。随着数字经济时代的到来，经济统计学专业的人才培养应紧密围绕数字经济相关就业需求，着力培养能够运用互联网、大数据、云计算等现代信息技术和数量分析方法，发现、分析与解决现实经济问题的复合型统计学人才。

二、优化改革思路

（一）适应数字经济时代发展的课程设置与专业方向优化

高速发展的数字经济时代改变了传统职业、工种和岗位的需求，对统计学相关专业人才培养也提出了新的要求。传统的经济统计学专业在课程设置和人才培养方向上更偏重于宏观经济统计分析与政府统计。在当前的经济统计学专业培养方案的课程设置中，很大一部分课程与“经济与贸易统计模块”相关，“商务统计模块”的课程则相对较少。“经济与贸易统计模块”主要由专业基础必修课“宏观经济统计”、专业方向必修课“贸易统计分析”以及专业选修课“经济数学建模”“投入产出分析”“微观计量经济学”“空间计

量经济学”等课程组成。在内容上，大部分课程偏重于从宏观维度对经济现象进行测度和统计分析。“商务统计模块”的主要课程包括“公司理财”“财务大数据”“统计建模与案例分析”及“商务智能”等。课程数目相对偏少，且在内容质量上缺少“数字技术及数据科学与销售运营”“顾客服务”“视觉营销”等相融合的课程。因此，在课程设置与专业方向上，在巩固对外经济贸易大学经济统计学专业在“经济与贸易统计”特色方向的基础上，需进一步加强与数字经济发展相适应的微观层面的商务统计方向课程建设。

商务统计方向课程的设置将从商业实践从业者必备的业务技能出发，考虑其需要具备的三个维度的技能储备：扎实的数据科学理论、良好的技术基础、有效的业务实践。其中，前两项是进行数据科学实践工作必备的基础知识，常以理论课程、编程课程等形式，被包含在统计学专业常见的培养内容当中。第三个维度重点强调用专业知识解决实际业务问题，需要将各学科专业知识打通，进而提高解决本学科实际问题的能力；这是商务统计人才的能力构成中最为关键的点睛之笔。商务统计系列课程将针对以上三个维度进行高效培养和训练。

另外，宏观层面的经贸统计特色需进一步提升。一方面，培育、建设与数字经济新业态统计测度方法相关的课程，如数字经济与数字贸易统计等。另一方面，围绕国家不同阶段的重大发展战略（如当前的“双循环”“碳达峰·碳中和”“高水平对外开放”等），引进相关课程，介绍适用于解决中国经济问题的经济统计方法、工具以及成功案例。逐步构建起中国的经济统计学理论与方法，使经济统计学专业人才培养扎根中国。

（二）思政引领下的教学内容更新与教材建设方案

当前，在人才培养过程中，价值塑造与知识传授相融合、思政与专业课教学同向同行已被提上空前高度。“要坚持用习近平新时代中国特色社会主义思想教育人，用党的理想信念凝聚人，用社会主义核心价值观培育人，用中华民族伟大复兴历史使命激励人，培养造就大批堪当时代重任的接班人”已被写入《中共中央关于党的百年奋斗重大成就和历史经验的决议》。结合对外经济贸易大学办学定位、专业特色与人才培养要求，综合评估专业课程内容与思政元素的最佳融合方式，在适应数字经济时代要求的教学内容更新和教材建设过程中需重点考虑以下两个方面。

第一，商务统计相关课程的教学内容将着重培养学生利用统计方法对企业商务大数据进行搜集、挖掘与展示、分析与决策的能力；培养以大数据为背景，以商务知识为基础，以统计、计量及编程为手段，能够利用各类数据分析工具，围绕商务活动流程搜集、整理、展示、分析各类数据，并转化为预测和决策建议的能力。同时，结合专业知识，明确经济统计工作者的职业操守、培养学生的国际视野与大局观，养成系统性看问题的习惯。

第二，在经贸统计相关课程的教学内容更新与教材建设中尝试融入中国特色社会主义思想理论。结合经济统计专业知识，辅助以经济统计数据，对习近平新时代中国特色社会主义思想在中国社会经济发展中的成功应用进行介绍。同时，结合经济统计数据与重要历史事件，以数据作为证据，突出中国特色社会主义制度的优越性，增强学生对中国特色社会主义道路、理论、制度和文化的自信。

三、下一步的举措

（一）建好数字贸易高精尖学科，突出数字贸易统计特色方向

贸易统计是对外经济贸易大学的传统优势与特色。下一步将结合数字贸易高精尖学科建设，加大数字贸易统计方向建设力度。

1. 办好数字贸易试验班，为培养新经济统计人才提前布局。推动数字经济统计、数字贸易统计相关教材和精品课程建设。宏观方面，重点关注数字经济与数字贸易发展水平的测度方法与应用。微观方面，在贸易统计中融入大数据元素，重点关注机器学习等新统计方法在跨境电商、国际物流、智慧海关等方向的应用。

2. 加强商务统计相关课程建设。重点关注数字经济发展的新需求，提升课程设置的全面性和实用性。通过增加相关课程的数量和内容丰富度、强化数据科学理论和技术基础、注重业务实践和跨学科融合，并加强与我国产业和实务界的合作，推动商务统计课程的全方位升级，培养适应现代商业环境的高素质经济统计人才。

3. 建好贸易统计实验室与数据库。重点关注服务贸易、数字贸易、全球价值链。开发数字经济统计与贸易高质量发展指数等数字化产品，支持实验教学的同时服务于国家重大经济贸易战略问题研究。

4. 加强课程思政建设，发挥经济统计专业课程的育人作用。结合专业特点科学设计课程思政教学体系，将显性教育与隐性教育相统一，形成协同育人效果，打造一批富有数字经济时代特征的“金课”。

（二）加强与国际机构、高精尖企业的交流合作

从宏观来看，引领数字经济与数字贸易测度方法研究的主力为国际机构的经济统计部门。未来将加大与世界贸易组织（WTO）、经济合作与发展组织（OECD）、联合国贸易与发展会议（UNCTAD）等国际机构的合作。从微观来看，机器学习等新统计方法开发和应用的主战场在企业，未来将加大与华为研究院、微软研究院、京东研究院等顶尖企业研发部门的交流合作。

结语

数字技术打破了社会经济的时空界限，催生出新的企业生产组织方式和就业模式，创造了大量就业新需求。由于专业人才培养的滞后，当前数字经济相关人才供需产生了较大缺口。既懂经济学与管理学又掌握数字技术的复合型人才严重缺乏。2023 年 3 月，教育部等五部门印发了《普通高等教育学科专业设置调整优化改革方案》（简称《改革方案》）。方案中明确提出要健全学科专业调整与人才需求联动机制。根据社会经济发展对

人才需求的最新变化，及时调整优化专业内容与方向对于提高人才培养质量至关重要。

经济统计学为传统经济学类本科专业，授予经济学学位。在新文科建设的过程中，应积极响应《改革方案》，推进经济统计学专业数字化改造，主动适应数字经济时代发展对经济统计人才培养的新要求。继续在课程思政建设引领下，深化经济统计学专业课程体系和教学内容改革，做到价值塑造、知识传授、能力培养相统一。

参考文献

[1] 人民网．从七组数据看数字中国发展“成绩单”，2022 年 7 月 5 日，http://finance.people.com.cn/n1/2022/0705/c1004－32466864.html．

[2] 耿直．大数据时代统计学面临的机遇与挑战［J］．统计研究，2014，31（1）：5－9．

[3] 郑葵，黄小敏，袁野梅．大数据背景下经济统计学专业培养数据分析人才的探索与实践［J］．科教文汇（上旬刊），2019（4）：114－117．

[4] 唐宝珍，王娟．大数据时代经济统计学专业学生培养质量管理［J］．统计与管理，2017（10）：13－15．

[5] 何立华．大数据背景下的经济统计学专业建设：挑战与应对［J］．科教文汇（中旬刊），2017（4）：27－29．

[6] 龚六堂．数字经济就业的特征、影响及应对策略［J］．国家治理，2021（23）：29－35．

[7] 波士顿咨询公司．BCG，《迈向 2035：4 亿数字经济就业的未来》（2017 年 1 月）．

[8] 上海社会科学院．《全球数字经济竞争力发展报告（2020）》（2021 年 1 月）．

[9] 安永（中国）企业咨询有限公司．中国 ICT 人才生态白皮书（2022 年 11 月）．

[10] 中国信息通信研究院．中国数字经济就业发展研究报告：新形态、新模式、新趋势［R］．2021，3．

[11] 中华人民共和国中央人民政府．数字经济打开就业新空间，2011 年 11 月 19 日，http://www.gov.cn/xinwen/2021－11/19/content_5651834.htm．

拔尖创新人才培养中的高校思想政治教育研究

于玲玲

摘　要：人才是第一资源，创新是第一动力。拔尖创新人才是深入实施人才强国战略、全面建设社会主义现代化国家的基础性、战略性支撑。本文在界定拔尖创新人才的内涵及其重要性、揭示拔尖创新人才成长与高校思想政治教育内在关联的基础上，针对当前高校思想政治教育中培养拔尖创新人才存在的若干难题，提出拔尖创新人才培养中的高校思想政治教育的加强改进之策。

关键词：新时代　拔尖创新人才　高校思想政治教育

一、拔尖创新人才及其培养重要性

自 20 世纪 70 年代末，我们党和政府站在国家和民族发展的战略高度，高度重视培养创新人才。1978 年，中国科大少年班正式创办，首开我国超常教育之先河，集中培养拔尖创新人才。浙江大学以 1984 年首创的混合班和竺可桢学院为平台，对拔尖创新人才的本科培养进行了 20 多年不间断的探索和实践。近些年，拔尖创新人才概念也是广泛流行，多次出现在党的重要报告和文件中，日益成为我国必须面对和解决的重要现实问题。党的十八大以来，中国特色社会主义进入新时代，培养创新型人才更凸显其重要性和紧迫感。习近平总书记在党的二十大报告中明确指出："我们要坚持教育优先发展、科技自立自强、人才引领驱动，加快建设教育强国、科技强国、人才强国，坚持为党育人、为国育才，全面提高人才自主培养质量，着力造就拔尖创新人才，聚天下英才而用之。"①

那么，什么是拔尖创新人才？一般是指在一定社会条件下，具有良好的内在素质，且各种素质高度协调发展，德才兼备，具有国际视野，在某一领域具有长期的优势积累和突出的创新业绩，为社会发展作出突出贡献的高层次创新人才。具体地讲，拔尖创新人才具有包括宽厚的基础知识、精深的专业知识和良好的艺术修养在内的合理知识结构；包括自主获取知识的能力、独特的创新能力和优势最大化的团结协作能力在内的全面能力；包括坚定的理想信念、强烈的社会责任感、较强的心理素质和与时俱进的精神状态

作者简介：于玲玲，对外经济贸易大学马克思主义学院副教授。

本文系教育部社科司关于 2022 年度高校思想政治理论课教师研究专项一般项目"习近平总书记关于思政课教师队伍建设的重要论述研究"（22JDSZK005）阶段性成果。

① 习近平. 高举中国特色社会主义伟大旗帜　为全面建设社会主义现代化国家而团结奋斗——在中国共产党第二十次全国代表大会上的报告［R］. 北京：人民出版社，2022.

在内的良好个性品质等。

在新时代背景下，加强拔尖创新人才培养，是积极应对经济全球化时代的必然要求，是加快实施创新驱动发展战略、全面建设社会主义现代化国家的现实需要，是推动教育改革与创新、实现教育现代化的重要举措，也是新时代青年学生实现健康成长和全面发展的重要目标，具有强烈的时代紧迫感和重要的现实意义。

二、拔尖创新人才的成长与高校思想政治教育内在关联

一般而言，拔尖创新人才的成长有其独特的基本规律，主要有顺势发展与彰显个性相结合、坚定理想与笃行不怠相结合、经验积累与团队合作相结合、环境熏陶与独立钻研相结合等。与此同时，高校思想政治教育围绕立德树人根本任务，引导青年学生掌握马克思主义世界观和方法论，树立马克思主义世界观、人生观和价值观，将个人理想价值的实现同民族国家的前途命运紧密结合，立志做敢于梦想、勇担使命、奋勇争先的时代前锋，让青春在实现中华民族伟大复兴的生动实践中绽放绚丽之花。因此，从这个意义上讲，拔尖创新人才的成长需要高校思想政治教育，拔尖创新人才的培养也是高校思想政治教育的题中应有之义。

（一）培养拔尖创新人才彰显高校思想政治教育的时代特征

拔尖创新人才是时代发展的必然选择，是高校思想政治教育必须回应和解答的现实问题。

一是拔尖创新人才是新时代高校思想政治教育的题中之义。首先，拔尖创新人才培养目标与高校思想政治教育目标是高度一致的，它们都指向人的自由全面发展。拔尖创新人才是政治素质、思想素质、知识素质、心理素质和身体素质相互协同发展的高层次人才，其培养正是人的自由全面发展的内在要求，而高校思想政治教育的培养目标就是通过马克思主义世界观和方法论教育，促进人的自由全面发展。因此，两者的实现目标指向是一致的。其次，拔尖创新人才培养与高校思想政治教育相互支撑，共同服务于人和社会的发展。育人的根本在于立德。高校思想政治教育引导和塑造人的思想道德素质，具有较强的人才开发功能。党的二十大报告也从全面建设社会主义现代化国家发展的战略高度，充分肯定教育、人才在社会主义现代化建设中的基础性和战略性地位，强调要全面提高人才自主培养质量，着力造就拔尖创新人才。因此，拔尖创新人才培养与高校思想政治教育之间有着紧密的内在逻辑关系，拔尖创新人才培养是高校思想政治教育重要的培养目标，同时，也不断推动着高校思想政治教育回应现实需求、实现纵深发展。再者，培养拔尖创新人才是高校思想政治教育顺应时代要求的必然选择。当前，我国正值全面建设社会主义现代化国家的关键期，亟须一批规模宏大、结构合理、素质优良的人才队伍，加快建设世界人才中心和创新高地，促进人才区域合理布局和协调发展，形成人才国际竞争的比较优势，而要顺利完成这些目标，拔尖创新人才的培养和造就势在必行。

二是拔尖创新人才培养体现了高校思想政治教育“以人为本”的时代理念。以人为本

是高校思想政治教育的基本原则，要求高校思想政治教育做好科学的世界观和方法论的主旋律教育，“以科学的理论武装人，以正确的舆论引导人、以高尚的情操塑造人，以优秀的作品激励人”，引导青年学生树立科学的世界观、人生观和价值观，自觉做共产主义远大理想和中国特色社会主义共同理想的坚决捍卫者和忠实践行者，与此同时，也要满足青年学生的个性化和多样化需求，尊重学生的个性特征和自由权利，促进学生的自由全面发展。而拔尖创新人才成长与培养正需要以人为本的理念，充分唤醒和增强青年学生的主体意识、独立人格和创新意识，养成自我教育、开拓创新、精益求精的精神素质。

三是拔尖创新人才培养推动高校思想政治教育的守正创新。任何创新要基于对时代特征的准确把握和世界发展形势的理性判断。高校思想政治教育也不例外，其改革创新也要回应时代需要和现实问题。高校思想政治教育围绕“拔尖创新人才培养”这一时代课题，在更新理念、强化内容、改进方法、丰富载体、营造环境、完善体制等方面势必发生系列变革，以适应拔尖创新人才的生成与发展。

（二）高校思想政治教育是拔尖创新人才成长的重要保障

思想政治素质是拔尖创新人才的核心素质，高校思想政治教育为拔尖创新人才培养提供强大的素质保证和精神支撑。

一是高校思想政治教育能够引领拔尖创新人才的成长方向。高校思想政治教育一方面通过开展马克思主义理想信念教育，引导青年树立正确的世界观、人生观和价值观，既仰望星空又脚踏实地，既敢做敢为又善做善成，自觉将个人理想实现同社会理想紧密相联。另一方面，高校思想政治教育通过开展中国革命、建设和改革开放的历史教育，使青年学生充分认识到理想实现的长期性、艰巨性和曲折性，能够对实现目标的难易程度有充分的估计和准备，即便在追求理想的过程中身处逆境、面临难题，也能坚定理想信念，始终以乐观坚强的态度面对。与此同时，高校思想政治教育通过爱国主义教育和公民道德教育，引导青年学生具有深厚的爱国热情，明确道德伦理责任，增强道德判断和选择的能力，使创新活动始终置于正当和理性的伦理控制之下，确保创新成果有助于社会发展和人类进步。诚如马克思所说：“如果我们选择了最能为人类福利而劳动的职业……我们所感到的就不是可怜的、有限的、自私的乐趣，我们的幸福将属于千百万人……”①

二是高校思想政治教育能够塑造拔尖创新人才的个性品质。创造者良好的个性品质是创新实现的前提基础。“古之成大事者，不惟有超世之才，亦必有坚忍不拔之志”（苏轼《晁错论》）。高校思想政治教育通过马克思主义理论教育、中国特色社会主义理论体系教育和中国共产党奋斗史教育等，培养学生的自强不息和团结奋斗精神。

三是高校思想政治教育能够营造拔尖创新人才的成长环境。高校思想政治教育遵循民主原则，尊重学生人格和民主权利，创造条件让学生充分表达自己的观点和意见，集中学生的民主意见，对正确的要求加以采纳，对合理的要求予以满足，同时，针对学生的

① 中共中央马克思恩格斯列宁斯大林著作编译局．马克思恩格斯全集：第 40 卷［M］．北京：人民出版社，1982：7.

思想实际，遵循思想政治教育规律加以正确的引导，来营造民主平等、和谐宽松的环境。

三、当前高校在思想政治教育中培养拔尖创新人才存在的难题

拔尖创新人才是高校思想政治教育的时代课题。通过审视高校思想政治教育现状，传统的教育内容、教育方法、教育体制、师资队伍等方面在一定程度上不利于拔尖创新人才的培养。当前，高校思想政治教育要想进一步改善其教育现状和提高其培养人才的针对性和实效性，就需要分析高校思想政治教育中不利于拔尖创新人才成长的各种因素，这样才能正确把握该问题的实质，为拔尖创新人才培养开辟一条坦途。

（一）从认识方面分析

从当前现状看，人们对高校思想政治教育存在的若干偏颇认知，不利于拔尖创新人才的培养。一方面，人们对高校思想政治教育功能的认识存在片面性。从个体层面看，高校思想政治教育在政治方向、精神动力、人格塑造、行为规范等方面发挥作用。而由于特殊的时代背景所致，人们对高校思想政治教育的个体功能认识仅仅停留在对青年学生政治素质培养方面，过分强调了高校思想政治教育对个体政治功能的发挥，在某种程度上忽视了高校思想政治教育的文化功能、育人功能、开发功能等，从这个意义来看，不利于拔尖创新人才的成长。另一方面，对高校思想政治教育与拔尖创新人才培养的内在关系认识不足。拔尖创新人才多指在某一专业领域具有突出业绩的高层次人才，其自身的专业优势积累是成长成才的关键。由此，有些人则认为拔尖创新人才的成长与其专业学习与实践有着密切的内在关联，而与高校思想政治教育之间并不存在必然联系；更有甚者认为，高校思想政治教育会阻碍拔尖创新人才的培养。究其原因在于其错误地认为：高校思想政治教育会占用拔尖创新人才的专业学习时间，且其所灌输给学生的一定的观念、原则和规范，在某种程度上会成为约束学生的异己力量，阻碍学生思维的发散，不利于培养学生的创新思维。综上，由于人们对高校思想政治教育在认识上存在的片面性，导致高校思想政治教育在某种程度上尚未自觉承担起拔尖创新人才培养的任务。

（二）从内容方面分析

从当前教育内容看，一方面，针对拔尖创新人才培养，高校思想政治教育在内容上亟须能够及时快速反映当今世界和当代中国的发展变化，增强培养拔尖创新人才的时代感和针对性。如：面对科学技术的迅猛发展，针对社会上关于科技发展的思想道德问题的出现，高校思想政治教育内容在一定程度上尚缺乏与科学技术相关的道德要求、职业伦理教育，特别是缺乏针对网络的道德教育，无法适应网络迅速普及的新形势。另一方面，高校思想政治教育也要在以人为本上多下功夫，针对新时代青年学生的思想实际和个性需求，及时地充实、扩展和更新教育内容，引导和帮助青年学生客观分析和切实解决学习、生活、就业、创业以及发展中所面临的现实问题。此外，在

高校思想政治理论课教学中，存在教师把思想政治理论课上成纯理论课，而单纯的理论给青年学生的是一种理想境界，这种理想境界与社会现实的强烈反差难免会导致涉世不深的青年学生的“信仰危机”，青年学生很难产生对思想政治理论课的认同感，而且远离青年学生现实需求、无法解决思想困惑的思想政治理论课，使青年学生在其中感受到更多的是理论知识的压力，尚未能将对理论知识的学习提升为价值观念以启发世界和人生的积极意义。

（三）从方法方面分析

从当前看，说理教育法仍然是高校思想政治教育的主要方法，其在相当程度上呈现“灌输式”特征。美国著名心理学家科尔伯格指出：“灌输既不是一种教授道德的方法，也不是一种道德的教育方法。”[①]“灌输式”教育模式使师生之间形成一种“我讲你听”“我打你通”的单向关系，在一定程度上缺少师生之间民主、平等的沟通与探讨，青年学生缺乏表达自己自由观点和意见的空间，抑制了青年学生思维的发散，忽视了青年学生个性需求与发展，这不仅不符合青年学生具有主体性的教育规律，更严重挫伤了青年学生的主动性、积极性和创造性。与此同时，实践教育法也存在流于形式、较为薄弱的趋势。从当前看，高校思想政治教育也通过实践教学开展，但往往“蜻蜓点水”、流于形式，且在高校实施扩招之后，由于学生人数过多，普遍采用大班授课，教师难以组织教学实践活动，活动经费无法得到有效、长期保障，也缺少可依据的考核机制和较为稳定的社会实践基地，因此实践教育尚未充分发挥培养青年学生创新实践能力的作用。

（四）从体制方面分析

在拔尖创新人才培养问题上，高校思想政治教育的激励机制和评价机制有待增强。一是高校思想政治教育的激励机制。从当前状况看，高校思想政治教育的激励机制主要是针对学生日常思想认知和行为习惯的激励。这种激励方式重在强调学生的共性，忽视了学生个体的优势与特长，不利于学生创新意识和创新能力的提升，是拔尖创新人才培养中较为薄弱的环节，有待进一步研究与完善。二是高校思想政治教育的评价机制。由于我国社会客观条件和现实情况的制约，教育形成了一套以考试为中心、以分数为标准的评价理念和实践体系。从当前状况看，高校思想政治教育基本上实行“千人一卷”的考核模式，片面地强调了思想政治理论的“认同性”和“服从性”，将其作为检验和测评青年学生是否合格的唯一工具，在一定程度上扼杀了青年学生的个性和创造力发展。与此同时，高校为了年终评优评奖和对学生加强日常管理，大多实行学生德育考评指标体系或学生的思想品德表现考评体系，对每一位学生一学年的思想认知和行为表现进行量化考评。需要指出的是，这些评价体系中对青年学生的创新意识、提高其实践能力的内容并不多，即便有也往往不足或者流于形式，实际效果也不尽如人意，而是把更多的关注度投向于青年学生的日常行为规范方面的量化考评，无法全面科学地反映青年学生全面

① 戚万学．冲突与整合——20世纪西方道德教育理论［M］．山东：山东教育出版社，1995：24．

发展水平，而只是使青年学生陷入“循规蹈矩”的学习生活中。这种标准化的评价体系在一定程度上扼杀了青年学生的创新动机和能力的发展。

（五）从师资队伍分析

教师在高校思想政治教育中处在主体地位、发挥主导作用，对青年学生创新素质的养成具有较大的影响。从目前总体形势和情况看，高校思想政治教育教师队伍的创新意识有待加强。一是受社会环境的影响，人们对高校思想政治教育教师的重要性尚缺乏正确客观的认识，部分思想政治教育教师对教育教学信心不足，严重阻碍着教师创新意识的提升。二是高校思想政治教育教师的科研工作有待加强，且存在部分高校思想政治教育教师队伍建设缺乏长期规划和培养方案，忽视对思想政治教育学术带头人的培养和学术梯队建立，直接影响到了教师的业务水平和创新精神。三是部分高校的辅导员挖掘、培养、扶持创新人才的意识有待增强，其往往拘泥于对青年学生日常思想观念和行为习惯的管理和引导，这种不到位的认知导致一些辅导员仅仅把青年学生培养成为大家公认的“守规矩”的好学生即可，而忽视了对青年学生个性和创造力的保护、引导和培养。

四、加强改进高校思想政治教育培养拔尖创新人才的应对之策

高校思想政治教育质量影响着人才培养质量。高校思想政治教育面对拔尖创新人才培养这一时代主题，针对上述存在问题，在理念、内容、方法、机制方面积极探索，以促进拔尖创新人才培养。

（一）转变、更新高校思想政治教育理念

为促进拔尖创新人才的生成与发展，高校思想政治教育应当从价值理念、发展理念、功能理念三方面入手。一是树立高校思想政治教育新价值理念。站在全面建设社会主义现代化国家、全面实现中华民族伟大复兴的战略高度，高校思想政治教育应当充分重视创新的理论意义和现实价值，高度认清拔尖创新人才对于国家、民族及个人发展的意义所在，把培养青年学生的创新意识和实践能力作为高校思想政治教育的价值目标之一，充分发挥其在强化青年学生创新意识、激发学生创新热情、培养青年学生创新思维、提高青年学生创新能力等方面的独特作用。二是树立高校思想政治教育新发展理念。高校思想政治教育应当树立“以人为本”的理念，贴近青年学生的思想实际，寻找思想政治教育与青年学生思想深处的契合点，深入了解新时代发展变化及其引发的青年学生思想的变化性、复杂性，知道他们要学什么、在想什么，他们希望思想政治理论课讲什么，他们存在的思想困惑是什么，找到思想政治理论课与青年学生思想实际、成长成才要求、提高全面素质的契合点，让青年学生感到思想政治教育不是可有可无的空洞的理论说教，而是与时代发展和个人的身心发展密切相关的重要课程，是为青年学生综合素质的提高奠定基础的课程；根据教育教学规律和青年学生的个性特点，充分发挥其主体性和创造力，要求教师全面了解学生的基本情况，包括成长环境、性格特征、思想现实、优点缺

点、思维方式等，综合基本情况，对学生做出客观、全面的评价，有针对性地组织、精心设计和开展教学，多采用启发式、参与式、研究式，注重让学生参与教学过程，充分发挥学习的主体作用，激发他们学习的积极性和主动性；在尊重学生个性特点的基础上，以全面发展为目标，帮助和教育学生在成长过程中既学会做事又学会做人，既丰富知识也增长创新精神，既发展智力因素又发展人格因素，既增加学识才干又增进身心健康，促进青年学生的思想道德素质、科学文化素质和身心健康素质的全面协调发展。三是树立高校思想政治教育的新功能理念。在拔尖创新人才培养中，高校思想政治教育应当着重发展开发功能。所谓开发功能，是指通过高校思想政治教育最大限度地发挥学生的主观能动性和发掘人的内在潜能。[①]培养创新精神是开发青年学生潜能的最高层次。创造是首创前所未有的事物，探索前人未曾探索过的领域而有新的发现和创造，其本身就是一种发掘、开发，是人的主观能动性的深层发挥。创造过程是一个艰难困苦的过程，它需要主体内在强大精神力量的支撑，特别是在身处创造目标的关键时刻，更需要创造者排除一切杂念和干扰全身心投入。所以，创新精神，实际上是一种顽强的拼搏精神、艰苦的奋斗精神、忘我的牺牲精神。这种崇高的精神境界，没有远大的目标、强大的动力、顽强的毅力是不可能实现的。因此，创新精神的培养，不是传统的高校思想政治教育可以实现的，富有开发功能的高校思想政治教育才能担当这一重任。

（二）强化、丰富高校思想政治教育内容

在内容方面，高校思想政治教育应着重加强理想信念教育、爱国主义教育、创业教育、心理健康教育，以促进拔尖创新人才培养。一是加强理想信念教育，确立马克思主义信仰。马克思认为："在选择职业时，我们应该遵循的主要指针是人类的幸福和我们自身的美好。"[②]邓小平指出："为什么我们过去能在非常困难的情况下奋斗出来，战胜千难万险使革命胜利呢？就是因为我们有理想，有马克思主义信念，有共产主义信念。"[③]由此可见，坚定理想信念是青年学生成长成才的重要精神支撑。新时代中国青年应当把树立正确的理想、坚定的信念作为立身之本，努力成长为让党放心、爱国奉献、担当民族复兴重任的有志青年。理想信念教育是高校思想政治教育的核心内容，更是拔尖创新人才培养的关键环节。高校思想政治教育通过思想政治理论课教学坚持不懈地用马克思主义理论武装青年学生，深入开展党史、新中国史、改革开放史、社会主义发展史教育，引导青年学生知史爱党、知史爱国，不断坚定中国特色社会主义共同理想。二是加强爱国主义教育，增强学生的责任意识。爱国主义，始终是中国青年运动的旗帜。在新时代，爱国主义最鲜明的主题是全面建设社会主义现代化国家、全面实现中华民族伟大复兴中国梦。高校思想政治教育通过思想政治理论课教学，深入开展中华民族优良传统和中国革命、建设和改革的教育，使青年学生深入了解中华民族生生不息的光辉历程，从党和人

① 张耀灿，郑永廷，吴潜涛，等．现代思想政治教育学［M］．北京：人民出版社，2006：134－135．

② 中共中央马克思恩格斯列宁斯大林著作编译局．马克思恩格斯全集：第 40 卷［M］．北京：人民出版社，2006：134－135．

③ 中共中央文献研究室．十一届三中全会以来重要文献选读：下册［G］．北京：人民出版社，1987：834．

民百年奋斗史中激发强烈的爱国主义热情，唤起他们的责任意识。与此同时，也要引导和教育青年学生把爱国主义情感与时代精神结合起来，在培养学生对祖国、对人民乃至全人类的责任意识的基础上，使学生明确创新的价值和意义，增强学生创新使命感和责任感，激发学生为国争光的创造动机和创造热情，把学生的创造动机引向祖国和人民的需要，激励学生进行高层次的创新追求。三是加强创业教育，增强学生的创新意识。创业教育重视开发人的创造力、冒险精神、独立工作能力、社交能力及管理能力，旨在培养具有开拓性人才。基于此，高校思想政治教育融入创业教育，一方面通过课堂教学强化青年学生的创业意识，引导他们把创业当作服务社会、实现价值的重要途径。另一方面通过鼓励学生积极参加社会实践，引导学生深入社会现实、了解市场需求，选准创业目标，激发创业灵感。四是加强心理健康教育，增强学生的抗挫能力。心理健康是成长为拔尖创新人才必备的重要素质，心理健康教育也是拔尖创新人才培养的必要途径。高校思想政治教育通过心理知识课程、心理咨询服务，帮助青年学生解决心里困惑和矛盾，特别是要解决学生的心理问题与解决实际问题相结合，针对学生在学习、生活、创业、发展中遇到的实际难题，进行有针对性的咨询和辅导，以增强学生的心理素质，提高抗挫能力，塑造健全人格。

（三）改进、完善高校思想政治教育方法

为促进拔尖创新人才的培养，可尝试设置高校思想政治理论课教学新模式、充分发挥高校学生社团独特优势、培养创新型师资队伍、营造充满创新氛围的校园环境等方法。一是设置高校思想政治理论课教学新模式。首先，通过设定以社会调研为主的课题研究、以文献研讨为主的课题研究和以项目活动为主的课题研究，培养青年学生的问题意识、提出或解决新问题的独立学习能力；强调学生在学习中的积极主动性，要求学生以合作的方式来研究；引导学生学以致用，用马克思主义世界观和方法论分析解释社会现实问题，为学生施展和发挥个人潜能提供广阔的空间，促进拔尖创新人才培养。其次，设置高校思想政治理论课小班研讨授课模式。该模式经教师的精心设计和组织，营造宽松灵活的教学氛围，运用探讨式、启发式的教学方式，增加学生自主学习的空间，以通过马克思主义理论学习来提高学生的提出、分析和解决问题的能力，通过知情意信行的转化升级，逐步建立起健康的思想情感、正确的价值观念和健全人格，为造就拔尖创新人才奠定基础。最后，也可设置高校思想政治理论课“小组论文+小组答辩”的教学模式。该模式在教师的指导下，由学生自由分组选题，小组合作撰写论文并集体参加答辩。学生从选题到撰写，到修改论文，既需要查找文献资料，也需要实证调研，在答辩的阶段，学生论述选题参与讨论，教师多加启发引导，让不同的思想观点交流碰撞。该教学模式可以拓展学生的视野，最大限度地给学生提供思考、研究和创造的空间，培养学生的马克思主义理论素养、逻辑思维能力和实践能力，利于拔尖创新人才的生成。二是充分发挥高校学生社团独特优势。高校社团是团结和凝聚青年学生的坚实力量，是拔尖创新人才成长的重要依托力量。高校思想政治教育可以通过理论型社团、实践型社团和创业特色活动，培养学生责任意识、团队协作能力和创新实践能力。三是培养创新型师资队伍。

拔尖创新人才培养是一项复杂的系统工程，固然需要教育观念、内容、方法、环境等多方面改革，但最为关键的是要建设一支高素质创新型师资队伍。日本著名创造心理学家恩田彰认为：创造型教师应当具备“创新素质；强烈的求知欲；努力设法形成GAP创造型班集体；创设宽容、理解、温暖的班级气氛；与学生共同学习的态度；创设良好的学习环境；注重对创造性活动过程的评价以激发学生的创造渴望。”①高校思想政治教育教师应当紧密关注全面建设社会主义现代化国家中的深层次的时代课题，关注研究青年学生的思想实际，加强科学研究，不断增强自身的科研创新能力。四是营造充满创新氛围的校园环境。我国著名科学家钱学森先生回忆美国加州理工学院的校园氛围时讲道：“在这里，拔尖人才很多，我得和他们竞赛，才能跑到前沿。这里的创新还不能是一般的，迈小步是不行的……你必须想别人没有想到的，说别人没有说过的话。”②由此可见，创新竞争的校园环境对于拔尖创新人才的发展也是至关重要的。一方面，高校可通过开设校园名家创业讲坛，讲述典型的创新创业案例，通过“现身说法”点燃学生的创业热情；另一方面，可开展课外学术科技作品竞赛、创业计划竞赛和科研项目竞赛，引导学生积极关注社会发展，培养创新精神与实践能力。

（四）建立、健全高校思想政治教育机制

在高校思想政治教育中，构建“导师个性化培养”机制、促进拔尖创新人才成长的激励机制、以健全人格为目标的评价机制，对造就拔尖创新人才具有积极意义。一是构建以“导师个性化培养”为推手的高校思想政治教育机制。即挑选一批科研成果多、学术水平高的思想政治教育学科领域带头人担任学生导师，增强名师在培养拔尖创新人才方面的作用和责任。其中，学生的选拔和培养实行考试制和滚动制，教师也要善于留心发现具有学术潜质和创新能力的学生，这种机制重在培养学生的科研创新能力，导师可以根据学生的兴趣和志向指导学生制定思想政治理论的科研项目，加强对学生自主学习和独立研究的指导。二是设置促进拔尖创新人才成长的高校思想政治教育激励机制。为有效塑造拔尖创新人才，高校思想政治教育应当综合运用目标激励、需求激励、奖惩激励、期望激励等方法，调动学生的主体积极性，激发学生的创新热情，积极结构促进拔尖创新人才成长的激励机制。三是建立以健全人格为目标的高校思想政治教育评价机制。鉴于要培养学生的创新意识和综合素质，高校思想政治教育应当注重探讨评价内容的全面性、评价方法的多样性、评价主体的多元化、评价的发展性功能，且满足学生个性和创造力发展的科学客观的评价体系。

参 考 文 献

[1] 习近平．高举中国特色社会主义伟大旗帜为全面建设社会主义现代化国家而团结奋

① 张文新．高等教育心理学［M］．山东：山东大学出版社，2002：213.

② 陈磊．创新型人才是怎样炼成的——重读钱学森［J］．新华文摘，2010（9）.

斗——在中国共产党第二十次全国代表大会上的报告[R].北京:人民出版社,2022.
[2] 中共中央马克思恩格斯列宁斯大林著作编译局.马克思恩格斯全集:第40卷[M].北京:人民出版社,1982.
[3] 戚万学.冲突与整合——20世纪西方道德教育理论[M].山东:山东教育出版社,1995.
[4] 张耀灿,郑永廷,吴潜涛,等.现代思想政治教育学[M].北京:人民出版社,2006.
[5] 中共中央马克思恩格斯列宁斯大林著作编译局.马克思恩格斯全集:第40卷[G].北京:人民出版社,2006.
[6] 中共中央文献研究室.十一届三中全会以来重要文献选读:下册[G].北京:人民出版社,1987.
[7] 张文新.高等教育心理学[M].山东:山东大学出版社,2002.
[8] 陈磊.创新型人才是怎样炼成的——重读钱学森[J].新华文摘,2010(9).

经贸本科生科研创新能力提升的实践与探索

——以“竞赛论文写作”课程为例

蒋灵多　张国峰　谢红军

摘　要：加强对本科生科研创新能力的培养是我国高等教育高层次人才培养质量的保障。对外经济贸易大学国际经济贸易学院作为我国经贸人才培养的重要基地，在如何更好培养经贸创新型人才方面进行了有益的实践探索。本文在梳理既有本科生科研创新能力培养文献的基础上，详细介绍了“竞赛论文写作”课程基于目标定位、课程设计、师资力量、学生参与四个方面构建“四位一体”的科研创新培养体系，并结合教学实践与学生反馈从班级设置、课程设计、学生参与、跟踪指导四个方面提出未来可探索方向，以期形成经贸本科生科研创新能力培养的课程设计新模式，为其他院校的本科生科研能力培养提供可参考思路。

关键词：本科生科研创新能力　竞赛论文写作　“四位一体”培养体系

引言

当前世界百年未有之大变局进入加速时期，新一轮科技革命和产业变革蓬勃兴起，如何加快创新型人才培养成为重要的时代命题。为适应新时代人才发展战略，培养大学生的科研创新能力已成为深化教育改革的一项重要内容。《国家中长期科技发展规划纲要（2006—2020）》明确提出要鼓励本科生投入科研创新实践，培养大学生科学精神与科研兴趣。近年来，作为培养高层次创新人才的重要环节，本科生科研能力的培养日益得到关注和重视。

本科生科研能力培养旨在培养本科学生的创新能力，即发现问题与解决问题的能力，同时，培养学生的学习能力、独立思考能力、逻辑思维能力，以及对所学专业理论知识及工具的综合运用分析能力。本科生科研能力培养的重要性不言而喻，对于本科生自身而言，科研能力的提高可以有效提升学生的就业竞争力或者获得继续深造的机会；对于

作者简介：蒋灵多，对外经济贸易大学国际经济贸易学院副教授，博士生导师，邮箱：lingduo_2007@163.com，通讯地址：北京市朝阳区惠新东街10号对外经济贸易大学博学楼1213；
张国峰，对外经济贸易大学国际经济贸易学院教授，博士生导师，邮箱：zhangguofeng@uibe.edu.cn；
谢红军，对外经济贸易大学国际经济贸易学院副教授，邮箱：xie_hj@uibe.edu.cn。

学校而言，本科生科研能力的培养可以为学校营造良好的学术生态环境，提高学校的本科生培养质量，为“双一流”建设提供持续的新鲜血液；对于国家而言，有助于不断壮大高校青年科研队伍，为社会输送高素质创新型人才，为国家经济社会发展提供更多的智力支撑。

作为培养本科生科研能力的重要抓手，学术论文的撰写是对本科生综合能力全方位的磨练，可以切实培养学生的科研创新水平。鉴于此，本文以对外经济贸易大学国际经济贸易学院开设的“竞赛论文写作”课程为例，探索如何有效提高经贸本科生的学术研究与科研创新能力，旨在为财经类院校探索实践本科生科研创新能力培养机制提供模式参考，并为推进本科生教育改革创新提供重要的范例。

一、研究现状

既有很多文献主要从两个方面探讨了本科生科研创新能力的培养问题：第一，本科生科研创新能力培养面临的问题与对策建议；第二，本科生科研创新能力提升路径研究。

关于培养面临的问题与对策建议，贺文慧和李光龙（2012）基于安徽大学的调研数据发现，本科生整体的科研意识和参与度较低，科研能力比较薄弱，并从培养模式和培养体系上提出对策建议。王定勇（2016）提出可以通过推进研究性教学模式、依托创新创业平台、建立健全导师制等措施来提升本科生科研能力水平。辛然等（2019）分析了对外经济贸易大学本科生科研能力培养的相关制度建设与实践，指出对外经济贸易大学构建的安全可靠传输协议（SRT）体系成效显著，但仍存在学生参与科研缺乏知识储备、科研过程无法得到专业指导等问题，导致学生科研能力提升受限。此外，胡赛（2022）提出目前高校本科生科研创新能力培养存在学生对科研能力重要性认识不足、教师指导有效性待加强、本科生科研项目管理水平不高以及教育体制制度建设不完善问题，并提出相应对策。谢尚潜等（2021）讨论了在交叉学科背景下如何更有针对性地提高学生的科研创新能力，提出小班式教学与项目式培养实践操作能力的有效举措。刘文震（2023）立足新文科背景下金融工程专业本科生科研能力培养现状，从思想引领、师资和平台、导师负责制以及“以赛促研”四个层面，提出构建该专业本科生科研能力训练体系的对策建议。

关于本科生科研创新能力提升路径，姚奇志等（2021）认为教学方法的创新有利于本科生科研创新能力的培养。何金娇（2021）与潘伟等（2022）肯定了大学生创新创业训练计划项目以及学科竞赛在提高本科生科研创新能力方面的作用，认为创新创业计划项目可以有效提升本科生自主学习能力、分析能力和主动解决问题的能力。谢珍连等（2018）与孙岩等（2021）强调了导师制对本科生科研能力提升的重要作用，本科生科研导师制可以激发本科生的学习兴趣和科研热情，提升学生各项能力，有利于构建创新型培养模式。孙苏（2023）基于江苏省 10 所大学本科生调研数据研究指出，学校政策支持可以显著提高本科生的科研能力，导师指导在其中发挥重要作用。沈悦青等（2021）与周莲等（2023）则依托上海交通大学的“致远未来学者计划”的人才培养模式，讨论了拔尖人才科研创新培养对学生就业去向以及各方面能力的影响，并据此提出拔尖人才科研创新能力培养的思路。

上述文献为深入理解高校本科生科研创新能力培养面临的问题与可实施措施提供了丰富的洞见，但相关措施更多倾向于学校制度层面，而针对本科生科研能力培养存在的相关课程少、训练不系统问题，目前没有提出很好的解决方案，而且很少涉及切实提高本科生科研创新能力的课程设计研究。本文率先以“竞赛论文写作”课程为例探索提升本科生学术研究水平的有效课程设计，拟为其他院校在本科生科研创新水平提升的课程设计方面提供可参考范例。

二、“竞赛论文写作”课程的探索与实践

对外经济贸易大学国际经济贸易学院作为国际经贸人才培养的重要基地，结合新形势新阶段对国际经贸人才的社会新需求，就如何更好培养经贸创新型人才方面持续开展相关研究和实践探索。“竞赛论文写作”课程作为探索实践之一，期望在目标定位、课程设计、师资力量、学生参与四个方面构建“四位一体”的科研创新培养体系。

（一）目标定位：提升本科生科研创新水平

本课程的授课对象为经贸类本科大三学生，课程宗旨为贯彻科研育人的培养目标，培养本科生的科研兴趣，较大程度提升本科生的科研能力和创新意识。课程开设目标旨在对接课堂教学与科研创新、第一课堂与第二课堂、理论知识与生活实践，提升本科生科研能力和学术素养，培养德才兼备、专业理论扎实、科研能力突出、创新意识较强的经济学复合型人才。本科生通过本课程的学习，通晓并实践研究过程，掌握论文的基本写作规范，锻炼文献与数据的搜集和整理能力，培养建立计量模型进行实证研究的能力，要求在任课教师的指导下，完成格式规范、分析严谨的高质量论文写作。最终，实现理论应用、资料搜集、归纳总结、数据处理、论文写作、批判创新、辩证分析等方面能力的全方位提升。

（二）课程设计：构建完整的科研训练体系

根据霍振响（2023）基于“双一流”高校本科生调研得到的 1 620 份问卷结果显示，对于发表学术论文的困难认知，有 59.01%的本科生不熟悉学术论文撰写技巧，55.99%的本科生认为难以确定研究方向，54.32%的同学认为自己不具备良好的科研素养。对于撰写学术论文的指导需求，有 67.47%、54.75%、54.63%、54.32%、51.54%的本科生分别在论文选题、研究方法选择、论文修改、数据搜集、论文框架方面有指导需求。上述数据表明，当前本科生在科研创新方面亟需给予系统的培训指导。

为了有效提升学生的科研创新能力，本课程拟对论文写作的相关知识进行系统的学习和训练。课程内容设计包括以下六个方面。

1. 论文选题与写作规范。在论文选题方面，要求学生把握选题原则以及知晓如何进

行选题，鼓励学生关注当前国家发展战略，重点关注中国经济社会发展的重点、难点、热点问题。在写作规范方面，要求学生掌握规范实证论文所包含的要素，以及各部分主要包含的内容；掌握论文写作规范和格式要求，熟悉数据、文献等资料下载途径与整理方法。

2. 定量分析方法学习以及常见误区分析。在定量分析方面，结合经贸专业的经典与前沿文献，学习经贸论文写作中实证分析的常用方法、Stata 软件操作以及在经济学中的应用。掌握横截面模型和面板模型的分析方法，熟练掌握运用工具变量、双重差分以及断点回归等前沿方法，并进行定量分析训练。关于常见误区分析，学生能熟悉实证论文写作的常见误区，以便在后续的研究中尽量避开。

3. 论文选题汇报与讨论。讨论学生拟定的论文选题，结合既有文献研究确定其研究价值和可行性。同时，讨论指标数据来源与估计模型选择，并明确下一步研究计划和研究内容。

4. 论文导读与高质量论文汇报。在论文导读方面，通过教师团队对国内外高质量期刊论文的导读与剖析，让学生把握中英文论文的写作范式，进一步巩固定量分析的研究方法。关于高质量论文汇报，由学生选择与自己研究选题相关的高质量英文或中文期刊论文进行汇报，掌握论文汇报技能，深度学习高质量论文的研究思路、研究方法与写作规范，并且检查论文是否存在潜在的误区问题。

5. 论文投稿与论文修改。让学生了解中英文学术论文的投稿注意事项，进一步强化论文写作规范。教师团队结合自身发表论文经验，讲解论文的专家评审意见和论文修改过程，学生在此过程中学习论文写作常见问题以及如何在论文修改中进行辨析与回复，提高学生的思考与解决问题的能力。

6. 期末课程论文汇报与讨论。学生就前期拟定的选题完成相关研究，在学期末对论文研究内容和基本结果进行汇报，教师团队对研究内容进行点评，其他学生参与讨论。

（三）师资力量：组建高质量教师团队

有不少文献肯定了导师制对本科生科研创新能力培养的推动作用，即教师的指导是提升本科生科研能力的重要支撑。本课程由 3 位教师联合授课，包括 1 位教授与 2 位副教授，通过最大程度发挥各位教师所长来保证课程质量。团队成员的研究紧跟前沿，在 *Journal of International Economics*、*Regional Science and Urban Economics*、*World Economy*、《经济研究》、《管理世界》、《世界经济》、《中国工业经济》、《金融研究》等国内外高质量期刊发表论文 70 余篇，主持国家自然科学基金项目 5 项、省部级课题 3 项，参与国家级课题 20 余项，多篇研究报告获国家部委采纳。高质量的教师团队可以保证课程内容设计贴近前沿，能很好服务于学生科研创新能力的培养，且能较好对接国家经济发展的人才需要，与此同时，教师团队主持的项目也可以为学生们提供很好的参与科研实践的机会。

（四）学生参与：全过程融入课堂教学

在本课程的教学过程中，每位学生需要参与三次独立汇报，包括论文选题汇报、高质量期刊论文汇报以及期末课程论文汇报。三个不同阶段的汇报对学生的技能要求以及考察内容不尽相同。

第一，论文选题汇报主要考查学生搜集整理文献与数据的能力以及选题创新能力。论文选题的确定需要综合考虑很多方面，如：相对于既有相关文献该选题是否具有创新或边际贡献，该选题需要用到的数据是否可获得，同时，还需要把握该选题是否具有研究的价值，即是否当前中国经济社会发展的重点、难点、热点问题。

第二，高质量期刊论文汇报前文所述，学生通过选择与自己研究选题相关的高质量英文或中文期刊论文进行研读，学习论文的写作思路、研究方法与写作规范，分析该论文为何能在高质量期刊上发表，思考论文是否还存在有待改善的地方，提高学生的学习能力、思考能力，并且通过汇报论文提高逻辑思维能力与语言表达能力。

第三，期末课程论文汇报是指学生就前期拟定的选题完成相关研究，对论文研究内容和基本结果进行汇报。通过一个学期的学习，期末课程论文汇报展示是对学生综合能力的考察，包括学习能力、写作能力、表达能力、创新能力以及思考、分析与解决问题的能力等。

三、课程成效与进一步改革探索

（一）课程成效

为了了解课程开设效果，教师团队与班级学生主要针对三个问题进行了交流访谈，即：对本科生开设本门课程的必要性，学习本门课程有哪些收获及对本门课程未来授课的建议。

从学生对前两个问题的反馈结果来看，所有参与交流的学生都认为对于本科生开设这门课程十分必要，甚至不少学生反馈：这是他们本科生阶段所学课程中最值得上的课程之一。学生们表示，除了本课程之外，基本没有别的机会可以系统完善地接触和学习整个实证论文的写作流程。从选题到数据分析，从实证分析到论文撰写，通过这门课程不仅掌握了前沿计量方法和软件应用，学习到了如何研读论文、汇报论文、撰写论文，还学会了在遇到挫折和瓶颈时的坚持不懈。学生们还表示，这门课程的学习让他们找到了自己感兴趣的领域，激发了科研兴趣，升华了经济学思维，让他们有机会摆脱一直模仿他人、落于窠臼的困境。同时，也让学生感受到了学院对本科生科研基本功培养的重视。

目前，参与课程的学生均独立完成了一篇课程论文。论文的发表情况以及学生未来的就业去向、深造去向则有待持续追踪和统计，课程教师团队会与学生保持密切联系。

（二）进一步改革探索

通过交流访谈，学生们主要从三个方面提出相关建议：第一，希望坚持小班教学。小班教学有利于每位同学详细展示论文选题与研究内容，在此过程中可以得到教师团队的充分指导。第二，希望在后续课程中加入一些经典论文的数据处理演示。本科生科研基础相对薄弱，经典论文演示可以帮助学生更好地理解和吸收课程内容。

结合教师团队在教学过程中的思考以及学生的学习情况与意见反馈，本课程的未来建设拟做如下四个方面的改革探索。

1. 坚持小班教学。本课程班级学生人数控制在 20 人以内，并通过开设平行班的方式允许更多的学生参与本课程学习。小班教学相对于大班教学具有明显优势，如师生可以保持密切的沟通联系，教师可以根据学生掌握情况调整教学内容，每位学生可以得到充分的指导。若开设平行班，可以考虑因材施教，根据学生的专业特色与科研基础进行分班教学，对不同的平行班设置不同的先修课程（如是否学习过计量经济学课程）与科研基础条件（如是否有参与科研项目经历）要求，在课程设计中实行多元化的培养模式。

2. 课程设计增加实操内容。在授课过程中，针对论文整体写作过程，选取 1～2 篇高质量论文作为范文进行分析。优先选用教学团队成员的高质量论文，实现从论文选题、数据处理、论文撰写、外审意见、意见修改回复等各环节的详细解析，便于学生系统地了解高质量论文撰写的全流程，以及对创新能力与思辨能力的培养。

3. 提升学生的课程学习获得感。本科生科研能力培养已成为高等教育发展和学生综合素质与能力提升的重要方式。如何鼓励更多的学生参与其中并乐在其中，是本课程建设的重点内容之一。从学校层面来看，可以合理增加本科论文竞赛、本科课题立项以及本科生“十大科研之星”等科研赛事或项目，提升学生参与科研类课程的积极性和获得感。

4. 跟踪指导学生科研进度。通过本课程的系统训练和学习，绝大部分同学均能完成一篇行文规范且质量较高的论文初稿。为了进一步提高学生的科研获得感，教学团队对有志于进一步提升科学研究能力的学生进行跟踪指导，争取在论文竞赛与论文发表方面有所突破，为学生们继续深造或择业就业奠定更加坚实的基础。

结语

随着经济全球化的不断深入和快速发展，对经贸创新型人才培养的质量要求不断提升，财经院校人才培养模式和育人特色面临更高的标准要求。人才质量主要体现为学生的科研能力和创新能力，加强对本科生科研能力的培养是确保高层次人才培养质量的重要保障。本文基于对外经济贸易大学国际经济贸易学院开设的“竞赛论文写作”课程，从课程目标定位、课程设计、师资力量、学生参与这四个方面构建了“四位一体”的科研创新培养体系，并对课程未来改革方向进行了探索，旨在形成经贸本科生科研创新能力培养的课程设计新模式，为财经类院校的本科生科研能力培养提供重要的示范。

参考文献

[1] 何金娇，徐鑫，孙国鹏．专业竞赛对强化生物专业本科生科研能力的探讨 [J]．科

技视界，2021（25）：29－30.
[2] 贺文慧，李光龙. 教研型高校本科生科研能力培养探究——基于安徽大学的调查[J]. 高教论坛，2012（4）：71－73，86.
[3] 胡赛，颜金，高锐. “双一流”背景下高校本科生科研创新能力培养研究[J]. 产业创新研究，2022（20）：181－183.
[4] 霍振响，李雨洲，白金凤，等. “双一流”高校本科生发表学术论文：现状调研、表现差异及纾解之策[J]. 高教论坛，2023（9）：119－124.
[5] 刘文震. 新文科背景下金融工程专业本科生科研能力训练体系构建研究[J]. 吉林省教育学院学报，2023，39（3）：21－26.
[6] 潘伟，孙芬芬，汤仁仙. 以大创项目为抓手提高本科生科研创新能力的培养与实践[J]. 继续医学教育，2022，36（6）：65－68.
[7] 沈悦青，刘继安，章俊良，等. 本科学术型拔尖人才培养过程要素及作用机理——基于上海交通大学“拔尖计划”首届毕业生的调查[J]. 高等工程教育研究，2021（5）：106－112.
[8] 孙荪. 学校政策支持对本科生科研能力获得的影响研究——导师指导的中介作用[J]. 江苏高教，2023（2）：86－90.
[9] 孙岩，张玉华，韩玮娜，等. 导师制下本科生科研创新能力培养模式与实践[J]. 教育教学论坛，2021（45）：113－116.
[10] 王定勇. 研究型大学本科生科研能力提升策略[J]. 亚太教育，2016（33）：221－223.
[11] 谢尚潜，季凯凯，邢剑锋，等. 本科生科研创新能力培养模式探索——以交叉学科生物信息学为例[J]. 中国教育技术装备，2021（8）：102－103.
[12] 谢珍连，谢珍丽，罗攀，等. 导师制对本科生科研能力提升及就业发展的影响[J]. 教育现代化，2018，5（19）：218－220，228.
[13] 辛然，于越，崔佳颖，等. 本科生科研能力培养现状与改进对策研究——以对外经济贸易大学为例[J]. 高等教育研究学报，2019，42（1）：41－45.
[14] 姚奇志，金谷，朱平平，等. 创新教学方法，助力本科生科研创新能力培养——“扶—牵—引—放”四步教学法[J]. 大学化学，2021，36（7）：132－136.
[15] 周莲，李敏，黄哲群，等. 致远未来学者计划：拔尖学生自主创新能力培养的探索与思考[J]. 实验室研究与探索，2023，42（1）：235－242.

第二编

课程建设

“金融工程”课程思政教学设计研究

冯建芬　邓　军　聂　晶　余　湄

摘　要：本文以讲好中国故事、深谙中国国情为课程思政建设核心，从课程思政目标，课程思政元素和素材选取，课程教学内容、教学模式和课程考核的思政设计等多个方面总结了金融工程专业核心必修课程“金融工程学”的思政建设成果，期望达到潜移默化进行课程思政的教学效果，为我国其他高校进一步提升教学质量、培养服务中国实体经济的金融工程人才，提供课程思政建设途径和模式参考。

关键词：金融工程　课程思政　教学设计

引言

“金融工程学”作为金融工程专业核心必修课程已经经历了近20年的建设，但由于我国金融衍生品市场发展较晚，金融工程学课程教材内容、教学案例、市场机制学习存在严重的西化问题，案例偏重衍生工具自身风险特征，缺乏正向应用引导和服务实体经济导向。2016年之后，我国场外衍生品和商品衍生品市场蓬勃发展，国内业界积极探索“保险＋期货”、含权贸易等多种金融衍生品服务实体经济新模式。2017年，《国务院办公厅关于深化产教融合的若干意见》发布，进一步提升了业界与高校实施产教融合教学模式改革的积极性。这些变化为金融工程学实施课程思政提供了机遇。

以此为契机，金融工程课程团队与业界加强合作，深入中国金融市场调研，转变教学理念，改革教学内容和目标，在课程中逐渐融入服务我国实体经济的教学内容，并在2020年对课程进行了深入的课程思政挖掘和素材规范，规划了课程思政的总体改革思路，优化了金融工程学课程思政的教学目标，教学大纲和教学内容，形成了潜移默化实施课程思政的教学模式和考核机制。

本文就课程团队提炼的“金融工程学”的课程思政教学目标和课程思政改革思路进行

作者简介：冯建芬，对外经济贸易大学中国金融学院教授，硕士生导师；
邓军，对外经济贸易大学中国金融学院副教授，博士生导师；
聂晶，对外经济贸易大学中国金融学院副教授，硕士生导师；
余湄，对外经济贸易大学中国金融学院教授，博士生导师。

项目资助：2021年对外经济贸易大学校级课程思政示范课程课题，“〈金融工程学〉”，111－74213302；2023年对外经济贸易大学校级中央教改重点课题，“金融交叉学科协同育人机制创新研究：111/74230309”；
国家自然科学基金（72071046，72073027）。

介绍，并围绕教学目标和改革思路设计了教学内容、教学模式和教学评价体系，希望可以为全国兄弟院校的相关课程建设提供全方位的课程思政教学设计参考。

一、建设情况

（一）课程基本情况

“金融工程学”是金融工程专业核心必修课程，面向金融工程专业本科高年级学生，共 3 学分、48 学时，是专业培养中承上启下的重要一环，也是理论与实践并重的一门课程。

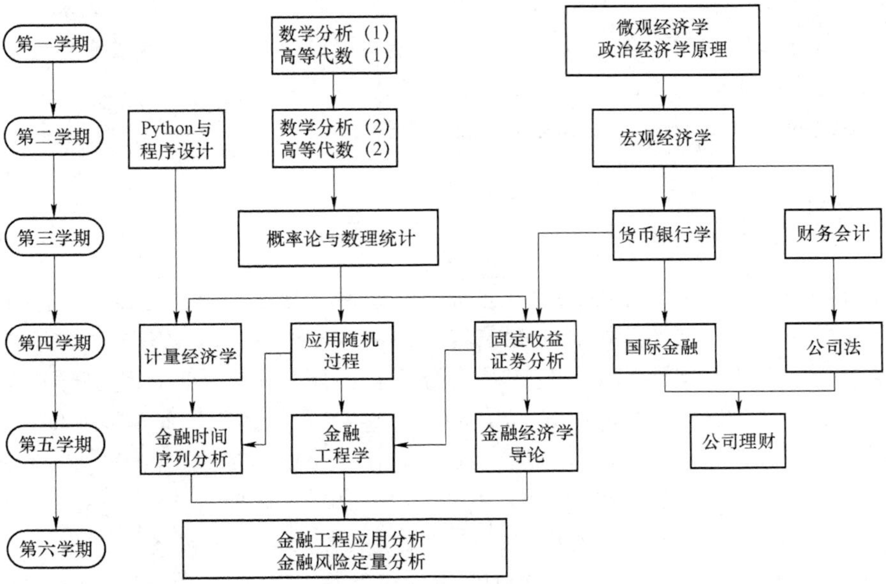

图 1　金融工程专业必修课程逻辑图①

（二）课程教学目标

“金融工程学”围绕学校和金融工程专业的人才培养目标，确立了本课程的教学目标：课程学习以具备良好职业道德、增强社会责任感、树立正确的价值观和服务国家经济发展战略为价值引领；以自主学习、专业创新、服务社会作为能力培养方向；以金融工程核心理论、技术和思维方式作为知识学习重点；综合实现为党育人、为国育才。具体又分为知识目标、能力目标和价值目标。

1. 知识目标：掌握衍生产品的基本特点、交易机制和风险管理特征；掌握金融工程的定价原理及其在衍生产品估值中的应用；掌握如何结合无套利原理为衍生产品设计套

---

① 本课程逻辑图基于对外经济贸易大学 2021 级金融工程专业本科培养方案绘制。

利策略；掌握不同衍生产品的套期保值策略的设计原则；掌握金融工程结构化创新的技术与方法。

2. 能力目标：具备可持续学习能力，能够自主学习国内外专业前沿研究成果；具备通过创新或设计金融产品解决实际金融问题的专业能力；具备使用金融工程技术服务实体企业风险管理的社会服务能力；具备在金融市场中理性地进行交易策略设计和实施的市场实践能力。

3. 价值目标：树立社会主义核心价值观；具有正确的世界观、人生观和价值观；具备从事金融工程工作的良好职业道德；具有强烈的社会责任感；具备服务国家经济发展战略意识。

（三）课程思政建设的总体思路

本课程的思政建设核心是讲好中国故事，深谙中国国情。为有机融合课程思政素材，达到润物细无声的课程思政效果，课程从教学内容、教学模式、课程考核全方位进行了思政设计，如图 2 所示。

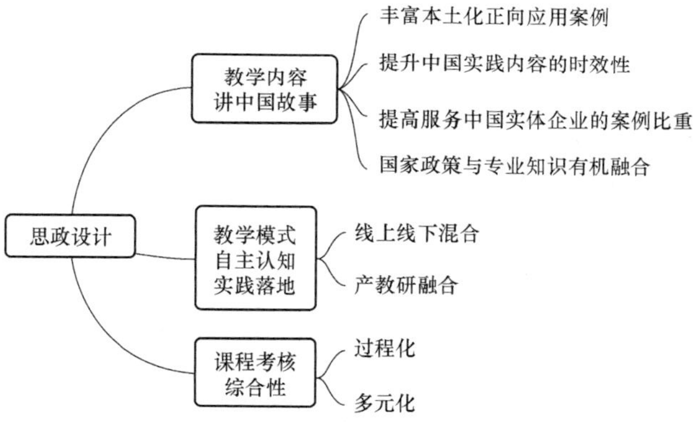

图 2　课程思政建设的总体思路

（四）课程思政元素与素材选取

1. 课程思政元素

依据教育部《高等学校课程思政建设指导纲要》（教高〔2020〕3 号）精神，在课程中融入的主要思政元素如下。

（1）习近平新时代中国特色社会主义思想。将习近平总书记有关增强“四个自信”、全面深化改革、贯彻发展新理念、以人民为中心、建设具有强大凝聚力和引领力的社会主义意识形态、坚持总体国家安全观、构建人类命运共同体等思想，结合我国金融衍生产品创新、改革、发展和应用的历史和现状，有机融入课程教学和学生实践中。

（2）社会主义核心价值观。培养学生具备金融工程的理论和技术能力的同时，帮助其树立正确的世界观、人生观、价值观，注重对学生践行社会主义核心价值观的引导。

（3）中华优秀传统文化教育。引导教育学生深刻理解重民本、守诚信的思想精华和时代价值。

（4）深化职业理想和职业道德教育。课程中融入中国金融衍生品市场的交易机制、法律法规、监管规则等，帮助学生了解金融行业的从业规范，通过期货期权模拟交易、虚拟仿真实验、案例研讨、业界讲座等引导学生深入社会实践、关注现实问题，培育学生经世济民、诚信服务、德法兼修的职业素养。

2. 金融工程的课程思政素材

课程收集整理了反映上述思政元素的诸多素材，保证教学内容的正确性、时效性、权威性以及本土实践性。素材内容主要如下。

（1）有关习近平新时代中国特色社会主义经济思想的论述和文件，以及习近平总书记最新发表的系列讲话。对于其中的精神和思想，结合中国金融市场的历史、发展、现状，进行具象化学习。

（2）政府工作报告、党的二十大报告、中央金融工作会议等党和国家的重要会议文件。通过解读文件精神，让学生认识到金融工程的发展方向、专业实践重点和金融工程人才的社会责任。

（3）中国货币政策执行报告、中国金融市场运行报告、人民币国际化报告、中国金融期货交易所年度市场统计。课程通过上述文件中发布的全国金融市场相关数据，向学生展示中国衍生品市场发展的全貌和动态。通过人民币双边互换的应用，让学生认识到金融工程工具在服务宏观政策方面的价值。

（4）上海证券交易所、深圳证券交易所、大连商品交易所、郑州商品交易所、上海期货交易所、中国金融期货交易所、中国外汇交易中心、中国证券登记结算有限责任公司、中国期货业协会等官方网站。获取最新的法律法规、市场动态、产品推出等方面的信息，保证课程讲授中国故事的时效性，指导学生学习最新的市场规范，建立符合时代发展的职业道德。

（5）对外经济贸易大学战略合作机构的实践资源。通过产教融合为学生提供中国企业实践案例和行业从业规范指导。通过教师参加大连商品交易所高校教师衍生品研修班等，提升教师教学与我国市场实践的结合度，促进师生共同进步。

（6）指导“三农”工作的“中央一号文件”。借“中央一号文件”了解金融、金融衍生工具在服务“三农”，发展绿色经济方面的作用，了解农业保险、“保险＋期货”模式的相关政策。

（7）Wind资讯终端、希施玛证券实训系统、聚源锐思金融研究数据库等金融权威数据终端和模拟交易平台。为学生课程实践提供数据来源和实践平台。

（五）教学内容的课程思政设计

课程内容采取“总—分—综”的整体化设计，先总览金融工程的概念、发展动因、发展历史、发展现状、主要工具，以及核心理论与技术，然后展现核心技术在4个主要工具的定价、交易与风险管理中的应用，最后结合案例进行综合应用，实现学以致用的目标。见图3。

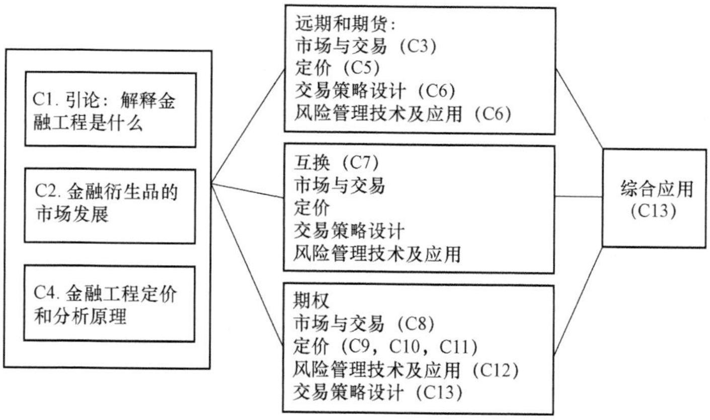

图 3　课程的教学内容安排

教学内容通过丰富本土化正向应用案例、提升中国实践的时效性、提高服务实体企业的案例占比、体现脱虚向实的金融改革方向，将政策法规与专业知识有机结合，讲好中国故事。

1. 丰富本土化案例提升课程教学内容的中国实践性。强化金融工程理论的中国实践，并增加中国实践的正面清单，这样更容易让学生在正确的道路上开拓创新。如课程中的“新能源汽车政策的金融工程分析”“从外汇期权发展看中国审慎风险管理”“保险＋期货中的期权设计”等，让学生不但掌握金融工程的基本工具和分析原理，还能够切身体会到知识在身边实践中的价值，提升学生的社会责任心和自豪感。

2. 提升中国实践内容的时效性，让学生关注当前国情社情民情。一方面结合实时行情，进行期货期权模拟交易；另一方面追踪中国金融市场的动态，及时更新课程内容和课程案例。为提升模拟交易的真实性，课程邀请业界专家全程指导学生的交易实践，让学生深入了解中国市场交易机制和交易分析逻辑。同时，课程组不但每一年更新课程内容，及时反映市场新变化，还通过课程微信群、MOOC 课程讨论区等线上渠道交流课程相关市场实时发生的重要事件。比如 2017 年，50 ETF 期权条款为何变化？2018 年，中国原油期货推出有何战略意义？2020 年原油价格为负带来的影响如何分析？2021 年，铜期权、黄金期权的条款为何变更？这些教学案例的实时更新提升了学生对中国实践前沿的认知。

3. 提高服务中国实体企业的比重。课程组通过增加校企合作、参与业界权威会议等方式，深入了解我国实体企业运用金融工程工具和技术的情况，并将其整理成课程案例，强化专业知识服务我国实体经济和实体企业的作用，提升专业人才的职业道德和社会责任感。

4. 增加案例的课堂研讨，提升学生对习近平新时代中国特色社会主义思想的具象化理解。启发学生主动思考是加深学生对习近平新时代中国特色社会主义思想理解的有效途径。比如结合复利的概念理解中国发展速度和中国复兴、结合“中央一号文件”对“保险＋期货”助农模式的支持理解中国共产党以民为本的执政理念等。

（六）教学模式的课程思政设计

秉着激发学生自主认知能力，让实践落地的原则，课程实施线上线下混合教学和产学研结合。通过线上线下混合教学，既能够提升学生的自主学习能力、启发学生的创新思维，又能够拓展课程学习的空间和时间，提升线下课堂的教学质量和效率。通过产学研结合提升课程实践的落地性，培养学生的职业素养。

1. 线上线下混合教学的思政设计

为最大化线上和线下混合的教学效果，我们将课程内容按照知识性、创新性、时效性、实践性差异细分为六类，对每类内容以“理论服务实践”为核心，区分课前、课中、课后进行了针对性混合教学设计，实现不同的课程思政目标。具体如表 1 所示。

表 1 “金融工程学”的线上线下教学模式设计

知识类型	内容梗概	教学方式	课前	课中	课后	课程思政目标
认知性内容	包括衍生品市场发展与现状，产品交易机制，部分企业实践案例等	线上	自主学习指定的慕课内容	1. 结合 Wind 资讯终端等了解市场前沿动态； 2. 智慧树见面课互动检验学习效果	智慧树平台线上测验巩固	提升学生自主学习能力，手脑联动，强化学生对思政案例的自主思考，引导学生主动了解中国市场
		线下		研讨核心知识点	分析测试结果，诠释理解误区	及时纠偏，保证学生对案例和市场的正确认知，指导学生强化专业责任感
强逻辑性内容	无套利定价、风险中性定价原理，远期、期货、期权、互换的产品特征、定价公式推演、套利策略设计和套保比率计算等	线上		1. 结合 Wind 资讯终端分析工具理论解释实践； 2. 智慧树见面课加强互动		借助 wind 资讯终端分析工具，指导学生了解理论在我国市场实践中的应用
		线下	智慧树平台发布课件，提前预习	课堂板书与 ppt 结合讲授推理过程	1. 布置个人主观作业检验核心原理的掌握情况； 2. 布置经典文献阅读报告	提升学生的科学思辨能力和学术创新能力
实操性内容	期货仿真交易、期权仿真交易、基差策略实践、期权策略实践	线上	1. 为学生设置模拟交易账户信息； 2. 学生结合操作手册熟悉软件交易操作	翻转课堂，结合 Wind 实时资讯，国泰安虚拟交易所	1. 进行为期 2 个月的线上仿真交易，实施交易策略； 2. 完成小组实验任务和实验报告； 3. 邀请业内专家微信群点评指导交易行为	实践出真知，让学生通过真实的交易操作具象化了解我国期权期货市场交易机制及其影响，促使学生主动拓宽视野，了解市场相关的动态信息，提升市场敏感性

续表

知识类型	内容梗概	教学方式	课前	课中	课后	课程思政目标
实操性内容	期货仿真交易、期权仿真交易、基差策略实践、期权策略实践	线下	布置仿真交易任务	邀请专家讲解交易技术和交易合规问题		引导学生培养正确的职业道德和职业规范：指导学生进行有逻辑的交易操作，警惕盲目投机
综合性实务应用内容	商品期货在企业实践中的应用：场外期权定价与实务	线上	智慧树平台发布讲座通知		智慧树平台或微信群开展讲座话题讨论，答疑解惑	线上讨论，及时解惑，引导学生树立正确的价值观和专业责任感
		线下		邀请业界专家开展实务讲座		通过业界丰富的实践经验加深学生对专业实践的认知，了解专业职业规划和发展方向，正确认识专业价值，增强服务实体经济的意识
研究探索性内容	期权价格特征、希腊字母、二叉树模型	线上	1. 按照自由组组+随机分组进行班级分组，2～3人成组； 2. 智慧树平台发布课件，提前预习	1. 结合实验软件，具象化理论结论； 2. 智慧树平台见面课互动	1. 学生自主根据线上实验操作指导，进行实验操作，提交实验报告； 2. 教师通过智慧树讨论区、微信群实时答疑	通过小组任务提升学生的民主协商、团队协作、诚信为本的意识，深化对社会主义核心价值观的认知
		线下	布置小组实验报告任务	课堂板书与ppt结合进行理论推理，学生自主动手操作实验软件	微信群实时答疑布置个人主观作业，举一反三：期末进行小组实验报告汇报	线下理论讲授为学生实践提供指导，强化学生理论指导实践的能力
时事追踪性内容	根据实时政策变化、事件发生添加的教学内容，如 2020 年商品期货交易规则更改，原油宝事件；2021 年上期所期权条款更改；2022 年青山镍事件等	线上	利用微信群发布课程内容相关时事信息，在网上提出讨论问题	智慧树平台见面课互动		线上交流提升时事动态信息传达的时效性，引导学生关注市场动态，加强对事件的专业敏感性
		线下		研讨深化对时事内容的解析	可研究性时事作为开放性研究课题，指导兴趣小组开展研究	线下深入讨论，对学生给予正确的价值观引导，并激发学生创新积极性

其一，认知性内容。如衍生品的市场发展、期货的交易机制等，目的是开阔学生视野、加深市场认知。这部分内容我们利用慕课课程灵动性优势，安排学生线上自主学习为主，辅以线上测验和线下课堂研讨。线下课堂结合 wind 资讯终端、各交易所官网信息，了解最新市场发展，聚焦教学重点。这样既可以提升学生自主学习能力，手脑联动，还可以对学生认知及时纠偏，保证学生对案例和市场的正确认知。

其二，强逻辑性内容。对于定价理论、套利策略设计、套期保值比例计算等理论性强、公式推演要求高的内容，课前布置预习任务，课中线下讲授，并利用金融终端分析工具，强化理论服务实践。

其三，实操性内容。如我国期货、期权市场交易机制和杠杆性的理解、头寸盈亏指标的计算等，如果在课堂上讲授则如空中楼阁，琐碎细致且无味，学生没有直观感受。因此课程通过产教融合，课前学习交易操作，课中了解交易机制，课下邀请业界专家指导学生合规交易，引导学生建立正确的交易心理，培养合理的交易逻辑和正确的职业道德规范。

其四，实务综合应用性内容。如商品期货在企业实践中的应用，场外期权定价与实务等。这些内容通过业界讲座进行，由业界专家结合丰富的实践经验现身说法，对学生更有说服力。这部分内容一般课前发布讲座信息，课中举办业界讲座，课后对学生的疑惑进行线上研讨，在合适的机会组织部门实践。

其五，研究探索性内容。如期权的价格特征、期权二叉树模型、期权希腊字母等，虽然课程讲授了理论公式，但学生无法通过公式得到形象具体的认知，因此，课程开发了实验任务的线上指导手册和指导视频，学生可以线上学实验，线下做实验，自主探索新知。

其六，时事追踪性内容。根据政策变化、时事事件发生添加的教学内容，如 2018 年人民币计价原油期货在上海期货交易所上市；2020 年 4 月芝加哥商品交易所（CME）更改交易规则诱发中国银行原油宝事件；2022 年 3 月伦敦金属交易所（LME）的青山镍事件等，这些事件与课程内容密切相关，也是学生使用专业知识分析实际问题的机会。因此，课程结合市场前沿动态，及时提出研讨问题，并适时结合业界讲座和实训等方式加强学生对事件分析的参与感。

2. 产学研一体化模式的设计

“金融工程学”自 2015 年以来探索了产学研一体化的教学模式，在实验、实践、案例教学环节进行了针对性设计和实施，基本情况汇总如表 2 所示。

表 2 “金融工程学”的产学研一体化的设计

教学类别	解决的问题	产学研结合设计	课程思政目标
实验教学	1. 实验指导无法重复； 2. 学生实验报告质量参差不齐，格式不一； 3. 实验教学方式完美复刻到其他老师的平行班级	1. 学研结合，基于“互联网+”实现实验资源共享 （1）制作基于 excel VBA 的实验软件资源，降低实验计算机技术门槛 （2）选拔课程学生助研，进行软件完善及实验手册、实验指导视频、实验报告样例制作	学思结合、知行统一，增强学生勇于探索的创新精神、善于解决问题的实践能力

续表

教学类别	解决的问题	产学研结合设计	课程思政目标
实验教学		(3) 通过学校实验中心网站，进行实验资源网络共享，降低平行班授课老师指导成本 2. 校企合作，师生共建，开发"多情景下的期权交易虚拟仿真实验"软件，在国家实验空间共享	提升社会服务能力：加强服务实体经济导向，加深对国情民情认知
实践教学	1. 增强课程内容的中国市场实践性和实操性 2. 授课教师缺乏市场实战的经验，无法给予学生交易实操更符合职业道德和职业规范的指导	校企合作： 1. 根据课程进度邀请业界专家进行专题讲座 2. 引进业界开放性课题激发学生研究兴趣 3. 共享研究生实务课程信息和资料，拓展课程实务学习资源 4. 举办期货交易实训营 5. 业界指导学生交易实践 6. 选拔优秀学生进行业界实习 7. 合作业界课题	1. 提升学生对前沿国情、民情、市场行情的认知 2. 激发学生对中国问题的研究兴趣 3. 拓宽学生视野，提升学生学习的主观能动性 4. 培养学生的职业素养 5. 提升学生实操能力和解决实际问题的能力
案例教学	缺乏衍生品如何有效服务实体经济的正面案例	1. 授课教师参与业界权威会议，主动了解业界前沿，更新案例内容 2. 布置案例分析任务，组织学生搜集整理案例，挖掘案例信息 3. 申报协同育人项目，加强与合作企业的课题合作，问题交流，挖掘案例实践价值	1. 提升教师的课程思政教学能力 2. 提升学生理论联系中国实践能力 3. 通过校企协同育人，提升师生协作的社会服务能力

针对实验教学，课程借助 excel 实验软件资源，探索了通过学生助研的方式进行基于"互联网＋"的软件完善与立体化实验手册制作，达到了学研结合和资源共享，提升了学生的动手能力和科研能力。之后，通过校企合作，开发了"多情景下的期权交易虚拟仿真实验"，该实验获评国家一流虚拟仿真实验课程，可以在国家实验空间访问。

实践教学方面，课程采取业界专题讲座、引进业界开放性课题、举办期货交易实训营、选拔优秀学生进行业界实习、合作业界课题等多种校企合作方式，提升了学生的学术研究与实际问题的结合能力，丰富了实践经验。

案例教学方面，首先课程通过与中粮期货有限公司、大连商品交易所合作，加强师资与业界的交流，了解业界最新的实践案例，为教学案例的持续更新提供了保证。其次，组织学生助研搜集与整理案例，这样不但支撑了数十篇本科毕业论文的写作，也为课程提供了更细化的教学案例。

（七）课程考核的思政设计

课程针对教学过程中学生参与的各个环节，在课程考核中一一体现，督促学生感受学习过程的每一步收获。具体如表 3 所示。

表 3 “金融工程学”考核的思政设计

评价方式	评价细分类	评价内容	评分标准	成绩占比	课程思政目标
平时成绩（40%）	线上学习参与度	1）线上自主学习内容的学习情况 2）课前预期任务的完成情况 3）课中的线上签到，问答互动参与 4）线上研讨参与等	依据翻转课堂平台记录的教学活动数据统计计分	5%	督促学生提升自主学习能力；激发学生创新思维
	线上测验	1）线上自主学习内容的线上客观测验； 2）临时课堂测验	依据翻转课堂平台如智慧树平台学生的测验成绩加权计算	5%	
	期货期权模拟交易	1）2 个月的我国商品期货、金融期货的模拟交易 2）1 个月的 50 ETF 期权的模拟交易	根据模拟交易系统学生交易次数、账户收益标准差和交易收益率综合排名加权计算；其中交易次数要求期货交易不少于 10 次开平仓，期权交易不少于 5 次开平仓	10%	1）提升学生对中国市场交易制度的认知 2）延长交易过程，培养学生职业素养 3）促进学生对国情、社情、民情的主动关注
	个人线下作业	1）每一章布置的线下纸质作业（10 次） 2）个人期货基差策略实践报告 3）个人期权虚拟仿真交易实验报告	1）每次作业按照作业质量和诚信程度评定等级 A–D 不等 2）通过等级分数换算后加权所有作业，获得个人作业成绩	10%	1）通过策略设计提升学生逻辑分析能力和创新思维能力 2）通过策略实践提升学生理论联系实践的能力 3）通过期权虚拟仿真实验了解我国“保险＋期货”背景，增强社会责任感
	实验报告	三份小组实验报告	1）成员分工情况确定成员得分差异 2）实验报告撰写质量，如存在简单拼凑，组长成绩折扣 3）实验任务完成度	10%	1）培养学生进行民主协商、和谐相处、合理分工的团队协作能力 2）增强学生勇于探索的创新精神、善于解决问题的实践能力
期中成绩（20%）		课程前七章教学内容	闭卷笔试	20%	
期末成绩（40%）		课程 8～13 章期权部分教学内容	闭卷笔试	40%	
减分项	迟交、补交惩罚	是否在规定时间之前按要求提交任务	相关作业成绩折扣 10%		引导学生践行社会主义核心价值观
	抄袭惩罚	个人作业、实验报告是否存在抄袭等不诚信行为	相关作业成绩折扣 100%		
	期中、期末作弊	期中考试、期末考试是否存在抄袭、作弊等不诚信行为	期中、期末成绩全部取消，记录个人档案，严重者取消学籍		
合计				100%	

二、改革效果

本文针对"金融工程学"课程思政的过程性设计从学生对教学内容的关注方向、学生实践报告的完成质量、课程思政相关案例内容的测验成绩变化、期中期末考试中学生对实践背景的问题及开放性分析问题的答题情况以及选课学生的可持续发展情况等方面来评估课程的思政效果。

首先，教学内容的课程思政案例能够引发学生热烈讨论，如有学生通过微信讨论期货保证金和期权杠杆性的差异问题，或者通过邮件与教师讨论中美股市的差异问题，体现了学生对于我国交易机制的主动思考能力和研究兴趣，说明课程能够引导学生主动关注专业相关热点事件，并从专业角度进行分析。

其次，课程组织的业界讲座激发了学生对商品期货市场极大的研究兴趣，很多学生的基差分析报告，涉及了螺纹钢期货、豆粕期货、玉米期货等期货产品的基差交易，学生不但在模拟交易系统中进行实战，还通过宏观分析、基本面分析和技术分析指出了交易的理由和逻辑，提高了学生对中国商品市场的国情认知。

再次，课程在学生作业中设计了诸多紧密结合中国实践的题目和任务，从学生完成情况看，在期货应用之后，学生明显对我国市场产生了浓厚的兴趣，如图 4、图 5 所示，其线上测验成绩和交易积极性都有明显的提升。

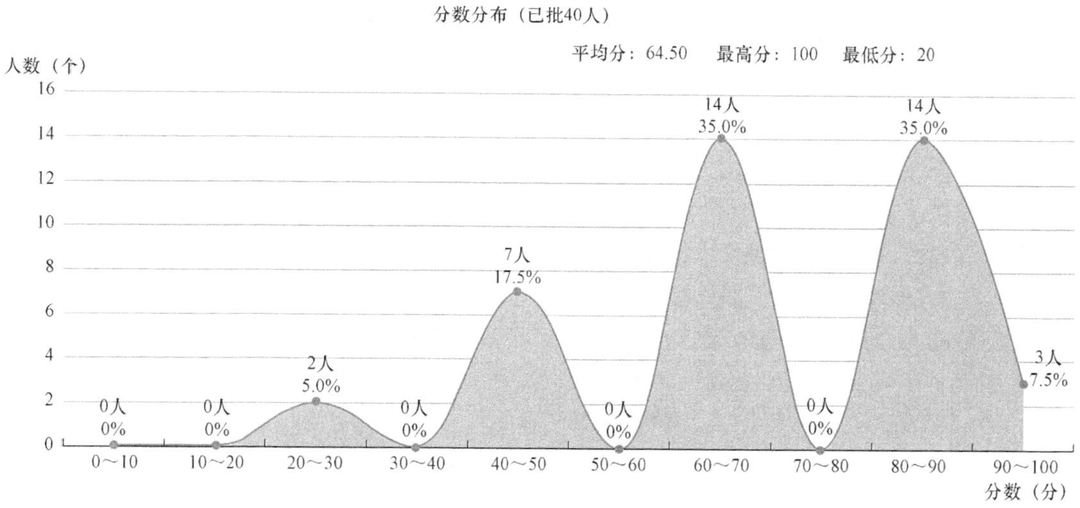

图 4　期货在实体企业中的应用学生测验成绩

最后，课程学习为学生后期实习、毕业论文写作和研究深造拓宽了领域和视野，比如有学生基于 2018 年我国天然橡胶胶农弃胶问题撰写的硕士论文《天然橡胶的"保险＋期货"产品设计和风险管理研究》，在 2021 年获评全国优硕论文。还有 10 多名学生或者参与 2017"中期协联合研究计划（第十二期）"——场外期权定价课题，就保险＋期货中的场外期权进行设计、定价、风险管理方面的研究工作，或者参与 2022"'young'帆期海——大商所首届衍生品实践大赛”，研究“玉米与果糖含权定价实践项目”。

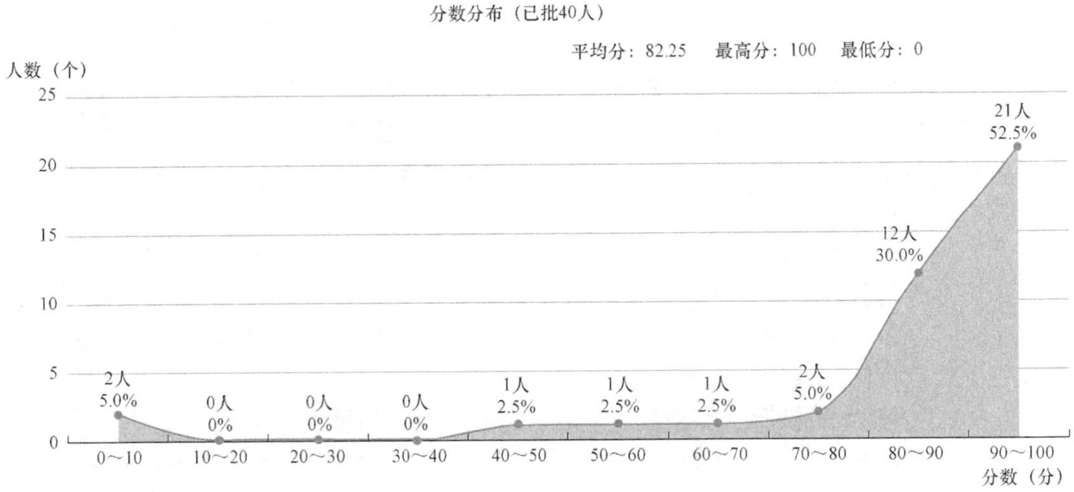

图 5　期权交易策略学生测验成绩

结语

课程思政要做到潜移默化引导学生做好职业规划、明确就业方向，坚定服务中国理想信念，应该进行全方位全过程的教学设计，因此，本文围绕讲好中国故事、深谙中国国情核心，对“金融工程学”课程如何进行教学内容设计、教学模式设计、课程考核设计以及课程思政效果评价进行了全面介绍。

教学内容方面通过丰富本土化正向应用案例，提升中国实践的时效性，提高服务实体企业的案例占比，体现脱虚向实的金融改革方向，将政策法规与专业知识有机结合，讲好中国故事。教学模式方面，实施线上线下混合教学和产教研融合，提升学生自主认知能力，让实践落地中国。课程考核方面，通过多元化和过程性督促学生逐步成长，提升综合应用能力。课程思政效果方面以学生培养效果为根本，从日常表现和可持续发展为评估方向，体现全方位育人成果。

参考文献

[1] 中共中央办公厅、国务院办公厅印发．加快推进教育现代化实施方案（2018－2022年）[S]．2019－02－23．引用日期[2024－5－27]，网址：https://www.gov.cn/zhengce/2019－02/23/content_5367988.htm．

[2] 中共中央、中国国务院印发．中国教育现代化 2035 [S]．2019－02－23，引用日期[2024－5－27]．网址：https://www.gov.cn/zhengce/2019－02/23/content_5367987.htm．

[3] 国务院办公厅．国务院办公厅关于深化产教融合的若干意见（国办发〔2017〕95 号）

[S]. 中华人民共和国中央人民政府网站，2017－12－19. 引用日期［2024－5－27］，网址：https://www.gov.cn/zhengce/content/2017－12/19/content_5248564.htm
［4］教育部．高等学校课程思政建设指导纲要（教高〔2020〕3号）[S]. 2020年6月6日，引用日期［2024－5－27］，网址：http://www.moe.gov.cn/srcsite/A08/s7056/202006/t20200603_462437.html?eqid＝b04748c500024fb1000000036447884a.
［5］冯建芬，余湄，杜冬云，等. 金融工程学产学研结合的教学方法改革研究［G］//对外经济贸易大学教务处. 2019本科人才培养与教育教学改革论文集. 北京：对外经济贸易大学出版社，2020：18－25.

“养老金计划与企业年金”课程教学方法的改革与实践

吕惠娟　谭丽丽

摘　要：“养老金计划与企业年金”是劳动与社会保障专业中理论性和实践性都很强的一门专业课程。针对原有教学方法存在的不足，教学团队积极探索教学方法的改革与实践。除了传统的教师讲授法之外，教学团队引入了翻转课堂，加大了案例式教学、讨论式教学、实践式教学的力度，同时将现代化教学技术与传统教学手段进行有机结合。从学生表现和反馈来看，多元化教学方法的应用无疑提高了教学效率和教学质量，也更有利于人才培养目标的实现。

关键词：养老金计划　企业年金　教学方法　改革与实践

引言

“养老金计划与企业年金”是对外经济贸易大学保险学院劳动与社会保障专业的特色专业课，其是在对原有的“企业年金”课程进行丰富和完善的基础上修订而来。进入21世纪后，我国人口老龄化速度加剧。为了应对人口老龄化的冲击和挑战，党的二十大报告再次强调“发展多层次、多支柱养老保险体系”“实施积极应对人口老龄化国家战略，发展养老事业和养老产业”。“养老金计划与企业年金”课程聚焦我国养老保险制度的发展现状和问题，希望通过本课程的教学使学生明确基本养老保险、企业年金、职业年金、个人养老金计划在多层次、多支柱养老金体系中的作用，并能运用所学知识对如何完善我国养老保险制度建设进行积极思考。

一、教学方法改革的总体目标

目前，“养老金计划与企业年金”课程的教学还是以教师讲授为主，但这种传统的教学方式已经不能满足学生多元化的学习需求。如何帮助学生在掌握基本理论和知识的基础上，提高学生的主动学习能力、创新能力和实践能力，是本课程教学方法改革中需要

作者简介：吕惠娟，对外经济贸易大学保险学院副教授，硕士生导师；
谭丽丽，对外经济贸易大学保险学院助理研究员。

解决的问题。

针对“养老金计划与企业年金”课程现有教学方式的不足，教学团队试图实现以下教学方法改革目标：一方面，通过多元化的教学手段活跃课堂气氛，缓解学生对抽象理论的厌烦，突出教学的趣味性、生动性。除了教师讲授的传统方式外，通过引入翻转课堂、案例式教学、讨论式教学、实践式教学等多种方法激发学生的学习兴趣，使教和学真正结合起来。另一方面，针对现实需求，实现人才培养目标。通过启发式、研究式等教学模式发展学生的智力和智慧，提高学生的综合能力和综合素质，以培养“全面发展的人”为核心进行教学实践。

二、引入翻转课堂

翻转课堂是指重新调整课堂内外的时间，将学习的决定权从教师转移给学生。与传统课堂相比，翻转课堂的优势十分明显。第一，在翻转课堂模式下，学生可以合理利用教学视频、网络资源，从而根据自己的时间灵活安排学习任务。第二，引入翻转课堂后，很多信息会由学生在课外进行自主学习，教师不再需要将课堂上的宝贵时间全部用来讲授基本知识点，从而极大地提高了教师讲授的效率。第三，翻转课堂增加了学习过程中的互动，因为教师只需要针对重点、难点进行详细讲解，从而有更多的时间与学生交流，解答学生的疑问。

（一）推行翻转课堂的具体路径

为了引入翻转课堂，首先要创建教学视频。特别是对于关键知识点，要开发出集视、听、讲为一体的高质量教学课件以给学生留下更加深刻的印象。这也是推广翻转课堂遇到的挑战之一。因为教学视频的创建不仅需要教学团队投入大量的时间和精力，而且还需要资金、技术等方面的支持。

其次，在学生利用教学视频、根据自身情况安排、控制学习过程的基础上，教师要合理组织课堂教学活动。教师应该将自己的角色从知识的传播者转换为学习的指导者，通过多元化的教学手段来满足学生的需要和促成他们的个性化学习。同时，在教学活动中，一定要加强课堂互动，这种互动不仅体现在师生之间，也表现在学生与学生之间。

（二）翻转课堂的应用案例

1. 教学方案设计

教学内容：中国企业年金制度的个人所得税模式分析。

教学目标：使学生明确职工参加企业年金计划后，对其在工作期间和退休后缴纳个人所得税的影响，从而帮助学生了解税收优惠政策对降低个人参保成本的效用。

教学重点：《关于企业年金个人所得税征收管理有关问题的通知》（国税函［2009］694号）、《关于企业年金、职业年金个人所得税有关问题的通知》（财税［2013］103号）的解读。

教学难点：国税函［2009］694 号、财税［2013］103 号两个文件的差异。

教学方法：翻转课堂、讲授法、讨论法、案例分析法、自主学习法。

2. 翻转课堂的引入

（1）教学视频的录制与学习资料的准备

在传统的教师讲授方式中，为了使学生明确我国企业年金制度的税收模式，教师主要是在课堂上讲解国税函［2009］694 号、财税［2013］103 号两个文件中的重要条款。但对于财税知识相对有限的本科生而言，由于文件条款比较专业、枯燥，学生难以在课堂有限的时间里完全掌握政策的内涵和实施效果，因此，无论从课后作业的完成情况来看，还是从闭卷考试的考核结果来看，学生回复的错误率均较高。引入翻转课堂后，在正式授课前，教学团队会结合政策文件和重要知识点，制作“企业年金个税递延优惠政策”的教学视频，同时将教学视频、政策文件和相关学习资料提前汇总整理完毕。

（2）对学生课前自主学习的要求

在上课前，首先要求学生认真观看“企业年金个税递延优惠政策”的教学视频，并学习国税函［2009］694 号、财税［2013］103 号两个文件。然后，要求学生在自主学习的基础上，尝试总结我国对企业年金实施的个人所得税模式。最后，要求学生将观看视频和学习文件中遇到的难点和问题记录下来，在课堂上集中反馈给教师。

3. 教学过程

（1）教师针对性地讲授重点和难点

学生课前学习的反馈结果显示，通过学习视频和文件，大部分学生能够明确目前我国对企业年金实施的是一种延期纳税模式。但由于缺乏财税基本知识，同时个人所得税的征缴也是一个比较复杂的问题，大部分学生难以正确理解政策的操作细节。结合学生的反馈结果，教师授课的重点是对国税函［2009］694 号、财税［2013］103 号这两个文件实施效果的对比分析。在此基础上使同学们明确我国企业年金的个人所得税政策由当期本金税模式（TEE 模式）向延期本金税模式（EET 模式）的调整过程，同时要求同学们掌握个人所得税的计算方法。

（2）通过多种教学方式巩固重点和难点

一是进行课堂作业与案例分析。在教师解读文件之后，给出一个背景资料，要求学生结合最新政策计算案例中参保人员在工作时期和退休时期缴纳的个人所得税。学生当堂完成作业，然后由老师进行讲解，学生参考正确答案巩固知识点。

二是围绕核心知识点展开延展性讨论。讨论主题包括：第一，比较 TEE 模式和 EET 模式对我国企业年金制度发展的影响；第二，结合现行税收优惠政策，从降低个人参保成本出发，对企业年金方案中待遇领取环节应注意的问题进行讨论。讨论先以小组形式进行，然后学生代表发言，最后由教师进行点评。

三是加强课后复习。要求学生在课后完成章节后配套习题，加强对知识点的巩固。如果学生还存在难以理解的知识点，一是可以反复观看教学视频，二是可以利用课余时间向教师请教。

4. 教学效果总结

引入翻转课堂后，教学安排显得更为合理有序。一方面，学生根据自己的情况，借助教学团队提供的学习资料，进行充分的课前学习和课后复习；另一方面，课堂上教师针对重点和难点，进行讲解、组织讨论，在有限的教学时间内强化对关键知识点的梳理和总结。这样的教学模式一是能够让学生充分发挥学习的主观能动性，并且调动他们的学习积极性；二是节省了时间，提高了教师教学和学生学习的效率。

三、加大案例式教学和讨论式教学力度

所谓讨论式教学，是指学生在教师的指导下为解决某个问题而进行探讨、辨明是非真伪以获取知识的方法。讨论式教学方法的优势体现在：第一，有利于加强互动；第二，有利于培养学生的主动思考能力、口头表达能力；第三，有利于使封闭的课堂教学变为开放型的课堂教学。案例式教学也是在专业课授课中普遍采用的一种方法，顾名思义，其是一种围绕案例进行教学的模式。在教学实践中，案例教学经常与课堂讨论有机结合起来。结合案例背景资料，教师应引导学生针对事先设定的问题进行独立思考并积极开展课堂讨论，从而培养学生发现、分析、解决问题的综合能力。

（一）推行案例式教学和讨论式教学的具体路径

第一，选择恰当的案例。在案例的选择上，坚持教学案例的经典性、启发性、系统性、热点性、典型性原则。本课程目前所用案例大部分来自其他书籍、网络，原创案例较少。未来工作的重点之一是结合专业知识点，加大教学团队自己编写案例的比重。

第二，设定合理的问题。问题的设定既要结合教学目的，也要围绕案例内容。一个案例一般会设计 3～5 个问题，问题的设定遵循由浅入深、由易到难、由个别到一般的原则。

第三，组织有效的课堂讨论。首先，讨论的主题既要与案例内容、核心知识点紧密挂钩，又要能引起学生兴趣。其次，教师要在讨论中对学生进行启发引导，从而促使其思考。最后，教师应做好讨论小结，进一步帮助学生巩固知识。

（二）案例式教学和讨论式教学的应用实例

“养老金计划与企业年金”课程在教学过程中补充了大量案例，并重视课堂讨论。下面以“企业年金方案设计”为例，说明案例式教学和讨论式教学的实际应用情况。

1. 教学方案设计

教学内容：企业年金方案的设计。

教学目标：使学生明确一份完整的企业年金方案应包含的内容。

教学重点：企业年金方案中覆盖范围、资金筹集、权益归属、待遇支付、基金投资管理等环节的设计技巧。

教学难点：使学生明确如何结合企业的实际情况，有针对性地设计出令用人单位和职工双方都满意的企业年金方案。

教学方法：讲授法、案例分析法、讨论法、自主学习法。

2. 案例背景资料与问题设定

（1）案例背景资料

淮北矿业、马鞍山企业、联想集团的企业年金方案。

（2）问题设定

① 一份完整的企业年金方案应包括哪些基本内容？经过哪些程序才能生效？

该问题与《企业年金办法》（人力资源社会保障部令第 36 号）中对于企业年金方案内容、程序的规定结合起来。通过对以上问题的分析和讨论，有助于学生掌握企业年金方案包含的要素，明确经过哪些步骤之后方案才能合法地生效、实施。

② 淮北矿业集团是如何解决临近退休职工个人账户积累不足的问题的？

我国企业年金制度实施的是缴费确定型模式，对于参保时间较短的职工，面临的一个重要挑战是退休前企业年金个人账户积累额不足的问题。通过分析淮北矿业集团企业年金方案在缴费、待遇发放环节的设计技巧，使学生掌握解决临近退休职工个人账户积累不足问题的两种常见做法：一是在缴费环节引入老龄系数，对年龄大的参保职工赋予较高的老龄系数，从而加速其个人账户积累速度；二是在待遇支付环节采取倾斜措施，当积累不多的个人账户额度领取完毕后，参照一定待遇标准继续发放补贴。

③ 马鞍山的企业年金方案在权益归属环节上是如何设计的？其做法可以为企业留住优秀人才吗？

企业年金制度之所以被称之为人力资源管理的“金手铐”，是因为可以在企业年金方案中加入权益归属的限制条件。具体来讲，对于企业缴费及其投资收益，可以设计一定的归属门槛，只有达到既定的条件，这部分资金才能完全归属于参保员工。通过对马鞍山企业年金方案中权益归属条款的分析与讨论，一方面使学生掌握权益归属的两种常见模式，即一次性归属与分阶段归属；另一方面，帮助学生了解企业年金方案如何在贯彻企业人力资源管理目标与维护职工权益之间实现平衡。

④ 联想集团养老基金的投资策略有何特点？能否兼顾不同风险偏好职工的需求？

企业年金基金在长期投资运营过程中面临各种风险，而有效的投资策略则是实现基金保值增值的必要手段。通过对联想集团投资策略的分析和讨论，使学生明确风险偏好对资产配置策略的影响，并了解分散化策略在养老基金投资实践中的运用情况。

3. 具体教学安排

在课前，教师将要求学生仔细阅读淮北矿业、马鞍山、联想集团的企业年金方案，并思考、归纳这些方案的特点。在课上，教师首先针对企业年金方案中的关键环节进行讲解，之后组织学生结合设定的问题展开讨论、发言，并对讨论结果进行评价和总结。根据学生的课堂表现看，案例式教学和讨论式教学的生动性、趣味性、启发性，能够提高学生的积极性，弥补理论讲授抽象、乏味的缺点，在引导学生主动思考的同时，使学生更好地做到理论联系实际。

四、探索实践教学方式

“养老金计划与企业年金”是一门应用性很强的课程，其课程设置必须突出实践性教学环节。除了在课堂教学中引入更多与养老金计划运营实务相关的授课内容外，教学团队还应积极探索多样化的实践性教学方式。

（一）采取实践式教学的路径

一是组织学生到社会保障服务机构、运营企业年金和个人养老金的商业金融机构参观，帮助学生了解我国养老金计划运作的实际流程；二是邀请具有劳动与社会保障从业经验的人员到校为学生开展讲座，加强校内师生与业界人士的交流、沟通；三是带领学生到企业的人力资源部门调研，使其明确各类养老金计划等员工福利制度的特点、地位和作用；四是与合作单位建立实习基地，鼓励学生开展相关实习。

（二）实践式教学的应用实例

在探索实践教学的过程中，实习实训基地的建设已经取得了一定成绩。已取得的成就包括以下两点。

第一，加强与保险业界的交流与合作。经过多年努力，保险学院与中国保险行业协会、北京保险中介行业协会、北京保险学会等多家行业协会、学会展开积极合作服务社会。同时，保险学院与中国出口信用保险公司、中国再保险集团、中国人民财产保险股份有限公司、新华人寿保险股份有限公司等多家金融机构建立联系机制，通过签订战略合作框架协议等方式促进双方的共同发展。比如，保险学院已经与华贵人寿保险公司、合众人寿保险股份有限公司、中保教育咨询有限公司、普华永道会计师事务所合作建立了专业的教学实践基地，并派出学生实习。此外，保险学院与新华人寿、华贵人寿、合众人寿、中国人保、中邮人寿等知名保险公司定期合作举办培训活动，帮助师生了解业界新动态。这些校外实习实训基地的建立，不仅为专业课的实践式教学提供了帮助，也拓宽了保险学院学生实习、就业的平台。

第二，开发具有劳动与社会保障专业特色的实习实训基地。在合作单位的大力支持下，保险学院在北京市太阳城养老社区、北京市东城区人力资源和社会保障局、中国劳动和社会保障科学研究院建立了具有劳动与社会保障特色的实习实训基地。这对于学生深入了解劳动与社会保障领域的政策、法规，熟悉相关业务起到了积极的作用。其中，太阳城养老社区平均每次可接纳60位学生，北京市东城区人力资源和社会保障局平均每次可接纳30位学生，中国劳动和社会保障科学研究院平均每次可接纳15位学生。实践活动的展开，不仅有助于增加学生对于实务操作的了解，而且能够在合作机构中建立学院的良好口碑，为毕业生争取更多的就业、创业机会。

结语

综上所述，“养老金计划与企业年金”课程教学方法改革的总体思路是将“以教师讲授为中心”的模式转化为“以学生为中心”的模式。从教学模式看，从灌输式教学转变为启发式、研究式教学。就教学方法而言，教学团队引入了翻转课堂，加大了案例式教学、讨论式教学、实践式教学的力度。在教学技术方面，教学团队将现代化教学技术与传统教学手段进行有机结合。从学生表现和反馈来看，多元化教学方法的应用无疑提高了教学效率和教学质量，也更有利于学校、学院人才培养目标的实现。

当然，在取得成绩的同时，也要认识到教学方法改革是一项任重而道远的任务。后续努力的方向主要包括：一是加大翻转课堂的教学力度。在推行翻转课堂的过程中，仍然面临教学视频创建相对缓慢的问题。教学团队将继续投入大量时间、精力，借助学校、学院支持，在网络数据库、电子期刊、多媒体设备及制作技术等方面进行协调，加快视频创建进度。二是完善案例库建设，提高自编案例的比重。在案例库的完善过程中，除了将案例编写与专业知识点进行有效结合之外，也要深入挖掘思想政治教育资源，并将其有机融入专业教学内容。在此基础上，增强学生对国家政策实施的认同感，进一步培养其爱国情怀和民族自豪感。三是继续突出实践教学环节。教学团队将继续结合课程特点拓展实践教学的内容、方式，为学生开展校内外实践提供更多的机会，帮助学生将理论应用于实践，实现学以致用的人才培养目标。

参考文献

[1] 吕惠娟，刘士宁．“企业年金”课程建设的探索研究[J]．人力资源管理，2014(4)：175－176．
[2] 刘士宁，吕惠娟．具有航运特色的国际金融教学改革研究——以上海海事大学为例[J]．特区经济，2014(11)：230－232．
[3] 段士爱．高职高专英语教学常见问题与对策的几点思考[J]．经贸实践，2015(7)：136．
[4] 董东顺．翻转课堂教学模式在初中信息技术教学中的构建[J]．学周刊，2021(13)：117－118．

“计量经济学”课程教学的创新探索与实践

王 芸

摘 要：作为经济学专业的核心课程和经济学大类学生的必修课程之一，“计量经济学”课程在对外经济贸易大学已经开设数十年，每年选课学生总数超千人，对学校的“应用经济学”学科建设和人才培养都做出了贡献。在当前大数据科学和人工智能高速发展的背景下，本文首先基于当前的课程教学现状和选课学生的特征进行总结，然后根据当前所面临的问题、机遇与挑战来分析课程对于适应未来发展的更多需求及应对，最后进行课程内容和模式创新的探讨，并提出教学实施路径。

关键词：计量经济学　教学内容　教学模式　创新

引言

计量经济学是现代经济学的核心组成部分之一。在当前大数据时代下，经济学研究范式对于实证研究和量化分析的重视程度也日益凸显，计量经济学所提供的分析工具和方法已经由最初分析社会经济数据为主，开始向医疗卫生管理、金融工程、风险控制、环境政策、社会学和政治学等领域渗透。如今计量经济学已然成为一门非常具有实用价值的交叉学科，也为大学生将来继续深造或是毕业进入各行业就业提供一项适应时代发展的专业知识技能。尤其近十年，随着数据分析工具、人工智能、大语言模型的迅速发展，学生更需要计量经济学知识作为应用的基础。同时，数据形式的多样化，数据变量间关系的复杂化和研究问题的多样化，为计量经济学学科的发展和教育也带来了更多的机遇和挑战。

“计量经济学”课程在对外经济贸易大学已经开设数十年，授课教师们也一直在致力跟紧时代的需求和学科的发展方向，对教学内容和方法一直都保持着创新和探索精神。本文将基于近三年课程教学情况和选课学生的特征进行总结，然后根据所面临的问题、机遇与挑战来分析本课程对于适应未来发展的更多需求及应对，最后进行课程内容和模式创新的探讨，并提出教学实施路径。

作者简介：王芸，对外经济贸易大学国际经济贸易学院副教授，硕士生导师。

一、课程教学现状

（一）课程内容

“计量经济学”作为经济学核心课程之一，经过数十年发展已经具有比较系统和全面的基础知识体系。本课程主要讲授计量经济学基本理论与方法，并为如何进行和评论经济学及相关学科的实证分析提供知识。课程教学内容包括：一元线性回归分析、多元线性回归分析、面板数据回归、二值因变量回归、工具变量回归。教学采用的教材为斯托克和沃森的《计量经济学》（2023）。课程统计分析软件为 STATA，也是当前经济和统计分析使用最为广泛的软件之一。在一元和多元回归分析以及面板数据分析部分，会利用该软件在课堂上进行介绍和演示。计量经济学对于培养学生分析和解决实际问题的能力提供了有益的帮助，不仅能为学生走向学术型道路提供良好的学科知识基础，也能为学生走向社会提供良好的应用型知识技能。在每周三学时的教学时长下，课堂上以传授计量经济学的基本理论和方法为主，在部分章节授课中展示 STATA 软件。由于课程内容丰富并有一定的难度，不仅需要授课教师合理安排上课节奏，也需要学生们课后充分地进行预习和复习，才能达到较好的学习效果。

（二）选课学生情况和学习效果

本科“计量经济学”是对外经济贸易大学经济学专业的必修课程，每年选课的学生总数超过千人，每年开设“计量经济学”课程的学院有国际经济贸易学院、金融学院等，选课的学生来自经济、金融、财税、商务、会计、企业管理、保险、外语等不同专业，专业跨度较大。先修课程有“微积分”“线性代数”“概率论与数理统计”“微观经济学”“宏观经济学”。由于计量经济学对数学、统计学的基础要求比较高，因此，对于一些先修知识基础不扎实的同学来说课程内容难度较大。另外，在教学中发现有些学生并未先修完相应的数学类课程，尤其是“线性代数”“概率论与数理统计”课，修习双学位的学生每年都有不少并没有修习过这两门课程。这样，在授课过程中，授课教师还需要兼顾不同专业和不同基础的同学，以达到较好的授课效果。

为了对“计量经济学”课程的选课学生和学习情况做深入了解，在 2022—2023 学年第二学期和 2023—2024 学年第一学期，授课的郭雄飞、林蔚、陈鉴堃、王芸老师曾对所授课的班级发放在线调查问卷，由学生自愿参与匿名作答，共回收有效问卷 164 份。该调查问卷由郭雄飞老师提出设计并由其余三位老师参与修改最终设定和发放。根据回收问卷选课学生的先修课程情况如表 1 所示。

表 1 对调查问卷的统计数据显示，学习“计量经济学”课程的同学基础不一，确实有一定比例的同学没有数学类课程的先修基础或者先修课程学习结果不理想。另外，调查结果显示约 68.9%的学生认为在学习“计量经济学”时面临的最主要困难是“自己基础不行”，这一结果也与先修课程情况的调查结果相一致。在所有调查学生中认为“计量经济

学"中最有价值的收获是：认为"掌握了一套系统的科学研究方法"占比57.93%；认为"数据分析软件的使用技巧"占18.29%。这一调查结果显示课程对于学生的培养与"计量经济学"课程的教学目标相符。

表1　学习"计量经济学"课程前学生完成先修课程情况统计数据（$n=164$）

课程＼得分	90以上	80～89	70～79	60～69	59以下	未修过
线性代数	27（16.46%）	37（22.56%）	58（35.36%）	16（9.75%）	4（2.44%）	22（13.42%）
微积分	24（14.63%）	54（32.93%）	34（20.73%）	10（6.10%）	2（1.22%）	40（24.39%）
概率论与数理统计	27（16.46%）	57（34.76%）	33（20.12%）	28（17.07%）	3（1.83%）	16（9.76%）
经济学原理	20（12.20%）	60（36.59%）	34（20.73%）	11（6.71%）	0（0.00%）	39（23.78%）

注：该表格的原始数据来自授课班级的学生在线调查，调查数据由郭雄飞老师提供。

二、教学改革的机遇与挑战

（一）教学内容

在当前大数据时代，汪寿阳等（2019）指出计量经济学作为学科发展当前所面临的机遇和挑战，包含数据形式和结构的多样化复杂化、新型的网络数据形态的产生、如何对时空数据进行建模与应用、大数据政策评估等。洪永淼和汪寿阳（2021）也讨论了大数据将如何改变经济学研究范式和研究方法。计量经济学作为将经济学和数学、统计学相融合的交叉学科一直以来为社会经济问题的研究提供分析工具与方法。当前，我们面临的数据有低维和高维之分，有低频和高频之分，也有传统的结构化数据和非传统的新型结构化数据，以及非结构化数据包括文本、图片、音频、视频等。这些新型数据的海量性和复杂性，也要求更复杂的智能化分析技术和知识。高等学校培养学生也需要紧密跟紧时代的发展，适应社会的需求以及科学发展的需要。当前大数据、人工智能以及大语言模型的发展及应用，这些都对计量经济学学科的研究、教育以及教学带来新的机遇和挑战。如何能让大学课堂内容和社会实践更紧密联结，如何更好地为学生未来的发展构建学科知识基础，是大学教学必须思考的问题。

随着对本科学生培养质量的要求日益提升，经济、金融专业的本科毕业论文的研究范式也大多由定性分析转向实证研究，根据所提出的经济或金融问题，收集数据，采用合适的计量统计方法进行实证分析，以提供更加精确的定量证据。近三年，我们指导和评阅学生论文时发现，学生们在选题当中所研究的问题，对于政策评估的方法和工具的需求与日俱增。当前本科教学和所使用的教材，对于政策分析评估类的方法介绍十分有限，介绍的主要方法包括面板数据固定效应模型、两阶段最小二乘工具变量估计方法，这些工具方法在解决实际的政策分析问题时是不太够用的。目前实证研究中最为流行的模型和方法有平均处理效应模型、匹配法、双重差分和多重差分等。另外，通过我们以往的教学也发现，斯托克和沃森的《计量经济学》(2023) 教材里实证例子比较有限，主要应用实例包括线性回归模型中的加州公共教育问题，面板数据模型中的交通事故与啤酒税，二值因变量模型中的银行贷款与种族歧视，工具变量中的烟草价格与销量这四个应用。为了更好地让学生理解和运用计量经济学来研究当前中国的经济问题，一方面应该在教学中适当增加不同类型数据结构的知识介绍和应对政策分析研究的工具方法，另一方面也需要增加国内经济问题的研究实例。

（二）教学模式

由对外经济贸易大学陈志鸿教授带队的教学团队建设了《计量经济学导论》MOOC课程，该成果已经获得国家一流本科线上课程。陈志鸿、唐丹和潘红宇（2022）在《“计量经济学导论”MOOC 课程改革与实践》一文中对该在线课程成果进行了详尽总结。该线上课程根据计量经济学各个知识点的讲解进行录制，每节课程视频不超过 20 分钟。线上课程学习的灵活性和学习节奏的自我可控制性是线下课程所没有的。正因为线上课程的这些特性，线上学习对于线下计量经济学课程的教学是有益的补充。

众所周知，自 2020 年以来的新冠疫情对传统的单一线下教学模式带来严峻的挑战。这一突如其来的公共卫生事件也使得在线教育形式在全球实现了大规模运用。对外经济贸易大学的《计量经济学导论》MOOC 课程也在此期间成为对外经济贸易大学和国内其他众多高校的在线课程教学资源，获得了很好的实践效果，也为当下进行线上线下融合教学的模式改革提供了有益的参考与借鉴。尹兴民、张静（2023）和王大哲（2023）都对线上和线下混合教学模式、翻转课堂模式进行了研究，认为传统的线下教学模式和在线课程资源相结合，不但可以丰富教学内容，也能促进师生互动，提升学习效果。

结合选课学生专业跨度大，先修课程基础不同，学习的理解度和接受度的差异，线下课程可以结合该在线 MOOC 课程进行线下和线上融合式教学。从单纯的传统线下模式教学，到线上线下融合式教学，将信息技术与教育教学深度融合，创造更有效率和活力的教学模式，提升学习效果。

三、教学内容与模式设计

（一）现有教学内容和模式分析

该课程要为学校“双一流”学科建设中人才培养贡献一份力量。当前国际经济与贸易学院“计量经济学”本科课程的教学目标为，培养学生掌握计量经济学核心基础理论知识，系统学习经济学实证分析方法，在实践中善于运用计量经济学工具方法，提高研究经济学问题的能力。该课程主要按照斯托克和沃森的《计量经济学》(2023) 教材的知识体系开展教学，具体的教学内容包括：计量经济学学科和四种传统经济数据结构的介绍；一元回归分析和多元线性回归分析；模型的评估与选择；固定效应面板数据分析；工具变量与内生性。

当前的课程教学内容丰富，注重传统计量经济学的基础知识、理论知识的介绍和讨论，教学模式为课堂讲授的形式。然而，如前所述：一方面，由于课程授课的对象来自不同的专业背景，课程的学习目标和学生专业的结合带来更多实际运用的需求，且根据近些年学生的课程学习和毕业论文写作过程的反馈来看，如何把理论转化为实践还有待加强；另一方面，由于当前大数据、人工智能以及大语言模型的发展及应用所带来的新的机遇和挑战，使得我们应该对当前的教学内容进行更新的探讨与尝试；最后，基于班级规模较大的现实情况，传统的课堂讲授形式的教学比较难以开展课堂讨论和互动，我们也需要考虑在教学模式上对于传统的讲授型教学开展模式上的创新尝试。

（二）课程教学内容更新与模式创新的探讨

本节将分教学模块对“计量经济学”课程的教学内容更新和模式创新进行探讨，具体设计见表 2。

表 2 “计量经济学”课程各模块教学内容更新和模式创新设计

教学模块	教学内容更新	教学模式设计
计量经济学学科介绍及经济数据结构	1. 介绍计量经济学的学科和发展，当前与大数据和人工智能相结合的社会经济实践中的应用，相关的经济问题； 2. 新的数据结构类型：大数据的特征、低频数据与高频数据、结构化数据与非结构化数据、传统结构化数据与新型结构化数据等	1. 课堂讲授和讨论； 2. 安排 MOOC 课程的概率统计相关知识点复习回顾
一元回归分析、多元回归分析、非线性回归分析以及多元回归分析的评估与模型选择	1. 减少理论部分的推导和细节的讨论； 2. 增加中国经济的实证运用案例，在高水平的经济学学术期刊上选取一些实证研究进行讨论分析	1. 课堂讲授； 2. 使用智慧树平台、雨课堂等在线智能平台与学生课堂互动，让学生能够参与进来发表自己的想法，老师也能较为全面地掌握学生的学习动态； 3. 通过在线平台发布作业和反馈作业； 4. 利用 MOOC 中的师生讨论区或者 SPOC 小班教学形式对学生提出问题，获得及时的反馈； 5. 安排 MOOC 课程相应章节的内容组织学生自主预习和复习； 6. 安排学助课每周讲解习题、协助复习先修知识点、回顾各章重点概念及软件操作等
面板数据模型	1. 增加混合截面数据模型和随机效应模型的简单介绍，突出面板数据各类模型的不同和应用情形； 2. 增加面板数据模型的模型设定形式检验，使得面板数据模型分析具有相对完整的结构体系	
二值因变量模型	增加一些实际数据分析操作演示和讨论，加深学生对三种概率模型的理解与应用	
工具变量方法	1. 减少三种估计思想的推导过程介绍，减少部分理论知识的深度讨论； 2. 增加动态面板模型的估计介绍，使得该部分的知识体系在实践运用方面相对完整，让学生能够较好地应用工具变量方法于经济问题	
因果推断模型方法与应用	1. 介绍平均处理效应模型、样本匹配法、双重差分和多重差分方法及检验； 2. 政策分析实证研究案例，让学生能够掌握因果推断和政策实证分析的基本方法	

续表

教学模块	教学内容更新	教学模式设计
大数据和人工智能与计量经济学	大数据和人工智能与计量经济学相关应用概括性讨论，帮助学生建立计量经济学与大数据和人工智能运用相结合的知识框架体系	1. 组织学生观看计量经济学和大数据与人工智能相结合的前沿论坛和讲座； 2. 使用在线智能平台演示并与学生课堂互动
STATA 软件介绍	1. 增加数据可视化操作介绍； 2. 增加工具变量回归分析系统性实操、概率模型运用实操、政策分析方法软件运用； 3. 一篇完整的实证论文应用实例	1. 结合 MOOC 课程安排学生自学基础入门操作并进行课堂演示； 2. 通过提供一篇完整的实证论文分析应用来加深学生对于计量经济学理论方法及应用的理解

在上表中，我们分知识模块列出了该课程内容更新和教学模式创新设计，进一步的总结和分析如下。

1. 教学内容

（1）进一步完善教学内容，减少一部分理论推导和详解，更强调对于方法的运用理解，让各部分章节的知识点能更为完整地运用到实践中。比如，扩展现有的面板数据模型估计与检验方法，以及工具变量方法估计与检验方法，使之能更容易在实践中运用。增加因果推断和政策分析的模型与方法，包括基本的处理效应模型、样本匹配法、双重差分以及多重差分方法。教学资料上增加介绍因果推断和政策分析方法的教材和实证案例。

（2）每学年选择 3 篇高质量的经济学实证研究论文作为课程的补充资料供学生课外阅读，并节选论文的实证部分作为实例在课堂上讲授，并组织学生进行课堂讨论。通过阅读这些论文，学生能够学习完整的研究经济问题思路，从提出问题，到建立经济学假设、如何建立相应的实证模型、数据的收集、实证方法的选择、最后结论的探讨。这些教学内容的增加和计量经济学的期中报告能够相得益彰，很好地锻炼学生的研究实践能力。

（3）讲授当前与大数据科学和人工智能相结合的计量经济学模型方法的运用，让学生对于新型的数据结构以及对计量经济学的实践性具有更好的认识，引发学习兴趣，也为将来的深入学习起到桥梁作用。

2. 教学措施

（1）结合在线 MOOC 课程帮助学生复习统计学和相关先修课程基础，帮助学生进行知识点的预习和复习，对于不同基础的同学可以以相对灵活的方式实施个性化的教学，做好课程衔接工作，从而保证学生顺利学习。

（2）结合智慧树平台、雨课堂等在线智能平台增加学生的课堂互动，开展课堂案例讨论和小组作业讨论，利于教师掌握学生随堂学习效果，引导学生自主学习，通过在线平台发布作业并及时批阅和反馈作业。

（3）结合在线应用程序和前沿学科讲座帮助学生，了解计量经济学在当前大数据和人工智能发展中的应用。

（4）加强学助课的作用和课程助教的作用，安排每周讲解习题，协助复习先修知识点，回顾各章重点概念、软件操作等。

结语

综上所述，在当前大数据科学和人工智能高速发展的背景下，传统的教学内容和单一的教学模式面临着前所未有的机遇和挑战。计量经济学作为以经济数据为基础，结合数学、统计学以及计算机技术发展起来的交叉学科，应当紧跟时代发展的步伐在教学内容和教学模式上进行创新探索，着重提升学生综合素质和应用能力，为培养学生成为适应社会发展的复合型人才贡献力量，也为对外经济贸易大学"双一流"学科建设添砖加瓦。

参考文献

[1] 陈志鸿，唐丹，潘红宇."计量经济学导论"MOOC 课程改革与实践［G］//对外经济贸易大学教务处. 创新与实践——本科人才培养与教育教学改革论文集 2022. 北京：对外经济贸易大学出版社，2022：131－137.

[2] 洪永淼，汪寿阳. 大数据如何改变经济学研究范式?［J］. 管理世界，2021，37（10）：40－55，72.

[3] 王大哲. 翻转课堂教学模式的设计与改革研究——以"计量经济学"课程为例［J］. 教育教学论坛，2023（7）：73－76.

[4] 汪寿阳，洪永淼，霍红，等. 大数据时代下计量经济学若干重要发展方向［J］. 中国科学基金，2019，33（4）：386－393.

[5] 尹兴民，张静. 新时代计量经济学本科教学设计研究［J］. 科教文汇，2023（9）：47－50.

[6] 詹姆斯·H·斯托克，马克·W·沃森. 计量经济学［M］. 王立勇，徐晓莉，译. 北京：机械工业出版社，2023.

“统计案例研究”课程的思考与实践

朱映秋

摘　要：在大数据时代的背景下，培养兼具统计分析思维和信息化实践技能的复合型人才已成为统计学教学的一项重要目标。为了满足这一需求，统计案例研究课程在传统案例分析的基础上进行创新编排，注入更多建模、编程相关的实践内容，并强调对学生解决问题的数据思维进行训练。通过课堂授课和小组作业相结合的方式，学生将全面体验从数据收集、整理到分析建模，再到得出决策支持的完整流程，从而强化理论联系实践的能力，以及团队合作技能。通过教学实践的积累和不断改进，该课程积累了丰富的案例资源，总结了多种多样的教学方法，持续探索着案例研究类课程的创新方向。

关键词：案例分析　教学方法　实践课程

引言

在数字化浪潮下，数据已成为决策的重要依据，越来越多的组织和企业认识到数据的价值和数据分析能力的重要性。这种趋势促使社会对统计分析人才的需求不断增加，同时也对统计学的教学育人提出了新的要求，需要让学生在掌握统计学方法“会动脑”的基础上，培养编程、项目管理等能力做到“会动手”，并且具备从复杂现实场景中抽象、提炼出统计分析问题，并综合应用不同模型方法来灵活解决问题的数据思维能力。在当前数字经济蓬勃发展的背景下，培养融会贯通数据建模理论方法和计算机实践能力的综合人才将为我国人工智能、数字经济等领域的高质量发展提供巨大的助力。统计案例研究课程以培养这样的复合型人才为目标，在传统案例分析教学的基础上进行改革创新的探索。本课程是统计学院面向应用统计专业硕士开设的一门专业必修课，强调将理论方法应用于多种多样的实际应用场景。课程旨在满足日益数字化的统计环境和数据分析专业人才的需求，帮助学生掌握现代统计数据分析的知识和技能，并培养学生主动发现问题、分析问题、解决问题的综合能力。

对于“统计案例研究”的课程教学，教师团队一方面秉持传统案例分析侧重实例、强调应用的理念，另一方面结合新的时代背景积极思考课程编排改进的方向。传统的案例分析注重于对案例背景的理解、对方法应用的阐述，以讲解和逻辑推演为主。而随着社会环境的不断发展，案例教学中分析的手段也从过去的逻辑推演向多学科的有机结合转

作者简介：朱映秋，对外经济贸易大学统计学院讲师，硕士生导师。

变。这要求学生掌握更多编程技术、数据挖掘算法，甚至机器学习、深度学习的新模型（蔡静等，2021；何少芳等，2022）。尹勤和黄宝凤（2019）强调，大数据环境下的教学应当覆盖数据收集、数据加工处理、数据可视化等多个环节，为学生传授海量数据计算、数据价值提炼的必要模型方法。随着互联网技术的发展，案例课程的教学需要与新技术充分交叉，传统 Excel 表格处理数据的案例已相对滞后（周丹和赵莉娜，2022）。为了使学生在面对实际分析问题时能够在数据的搜集、处理上“自给自足”，案例课程的技术手段部分也需要革新和拓展，例如，利用 Python 编程主动搜集公开数据、熟练掌握 SQL 及各种数据库、应用 R 等新的统计软件实现可视化和建模。此外，案例分析的教学重点在于对学生的思维训练，在问题认知、思考范式上进行提升。然而在数字化时代，仅仅依赖传统的案例讲解将使学生的认知滞后于时代发展的前沿，不利于培养符合实际行业需求的新思维、新视角（武止戈等，2022）。现实中业界不断涌现出成功应用数据分析的例子，例如从大数据中发现客户市场需求、变化规律，辅助差异化金融服务、精准营销等，这些例子值得在案例教学中引入学习（李东荣，2013）。针对大数据分析进行教学改革是为课程注入新活力的一个重要方向，有助于提高学生在新数据环境下的创新创业能力（汪寿阳等，2019）。因此，如何培养学生的统计素养、以满足行业需求，是数字经济背景下统计应用课程所关注的重要问题。带着对这一问题的思考，统计案例研究课程教学团队在课程内容的设置上与时俱进进行创新，一方面引入契合数字经济发展趋势的新内容，培养学生统计分析思维的敏锐度和洞察力；另一方面锻炼学生综合运用计算机技术处理数据、建模分析的实践能力，提升熟练程度。以下对本课程教学中的实践和思考进行具体说明。

一、教学内容创新编排

得益于大数据技术的进步，数据分析正朝着大数据收集与处理、预测分析和自动化分析的方向迈进。因此，统计案例研究课程的内容编排也应跟随这一趋势，综合运用统计学、应用数学、管理科学、计算机软件应用和编程、数据挖掘、机器学习等学科知识，并强调如何提炼问题、分解问题，以及如何选择合适的分析工具，如何为实际问题提供决策支持。这部分与时代发展息息相关，课程内容的创新性和实用性直接决定了学生能否掌握这些知识和技能。

本课程内容如图 1 所示，在学期开始时教师介绍课程安排，并提供多个方向的选题，学生结成小组选择感兴趣的问题开展分析实践。在教学过程中，课程授课与学生小组作业齐头并进。在课堂上，教师结合具体案例深入讲解数据分析的统计方法和处理思路，贯穿整个分析流程。而在课外，小组同学则将所学知识应用于自己的选题分析，积极实践，并及时向教师反馈遇到的问题。至课程末尾，各小组同学轮流汇报其分析内容，涵盖问题背景、数据描述、建模分析的全过程以及对业务问题的决策支持或应用示例。教师对小组汇报进行点评，提供修改意见，并与学生一同完善分析报告。同时，优秀的分析报告将被筛选出来，纳入精品案例库，以供后续案例分析授课及科研课题进一步提炼时使用，为教学提供丰富素材和参考资料。

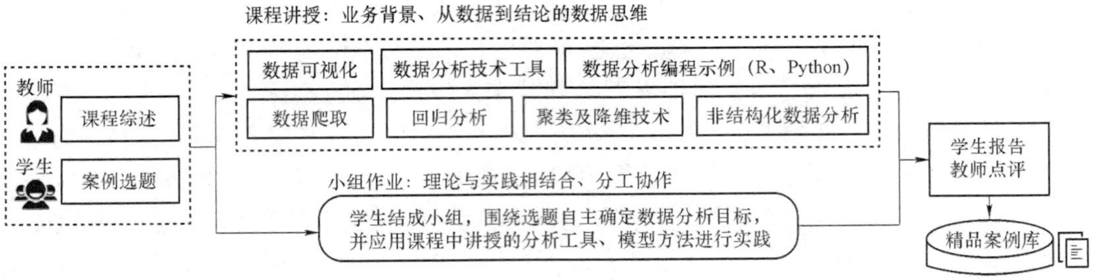

图 1　“统计案例研究”课程教学内容编排

二、教学方法设计

本课程通过小组合作形式，让学生经历从选题到完成数据分析报告的全过程，模拟实际中从业务需求提出到管理决策制定的全流程，以培养团队协作和项目管理能力。为更好地实现教学目标，课程还包括代码编程实验环节，在课外提供给学生线上实验 R、Python 的平台，学生将借助大量真实案例的数据资源熟悉统计分析软件的操作。并通过课堂讲解、软件操作、练习和讨论等方式加强学生对各种统计分析方法的理解运用，提高学生解决实际问题的能力，使学生适应不断发展的数据时代。课程教学方法具体包括以下六个方面。

（1）实例导入法：以社会热门话题（例如：新能源汽车的销量和价格）或者学生接触频繁的话题（例如：航班延误时间的预测、外卖搭配的最佳规划）作为切入点引入案例，旨在充分调动学生的兴趣。通过深入分析这些案例，学生可以更好地发挥主观能动性，从案例中得到启发并进一步思考如何用统计学方法解决实际问题。这种教学方法不仅能够使学生课堂学习更加投入，还能够锻炼学生的问题提炼和实践应用能力。

（2）混合式教学法：通过充分利用多媒体课件的直观性和信息量大等特点，在课堂讲解中增加图片、视频的使用比例，在覆盖视觉、听觉的立体讲解中抓住学生注意力，增加学生的沉浸感，使学生更深入地理解具体应用场景下的核心问题是什么，案例里的解决思路是什么。例如，在关于广告投入和销售增益相关性的案例分析中，通过播放视频具体展示百度、今日头条等实际企业采用的不同广告计价方式、不同广告推荐策略、企业规模的发展趋势，让学生在短时间内对一线行业信息有快速、系统的了解，并加深对行业痛点、实际解决方案的认知。

（3）情景教学法：为学生提供模拟的场景，让学生代入到案例背景中决策者的角色，思考如何解决问题。通过对假设场景逐步细化的参数设置，让学生在情景中逐步提高“代入感”，由浅入深、循序渐进地建立起分析问题的思维框架。例如在“网店经营实战”的案例中，教师引入了“双十一”网店经营的实际案例情景，对网店经营门类、购货成本、新老客户数量等参数进行设置，一步步揭示从数据中能够提炼的信息及数据对于提高利润可挖掘的参考价值。通过这些案例让学生体会到决策者在面对数据和问题时所经历的困惑和挑战，这种身临其境的体验不仅能够激发学生的兴趣，还能够使他们更深刻地理解数据分析的重要性以及实际应用所带来的成就感。

（4）类比启发法：将具有内在关联的案例进行结合讨论，促进学生从案例中举一反三、归纳推广。例如，在讲解机器学习案例“三国武将武力排名”时，将三国武将的排序与网页影响力分析中的 Pagerank 应用案例进行类比，通过这种对比启发学生不仅发现不同领域之间的联系，而且掌握透过现象看本质的思考方式。类比启发有助于学生更好地认识事物的规律，并且激发对知识探索和创新的热情。通过对具体问题的异同进行分析，学生可以为解决未知问题提供创新的方法。这种教学方法使得原本陌生的知识变得熟悉起来，帮助学生举一反三、触类旁通，从而使复杂的问题和理论变得简单明了。

（5）激疑启发法：引入特殊情况或挑战性问题，能够引发学生的好奇心和思考欲望，有助于集中学生的注意力。例如在讲解个人信用评价的案例中，教师在介绍常用的考察指标后，向学生提问如果将人与人之间的在线社交网络信息纳入是否可以构造新的指标等问题，激发学生主动思考、头脑风暴，引导学生结合自己的创新思考发表意见，达到活跃气氛、激励学生深入思考的目的。

（6）分解教学法：对复杂案例，通过分解将问题和概念分解成易于理解的部分，有助于学生由易到难逐步建立知识体系和分析思路。课程在案例分析的准备过程中提供难度较低的示例和练习，例如对回归模型、特征筛选方法的较为简单的应用实例，首先，引导学生掌握必要的概念和技能，然后再引出较为复杂的案例。例如在社交网络好友推荐的案例分析中，好友推荐这一问题本身涉及内容较多，学生难以找到制定推荐策略的切入点。通过分解，将好友推荐的问题拆解成对社交网络的建模、对用户偏好的画像、用户之间产生好友或粉丝关系的可能性预测几个细分问题，然后再将这些问题转化为用户特征提炼、训练分类器模型的问题，从而一步一步揭示化繁为简的数据分析过程。本课程对许多教学难点的解决都采用这样由浅入深、逐个击破的方法进行详细讲解，启发学生不要定势思维，而是灵活看待问题、分解问题，从而将所学知识学以致用，找到解决问题的路径。

本课程强调将“动手”与“动脑”相结合，旨在培养学生面对复杂问题时的数据思维，并注重分析实战的编程技能。通过将数据科学中的理论方法与实际应用问题相结合，在教学中引导学生有的放矢地分析具体问题。同时，在小组合作中，课程还锻炼了学生的团队工作能力，为其未来职业生涯打下坚实的基础。课程结束时对各小组的报告进行评价，挑选出学生完成的高质量数据分析案例，为后续教学提供更多参考资源。学生通过案例解决的现实问题包括：通过产品评论改进产品设计、支付交易领域的风险控制、虚假评论识别、微博舆情分析等。除了专业技能的提升外，课程还鼓励学生运用所学知识解决实际问题。通过团队合作完成项目的过程中，学生不仅可以学会与他人沟通、协作，还能提高团队协作能力。同时，学生还可以了解到不同行业和企业的数据应用场景，以及数据分析在这些场景中的作用，更好地了解行业动态，构建自己的职业规划。

三、教学实践优化

统计案例研究的教学是教师和学生共同参与的过程，实现高质量的教学效果需要教师在案例讲解上下功夫，并充分调动学生的主观能动性，引导学生动手编程探索数据、团队协作完成分析。课程中，教师面临提升学生编程技能、解决团队协作问题和纠正数据理解偏差等挑战。对此，本课程教学团队总结经验，不断探索优化的方向，具体包括以下三点。

（1）补充课外学习资源，帮助编程基础薄弱的同学提升编程能力。本课程小组作业的实践过程中编程实验占的比重较大，需要学生综合利用 R 和 Python 编写代码完成数据获取、数据清洗、数据建模等一系列操作。编程基础薄弱的同学在小组作业初期会较为吃力，甚至出现畏难情绪。对此，教学团队为学生们收集了编程相关的课外资料，如 Python 和 R 语言的网络教程、教学类公众号上基于 Python 数据分析的讲解文章。同时，教学团队还整理汇集了多个 Python、R 的代码示例，囊括了数据爬取、特征工程、常用机器学习模型等内容，供学生学习参考。编程基础较弱的同学可以基于教师提供的代码示例，先从简单的代码修改和实验尝试开始，一步一步熟悉、掌握数据分析需要的编程技能。

（2）协调学生团队分工，减小学生合作中的不均衡。在小组作业的推进中，存在个别同学承担大部分工作而其他学生贡献较少的情况，这不仅可能给小组整体的学习带来负面影响，还可能进一步导致学生间的矛盾。为减少这种情况，在课程初期布置小组作业时，由教师强调每个小组应当明确分工，将数据获取、建模实验、撰写报告等各项具体任务分配到个人，并在最终结果展示时汇报每个成员的参与情况、负责的具体部分。同时，为了促进小组成员互相学习交流，本课程鼓励小组内部进行代码、报告的“double check”，即一位同学完成部分代码或报告的撰写工作后，由其他多位同学来帮助检查代码、报告内容。这一方面有助于小组内部排错，提高数据分析的质量；另一方面促使同学们互相学习其他人完成的部分，从而对数据分析流程的各个环节都加深体会。

（3）强化数据思维，纠正数据理解上的偏差。在学生小组开展数据分析的过程中，一类常见的问题是，学生未能从实际场景中抽象提炼出统计问题，而是将数据分析的概念和管理、会计的概念混淆。例如，某小组以企业信用评分为分析主题，挖掘企业财务报告的文本数据并以此设计创新的信用评价指标。如果从统计分析的角度出发，应当对财报文本数据进行特征工程，并联系文本特征与企业的违约情况，建立回归模型以量化地分析哪些特征对于企业信用风险评价有显著作用。但该小组在实践过程未能归纳出统计分析问题，而是尝试用文字议论的方式讨论哪些信息可能有用、企业提高信用水平应当如何优化管理，并以“拍脑袋”的方式自行设计风险指标。为了尽可能减少这样概念混淆、理解偏差的问题，本课程教学团队注重在讲授中强化学生对数据思维的理解，让学生明白统计分析的对象是具有不确定性的问题，数据分析的范式是从繁杂的现实场景抽象出可用数学语言刻画的问题，进而建立统计模型。为了及时发现和纠正学生的理解偏差，教学团队在学期中对学生的小组作业进展状况进行了不定期的抽查，跟进了解学生遇到的困惑、产生的误解，并从分析思路、技术手段等方面提供指导。此外，教学团队积累了历年的优秀案例报告供学生借鉴。这些报告形成了本课程独特的教学资源，并有助于为学生的数据分析实践操作提供具体细致的参考。

结语

统计案例研究课程在教学中注重时代的需要，力求培养融会贯通数理统计方法、编程实战技能的复合型人才，并强调培养学生面对实际问题时抽丝剥茧分析问题、解决问题的数据思维能力。课程以统计、计算机、管理、商科多学科融合并举作为主要创新方向，在教学中以理论结合实践作为核心方针。课程教学团队仍在持续更新课程内容的编排，纳入更多新问题、新场景下的优质案例，为课程建设注入新鲜血液。同时，课程教学团队也在不断思考进一步改进教学效果的方向。

首先，统计案例研究课程的教学效果与教师的教学水平密不可分，需要教师将实际问题转化为引人入胜的生动案例。教师需要在产学研结合方面下足功夫，积极与企业界人士交流、进行访谈，深入行业了解最新统计分析技术和趋势，为学生提供实用指导。同时，教师要具备问题抽象能力，从具体问题中提炼出核心需求和数理模型。教师需要挖掘行业的复杂问题中体现业务价值和实用性的部分，结合图片、视频等多样化的展示形式，激发学生的学习热情。

其次，在课程讲授的模型方法上，教师应持续学习并更新教学方法，为学生提供先进的数据分析工具，以应对大数据时代的挑战。随着数据量的激增和类型的多样化，传统统计方法可能不足以满足实际数据分析的需求。因此，教授如深度学习和强化学习等领域的前沿模型方法，对处理文本、图像等非结构化数据至关重要，这不仅能帮助学生掌握最新技术，还能培养他们的数据敏感性和创新能力。因此，教师需要将先进的统计学模型方法纳入到数据分析案例课程的核心内容中，以提高课程的时效性并不断更新课程设计。而学生也需要适应这个不断变化发展的数据时代，不断提升自己的学习能力，以适应未来数据分析领域的挑战和机遇。

参考文献

[1] 武止戈，周舟，曾文轩."商业分析学"课程教学创新策略探析：基于R语言实证研学模式[J]. 现代商贸工业，2022，43(10)：152-156.

[2] 李东荣，大数据时代的金融人才培养[J]. 中国金融，2013(24)：9-10.

[3] 汪寿阳，洪永淼，霍红，等.大数据时代下计量经济学若干重要发展方向[J]. 中国科学基金，2019(4)：386-393.

[4] 蔡静，姜晴琼，高伟. 大数据时代统计学专业实践教学体系的构建与实施[J]. 科技与创新，2021(12)：72-74.

[5] 何少芳，周丽，李绪孟，等. 统计学专业“大数据分析综合实践”教学探究[J]. 科技与创新，2022（17）：30－33.
[6] 尹勤，黄宝凤. 大数据时代应用统计人才能力需求与教改探索[J]. 大学教育，2019（6）：157－159.
[7] 周丹，赵莉娜. 大数据分析在金融类专业课程中的案例教学研究[J]. 特区经济，2022（7）：118－121.

“非寿险精算”课程的 R 语言编程实践与案例改革

李政宵　谢远涛

摘　要：本文以对外经济贸易大学的精算学理学学位为例，介绍了“非寿险精算”课程在案例式教学、计算机编程和翻转课堂设计等方面的教学改革特色。在教学内容方面，完整安排了由浅入深的过程：通过选用自编的精算原理的电子化教材，以书本附带的多种代码的形式帮助初学者更好地理解较深的理论和编程问题；同时，为了降低课程学习门槛，大力推进案例式教学，包含相关课后编程作业帮助学生加深理解。教学方法和手段方面：提供网络学习资料；使用专业统计软件 R 编程语言进行复杂模型推断，实施混合式课改；通过切片式教学，构建了“非寿险精算”核心课程与直接关联课程体系图。另外，整理了实践案例数据库，考核方式也进行了配套改革。在这两年的教学反馈中，学生编程和数据处理能力得到了很大的提高，这表明所提出的案例式教学改革措施是有效的。

关键词：非寿险精算学　R 编程语言　翻转课堂　案例改革

引言

随着信息化迅速发展，教育领域正在经历知识获取和传授方式的革命性变革，数字化改革在教育中的应用日益加速。党的十九大报告提出建设网络强国、数字中国、智慧社会，将新一代信息技术如互联网、大数据、人工智能全面应用于各领域，并取得显著成效。党的二十大进一步强调培养德才兼备的高素质人才是国家长远发展的重要战略部署。《十四五数字经济发展规划》提出深化智慧教育和基础设施建设，推动互联网教育的健康发展。《教育部 2022 年工作要点》则提出实施教育数字化战略，加快推进教育数字转型与智能升级。

精算学的这门专业学科属性比较特殊，是一门集合了保险学、统计学、应用数学、数据科学的交叉学科。从模型推导角度来看，精算学类似数学的思维，但是从应用角度来看，具有鲜明的统计学学科属性。数学的思辨模式是演绎，但是统计学的思辨模式是归纳，因此，完全相反的两种模式糅合在一起，给精算学教学带来很多困难。从教学设计范式来看，精算学的教学设计范式可以根据数据类课程的特点进行设计（既是演绎科学也是实验科学），包括基础实验式（包括验证性实验式和计算性实验式）和综合实验式（包

作者简介：李政宵，对外经济贸易大学保险学院副教授，博士生导师；
谢远涛，对外经济贸易大学保险学院教授，博士生导师。

括探索性实验式和应用性实验式）[1-4]。一些学者认为大学数学实验课教学模式效果更好，如果运用建构主义模型效果能够明显提高。因此，实验课教学设计的核心是为学生创设实践活动情景，实施的重点是学生充分参与[5-6]。

“非寿险精算”学作为精算学专业的必修课程，教学的发展滞后的主要原因是数据分析和案例教学比较弱。通过数字经济实验室、上机实践来完成教学实践环节是非寿险精算学教学中的重要环节[7-9]。因此，近年来对外经济贸易大学保险学院进行了大量的数字化教学改革，其主要的初步思路是将数据分析方法和课程融入现有的保险精算课程教学体系，旨在提高学生的动手编程和数据分析能力，更加切合当代的数字化背景下的保险精算教育思路。其中，对外经济贸易大学的“非寿险精算学”是所有大三本科生（精算学专业）的必修课，结合了保险学、统计模型和保险数据分析，课堂中偏重数理模型推导和证明。在教学内容上来看，涉及风险模型的参数估计以及保险数据分析，需要借助 R 或者 Python 等专业编程软件进行辅助教学。

传统的教学模式已不足以激发学生的学习兴趣，知识体系和教学方法亦需改革以满足应用经济学及保险精算人才的需求。在大数据时代，“非寿险精算”学教学应加强学生的数据分析能力，探索研究性教学模式，结合现代信息技术和市场需求，构建理论、需求和建模的综合教学体系，以提升学生解决实际问题的能力。

一、教学改革的问题

近年来，保险学院教学团队在重新设计“非寿险精算学”课程教学大纲时，采取了逐步引入 R 软件和 Python 数据编程思维的策略，并通过实验课和双语课的形式建立案例数据库，取得了阶段性的教学成果。例如，2019 年，学院录制了《非寿险精算学与风险模型》的 MOOC 网络课程，初步推动了该课程的数字化改革。随后的 2020 年，引入了翻转课堂模式，并将编程水平测试纳入成绩评定，进一步推动了教学效果的提升。然而，仍需解决如何进一步设计编程语言的教学逻辑、与国外教学体系的融合、丰富中文数字化教材和案例库以及更加灵活的考核方式等重要问题。具体来说，当前数字化课程设计中仍面临以下四个主要挑战。

首先，课程在实验教学阶段上的编程教学逻辑尚未完全清晰。尽管已引入了先修课程“R 软件”作为大二学生的必修课，以帮助学生建立编程基础，但学生在学习专业课程时仍感觉难度较大。特别是在理解非寿险精算学的理论内容和数学公式时，学生往往难以将 R 编程与数学思维有效结合。因此，急需建立理论与实践相结合的教学体系和逻辑，以加强学生对编程问题的应用能力。

其次，课程如何更好地与国外教学体系对接，也是亟待探讨的问题。自 2017 年设立精算本科专业以来，课程不断改革，区分了非实验班和实验班的教学内容，以培养不同类型的精算人才。然而，无论是实验班还是非实验班，其课程内容与国际精算考试体系（如英国和北美精算师体系）仍存在一定差距，需要进一步对齐和完善。

再次，课程缺乏数字化教材和案例教学素材的问题尤为突出，尤其是缺乏结合编程逻辑的中文教材。目前使用的教材主要包括中国人民大学孟生旺老师编写的《非寿险精算学》，以及 *Loss Models from Data to Decisions* 第四版作为参考资料。这些教材侧重于数学模型的公式推导，缺乏实际的 R 语言和数据分析案例，限制了数字化教育的有效融入和完整体系的建立，使得学生的参考资料显得过于冗长。

最后，课程的传统考试形式主要采用笔试，难以全面评估学生的实践和动手能力。在数字经济时代的背景下，学生需要掌握更多知识背后的实际应用原理，而非仅仅死记硬背。因此，将案例实践与编程结合的考核方式应成为未来学科发展的重要路径之一，以更好地培养学生解决实际问题的能力和竞争力。

综上所述，通过持续的改革和创新，保险学院将进一步完善“非寿险精算学”课程的数字化教育内容和教学方法，以更好地满足学生和行业的需求，推动精算教育朝着更现代化、实用化和国际化的方向发展。

二、教学改革的措施

我们可以参考由国际工程教育改革最先提出构思（Conceive）、设计（Design）、实现（Implement）和运作（Operate）的 CDIO 模式，进一步将“翻转课堂”的教育模式引入非寿险精算学实验教学过程中。翻转课堂的核心思想史以学生为主体，调动学生的积极性，对激发学生的创新潜能和自主学习意识，培养其动手解决实际问题的能力具有重要帮助。它还可以让学生亲历并主导用知识解决实际问题的全过程，在自主探索中强化抽象和逻辑思维能力。具体的，课程在教学目标、教学内容、教学方法和手段、实践案例数据库、实施方式和考核方式都进行了配套改革。

（一）教学目标改革实施

本课程的建设目标是培养具有全球视野，系统掌握保险学、风险管理、经济学、金融学、会计学和财务管理等理论，具备用自己的语言表述精算原理的专业技能，掌握并熟练使用至少一门数学、统计或精算分析软件以解决商业保险、社会保障、银行等领域各类精算问题，在具有攻读保险精算学、统计学、数学、金融数学、风险管理、金融工程等专业或方向硕士研究生基础的同时，也能够胜任保险公司精算评估与产品开发部门、社会保障精算部门工作的保险精算创新型复合人才。具体如下。

（1）课程建设一门具有数字化体系的精算课程，其中包括数字化案例、数字化计算机语言数字化教材、数字化题库和数字化在线课程，充分对接中国和北美的精算师体系，形成资源共享和协同效应。

（2）培养出能够掌握精算学、保险学、金融学、数理统计与随机过程等方面的基础理论、基础知识和基本方法的一批学生，熟练掌握至少一门数学软件（如 Matlab）、统计软件（如 R，Python）或精算软件（如 Prophet 或 Moses），从而解决有关保险精算实际问题；熟悉社会主义市场经济、保险和社会保障相关政策法规；熟悉并积极参加精算师资格考试；具有从事保险公司的精算定价、准备金评估、产品开发等工作的基本能力，具备和精算实务部门的专业人士沟通交流的基本能力；具有较强的写作能力、文献检索能力。

（3）课程内容中引入大量的保险科技案例，同时引入大数据和人工智能方法，让学生充分体会大数据时代的数字化应用场景和统计方法，理解传统精算方法与大数据方法之间的区别和联系。

（4）尝试建设学生与教师的数字化的常态化沟通和交流机制，结合现在的数字化工具，对课程的考核方式进行改革，形成一套全方位的学生学习效果评价体系，脱离传统的试卷考核方式。

（二）教学内容方面

教学内容是课程的核心，特别是非寿险精算学。对外经济贸易大学的非寿险精算学课程经过详细调研国内外本科和研究生阶段相关课程后，进行了精心梳理和设计。

首先，课程采用中文自编为主，辅以经典的英文教材 *Loss models from data to decisions*。这本由 Klugman 教授团队编写的教材是非寿险精算学的经典入门教材，内容丰富，涵盖大量例题和最新领域影响深远的案例。中文教材部分正在积极开发中，教师已在个人主页发布了相关材料，包括计算机编程代码和案例数据库，以促进资源共享和整合。

其次，课程内容优化为三大模块：风险模型、非寿险定价和非寿险准备金评估。风险模型部分涵盖索赔次数、索赔金额和累积索赔的建模及参数估计方法；非寿险定价部分包括分类费率定价和经验费率定价，重点介绍广义线性模型和混合模型；准备金评估则关注于未决赔款准备金的流量三角形数据及链梯法的应用。

教学设计放弃传统信度理论，采用现代统计学框架，使学生能够更好地运用数据分析技能解决实际精算问题。案例学习贯穿整个课程，涵盖商业车险和巨灾保险的定价与评估，以加深对理论的理解和实践能力的培养。

最后，课程通过实验探索和结论建议，引导学生深入思考和研究，例如解释不同性别之间保费差异的原因，并结合理论进行解析。此外，课程还与北美精算师考试体系中的 EXAM SRM、EXAM PA 和 EXAM ASTAM 对接，为学生的职业发展提供有力支持。

这种教学设计不仅强化了学生的理论应用能力，还激发了他们的研究兴趣，有助于将实验总结的知识进一步转化为科学问题并撰写科研论文。

（三）实践案例数据库

为了提高学生对实践课程的理解和应用能力，教师利用中国商业车险的真实保单数据建立了完整的商业车险定价案例数据库。这些案例旨在教授学生从数据清理、匹配、客户分析、保费定价到调整的全过程，突出商业车险保费定价在非寿险精算中的核心地位。课程通过虚拟仿真实验，从保单风险信息中提取关键变量并应用于精算模型中，学生通过数据分析选择适当的模型，对不同风险客户的车险产品进行纯保费确定。教学中结合商业车险综合改革案例分析，强调保险公司在车险精准定价中的必要性，探索前沿保险精算技术在实际应用中的作用。教学组织包括线上线下互动问答，解决学生的共同疑问；指导学生进行保险大数据车险风险评估虚拟仿真实验，培养其定价和风险评估的核心技能；学生需完成实验可视化报告作为考核的一部分。

（四）教学实施方式

按照建构主义学习理论，把综合实验按照步骤分拆为几个构件，见图 1。

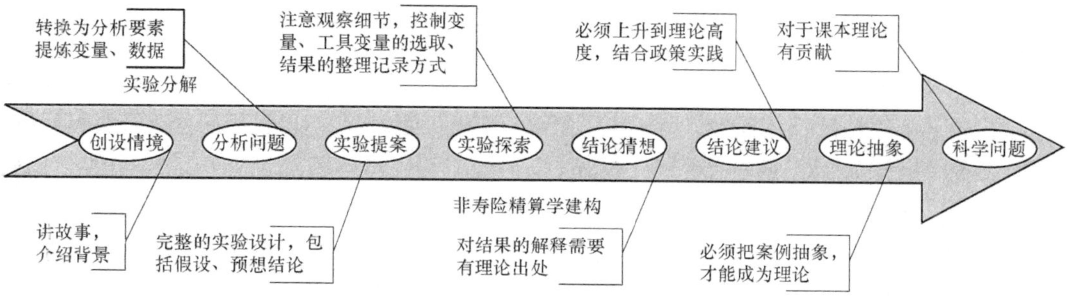

图 1　非寿险精算学实验课程设计

在教学中，可以通过以下步骤来设计商业车险费率改革的案例研究：第一，引出实际问题：商业车险费率的改革是受国家政策和精算技术影响的复杂过程。学生需要深入理解这一过程中的精算逻辑，探索其中存在的问题和解决方法。第二，分析问题并提炼分析要素：商业车险定价涉及索赔次数预测、索赔金额预测、纯保费预测等多个维度。学生需要分析是否发生索赔的问题，并进行相应的分析变量提炼。第三，提出实验提案：学生应当提出假设、预期结果，并设计完整的实验方案。例如，他们可以使用 R 语言编程完成索赔次数预测模型的参数估计，在考虑风险因素的情况下进行保单纯保费的定价。第四，进行实验探索：学生需要注意实验过程中的细节，选择合理的建模假设，并记录结果。例如，他们需要分析保费受到哪些因素影响，是否应考虑风险因素的交互效应，以及损失分布假设对定价结果的影响。第五，得出结论和解释：学生需要解释。例如，男性和女性之间保费差异的原因，并基于理论出处进行解释。教师可以引用不同文献资料和理论分析结果来支持学生的结论。第六，形成案例研究的结论建议或可视化报告：将理论知识抽象化，探讨随机变量的函数关系，提炼出一般的博弈分析模型或其他科学问题。这样的设计不仅能够增强学生的理论应用能力，还能激发他们的研究兴趣，有助于将实验总结的知识进一步深化为科学问题并撰写科研论文。

（五）考核方式

"非寿险精算"课程提高了平时成绩和期中成绩的权重，降低卷面成绩比重到 60%。在授课过程中，平时作业采用 R 软件编程完成，期中考试采用现场编程和数据分析的方法完成，以分析实际案例为主要题目。作业的可视化呈现，都通过 R 软件完成。其中，R 软件是一种可以使用普通文本编辑器编写的标记语言，通过简单的标记语法，它可以使普通文本内容具有一定的格式。Rmarkdown 的语法简洁明了、学习容易，而且功能比纯文本更强，并且可以支持数据分析和可视化输出，使得模型结果能够在文字排本和写作中呈现，便于学生实现可重复研究和学习。

三、改革效果

近年来，对外经济贸易大学在“非寿险精算”课程方面进行了多项教学改革，旨在提升教学质量和学生的实际应用能力。改革主要集中在教学内容和方法两个方面，并取得了显著成效。

在教学内容方面，课程设置从基础到深入，注重夯实基础知识和引入高阶理论。学校编写了电子化的精算原理教材，附带多种代码示例，帮助学生理解复杂理论和编程问题。案例式教学广泛采用，通过实际案例和编程作业，学生能够将理论知识应用到实际问题中，显著提升学习效果和理解深度。

在教学方法方面，学校引入了现代化教学手段，包括丰富的网络学习资源和 R 编程语言的应用。学生通过 R 语言进行复杂模型的推断，不仅提升了编程技能，还加深了对统计学和精算模型的理解。混合式教学方法结合了线上线下优势，通过切片式教学构建了完整的课程体系，使学生对精算学科有了更全面的认识。学校还建立了实践案例数据库，供学生参考和学习，丰富了教学资源。

教学改革带来了多方面的积极效果。首先，学生的学习兴趣和积极性显著提高，教学评价显示学生对课程内容的满意度显著提升。其次，学生的实践能力和综合素质得到显著增强，编程作业和实际案例分析让学生掌握了扎实的理论基础和较强的实际操作能力。此外，学生的就业竞争力显著提升，多数毕业生在求职市场上表现出色，得到了用人单位的高度认可。

四、结语

本科生“非寿险精算”课程在教学改革中取得了很好的效果，有效提升了课程质量，显著增强了学生的实践能力和就业竞争力，为培养高素质精算人才奠定了坚实基础。对外经济贸易大学的精算学课程正朝着更现代化、实用化和国际化的方向不断发展。

在后续课程中，要加强“新文科”建设，大力推动课程思政建设，坚持立德树人根本任务；扎根中国大地，将非寿险精算理论体系转化为教学体系等；与新的信息时代结合，重塑教学、人才培养体系。强化专业建设的交叉性、复合性，拓宽人才培养的知识面和应用技能。紧跟国际前沿趋势，通过课程体系、教学内容和师资队伍等多渠道，强化人才培养的交叉性、复合性，强化科研育人，通过研讨课和科研反哺教学，通过小班教学培养拔尖人才，打造金课。提供更多实践平台，提供更多理论联系实践、科研合作的机会。

参考文献

[1] 岑冠军，蔡贤资．建构主义下数学实验课的教学设计与实施策略［J］．实验室研究与探索，2014，33（9）：201－204，230．

[2] 石端银，张晓鹏，李文宇．“翻转课堂”在数学实验课教学中的应用［J］．实验室研究与探索，2016，35（1）：176－178，233．

[3] 张朝元，朱兴文．大学数学实验课教学模式的探讨与研究［J］．洛阳师范学院学报，2011，30（8）：31－33．

[4] 但琦，杨廷鸿，吴松林，等．论大学数学实验课的教学设计［J］．大学数学，2010，26（5）：1－5．

[5] 李会琼．开设统计学实验课的教学探讨［J］．教育教学论坛，2012，（14）：95－96．

[6] 杨小燕．经管类非统计专业统计学实验课教学方法改革尝试［J］．市场周刊（理论研究），2016，（12）：183，182．

[7] 朱艳霞．高标准推进非寿险精算体系建设［N］．中国银行保险报，2022－08－08（003）．DOI:10.28049/n.cnki.ncbxb.2022.002949．

[8] 杨文青．“大数据时代＋线上课程”非寿险精算学课程实践研究——以天津财经大学珠江学院为例［J］．山西青年，2021（21）：64－65．

[9] 胡祥．《非寿险精算》课程教学体系改革研究［J］．劳动保障世界，2018（8）：69．

“经济外交概论”线上线下混合式教学实践与评价

王宏禹　程洁仪

摘　要：在高校教学中，教学模式转变和教学方法改革是实现有效性教学的重要途径。线上线下混合式课程建设，对于建设以学生为中心的新时代课堂，提升学生的创新能力、团队合作能力、实践能力等综合素养，具有显著的现实意义。“经济外交概论”课程，通过落实线上线下混合课程，推行多元化教学活动，专注于提升学生的学习参与度和知识转化度，加强课程教学评估的执行力和激励机制，促进专业课程与学生能力养成的深度融合。

关键词：教学改革　经济外交　混合式教学

引言

线上线下混合式教学，充分利用信息化教学手段，不仅能够填补传统教学模式的不足，突破时间和空间的限制，而且可以促进高等教育教学改革中优质教学资源共享、教学内容更新、教学方法创新等方面的教学效果提升。本文以混合教学理论为基础，分析了传统课程教学方法的弊端，探索了基于线上线下混合教学经验，创新学习效果考核方式，通过团队性考核、全过程考核、面试考核等方式，提升学生自主学习和团队协作能力。

一、线上线下混合式教学的理论依据

近年来，我国陆续出台了一系列新的高等教育课程建设举措和政策，“打造精品课程、建设一流课程、融合课程与思想政治教育”成为当前高等教育改革的重要任务。①教育部发布的《教育信息化十年发展规划（2011—2020 年）》强调，教育信息化的发展应以创新教育理念为引领，以优质教育资源和信息化学习环境建设为基础，以创新学习方式和教

作者简介：王宏禹，对外经济贸易大学国际关系学院教授，博士生导师；

程洁仪，对外经济贸易大学经济外交研究中心研究助理。

资助项目：北京市高等教育学会 2022 年立项面上课题（MS2022031）；

对外经济贸易大学 2023 年度课程思政研究课题资助。

① 中华人民共和国教育部.教育部关于深化本科教育教学改革全面提高人才培养质量的意见[EB/OL]（2019－10－28）. http://www.moe.gov.cn/srcsite/A08/s7056/201910/t20191011402759.html.（最后访问时间：2024 年 1 月 14 日）

育模式为核心，提出了信息技术应与教育全面"深度融合"的全新理念。①同时，国家《教育信息化"十三五"规划》对信息化时代下的教育事业发展也提出要求，指出要利用信息技术引领教育现代化，积极组织并推进多种形式的在线教学活动，鼓励教师利用信息技术手段创新教学方法与教学模式。

信息化发展进程中，传统的线下教学方法已经难以满足新时代高校实际教学需求。各地高校均开设了大量具有针对性的在线课程，积极探索利用在线开放课程推动教学方法创新，掀起了混合教学改革的热潮。在这一背景下，许多高校教师积极探索小班教学、研讨式教学、混合式教学等多种教学模式，通过教学方式的转变，打造符合自身课程建设和授课特色的课程体系。②这种探索和实践为高等教育教学带来了新活力，为学生提供了丰富多样的学习体验，推动了教育教学的不断发展。

线上线下混合式教学是一种结合线上网络授课和线下实体授课两种形式的教学模式，整合了课前、课中和课后教学环节，旨在确保学生学习过程的连贯性，减少教学间断对学习的不利影响。相较于传统教学方式，线上线下混合式教学强调构建个性化教学体系，使学生能够线上快速获取知识，线下授课过程中加以巩固，从而提高学习效果和知识应用能力。③线下教学也需要与线上学习相结合并实施有针对性的教学改革。通过这种方式，学生由被动接受转变为主动探索，进一步提升学习效果。相对于传统模式，线上线下混合式教学更加注重科学设计学习任务，提供可靠完善的资料和数据，鼓励学生参与并合理安排学习时间，减轻学习枯燥感。④因此，线上线下混合式教学作为当今重要的教育改革策略之一，对教学体系产生着积极影响。推进这一教学模式的改革工作，有助于实现高质量人才培养的目标，促进学生的全面发展和应用能力的提升。

"经济外交概论"作为对外经济贸易大学国际政治专业的必修课程，是本专业学生构建专业基础知识框架的重要基石。"经济外交概论"教学过程需要在理论阐述的基础上，紧密结合经济社会发展以及正确的国家战略方向，把握课程脉络以保证学生准确理解课程内容。但是，传统的教学方法已经难以满足信息技术进步带来的学生个性化学习和多样化发展的需求，"经济外交概论"线上线下混合式教学改革势在必行。

二、"经济外交概论"线上线下混合式课程建设实践

为了解决课程教学有效性不足的痛点，以结果为导向的线上线下混合课程改变了课堂学习方式。通过明确学习结果、快速激活、多元学习、有效测评和简要总结等环节实施互动教学，"经济外交概论"课堂致力于促进学生主动学习和深度学习，建设让学生"脸上有笑容，眼里有光辉，头脑有思想，心中有热爱"、让教师有幸福感的师生成长共同体，

① 教育部关于印发《教育信息化十年发展规划（2011－2020年）》的通知［EB/0L］.（2012－03－13）. http:/www.moe.gov.cn/srcsite/A16/s3342/201203/t20120313133322.html.（最后访问时间：2024年2月20日）

② 王帆，陶媛婷. 审计学课程线上线下混合式教学方法研究［J］. 商业会计，2020（13）：121－123，61.

③ 张博. 大学课堂线上线下混合式教学模式新探索［J］. 科教文汇（中旬刊），2021（4）：47－48.

④ 邹安妮，李宇飞，胡军. 线上线下混合式教学的思考［J］. 农机使用与维修，2021（8）：106－107.

以结果和育人为导向，打通落实课程“最后一公里”，实现“润物无声”的育人目标。

1. 统筹规划教学进度和教学内容

确定线上和线下的教学比例和实施方式，建立起“课前同步备课＋线上获取知识＋线下课堂互动＋线上视频微讲座＋课后线上线下师生交流和生生交流”的教学闭环。这种教学闭环模式的实施，可以有效整合线上线下资源，提高教学效率和学习质量。在进行专题学习前，教师可以通过同步备课，对知识点进行深入准备；通过利用“学习通”APP预设相关问题，可以让学生在课堂之外进行自主学习，拓展思维和知识面；线下课堂互动则是师生面对面的教学互动环节，通过制作平衡轮、蜘蛛图头脑风暴、学习目标自画像、看视频找答案、支架式思维导图、信息接力、议会辩论等方式，增加学生的课堂参与度，打造立体课堂氛围；由教学团队教师录制的线上视频微讲座可以为学生提供延伸学习的机会，加深对知识的理解；而课后的线上线下师生和生生交流，则可以巩固学习成果，解答疑惑，促进同学之间的合作与交流。整个教学闭环旨在打破传统教学的局限，创造更加开放、多样化的学习环境，提升教育教学的质量和效果。（表 1）

表 1 “经济外交概论”混合式教学设计

开课周	教学内容	教学方式	线下课堂教学方法	备注
1	经济外交的基本概念、方式和研究方法（1）	线下	讲授、文献导读	多元学习＋线上互动
2	经济外交的基本概念、方式和研究方法（2）	线下	讲授、文献导读	多元学习＋线上互动
3	经济外交的行为体和决策过程	线下	讲授、文献导读	多元学习＋线上互动
4	经济外交的历史脉络和制度环境（1）	线下	讲授、文献导读	多元学习＋线上互动
5	经济外交的历史脉络和制度环境（2）	线下	讲授、文献导读	多元学习＋线上互动
6	“一带一路”与中国特色大国经济外交（1）	线下	讲授、文献导读	多元学习＋线上互动
7	“一带一路”与中国特色大国经济外交（2）	线下	讲授、文献导读	多元学习＋线上互动
8	中国的贸易外交及其经典案例	线上＋线下	多元学习＋有效测评	师生同备课＋O－AMAS 教学法
9	中国的金融外交及其经典案例	线上＋线下	多元学习＋有效测评	师生同备课＋O－AMAS 教学法
10	中国的投资外交及其经典案例	线上＋线下	多元学习＋有效测评	师生同备课＋O－AMAS 教学法
11	中国的援助外交及其经典案例	线上＋线下	多元学习＋有效测评	师生同备课＋O－AMAS 教学法
12	中国的能源外交及其经典案例	线上＋线下	多元学习＋有效测评	师生同备课＋O－AMAS 教学法
13	中国的环境外交及其经典案例	线上＋线下	多元学习＋有效测评	师生同备课＋O－AMAS 教学法

续表

开课周	教学内容	教学方式	线下课堂教学方法	备注
14	中国的基建外交及其经典案例	线上+线下	多元学习+有效测评	师生同备课+O－AMAS 教学法
15	期末研讨会	线下	研讨	翻转课堂
16	期末口试	线下	多元测评	学习有效性评价

2. 线下“师生同备课”

师生共同备课包括课程内容中的全部专题性内容：中国的贸易外交及其经典案例，中国的金融外交及其经典案例，中国的投资外交及其经典案例，中国的援助外交及其经典案例，中国的能源外交及其经典案例，中国的环境外交及其经典案例，中国的基建外交及其经典案例；共 7 次课，21 学时。

以贸易外交专题为例，教师及学生提前两周针对专题进行研讨，确定专题具体研究方向为国际贸易体系、区域贸易协定谈判、双边贸易关系管控、自由贸易区战略布局、绿色贸易、服务贸易或数字贸易六大方面，教师针对各专项问题提出具体写作方向，指导学生抓住案例研究的“小切口”，以小见大、深入浅出地进行案例分析，同时引导小组成员进行文献综述、教学案例准备和线上案例库制作。

这种模式不仅可以打通本科生和研究生课堂壁垒，使不同阶段、不同能力的学生都能在教师指导下完成教学案例准备，为课堂教学培养兴趣、奠定基础；同时还能促进师生之间更紧密的互动与合作，有效地提高学生的学习积极性和参与度，激发学生的学习兴趣，促进学生的自主学习和创新思维。

3. 线上线下结合的课堂教学

在进行“O－AMAS 有效教学”时，按照每个专题授课内容的性质特点，授课过程中采用了不同的教学方法：（1）基础理论部分的情境模拟法：在理论讲解后，教师采用“关系图、三真一假、概念面试、信息接力”等趣味形式，引导学生将所学概念与实际情境相结合，帮助他们快速理解抽象概念的实际应用，从而促进多维理解的形成。通过实际情境的模拟，学生能够更深入地理解课程内容，增强对知识的记忆和应用能力，提升学习效果。（2）经济外交领域部分的案例比较法：通过对比分析不同国家、不同时期的大国外交案例，学生依据“议会辩论、我是理论家”等规则，以小组形式展开案例分析讨论，并提交讨论成果，在课堂上进行展示。这种方法促进了学生深入思考和交流，拓展了他们的视野，能帮助他们更好地理解和应用课程内容，提升了学习参与度和学习效果。（3）经济外交专题部分的总结与升华：进行学术研讨会，研讨会设置主持人、发言人和点评人，分组讨论后由主持人向全体大会汇报研讨结果，最后由教师进行总结发言。

每一专题结束后，教师根据课程内容，针对性地在超星数字资源库中添加相关资料及延展阅读。在贸易外交专题，补充美国商会在中美经济外交中的角色和影响相关内容；进行理论学习时，扩充洪堡论坛等学术会议相关最新理论及专家分析；同时邀请学院相关教师，录制有关东南亚地区经济、区域国别政治研究、人民币国际化等专题微讲座。

在这种教学模式下，学生可以通过线上线下结合的方式获得更加全面和深入的学习体验。线下课堂教学可以帮助学生打好基础，理解知识点，解决问题。而线上教学则可以提供更加便捷和灵活的学习途径。通过专题讲解，拓展学生的知识面和思维深度。

4. 创造有温度的线上线下交流空间

设置教师开放日，每周二以及每周四下午均为教师开放面谈时间，学生在学业以及生活中遇到的问题都可以在此区间预约面谈，教师将针对学生当前面临的问题进行个别辅导，帮助学生解决相关课程中的疑难问题，同时倾听学生心声，增进师生情感交流，营造更加融洽和谐的学习氛围。同时，鼓励学生在微信群中进行生生讨论，在重难点专题上教师提出相关问题，引导学生在课下进行思考，并在微信群中进行讨论，可以促进学生之间的交流和合作，共同进步，共同成长。

5. 创新课程成绩评定方式

由于混合课堂方式的实施，本课程注重过程评价与结果评价相结合。（表 2）

表 2　课程成绩评定方式

教学过程	考核形式	评价占比
课前	预习、文献阅读、参与师生同备课、案例准备	10%
课中	出勤、课堂展示、互动讨论、期末研讨会	20%
课后	线上互动讨论、案例纂写和教材修订、论文写作	20%
期末	一对一口试，直观了解学生学习和思想情况	50%

期末一对一口试是一种全新尝试的定制化考试。（1）学生准备一个 3～4 分钟对所选专题的宏观理解，也可以包括对一学期学习经济外交的整体感受。（2）教师会根据所讲的内容追问 3～4 个所选专题内的细节问题，考查学生掌握相关内容的广度和深度。（3）自选环节：同学们考试结束后可以提供一个简单的书面材料，进一步阐述口试时教师问的问题，加深对问题的系统理解。学生在进行口试答辩中的表现可以反映他们对知识的理解、掌握程度，是对课堂教学的有效测评，教师可以从学生的表现中了解到课堂教学的效果。

三、“经济外交概论”课程教学效果评价

教师对“经济外交概论”课程的结构和内容进行了精心设计，涵盖了经济外交领域的重要方面，为学生提供了完善的知识结构。教师结合时事发展和思政要求不断更新教学内容，确保课程具有鲜明的现实感，同时能够激发学生的学习兴趣，有助于培养学生理论联系实际的能力。（1）在知识传授方面，混合课堂和有效教学模型使学生成为课堂的全程参与者，通过课前思考、课堂讨论和课后总结的创新模式，有助于形成全面的知

识体系，提升学生的理解和应用能力。（2）在价值塑造方面，通过对中国特色大国经济外交的教学和研讨，教师塑造学生坚定的社会主义核心价值观。将经济外交案例融入课程教学中，帮助学生深刻感受中国负责任的大国形象，增强其民族认同感和自豪感。（3）在能力培养方面，数年教学实践中，鼓励学生围绕课堂发言完成课程论文，教师进行面对面写作指导，与学生合作发表论文30余篇次，其中不乏国内B类权威期刊、C类核心期刊和国际英文期刊，以及递交至相关部委的政策报告，成为课堂教学之外的副产品。我们还吸纳200余人次学生进入科研助手项目，组织学生修订自编讲义，在教学中培养学生发现问题的能力、信息搜集与处理的能力、独立分析解决问题的能力，推动学生素质的全面提升。

线上线下混合课程的设计，解决了传统教学方法上的一些弊端。“经济外交”混合课建设，从提升学习者情绪状态、参与状态、交往状态和思维状态的可见性出发，通过教学目标深度渗透、教学方法有章可循、教学对象深度参与、学习过程显性可见、学习效果可测可评五个维度，促进学习者主动学习和深度学习，实现课程思政要素的全面落实，达成“以学习者为中心”的服务型有效教学体系。（1）通过逆向教学设计，成功解决了课堂目标、教学方法和评价之间的脱节问题。将课程教学目标内化为引人入胜、深度参与的教学活动和多元评价方式，使教学活动与学习目标紧密结合，实现了教学与学习的有机统一。（2）改变了考核方式，通过口试的方式能更加合理评估学生对于知识的掌握情况，解决教学中学生在课堂上的低参与现象，以及在考试前死记硬背的情况，改善了师生、生生互动不足的问题，改变了课堂沉闷、学生静默、教师表演的个体学习状态，提高了师生教与学的幸福感。（3）通过使学习过程、进展、成果和反馈可见，成功解决了师生之间的“双盲”现象，使学习效果更加显著。学习者的学习过程和成果可被直观观察，学习进展得以实时监测，学习反馈及时呈现，从而提高了学生的学习体验和成就感。

通过这些方面的努力，在本学期的教学评价中，广大师生普遍反映各个教学环节设计合理，教学组织、教学内容、教学形式多种多样，案例分析思路清晰，讲解到位，课堂教学互动交流较好，学生课堂教学参与度较高，成功地提升了学生“经济外交概论”课程的学习效果，为学生成长和发展提供了有力支持。

结语

在全球化和世界经济快速发展的背景下，经济外交领域正经历着深刻的变革，对人才的培养也提出了更高的要求。如何将专业知识与实际问题相结合，以增强其现实意义和有效性，已成为教育工作者和研究者关注的焦点。通过落实线上线下混合式教学改革工作，能够进一步强化“经济外交概论”的授课效果，有利于复合型专业人才的培养。未来应当更积极进一步探索相关教学模式，确保混合式教学改革能够达到理想目标，为应对市场人才需求挑战夯实培养基础。

参考文献

[1] 马海娟.混合式教学中教师角色对教学效果的影响[J].国际教育论坛,2022,4(2):10-12.

[2] 王婷.混合式教学引发"跨空间"教学变革[EB/OL].中国教育报.(2022-11-10).http://www.jyb.cn/rmtzgjyb/202211/t20221110_2110968432.html.

[3] 李海东,吴昊.基于全过程的混合式教学质量评价体系研究——以国家级线上线下混合式一流课程为例[J].中国大学教学,2021(5):65-71,91.

[4] 辛朝军,柴振霞,张天天,等.一种线上线下混合式课堂教学活动融合的方法与实践[J].教育进展,2022,12(1):38-43.

[5] 鲍威,陈得春,王婧.后疫情时代线上线下学习范式和教学成效的研究——基于线上线下高校学生调查数据的对比分析[J].中国电化教育,2021(6):7-14.

《理解当代中国》在“综合商务英语”课程的融入路径：基于合法化语码理论的个案分析

张冬冰

摘　要：本文基于合法化语码理论自主性维度分析《商务英语综合教程（3）》和《理解当代中国：英语读写教程》相应单元，探讨后者在英语专业必修课程“综合商务英语”中的融入路径。根据自主性维度，论文归纳总结两本教材在内容和语言上的编排逻辑，提出三种融合路径：（1）通过内容或语言知识点相关性衔接教材内容；（2）以某一主题为主线整合两套教材的相关课文；（3）以课文文体为主线对比两套教材课文的语言资源选择。

关键词：理解当代中国　课程思政　商务英语　合法化语码理论

引言

本文所分析“综合商务英语”课程为对外经济贸易大学英语学院本科生学科基础必修课，强调语言、文化与商务三者的有机融合。课程所使用的主要教材为由王立非主编的《商务英语综合教程》系列教材（上海外语教育出版社出版），共四册，分四学期使用。2022年，学院落实“三进”工作，课程引入《理解当代中国：英语读写教程》，根据单元内容与原教材相应单元匹配使用。本文聚焦“综合商务英语（3）”课程，两本教材的选文在该课程的对应关系如表1所示。

表1　所分析教材相应单元对应关系

《商务英语综合教程（3）》	《理解当代中国：英语读写教程》
第二单元 Science and Technology Harnessed?	第三单元 High-Quality Development
第四单元 You Can Make Your Life a Bed of Roses	第七单元 Towards National Rejuvenation

本文重点分析《商务英语综合教程（3）》（下文简称《综英（3）》）第二单元和《理解当代中国：英语读写教程》（下文简称《英语读写教程》）第三单元，前者主题为科技与

作者简介：张冬冰，对外经济贸易大学英语学院副教授，硕士生导师。

伦理，后者主题为高质量发展。本文使用社会教育学理论“合法化语码理论”（Legitimation Code Theory，LCT）分析相应单元内容，旨在揭示两个单元如何在课文内容和语言知识之间来回转换，并探讨如何将《英语读写教程》有机地融入“综合商务英语”课程中。

一、合法化语码理论与自主性语码

合法化语码理论由教育社会学家 Karl Maton 提出（Maton，2014），旨在通过语码分析揭示社会活动背后的运作机制。目前该理论提供五维分析：专门性语码（Specialisation）、自主性语码（Autonomy）、语义性语码（Semantics）、紧密性语码（Density）和时间性语码（Temporality），各维度间相互独立，用以研究社会活动的不同侧面。

本文采用自主性语码作为分析框架。自主性语码关注不同社会活动之间的关系，在教育场域中尤其适合分析不同学科知识融合的问题（Maton & Howard, 2018, 2019; Tann & Scott, 2020）。自主性语码的基本预设为：任何社会活动都有其构成成分，这些成分又以某种逻辑相互关联；教育场域中的成分为教学内容，内容间通过教学目的相互关联。

与之对应，自主性语码包含两类自主性：位别自主性（positional autonomy 或 PA）和关系自主性（relational autonomy 或 RA）①。位别自主性与构成社会活动的成分相关，社会活动对成分界定越明晰，则位别自主性越强，反之位别自主性越弱；关系自主性与成分间的关联逻辑相关，若成分间的关联逻辑专属于某一社会活动，则关系自主性越强，反之关系自主性越弱。

位别自主性的强弱和关系自主性的强弱相互独立，二者构成一个笛卡尔坐标系（cartesian plane），四个象限代表四种自主性语码，如图 1 所示。

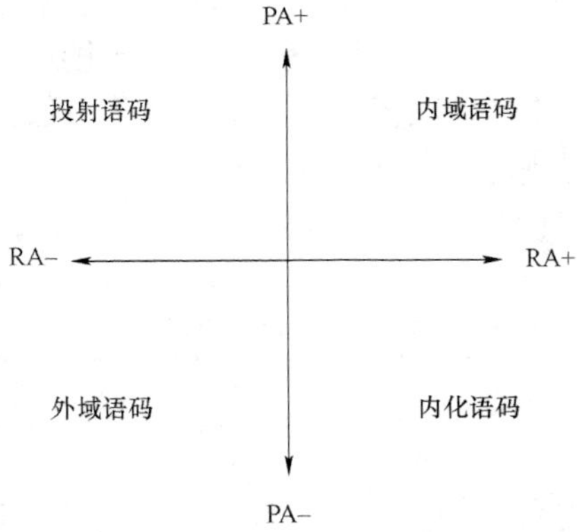

图 1　自主性语码

四类语码解释如下：

（1）内域语码（PA+/RA+）：界定明晰的成分以场域特有的逻辑相互关联；

（2）外域语码（PA–/RA–）：界定不明晰的成分以不专属于场域的逻辑相互关联；

① Positional autonomy 的中文翻译“位别自主性”由北京理工大学喻志刚助理教授提供。

（3）内化语码（PA−/RA+）：界定不明晰的成分以场域特有的逻辑相互关联；

（4）投射语码（PA+/RA−）：界定明晰的成分以不专属于场域的逻辑相互关联。

合法化语码理论主张在分析数据时根据研究对象具体描述分析工具的内涵，制定“译介机制”（translation device），将理论与数据关联（Maton & Chen, 2016）。就自主性语码而言，位别自主性和关系自主性的强弱在不同场域中的体现方式不同，研究者在制定译介机制时需要明确哪些成分及其关联逻辑专属于目标场域，哪些不专属于目标场域，以此判断二者的强弱，如表 2 所示（Maton & Howard, 2018: 10）。

表 2　位别自主性和关系自主性强弱判断依据

PA 或 RA	判断依据
+	专属于目标场域
−	不专属于目标场域

本研究依据表 2 的原则，在第二、三节分别呈现对《综英（3）》第二单元和《英语读写教程》第三单元教学活动的自主性语码分析，并在第四节整合分析，提供对二者有机融合路径的几点思考。值得注意的是，在分析涉及多个场域数据时，选取哪一场域作为目标场域是方法论问题，不表明数据本身就以该场域为目标。比如，在《商务英语综合教程》系列教材中商务知识和英语语言知识并存，师生使用英语学习商务知识，并通过商务内容学习英语，但在分析时必须二者选一作为目标场域，以探讨两个场域在同一本教材中的编排方式。

二、《综英（3）》第二单元自主性语码分析

（一）《综英（3）》第二单元译介机制

使用自主性语码分析《综英（3）》第二单元内容的译介机制如表 3 所示。在该语境下，位别自主性的强弱取决于所讲授课程内容是否关于语言本身，即是否为“关于语言的知识”（Rose & Martin, 2012）；该类知识可能涉及语言的各层次：语篇、语法、词汇、语音等。如教材活动将课文文本本身作为授课内容，则其位别自主性较强（PA+）；如教材活动将理解课文内容作为目标，则位别自主性较弱（PA−）。与之相对应，如教学活动明确其设计目标为教授英语语言知识，则关系自主性较强（RA+）；如教材活动围绕课文所涉及内容展开，即以学生更好地理解课文内容为目标，则关系自主性较弱（RA−）。

表 3　《综英（3）》第二单元自主性语码分析译介机制

语码	基于研究对象的说明	《综英（3）》示例
PA+	课文文本本身作为授课目标： 授课内容为英语语言知识	课文 3 课后讨论：Can you find out the two analogies used in the text? Do you think it is necessary to use them?

续表

语码	基于研究对象的说明	《综英（3）》示例
PA−	课文内容作为授课目标： 授课内容为科技发展/商务沟通	课文 3 课后讨论：What benefits will molecular nanotechnology bring us according to the author?
RA+	服务语言学习： 以教授英语语言知识为活动目的	课文 1 和 2 后续练习中的 Reading and making interpretations 环节明确表示训练学生转述能力
RA−	服务主题学习： 以探讨科技发展/商务沟通为活动目的	单元 Activation 部分听力后续提问：How will this new power affect humanity?（this new power 指基因编辑）

（二）《综英（3）》第二单元分析结果

根据（一）小节的译介机制标注《综英（3）》第二单元活动结果见表 4。表中未呈现对不同阅读材料（Text I、Text II、Text III）本身的分析，因为教材并未明确给出相应的阅读活动。

表 4 《综英（3）》第二单元活动自主性语码分析

教材板块	教材活动	语码分析
Part One	Topic-related words	PA− /RA+
	Quotations	PA− /RA−
	Listen, watch, and discuss	
Part Two	Warm-up activities	
	Text I	
	Reading for general ideas	PA− /RA−
	Reading for specific information	
	Reading and making interpretations (paraphrase)	PA− /RA+
Part Three	Pre-reading questions	PA− /RA−
	Text II	
	Reading for general ideas	PA− /RA−
	Reading for specific information	
	Reading and making interpretations (paraphrase)	PA− /RA+
Part Four	Text III	
	Questions for group discussion	PA− /RA−
	Questions for group discussion (analogy)	PA− /RA+
	Group assignment on the application of science and technology	PA− /RA−
	Case study of China Unicom and Huawei	

续表

教材板块	教材活动	语码分析
Part Five	Fill in blanks with proper word forms	PA+/RA+
	Chinese-English translation (1–3)	PA–/RA–
	Chinese-English translation (4–5)	PA+/RA+
	Idioms, phrasal verbs and fixed expressions	
	Collocations	
	Complete sentences with words from the texts	PA–/RA+
	Chinese-English translation	PA–/RA–
	English-Chinese translation	
	Cloze	PA+/RA–
Writing	Writing skills (simile and metaphor)	PA+/RA+
Communication	Intercultural business communication skills	PA–/RA–

表 4 的分析呈现如下规律：（1）该单元主导自主性语码为外域语码，即教学重点为课文内容，而非语言知识点，且其编排逻辑主要服务于课文内容的学习，而非英语语言学习。（2）该单元自主性语码路径从外域语码主导逐渐转变为内域语码主导，即从为课文内容服务的教学重点逐渐转变为为英语学习服务的教学重点。

下面根据教材不同板块具体分析。Part One 是对整个单元的导入，由三部分构成：主题相关词、主题相关名人名言、主题相关听力与讨论。三部分内容均与课文主题相关，位别自主性较弱（PA–），即教学重点为非语言内容。三部分在关系自主性方面略有差异：主题相关词部分，编者引入 antonyms（反义词）的概念，旨在让学生辨别所给词汇中的反义关系，以语言学习为目的，具有较强的关系自主性（RA+）；名人名言和听力与讨论部分的活动以内容为落脚点，引导学生表达自己的观点或者复述所听内容，以主题学习为目的，具有较弱的关系自主性（RA–）。综上，Part One 的自主性语码路径为从内化语码到外域语码的单向路径（a one-way trip）。

Part Two 和 Part Three 为需要重点阅读的两篇文章，一般用于精读，二者自主性语码路径相同。Part Two 在课文前安排了三项热身活动，让学生就他们已有知识介绍西方科学发展关键人物、学生对科学伦理问题的思考，以及围绕美国前总统布什（George W. Bush）2002 年关于基因工程演讲的听力填空和讨论，均以课文主题为教学重点（PA–），以主题学习为目的（RA–），属于外域语码。同样，Part Three 在课文阅读前设置了关于企业科技创新的问题，内容与服务对象围绕阅读主题展开，属于外域语码。Part Two 和 Part Three 阅读后续活动编排方式相同，包括阅读理解题和转述题。阅读理解题围绕课文内容展开，含对整体信息和细节信息的提问，教学重点和学习目的不以对语言本身学习为主，属于外域语码。转述题内容出自课文（PA–），但转述（paraphrase）是一项英语专业学生需要掌握的技能，服务英语语言学习（RA+），属于内化语码。综上，Part Two 和 Part Three

的自主性语码路径为从外域语码到内化语码的单向路径。

Part Four 虽然也包括课文阅读，但通常用于泛读，其自主性语码路径同 Part Two 和 Part Three 不同。首先，在阅读材料前教材并未设计任何活动，阅读后的活动也未全部聚焦课文内容。课文后续活动包括：基于阅读的问题讨论、基于听力材料的小组任务、案例分析等。问题讨论部分从外域语码开始，以内化语码结束：问题均聚焦课文阅读材料（PA–），但前四道检验学生对主题内容的理解（RA–），第五道则要求学生找出课文中的类比（analogy），并讨论该修辞手法的作用，服务于英语语言学习（RA+）。另外两项活动，小组任务和案例分析，内容聚焦科技发展（PA–），旨在加深学生对科技问题的理解（RA–），属于外域语码。综上，Part Four 的自主性语码路径为从外域语码开始，转向内化语码，又回到外域语码的往返路径（a return trip）。

Part Five 聚焦语言学习，但其自主性语码并非单纯的内域语码。该模块由两部构成：语言聚焦（Language Focus）和理解练习（Comprehension Practice）。语言聚焦部分包括五种题型。第一题要求学生使用所给词汇的正确形式填空，词汇来自课文，填空的句子来自课外，利用课文内容（PA–）学习词汇形式（RA+），属于内化语码。第二题要求学生中翻英，其中前三道翻译内容与主题相关（PA–）、后两道翻译内容与主题无关（PA+），前三道以加深主题理解为目的（RA–），后两道以学生灵活使用相关词汇为目的（RA+）；因此，第二题的自主性语码路径从外域语码到内域语码。第三、四题与课文主题完全脱离，通过填空的方式学习一些习惯用法及常见搭配（PA+），聚焦语言学习本身（RA+），属于内域语码。第五题又回到课文主题（PA–），要求学生使用课文中相应单词和短语的正确形式填空，旨在训练学生在不同语境中的语言使用（RA+），属于内化语码。由此，语言聚焦部分始于内化语码，路过外域语码，转入内域语码，又回到内化语码，形成自主性语码回路（a tour）。

Part Five 的理解练习包括三项：中翻英、英翻中、完形填空。中翻英和英翻中需要翻译的内容均与课文主题相关（PA–），重点服务主题学习（RA–），属于外域语码；完形填空部分要求学生使用课外词汇（PA+）填入与课文主题内容相关的文本（RA–），属于投射语码。由此，理解练习呈现从外域语码到投射语码的单向路径。

单元末尾的写作和跨文化交际板块设计相对简单。写作板块讲解修辞手法 simile（明喻）和 metaphor（暗喻）之间的差别，并通过与课文主题无关的练习（PA+）来增强学生对两个概念的掌握（RA+），构成内域语码。与之相对，跨文化交际板块讲解商务礼仪（时间观念、送礼、着装等），后续练习是基于阅读材料的跨文化交际情景行为合理性判断题（PA–），旨在考查学生是否掌握短文中的商务礼仪知识（RA–），属于外域语码。综上，写作和跨文化部分停留在某一自主性语码中（a stay）。

《综英（3）》第二单元不同模块的自主性语码路径如图 2 所示。Part One、Part Two、Part Three、Part Five（Comprehension Practice）为单向路径，Part Four 为往返路径，Part Five（Language Focus）形成回路，Writing 和 Communication 模块在某一语码停留。

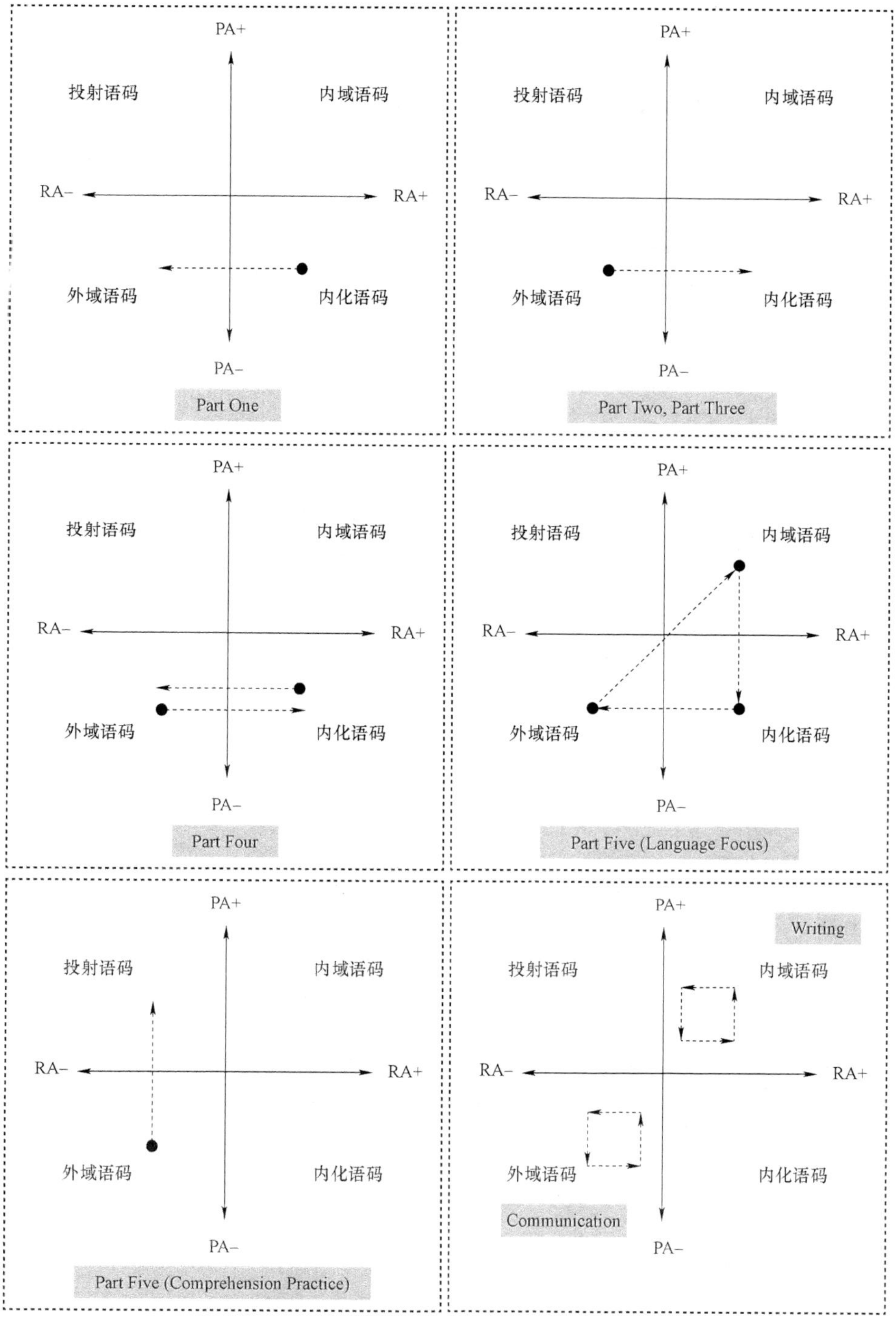

图 2 《综英（3）》第二单元不同模块自主性语码路径

三、《英语读写教程》第三单元自主性语码分析

（一）《英语读写教程》第三单元译介机制

《理解当代中国》系列教材旨在“将习近平新时代中国特色社会主义思想系统融入外语类专业听说读写译等核心课程”，帮助学生“掌握中国特色话语体系，提高用外语讲好中国故事、用中国理论解读中国实践的能力”（2022：III）。因此，本节以习近平总书记关于高质量发展的讲话内容为参照来分析课文活动的自主性语码路径。若教材活动围绕高质量发展，其位别自主性较强（PA+）；若教材活动围绕课文中的语言现象，其位别自主性较弱（PA–）。与之相对应，如教材活动目标为更好地理解课文内容（即高质量发展），则关系自主性较强（RA+）；如教学活动目标为教授英语语言知识，则关系自主性较弱（RA–）。《英语读写教程》第三单元自主性语码分析的译介机制见表 5。

表 5 《英语读写教程》第三单元自主性语码分析译介机制

语码	基于研究对象的说明
PA+	课文内容作为授课内容：授课内容为习近平总书记讲话
PA–	课文文本本身作为授课内容：授课内容为英语语言知识
RA+	服务主题学习：教材活动设计目的为理解高质量发展
RA–	服务语言学习：教材活动设计目的为教授英语语言知识

（二）《英语读写教程》第三单元分析结果

根据（一）小节的译介机制对《英语读写教程》第三单元活动的标注结果见表 6。表中未呈现对阅读材料（Text）本身的分析，因为教材并未明确设计相应的阅读活动。

表 6 《英语读写教程》第三单元活动自主性语码分析

<table>
<tr><th>教材板块</th><th>教材活动内容</th><th>语码分析</th></tr>
<tr><td>Lead-in</td><td>（对课文的介绍）</td><td rowspan="2">PA+/RA+</td></tr>
<tr><td>Read and Respond</td><td>（基于课文材料的问答写作）</td></tr>
<tr><td>Text</td><td></td><td></td></tr>
<tr><td rowspan="2">Analytical Reading</td><td>Understanding the text
（基于课文的填空和问答）</td><td rowspan="4">PA+/RA+</td></tr>
<tr><td>Critical thinking
（基于课文的话题讨论）</td></tr>
<tr><td>Global Perspectives</td><td>（阅读与课文话题相关的材料并总结）</td></tr>
<tr><td>Telling China’s Story to the World</td><td>（基于课文以小组为单位做展示）</td></tr>
</table>

续表

教材板块	教材活动内容	语码分析
Language in Focus	Words and phrases （使用课文词汇填空；句子与课文主题相关）	
	Translation （中翻英：翻译与课文主题相关句子）	
	Discourse and rhetoric （选句填空：文章与课文主题相关）	
	Discourse and rhetoric （辨别句中的修辞手法；文章与课文主题相关）	PA+ /RA−
Ancient Chinese Wisdom	（解释《礼记》中的一句话）	PA+ /RA+
Further Reading	（推荐阅读《习近平谈治国理政》相关章节）	

表 6 分析呈现与《综英（3）》第二单元不同的规律。《英语读写教程》第三单元以内域语码为主导，除了关于修辞手法的练习，所有其他活动均与课文内容相关（PA+），且以更深入理解高质量发展为目标（RA+）。修辞手法练习的第二部分虽然涉及与课文主题相关的句子（PA+），但其目标为掌握英语修辞的使用（RA−），属于投射语码。《英语读写教程》第三单元的自主性语码路径分析见图 3。

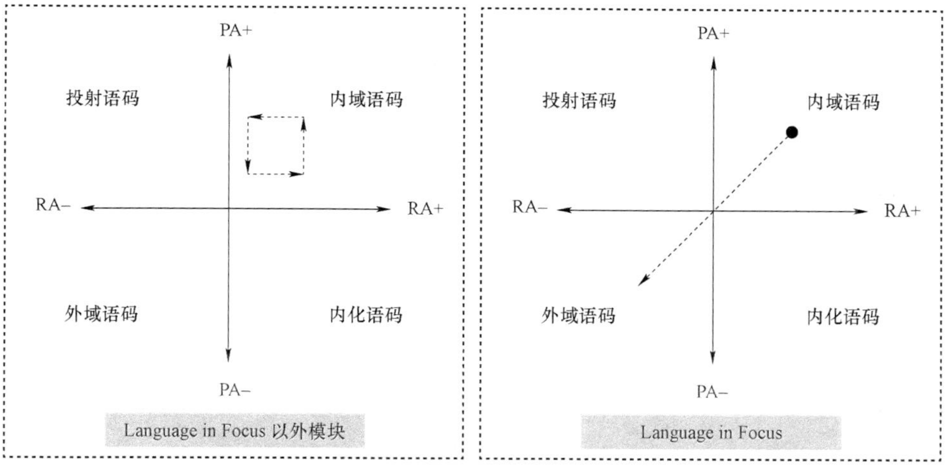

图 3 《英语读写教程》第三单元的自主性语码路径

四、关于两套教材融合路径的思考

本文在分析《综英（3）》时将语言学习视为目标场域，把内容学习视为非目标场域；而分析《英语读写教程》时将内容学习视为目标场域，把语言学习视为非目标场域。一方面是因为前者将英语语言学习作为较为重要的内容，而后者更多服务于内容学习；另一方面，这种分析凸显一本教材的外域语码可以是另一本教材的内域语码；相反，一本教材的内域语码可以是另一本教材的外域语码。

根据对两本教材的自主性语码分析，可归纳出三种融合路径：基于关联的衔接、基于内容的整合、基于语言的整合。

（一）基于关联的衔接

两本教材主要文章分别处理，通过二者的关联衔接，形成一个连续过程。这种关联可能是内容关联，也可能是语言关联。就本文所分析两个单元而言，二者的内容关联为科技发展，《综英（3）》聚焦西方哲学宗教传统对科技发展的指导作用，而《英语读写教程》呈现新发展理念，教师设计课程时可以将内容作为跳板，从一本教材的单元活动过渡到另一本教材。此外，二者的语言关联可以从修辞入手：《综英（3）》课后习题涉及类比、明喻、暗喻等修辞的辨别与讲解；与之关联，《英语读写教程》课后练习要求辨别所给句中使用的修辞手法。但就本文所分析的两个单元而言，内容关联属于课文间的关联，是主要关联；语言关联属于课后练习之间的关联，是次要关联。若教师想要利用语言关联，则在讲解课文时需要重点突出修辞手法的使用。

（二）基于内容或语言的整合

基于内容或语言的整合与基于关联的衔接区别在于把两本教材作为一本处理，达成更为深入的融合。从内容整合的角度讲，将两本教材相关联的课文以某一主题作为主线串联处理。例如，本文分析两个单元的主要课文从“科学发展是否应中立”这一主线出发，可根据课文内容突出讲解不同的文化传统和政治立场在科技发展中起到的指导作用，及其可能会带来的发展模式。从语言整合的角度讲，将两本教材的课文以文体为主线串联处理。例如，本文分析两个单元的主要课文，一篇议论文特点较为明显，一篇说明文特点较为明显，一篇为媒体话语，一篇为中国特色话语，教师可以将语言学习作为目标场域，基于两个单元的主要课文讲解不同文体之间的语篇、语法、词汇方面的异同，并在此基础上设计相应的读后续写活动，加强学生的语类意识。

结语

本文使用合法化语码理论的自主性语码分析《综英（3）》和《英语读写教程》相应单元，旨在探讨如何将《英语读写教程》有机融入“综合商务英语”课程中。自主性语码分析为我们探索该路径提供了系统的思考维度，将教学内容和教学目标转化为分析工具，有意识地反思教学设计，突出所采用教材内容或语言维度上的关联性。本文所采用的教学分析对外语类课程课程思政建设和跨学科研讨类课程的教学设计均有一定的指导意义。

参考文献

[1] Maton, Karl. Knowledge and Knowers: Towards a Realist Sociology of Education [M]. London: Routledge, 2014.

[2] Maton, Karl, Rainbow Tsai-Hong Chen. "Creating a Translation Device for Studying Constructivist Pedagogy." Knowledge-building: Educational Studies in Legitimation Code Theory. eds. Karl Maton, Susan Hood and Suellen Shay[C]. London: Routledge, 2016.

[3] Maton, Karl, Sarah K. Howard. Taking Autonomy Tours: A Key to Integrative Knowledge-Building [J]. LCT Centre Occasional Paper 1, 2018.

[4] Maton, Karl, Sarah K. Howard. Autonomy Tours: Building Knowledge from Diverse Sources [J]. Educational Linguistics Studies, 2019.

[5] Rose, David, J. R. Martin. Learning to Write, Reading to Learn: Genre, Knowledge and Pedagogy in the Sydney School [M]. Sheffield: Equinox Publishing, 2012.

[6] Tann, Ken, Andrew Scott. Bridging Disciplinary Knowledge: The Challenge of Integrating EAP in Business Education [J]. Higher Education, 2021.

本科翻译教学改革的探索与实践

——以“翻译理论与实践（汉译法）”课程为例

郭彦娜

摘　要：“翻译理论与实践（汉译法）”是外语学院法语系本科高年级必修笔译课程。近两年，汉法翻译课程不断探索教学模式与教学方法的改革。本文从外语专业本科翻译教学的定位与新问题出发，从教学内容、教学过程与教学评估三个维度探讨汉法翻译课程教学改革的思路与原则，并选取课堂教学真实案例展现翻译教学改革的实绩。

关键词：本科汉法笔译　翻译教学　改革与实践

引言

“翻译理论与实践（汉译法）”是面向外语学院法语专业高年级学生的笔译必修课程，开设于本科四年级上学期，每周 2 课时。自 2016 年起，本科汉法笔译课程不断进行教学改革的探索。近两年来，随着计算机辅助翻译（CAT）的快速发展与各类翻译软件的普遍应用，创新翻译教学理念、将笔译教学与新技术教育相融合更是成为人工智能时代下翻译教学改革的题中之义。

外语专业的翻译教学既是外语教学的高级课程，也是专业翻译人才培养的基础阶段。如何以正确的方法引导学生入门，如何训练学生的翻译思维，如何让学生理解语言知识、翻译技能以及译者素质的重要性，将深刻影响学生将来的发展愿景与继续求学之路，因而是外语专业本科翻译教学目标的重中之重。在这个意义上，“教学法对本科翻译教学的重要性甚至超过了研究生层次的翻译教学”。（鲍川运，2009: 46）有鉴于此，本文将从教学材料选择、教学模式创新、教学设计重构与教学评价改革等多方面介绍近两年来本科汉法翻译教学的诸多探索和实践，期待摸索出一条适合外语专业本科翻译教学的道路。

一、教学改革背景：外语专业本科翻译教学的定位与新问题

本科汉法翻译教学改革的探索是在外语专业本科翻译教学的总体框架下进行的，因此，在教学模式改革的过程中，需要重新审视大学本科外语专业翻译课程的教学目标和

作者简介：郭彦娜，对外经济贸易大学外语学院副教授。

教学定位。我们认为，着重思考并处理翻译教学中的三种矛盾关系有助于明确翻译课程的教学定位。

第一，翻译教学与教学翻译的关系。“翻译教学”与“教学翻译”是加拿大著名的翻译教学理论家德利尔（Jean Delisle）提出的两个相对的译学术语。教学翻译作为传统的外语教学手段，通常要求学生将词组与单句进行逐一对应的语言转换，教师对于翻译质量的评估仅限于语言是否对等，以检查学生对词法与句法的理解程度。这种教学翻译导致学生在翻译课堂上习惯性依赖双语字典，很难克服字对字的死译、硬译。相反，翻译教学不只考量学生翻译的结果，而且着眼于翻译行为与翻译过程，这是外语专业翻译教学应当秉持的原则。在翻译教学的课堂上，学生应当获得翻译的概念、标准、形式等一般知识，了解翻译行业的基本规范与译者的素质，领会翻译文本信息转换的过程与翻译实践的基本技巧，并初步具备独立从事一般性翻译任务的能力。

第二，外语专业翻译教学与翻译专业教学的关系。李红青、黄忠廉（2004）将作为外语专业课的翻译教学与作为翻译专业课的翻译教学作出区分，强调外语专业翻译教学的过渡地位，即本科外语专业的翻译课程既是外语教学的高级阶段，也是翻译专业教学的初始阶段。外语专业翻译课程以严格意义上的翻译专业教学为参照系，但它的目标不是真正的职业翻译人才培养，因此，外语专业翻译教学的课程结构、教学方案应当有别于翻译院系的专业设置。从当前高校翻译教学的实际情况来看，这一理念仍不失现实意义。因此，外语专业本科翻译课程的设置应当充分考虑本科学生能够达到的外语水平，不能过分强调职业翻译技能与熟巧而忽视学生外语水平的提升。

第三，人工智能翻译应用于翻译教学的得失关系。面对人工智能技术的快速发展，尤其是 ChatGPT、DeepL 等人工智能翻译软件的出现与广泛应用，翻译教学面临重大改革。然而，人工智能与翻译教学的融合在促进翻译教学理念与内容转型的同时，也存在诸多弊端。法国巴黎高等翻译学校前校长、著名翻译理论家埃尔-卡西姆（El Qasem）教授曾指出[①]，本科阶段高年级翻译教学的目的是使学生自如地运用双语，熟练掌握翻译方法，因此，不提倡在本科翻译课堂进行机器辅助翻译的训练。在人工智能翻译如火如荼的形势下，完全排斥翻译软件或禁止学生使用翻译软件是不实际的，因此，如何在翻译课堂合理运用人工智能，如何指导学生合理利用翻译软件是本科翻译教学亟待思考的重要问题。

二、汉译法课程教学改革的原则与思路

基于对传统翻译教学模式的反思以及对上述翻译教学中突出矛盾的思考，法语专业本科汉法课程教学改革的原则与思路得到明确，将围绕教学内容、教学过程与教学评估三个维度进行。

① 引自 2022 年 12 月 6 日埃尔-卡西姆（El Qasem）教授在北京大学外国语学院法语系举办的讲座“译者的显形与隐身”中与听众的讨论内容。

（一）教学内容改革：教学材料的拓展与翻译理论和实践的有机结合

本科汉法笔译课程不使用唯一教材，教师从教材的使用者转化为课程资源的开发者与建设者。课程的翻译材料与文本来源主要有两方面：第一，从汉法翻译领域的重要教材与指导书目中筛选翻译文本；第二，从双语文化读物与文学作品中选材；第三，利用新华网、联合国新闻网等多语种新闻资讯网站自建小型双语平行文本库。双语平行文本库的建设是开放的、动态的过程，旨在加强翻译文本的时效性与现实趋向。

在翻译文本的选择方面，注重文本风格多样化。按照德国功能翻译理论创始人赖斯（Reiss，2002）提出的文本类型学理论，本科汉法翻译教学的文本侧重信息型文本与表情型文本。信息型文本主要指与社会文化、经济、教育、科技等主题相关的实用性文本，语言具有逻辑性和指称性，交际的重点是信息的传递。表情型文本即文学文本，翻译过程中不仅应当保证内容的准确，还应反映文本的审美特点与艺术形式。

本科汉法笔译课程的名称是“翻译理论与实践”，理论与实践的有机结合是教学改革的重点之一。本科阶段的课程主体是翻译实践，理论讲解应服务于翻译技能训练，并且需要避免两种倾向。第一种是“授人以鱼”，即过分强调增词、减词、分译、合译等教条式的微观技巧，学生无法领会翻译的思维方式；第二种是理论与实践“两张皮”，即先进行深入的理论探讨，之后的翻译实践与理论毫不相关。汉法笔译教学改革确立了以提高实践能力为主的原则，在理论探讨方面注重精炼与指导性，针对信息型文本的翻译引入巴黎高翻释意学派的理论，针对文学文本的翻译则参考布鲁塞尔大学著名翻译学教授毕来德（Jean-François Billeter）的汉译法文学翻译理论与教学理念。教师把握理论讲解的深度，在译文讲评中把学生遇到的问题上升到理论高度，只有如此才能具有说服力，使学生将理论内化为翻译思考。

（二）教学过程改革：以学生为中心的任务教学法

汉法笔译教学改革旨在实现课堂的有效翻转，形成以教师为主导、以学生为中心的教学模式。在具体的教学实践中，采用任务教学法，由五个环节组成。

第一步，课前教师布置特定主题，确定具体教学材料，发放材料给学生研习。

第二步，在课堂上，教师引导学生通过阅读平行文本熟悉主题内容的高频表达、疑难词汇，就与主题相关的表达式与翻译法做句子练习；教师选取与主题相关、长度合适的待译篇章，导入翻译任务与平行语料建设任务。

第三步，课后要求各组学生搭建翻译工作坊，教师主导组织学生进行组内探讨，以协同翻译的形式完成译文初稿。教师将译文初稿发给他组，组织学生进行同行评审，学生需要对译文优、劣进行评判，并提出改正建议。

第四步，回到课堂，教师收集小组译文与同行评审意见，请学生对不同译文进行评析，并将翻译中遇到的重要问题进行分类总结，结合翻译理论与翻译技巧进行讲解，同时就难点做加强式句子操练。

第五步，教师收集学生的主题语料以及术语和常用表达表，进行优化整理之后与教学材料一起建立师生共享的微型主题语料库，学生可以利用文本语料自行训练。

（三）教学评估改革：形成性评价与终结性评价相结合

本科汉法笔译教学是以过程为基础的翻译教学，因而，在考核与测评方式上同样是以注重过程的形成性评价为主。正如著名翻译教育家与翻译理论家阿尔比（Amparo Albir）所言，翻译教学的评估与其说是为了测试学生的翻译能力，不如说是一个“发掘学生翻译潜力的工具”。（Melis & Albir, 2001: 277）

翻译教学的过程性评价贯穿翻译课程学习的始终，约占总评成绩的 60%。教师根据每次学生课前准备的主题语料内容、提交的专题译稿以及课堂参与度给出反馈与评估。在课堂练习讲评过程中，教师应避免罗列学生译文中的错误，需要以开放的心态对待学生习作，在讲解问题的同时，鼓励学生共同探讨。终结性评价的形式是课程闭卷考试，占总评成绩的 40%，可包括四种题型：第一，句子、段落翻译，考查学生对于教学所涉及主题的掌握程度；第二，参照平行法语语料翻译汉语句子与段落，语料与待译文本是课堂未涉及的新主题，此题型旨在考查学生对信息型文本翻译过程与技巧的掌握；第三，文学作品选段翻译，考查学生对于表情型文本翻译过程的掌握；最后一题为论述题，基于课堂上遇到过的翻译问题的理论探讨出题目（比如文化负载词的翻译等），探察学生对翻译理论与策略的创造性思考。

三、教学改革具体设计实践案例

具体到汉法翻译课程的教学方案设置，由于信息型文本与表情型文本的翻译目的不同，翻译教学中采取的策略与方法也不同。以下两个教学实践案例均选自 2023 年秋季学期外语学院法语专业本科四年级汉法笔译课程，案例将直观呈现两种不同类型文本翻译的教学模式。

（一）信息型文本翻译教学案例：以“消除贫困”为主题

信息型文本翻译的首要目的是将源语文本信息准确地迻译到目的语文本中。因此，教师在课程的导论部分向学生择精讲授巴黎高翻释意派翻译理论，该理论认为翻译即释意，译者追求的不是语言转换的对等，而是意义的等值，翻译过程在“理解原文信息”与“用目的语表述信息”之间不可或缺的是“脱离源语的语言外壳”的过程。教师将这一翻译理论融入课程教学中，使学生在不断的强化训练中形成有益的翻译惯习。

消除极端贫困是人类面临的共同挑战，脱贫攻坚也是中国政府治国理政的不懈追求。2023 年汉法笔译课程第 7～9 教学周选择将“消除贫困”作为翻译主题。

第 7 周课程开始之前，教师通过微信课程群向学生发布教学任务。教师从法文期刊 *Multitudes* 2013 年第 3 期发表的文章 *La Protection sociale en Chine*（《中国的社会保障》）中节选有关中国政府致力于消除极端贫困与地区贫富差距的 3 个段落（共约 300 词），作为主题翻译法语平行文本发送给学生。第 7 周课堂师生共同研读该文本，并根据文本找出主题专有词汇（例如“脱贫攻坚”“基尼指数”“中国国家发展银行”“易地扶贫搬迁”等）与高频词汇（例如“宣布”“差距”“……的重要原因”等）的法语表达。在此基础上进行由短到长的汉译法句子翻译训练，在练习中始终要求学生“脱离源语的语言外壳”，准确理解核心信息并使用规范的法语语言清晰地重述信息。例如翻译练习句子 1：“制约农村地区义务教育发展的一个重要原因是，城乡经济发展不平衡，城乡教育投入差距较大。”学生通过主题相关平行文本研读，能够准确使用法语翻译“城乡”“差距”“不平衡”等词汇；在试译之前，教师鼓励学生使用汉语重述句子，训练脱离语言形式的束缚。学生会对句子进行多种形式的重组，如：“城乡经济发展不平衡导致城乡教育投入差距较大，这一现象很大程度上制约农村地区义务教育发展。”在重组句子的过程中，学生在头脑中已经形成了法文翻译的句式框架，如“X conduit à Y, ce qui entrave Z”，或“En raison de X et Y, Z se ralentit”等。这种“头脑风暴”式的句子释意极大地激发学生的创造力，学生通常会“绞尽脑汁”调动自己的所学，积极参与课堂讨论。

第 7 周课程结束时，教师提供两篇汉语文章要求学生翻译，一篇节选自习近平有关“乡村振兴”的讲话稿；一篇节选自介绍法国政府抗击社会“新贫困”的新闻报道。学生共分为 4 组，每组 4～5 人，每 2 组学生翻译其中一篇，译文交由他组学生进行交叉评审。译文与评审意见在课前两天交给教师，以便有针对性地备课。

第 8、9 周课堂各评析一篇译文。教师请学生讲述小组内协同分工的翻译模式，评审组学生评析译文。教师点评并找出各组译文的闪光点，师生共同修改润色译文。教师应启发学生总结翻译过程中遇到的难点，并能够将翻译难点的讲解提高到翻译理论的高度，向学生提供可参考的翻译策略与方法，并进行同类型句式练习强化训练。第 9 周课程结束后，教师整理翻译材料、平行语料、术语表与高频表达表，形成与学生共享的微型主题语料库。

（二）表情型文本翻译教学案例：小说作品选段的翻译

表情型文本要求译者进行“创造性翻译”，在意义与风格上尽可能贴近原文。文学翻译教学选取的文本通常是小说、故事等虚构性文本。教学理念借鉴汉学家、翻译家毕来德教授的翻译教学理念（Billeter，2014）。毕来德教授长期在布鲁塞尔大学讲授汉译法课程，他将文学翻译步骤总结如下：第一，字句对应地、细致地翻译原文，通过直译完全理解原文；第二，想象画面并“感受”原作者在文本中的表达意图；第三，将所“感受”到的意思使用自然的法语表述出来；第四，通过与原文对照阅读，考查译文是否能够达到与原文同样的阅读效果；第五，润色译文，衔接句子，删除冗词，择取最合适的词汇重现原文风格。

2023 年汉法笔译课程第 13、14 教学周选择中国现代小说《阿 Q 正传》中的段落作为翻译教学文本（约 200 字，“据阿 Q 说，他是在举人老爷家里帮忙。……而不帮忙是可惜的。”）。多数学生在中学已经接触过《阿 Q 正传》，一般不存在对文本的理解问题。

第 13 周课堂上，首先，教师邀请学生朗读段落并发表自己的理解，随后教师简要介绍原文作者写作的时代背景与语言风格特征。通过文本细读，学生更能体会到原文简洁、幽默的风格。接着，教师要求学生做字对字的直译。这个过程中，学生将立刻遇到切实的翻译难点，比如文化负载词（如“举人老爷”“麻将”“一百里”“妈妈的”等）、人物与地方命名（如“阿 Q”“未庄”等）以及汉语词汇的细致体会与表达（如“肃然”“快意”等）。教师引导学生讨论翻译难点，讲解文化负载词的意义、人名地名的命名意图与汉语词汇的丰富内涵。在讲解的同时，请学生“感受”和想象作者遣词造句的意图，在脑海中形成叙事“蒙太奇”。课程结束后，4 组学生以小组为单位，根据教师讲解的翻译理论与策略建立自己的翻译方案，完成译文初译，发送给教师。

第 14 周课堂上，师生共同评析 4 份译文是否达到与原文近似的审美效果与阅读效果，并共同润色译文。同时，教师选取 4 种《阿 Q 正传》的法文译本（目前该小说共有 10 种法文译本），与学生一同评析探讨，讨论学生自己的译文与出版的法文译本之间的异同。通常学生会对法文译本胜过自己译文的表达多有赞叹，并加深地道法语表达的印象；同时，对于自己与法文译者“英雄所见略同”之处感到兴奋与自豪，由此增强翻译兴趣与翻译自信。

结语

本科汉法笔译课程教学改革成效明显。每学期课程包括 3 项信息型文本主题翻译训练与 2 项表情型文本翻译训练。翻译教学的主题文本求精不求多。通过传统课堂与网络新媒体应用的结合，教师与学生之间的互动交流，学生与学生之间的协同翻译合作与交叉评审，以及小型主题平行语料库的共建与共享，学生能够获得翻译知识、翻译技能和人文素养三个方面的提高。创新的教学模式对于师生来说是“双赢”。一方面，实施教学的教师需要不断学习，始终在教学实践中提升自身的翻译理论素养与翻译技能；另一方面，这种新的教学模式显著地提高了学生的课堂参与度与自主性，尤其重要的是，一部分语言水平相对较差的学生也能积极参与翻译任务，并从中重拾语言表达的自信与学习的兴趣。教师与学生都能在“教”与“学”中体会到终身学习的意义。

参考文献

[1] Billeter, Jean-François. Trois essais sur la traduction[M]. Paris: Éditions Allia, 2014.
[2] Melis, Nicole, Albir, Amparo. Assessment in Translation Studies: Research Needs [J]. Meta, 2001 (2): 272-287.
[3] Reiss, Katharina. La critique des traductions, ses possibilités et ses limites[M]. Trad. par C. Bocquet. Artois: Artois Presses Université, 2002.
[4] 鲍川运. 翻译师资培训：翻译教学成功的关键 [J]. 中国翻译，2009 (2): 45-47.
[5] 李红青，黄忠廉. 外语专业翻译课的定位问题 [J]. 外语与外语教学，2004 (11): 91-95.

“对外汉字文化”课程思政探索与实践

杨　宏

摘　要：高校留学生课堂课程教学改革和思政建设是汉语国际教育的大课题大考验，也是肩负回应国家需求、培养国际学生职责的中文教师应该完成的使命。经过不断的探索和建设，在汉字文化课程中我们把本科来华留学生的中华人文素质培养也纳为培养目标，结合汉字特点、汉字文化特点来调整改革课程内容、提炼思政元素，从课程大纲和教学目标、讲授内容、学生课堂活动、第二课堂、教师因素等几个方面来进行全方位改革和调整，充分揭示汉字自身包含的文明内涵，大力增加汉字相关的传统文化元素和中华社会道德观、价值观元素，使留学生以汉字知识和汉字文化为窗口更加了解和理解中华文明在传统和当代的特色、中华民族的文化自信，全面提升育人效果，为培养“知华、友华、爱华、助华”的国际学生做出最大的努力。

关键词：汉字文化　汉字结构　思政元素

汉字是世界上唯一流传至今没有中断使用的文字，源远流长的汉字文化是中华传统文化的重要组成部分，汉字的丰富内涵、复杂形态和独特面貌既对国际学生有永恒的吸引力，同时数量大、结构复杂、与他们母语文字有不少差异的汉字也容易使他们产生畏惧心理。如何进行汉字与汉字文化教学内容和思政元素的设计和融合、如何进行汉字和汉字文化课程的教学改革和思政建设，怎样有效激发国际学生学习和掌握汉字知识和发展规律的兴趣，使之通过汉字文化的窗口了解、理解中国社会和文化、进而在异域传播真实的中国和丰富的中华文化，是汉字文化教师面临的命题。

高校课程思政教学改革大背景下，如何通过汉字知识和汉字文化系统而专业的学习，让国际学生对汉字的特点、汉字文化由不断领悟喜爱进而加深他们对汉语和中国的了解和兴趣，培养出“知华、友华、爱华、助华”的国际学生，是汉字与汉字文化课程面临的任务。经过多轮的教学实践，汉字文化课程初步探索出了一些思政路径。

一、教学大纲和教学目标的调整

教学大纲是一门课程的纲领，是课程指导思想的反映，根据教学改革的需求，我们调整了汉字文化课程的教学大纲，划定教材上一部分内容为课下自学，同时纳入教材之外

作者简介：杨宏，对外经济贸易大学中国语言文学学院副教授。

的知识点和思想教育元素进入课堂教学。

教学目标也做了相应的调整，这门课程的教学目标是向本科来华留学生介绍汉字相关知识和文化，增进学生对汉字发展、结构、现状和未来的了解，激发对汉字和汉语的兴趣，促进学生的汉语学习，还要在学习过程中有机进行中华汉字文化以及相关中国传统文化的思想教育，全面提升汉字与汉字文化课程的全方位育人能力和效果。

二、课堂教学的设置

（一）教学内容的立体多维化构建

按王立军老师的观点，"汉字文化"应该从宏观和微观两个角度分析。宏观的汉字文化，是指汉字的起源、演变、构形等基本规律所体现的文化内涵；微观的汉字文化，是指汉字自身所携带的、通过构意体现出来的各种文化信息。汉字本身便是一个文化体系，同时又承担着承载文化的使命。所以，我们的汉字文化研究在研究微观的同时也要将宏观的文化作为背景，在研究宏观汉字文化时也要以微观的汉字个体作为范例。①

目前出现在留学生汉字教材中的文化内容，宏观文化、微观文化都有所涉及，以韩鉴堂《汉字文化》为例，内容包含汉字起源、汉字形体发展、汉字构造、汉字的识认与使用、汉字与中国文化（图腾崇拜、物质文明演进、日常生活、婚姻与家庭、战争)、汉字艺术（书法、美术字、印章)，根据字形字义来分析得出，主要内容包括，关于图腾崇拜的"龙""凤"等，关于农业、牧业、渔业文明的"年""稻""逐"，日常生活方面的"饮""食"等字，关于汉字结构特征的探讨，比如"近取诸身，远取诸物"，以及结合一组或多组汉字字形体讲解的玉石文化、器物文化等，另外还有书法文化、印章篆刻文化等等。

这些内容应该说都有教授的必要，汉字自身丰富的文化信息确实值得我们深入、细致地挖掘和传授。比如"夙"字，夙兴夜寐、夙愿、夙志，为什么有"早""向来""旧有的"这些意思，今天它的字形已经不能回答我们，但在古文字中我们可以清晰地看到是一个人在月光下劳作，所以它作为语素参与到现代汉语词汇中，还携带有这些本义②。结合汉字的发展、汉字古代字形来讲解现代词汇的意义，往往能使留学生们茅塞顿开。

但是汉字文化包罗万象生动鲜活，加之课时有限，我们需要充分挖掘和精心设计最适合的内容进入课堂，来辅助汉字发展史、汉字知识的教学，以便激发留学生汉字学习的兴趣、提高他们学习的效率，在学习汉字知识的同时使他们接触到更多中华文化、中国社会价值观的元素。

1\. 适当引入汉字偏旁部首和例字形体、词语文化

汉字与汉语结合，可以丰富教学内容，扩充国际学生的汉语词汇量。例如在甲骨文、金文部分介绍"示字旁"相关汉字及其意义、词义及相关社会习俗。例如：

① 李晓丹. 汉字文化之于对外汉字教学［J］. 鸡西大学学报，2012.

② 王宁. 汉字构形学导论［M］. 北京：商务印书馆，2015：231.

示部，古时与中国人的祭祀有关。祭祀是中国人历来非常重视的礼仪，中国社会有严格的祭祀礼仪。代表字如“礼”“祭”。

礼，礼貌礼物；延伸介绍交流礼貌用语的异同；礼仪典礼，毕业典礼、婚礼，婚礼习俗在中国是送红包，中国送红包的习俗、与学生所在国婚礼礼仪的对比和交流。

祭，祭祀、鼎文化；祭祀孔子、清明节祭奠祖先；祭奠民族英雄，每年 9 月 30 日是中国的国家烈士公祭日，中国人民有重视祖先、重视亲情、不忘先烈的优秀传统。

2. 适当引入器物文化

器物文字数量大，内容丰富，材质多样，引入教学可以丰富汉字知识，增加学习兴趣，丰富思政元素。金文部分加入司母戊鼎、利簋等；战国文字部分，可以展示战国栾书缶、越王勾践剑、秦瓦当、汉瓦当；字体演变部分扩充介绍宋代对钱等知识。钟鼎文化部分引入秦公钟、曾乙侯编钟；鸟虫书部分引入瓦当等器物。

钱币文字可以很好展示汉字的不同字体。汉字的主要字体包括甲骨文、金文、小篆、隶书、楷书等，宋代对钱上面相同的文字往往用不同字体来呈现，比如楷书、篆书、草书、行书等。所谓“对钱”，就是同一种年号名称的两枚钱，比如写有“明道元宝”“天圣元宝”“治平通宝”字样的对钱，它们的大小、薄厚、币材、边廓、穿孔完全一样，只有书法形式不同，我们把这种类型的钱称为“对钱”。这类钱字体中一定有篆体，有的是楷书、行书二体成对，有的是楷书、篆书二体成对，有的是隶书、篆书二体成对，等等。对钱除钱文书体不同外，两枚钱币币值相同、形体对等，即钱形大小、钱身厚薄、穿孔大小、轮廓阔狭、钱文位置、字体大小、铜质等各个方面都完全一致，可以成双配对。对钱是中国钱币造型独具特色的表现形式，留学生欣赏它，既可以检验和巩固字体知识，也开阔了视野，有一种美的享受。

3. 适当引入民俗文化及文人事迹

与汉字相关的民俗活动、文人文化活动有字圣故居和纪念活动（许慎、王羲之等）、惜字炉、剪纸（福禄文化）、年画、春联、题壁诗、竹叶诗、回文诗、神智诗等等，非常丰富活泼。一些相关的文字学家、知名学者与汉字有关的事迹也可以选择加入。例如：

（1）惜字炉：是中华民族对汉字的态度和认知。汉字凝聚着中华文化，也是中华文化的一扇窗，古代中国人对汉字心存敬畏，从“仓颉四目”的传说到“敬惜字纸”的民俗，都可以看得很清楚。有些地区还保存着惜字炉、敬字炉、惜字塔等，专门用来集中焚烧字纸，根据中国古老的民俗，写过字的纸张不可随意丢弃污损。

（2）春联：过春节家家户户贴春联，无论贫富都要表达对新的一年的向往和希望。春联一般用楷书书写，也有行书、篆书写的。

（3）剪纸和年画：春节和婚庆时中国家家户户都要贴窗花、贴福字，剪纸；红双喜字、窗花文字等都离不开汉字。

（4）二十四节气诗歌：诗歌韵律优美，二十四节气蕴含中国古老的农耕文化，可以适当选取用作学生抄写或者自学的材料。卢仝《走笔谢孟谏议寄新茶》：“闻道新年入山里，蛰虫惊动春风起。天子须尝阳羡茶，百草不敢先开花。”杜牧《清明》：“清明时节雨纷纷，路上行人欲断魂。借问酒家何处有，牧童遥指杏花村。”这些诗词优美易懂，都可以补充为教学内容。

（5）文化名人与著名学者：与汉字发展相关的文化名人和著名学者很多，可以根据知识点内容适度进行选择。比如学习汉字字体部分时，结合教材里的阅读材料《三体石经》，可以简要介绍鲁迅先生对汉字的态度以及先生当年亲手摹抄《三体石经》图片；石鼓文部分，可以简介郭沫若先生在日本期间坚持不懈研究古文字、并将搜集到的流落日本的石鼓文珍贵资料加以保存并传递回中国的爱国情怀。

（二）学生课堂活动的丰富和创新

汉字文化课学生活动主要包括师生问答、小组讨论、课堂小组报告、个人抄写作业等。讲解中华文化的同时也要兼顾世界不同国别的文化，小组报告主题有汉字与其他文字形态、来源、构成要素的比较。在研究和比较过程中留学生对汉字特点和自己的母语文字特点会有更加清楚的认识和更加深入的理解。

抄写诗词、散文的篇目教师可以结合思政目标进行选择，使学生们在练习汉字书写、熟悉巩固汉语词汇、潜移默化获得汉语语感的同时，还能有中华传统美德、社会主流价值观方面的熏陶和启发。我们挑选的篇目有荀子《劝学》片段、白居易《新制布裘》《观刈麦》、苏轼《题西林壁》、杜甫《茅屋为秋风所破歌》、毛泽东《长征》《沁园春雪》、成语故事《郑人买履》《塞翁失马》《守株待兔》等。比如白居易的《新制布裘》，抄写并自学，写出作品大意和学习体会，下次课五分钟简单讨论，引导学生明白白居易个人和其他优秀人物同情百姓、关注社会、希望天下没有受苦贫困的情怀。我们还举办过几期留学生诗文抄写作业展，也邀请一些中国本科生参与其中，展出自己的硬笔书法作品，学生们可以在参观中进行比较、交流和学习。

三、第二课堂的展开与延伸

第二课堂指的是课堂教学之外进行的与学习有关的活动，汉字文化课程要想取得好的教学效果，必须把教学延伸到课堂之外的其他时间和空间，利用贸大校园环境、北京城市环境、网络信息等资源，设计出学生喜闻乐见并愿意参与的讨论会、小竞赛、主题演讲等不同形式，让学生眼界更为开阔，接触到更为丰富的汉字文化知识。

尽量增加学生的体验和实践内容，包括线上和课堂外的各种体验，比如“汉字叔叔”的古文字网站，教师介绍、学生们自主网络查找学习，整个学习过程学生们兴趣倍增，课堂上提问和讨论都很热烈；随着疫情的好转教学秩序将会恢复正常，我们的第二课堂活动将会更为丰富，比如教师带领学生实地参观钱币博物馆、摹写钱币文字。

四、教师思政能力的提升

课程思政要想获得好的效果，核心要素是教师。教师是一门课的设计者、教学大纲的施事者，可以说是直接面对国际学生的中华文化形象大使，更要主动学习增强自身专业素养和道德修养，深入理解社会主义主流价值观，在教学中充分展示汉字自身携带的中华文明的面貌和基因，同时教师要做个有心人，结合社会新闻热点、实际案例挖掘可以纳入汉字课堂教学的思政元素，春风化雨，自然入心，引导国际学生了解中国社会的汉字文化、价值观念，积极引导留学生们的思想观念、处事原则，提升汉字文化课堂的育人效果。

2023 年 4 月，《典籍里的中国》节目制作了一期许慎和《说文解字》的节目，在节目中强调了许慎名“慎”、字“叔重”的“慎重”理念，以谨慎之心、担责之重、台词有“父亲为我取名叫慎、字叔重，就是希望我做人、做事都要严谨慎重”“为世人说文解字，是对先贤智慧的一次集中整合，我唯有慎之又慎、重之又重”，我上课前把这一期视频发到微信群布置学生提前观看自学，上课有几分钟的师生讨论，着重讨论和解释许慎的“慎重之心、担责之重”“知之为知之不知为不知”的求实精神，许慎拿不准的字义均用“阙”标注出来而不是随便写下一个解释，这种慎重、求实、严谨的精神值得每一个人学习。

文化教学不同于知识教学，中华优秀传统文化、思想政治教育元素应该和汉字知识的传授过程自然而然地相融合、相佐证、相辉映，追求自然，追求美感，追求自然而然的感染力。教师要课前充分准备，根据每届学生的国别、汉语水平、兴趣爱好等因素来选择和把握好文化元素融入课堂的时机，因“材”施教，营造出水到渠成的课堂氛围。同时，教师自身所具备的品质、对汉字文化的热爱熟练、如数家珍的专业水平以及课堂上体现出来的状态和气质，是最有感召力、说服力的，具有专业素养和人格魅力的教师，会赢得学生们由衷的敬重和感佩，留学生们可以从他们喜爱的中国老师身上直接感受到中国文化的美好和深邃。

五、课程思政元素融入举例

我们目前“汉字文化”课程的教材是韩鉴堂的《汉字文化》，内容包括汉字起源、汉字发展、汉字结构、汉字使用以及汉字识认、汉字文化、汉字艺术等内容，在课时有限的情况下，各章安排了详讲、略讲、自学完成作业、自学等几种学习方式，考核方式也适当加入一些思政元素问题，比如，抄写并理解白居易《观刈麦》，并写出自己对这篇作品的学习体会；观察鲁迅先生摹写的《三体石经》，并说说自己的感受。

各章结合知识点有机融入了一些思政元素，主要例子见表 1。

“汉字文化”课程是国际学生本科期间的一门选修课程，也是一次难得的深入了解汉字外形含义与内在精神、与中华悠久丰富多彩的文明近距离接触的旅程，教师要充分利用一个学期的时间，从教学大纲、课堂教学、学生活动、第二课堂的不同角度、利用校园内外各种实地资源和线上资源，自然融入思想政治教育元素，让学生们在获得汉字知识的同时也获得中华文明的滋养，获得中国社会主流价值观的熏陶，从而使他们能够当好跨文化交流的使者。

表 1　各章融入思政元素情况

序号	章节	专业内容	素材	教学目标	育人目标
1	汉字的起源	① 仓颉造字;② 结绳记事;③ 岩画;④ 陶器刻画符号	①"天雨粟、鬼夜哭"的造字故事;②"谷雨"的字形和传说;③ 中西岩画的内容和差别	① 仓颉的伟大之处;② 字圣与书圣,中国人对汉字的发明者、书法家的敬佩之情	① 中国社会对汉字的尊崇与敬畏;② 中国文化和西方文化思维的差异
2	汉字形体的演变	① 汉字字体发展;② 汉字的不同书体	① 毛公鼎利簋秦公钟;② 对钱和钱币博物馆;③ 石鼓文、郭沫若在日本对《石鼓文》资料的研究和保护;④《正始石经》《三体石经》、鲁迅摹写《三体石经》图片	① 青铜器文化的辉煌;② 文物文字证史价值;③ 汉字字体的演变和特色;④ 中国目前楷体汉字的优点和不足	① 古文字带来的中国人的文化自信;② 中国知识分子的爱国情怀
3	汉字的构造	汉字的笔画、部件和整字	① 笔顺歌和倒插笔;② 消寒图;③ 汉字部首和部首检字法、"永"字八法、神智诗;④ 对比繁体字和简体字;⑤ 汉字输入法;⑥ 许慎和《说文解字》	① 重视笔顺,会数笔画数;② 防止倒插笔,掌握汉字书写和查阅的技巧;③ 繁简字形各自的优长与不足;④ 海峡两岸汉字使用,繁简由之,汉字使用适度规范;⑤ 从汉字落后论到汉字电脑输入技术的发展;⑥ 许慎的名和字、《说文解字》里的"阙"	① 点画端正、字如其人、遵守规则,中华传统文化对平衡稳定匀称和谐、稳重诚信的重视;② 现代汉字进入计算机给中国带来的文化自信;③ 中国社会的自由平等爱国与统一;④"慎重"与"阙",中华传统文化的谨慎求实科学的精神
4	汉字的认识与使用	① 正确使用汉字;② 汉字与汉语的相互适应;③ 汉字超越时地空间的优越性	① 汉语回环诗;② 对比汉字、汉语词汇;③ 英文字母、拼写规则、单词与英语、韩语字母、拼写规则、单词与韩语	① 好的文字就是表义明确、书写快速的文字,繁简适度即可,而不是越简越好;② 各种语言和文字都在发展变化之中,都有进一步优化的任务	① 熟悉热爱本国的语言和文字;② 说中国话,写中国字,推广普通话写规范汉字,中国人要保护传承中华汉字和汉语文明

参考文献

[1] 许慎. 说文解字 [M]. 北京: 中华书局, 1963.

[2] 韩鉴堂. 汉字文化图说 [M]. 北京: 北京语言大学出版社, 2010: 143-200.

[3] 王宁. 汉字构形学导论 [M]. 北京: 商务印书馆, 2015.

[4] 王宁. 汉字国家化环境下的"繁简由之", 章黄国学微信公众号, 2023 年 4 月 18 日, 1-4.

[5] 陈峥. "课程思政"在对外汉语教学中的应用考察 [J]. 汉字文化, 2020(17): 1-6.

复合型人才培养导向下的“美国历史”课程创新建设

张国琨

摘　要：在我国新文科建设的大背景下，英语学院本科通识课程“美国历史”开展了一系列创新建设，积极探索具有对外经济贸易大学特色的复合型人才培养模式。本课程努力引导学生在“多领域、跨学科”的知识学习和问题研究上不断进步，并积极探索“英语＋区域国别研究/区域国别学＋国际传播”这一本科拔尖复合型人才培养的新方向，取得了较好的效果。本文从教学内容与材料、教学模式与组织、教学展示与手段三个方面阐述本课程的创新建设，以期为对外经济贸易大学复合型人才培养以及外语通识课程教学研究提供有益的参考。

关键词：复合型人才　美国历史　创新建设

引言

在新文科建设强调跨学科协同育人的背景下，对外经济贸易大学进一步加强了涉外复合型人才的培养，不断探索拔尖人才培养体系与模式的创新，有力服务国家新一轮对外开放战略。《对外经济贸易大学“十四五”事业发展规划纲要（2021—2025）》在对学校定位的阐述中指出，对外经济贸易大学教育教学工作应“彰显国际化办学和‘外语＋专业’复合型人才培养特色”。基于此，英语学院本科通识课程“美国历史”在2023—2024学年秋季学期的教学中，依托中央高校教育教学改革专项项目进行了一系列创新建设，探索具有对外经济贸易大学特色的复合型人才培养模式。本课程一方面努力引导学生在“多领域、跨学科”的知识学习和问题研究上不断进步，使学生的基础与专业知识、思维与应用能力、学习兴趣与动力得到显著提升；一方面积极探索“英语＋区域国别研究/区域国别学[①]＋国际传播”这一本科拔尖复合型人才培养的新方向，为学生未来学业和职业的发展提供了非常有益的新思路、新起点、新动力、新装备。本课程在复合型人才培养

作者简介：张国琨，对外经济贸易大学英语学院讲师。

① 关于区域国别研究与区域国别学的区别，陈杰、劳凌玲指出：区域国别研究是围绕特定地区和国家的具体研究，“不以构建完整的知识体系为目标”，可以是单一学科、单一领域的研究；而区域国别学则“追求围绕域外地区和国家的系统性知识体系建构，基于此开展全方位、全领域、全时段研究”，是跨学科的研究。（陈杰等，2023：13）

上整体取得了较好的效果，同时也发现了一些问题，需要在将来的教学实践中不断完善。

“美国历史”课程是英语学院所有本科专业（方向）以及英语学院与其他学院合作培养的所有双学士的学科基础选修课，[①]也是商务英语辅修双学位的必修课。2023—2024学年秋季学期，本课程的教学班级共20人，包括英语学院学生16人，他们涵盖了英语学院所有本科专业（方向）以及金融学—英语类、法学—英语类双学士；另外4人为其他学院辅修商务英语双学位的学生，其专业（方向）为财务管理、法律、公共外交、外国语言文学（西班牙语），在对外经济贸易大学各专业学生中也较有代表性。本文以下将结合该教学班级的期末问卷调查，从教学内容与材料、教学模式与组织、教学展示与手段三个方面阐述本课程的创新建设。

一、复合型人才培养导向下的教学内容与材料创新建设

本课程现用英文教材 *Understanding the U.S.A.: American History*（常俊跃、夏洋、赵永青主编，第2版，北京大学出版社，2016年）整体框架较为完整，但具体内容相对简略，尤其是在与对外经济贸易大学人才培养密切相关的一些重要领域如金融、管理、法律、外交、语言、文学、传媒等，以及美国一些需要重点了解和研究的领域如军事、政党、阶级、族裔、性别、教育、艺术等，该教材内容较为单薄，难以从广度和深度上促进复合型人才的培养。然而，目前暂时还没有找到更合适的国内出版的英文教材。

因此，本课程在复合型人才培养上首要的创新建设，就是针对上述该教材内容较为单薄的领域和选课学生的专业（方向），为教材的总共15个单元都补充了多领域、跨学科的一手和二手英文史料，让学生在学习每个单元的历史阶段和重大历史事件时，都能够阅读内容多样、高质量的史料文本，并能跟学生各自的专业（方向）结合起来进行深入探究。这些精心挑选的补充史料大大拓展了学生对美国历史了解的广度和深度，并激发了学习与研究的兴趣。问卷调查显示，在上本课程之前，60%的学生对于美国历史只知道课本上的一些基础知识，甚至有10%的学生表示“不怎么了解”；对于“在上本课程之前，你对美国历史知识了解最多的几个领域”这个问题，学生选择最多的依次是政治（70%）、经济（65%）和外交（45%）这三个传统美国历史教材最注重的领域，而选择其他领域的均不超过30%。在上了本课程之后，学生对美国历史知识了解增加最多的几个领域依次是族裔（90%）、法律（50%）、宗教（50%）、[②]政治（35%）、性别（30%），其中族裔、法律、政治、[③]性别是本课程补充史料的重点领域，对于深入了解和研究美国历史及当前问题非常关键。在对这些史料进行阅读、研讨并撰写研讨报告的整个过程中，75%的学生

① 英语学院本科专业包括商务英语、翻译和英语，其中英语专业下设文学、语言学和国际传播3个方向；英语学院与其他学院合作培养的双学士包括金融学—英语类、法学—英语类、国际政治—英语。

② 宗教在美国早期史中占据很重要的地位，由于很多学生之前对美国早期史了解较少，因此在阅读教材后对这一领域的了解增加较多。

③ 教材中政治领域的内容很多，但关于政党政治的内容较少；本课程对政党政治的史料补充较多，学生在政治领域增长的知识有很大一部分是关于政党政治。

认为自己阅读理解这些史料是让自己受益最大的环节之一，65%的学生认为自己在“某些领域的具有一定专业性的知识”方面有明显提升。更为重要的是，在上了本课程之后，对于多领域、跨学科的知识学习和问题研究，45%的学生表示“有一些兴趣，并愿意更多尝试”，45%的学生表示“比较有兴趣，并愿意更多尝试”。这说明本课程的补充史料及相关学习任务激发了学生在复合型人才成长道路上的积极性、主动性，推动了学生进入可持续发展的良性状态。

二、复合型人才培养导向下的教学模式与组织创新建设

不同于一般外语通识课程以教师课堂讲授为主的模式，本课程在上述教学内容与材料创新建设的基础上，充分利用小班教学的优势，采取了“（学生分组＋师生一对一）×线下线上混合研讨”为主的模式，以多种方式调动了师生的积极性，为复合型人才培养探索了一条有效路径。该模式的具体组织包括以下两个部分。

（一）教材自学与研讨及报告

本课程现用教材的结构清晰，具体内容相对简略，语言比较简洁平易，知识点明确，并配有语音清楚、速度适中的朗读音频，很适合学生自学。因此，本课程将该教材作为美国历史基础知识的输入来源，教材的 15 个单元分 13 节课完成，每节课的课前和课后由学生自学 1～2 个单元，并以课堂研讨报告作业和期末开卷考试的方式督促学生自学；教师只在课上对教材中一些学生光看字面意思不能完全明白的知识点稍作讲解，如政治理念、社会思潮等。教材的课堂研讨以小组形式开展，全班 20 名学生分为 3 组，每组 6～7 人，每节课由一位组员担任轮值“学术带头人”，负责组织研讨教师给出的与教材相关的 1～2 个问题，并在课后将组员观点整理成简洁清晰的文字报告上交。从上交的报告来看，学生对教材内容的理解基本到位，后续需要改进的主要是进一步提升课堂研讨效果。

（二）补充二手史料研讨及报告

本课程的补充二手史料研讨分组与教材研讨分组一致，相关教学活动设计则更加细化，师生互动也更频繁。以下是补充二手史料研讨及报告的四大步骤。

1. 补充二手史料的选择

教师在学期之初就了解了所有学生的专业（方向），据此来选择多领域、跨学科的史料。在每节课之前，教师都在班级微信群里特别预告该节课的史料涉及哪些特定领域，并鼓励学生根据自己的专业（方向）和兴趣主动选择做特定领域史料的“学术带头人”，深入阅读、设计问题、组织研讨，从而提高每一位学生的主动性。

2. 研讨问题的设计

教师要求每一位“学术带头人”课前将自己设计的研讨问题提交到微信群里，与教师讨论怎样设计更能带动组员研讨。起初不少学生设计的问题偏于“大而空”，缺乏具体的落脚点和新颖的视角，难以激发组员研讨的兴趣和积极性，诸如“你如何看某历史事件”

“某历史事件的影响或意义是什么”；有的问题过难过偏，容易造成组员研讨冷场、效率低下；此外，有的学生设计的问题尚可，但忽略了史料中的关键点或有趣之处，不利于组员抓住史料重点、培养研讨史料的兴趣。通过与教师讨论问题设计和小组研讨的实践检验，学生逐渐克服了上述设计缺点，越来越能够设计出适合研讨的问题，有的学生甚至主动设计出引导组员从不同角度研讨的多维问题，以及能激发不同观点的争议性问题。到了后期，教师对不少学生课前提交的问题已经较为满意、提不出什么改进的建议，组员课上围绕这些问题研讨的积极性和效率也有明显提高。问卷调查显示，40%的学生表示“设计研讨问题并与老师讨论”是研讨与报告撰写过程中让自己受益最大的环节之一，这个比例在所有环节中居于第三位，可见师生一对一讨论以培养学生提出好问题的能力对学生的进步有很大推动作用。

3. 线下与线上的研讨及报告撰写

每个小组在课堂上由“学术带头人”组织开展研讨，同时教师也会在各小组之间走动，并适时加入研讨。如果课堂研讨时间不够，有的问题未能充分展开讨论，“学术带头人”会在课后组织组员在本组微信群里补充研讨，然后将组员观点整理成简洁清晰的文字报告上交。根据这些研讨报告的情况，教师会对学生的问题设计、研讨组织、报告撰写等方面提出改进的建议。问卷调查显示，50%的学生表示“课内外与小组成员研讨”是研讨与报告撰写过程中让自己受益最大的环节之一，这个比例在所有环节中居于第二位，可见学生小组研讨取得了良好的效果。但同时，这一环节也存在两个突出的问题：一是有时未能提前阅读史料的组员较多，导致研讨冷场；二是史料难度较大，造成全部用英语研讨难以顺利进行，有的组会采取中英结合的方式，有的组索性全程用中文，这样虽然能够提高讨论效率，但会使组员失去很好的锻炼英语思维和表达能力的机会。针对这两个很可能是最难解决的问题，本课程计划将来在史料的数量、难度与篇幅以及阅读与研讨的要求上做出一些调整，例如：适当减少专业性较强的史料的数量、缩减部分史料的篇幅，同时增加一些深入浅出、语言平易、篇幅适中的史料；规定每次研讨前每组派 3 名轮值“学术助理”向轮值“学术带头人”提交史料内容提要；规定每次研讨使用英语的时间至少占一半并严格监督，同时引导“学术带头人”在英语研讨时段安排相对容易、有趣的问题，以帮助组员克服畏难心理、从易到难逐步提高。

4. 深度研讨及报告撰写

经过大半学期的研讨之后，学生需要选择一份补充二手史料，可以跟自己的专业（方向）直接相关，也可以涉及其他更多领域，然后在课外查阅相关资料，与其他人进行深度研讨，包括探究历史与当前热点问题之间的紧密联系，最后撰写深度研讨报告于期末提交。教师要求每位学生在微信群里上报自己选择的史料和深度研讨的方向、方法等，然后在微信群里一一与学生讨论主题、具体内容、研究方法等。例如，一位学生在上报深度研讨方向时主要介绍了夏威夷文化的西化过程中美国一方的作用，教师提醒该学生在研究西方与非西方文化相遇的案例时，应注重双方的互动，避免单一的西方视角。此外，教师个人也很难充分把握所有领域和学科的史料与深度研讨主题，因此，教师还会在微信群里给学生推荐对外经济贸易大学图书馆相关的人文社科数据库、给一些题目推荐高质量的电子版资料，并鼓励学生跟所选史料领域的专业教师及硕博士以课后请教、线上联系等方式进行研讨，以提升研讨和报告的专业性。从提交的报告来看，学生查阅的资料、与其他人的研讨、自己的思考都达到了相当的深度，与之前的小组研讨及报告相比更上一层楼。问卷调查显示，35%的学生认为“运用图书馆数据库等工具查阅较有深度的资料”是研讨与报告撰写过程中让自己受益最大的环节之一，35%的学生认为“撰写深度研讨报告”是让自己受益最大的环节之一。这两个数据虽然不是特别高，但考虑到以上环节已具有一定的专业研究性质，普通本科生对此很容易畏难、迷茫甚至厌烦、敷衍，因此有三分之一的学生选择这两个环节实属难能可贵。

上述“（学生分组＋师生一对一）×线下线上混合研讨”模式是本课程第一次使用，尽管还有不尽如人意之处，但经过师生的共同努力已经初见成效。关于在研讨与报告撰写过程中自己有明显提升的方面，学生选择最多的依次是“某些领域的具有一定专业性的知识”（65%）、“初步研究多领域、跨学科问题的能力”（50%）、“设计和组织研讨的能力”（40%）、“对当前热点问题进行深入研究的兴趣”（40%）、“基础知识”（35%）、“思辨能力”（35%）。可见，学生在知识、综合能力、学习研究的可持续性方面都有显著进步。这些数据中特别重要的是，认为自己“思辨能力”和“初步研究多领域、跨学科问题的能力”有明显提升的学生分别达到了三分之一和一半，这在近年来各高校普遍认为“英语专业学生思辨能力不足”的背景下尤其令人鼓舞。究其原因，最主要的是这种模式通过师生多环节、多维度的互动，使学生的思维与表达提高了活跃性、发展了多样性、增强了逻辑性，不仅锻炼学生的语言技能，还不断推进学习研究内容的广度与深度，有利于拔尖复合型涉外人才的培养。

三、复合型人才培养导向下的教学展示与手段创新建设

本课程紧紧抓住“复合型人才培养”这一目标，积极促进学生学以致用，做了一些有益的拓展，其中最重要的就是探索“英语＋区域国别研究/区域国别学＋国际传播”这一本科拔尖复合型人才培养新方向及其应用型教学活动。目前我国非常重视培养区域国别学人才[①]与“具有国际视野、中国特色”的卓越新闻传播人才（吴岩，2019: 7），对外经济贸易大学响应国家的号召加强了相关学科建设与人才培养，英语学院国际传播方向也非常重视新闻传播学与区域国别学的交叉融合，培养复合应用型高端人才。本课程积极引导包括国际传播方向在内的所有学生尝试跨界、加强实践，将学到的历史知识和历史思维运用于深入理解特定历史问题和当前热点问题，在全面了解美国、重点研究美国某一领域的基础上，练习使用便于传播的手段——短视频来展示自己对与美国相关新闻的深度思考和对策建议。这一综合性教学实践活动安排在后半学期，学生需要以自制英语视频（含中英双语字幕）的方式完成两个教学展示任务：一是每组全体通力合作，针对一个美国历史问题，如 19 世纪华工、20 世纪 20 年代禁酒令等，制作一个 10 分钟以内的微

① 2022 年 9 月，区域国别学被列入《研究生教育学科专业目录（2022 年）》，成为交叉学科门类下独立的一级学科。

纪录片，对该问题进行深入浅出的讲述和分析，并探究其对后世的影响；二是每人与另一位搭档合作，针对一个与自己专业（方向）相关的美国当前热点问题，如中美元首会晤（公共外交方向学生选题）、美国最高法院裁定哈佛大学基于种族的招生政策违宪（法律专业学生选题）等，制作一个 3 分钟以内的新闻播报评论视频，由搭档模拟新闻主播，自己则模拟专家对该问题进行简洁明了的历史溯源、现状分析和未来预测，并可提出对策建议。

经过与老师的讨论和同学的合作，解决各种内容、语言与技术问题之后，学生做出了一批较有质量和特色的视频，在整个过程中受益良多。问卷调查显示，关于在视频制作与展示过程中让自己受益最大的环节，学生选择最多的依次是“搜索和整理相关文字资料”（65%）、“与老师和同学讨论选题”（45%）、“搜索和剪辑相关视频”（45%）、“与老师和同学讨论具体内容”（35%）、“撰写文字稿”（35%）、“集体观看视频、互相学习、老师点评”（35%）。关于在视频制作与展示过程中自己有明显提升的方面，学生选择最多的依次是“某些领域的具有一定专业性的知识”（55%）、“团队合作能力”（55%）、“初步研究多领域、跨学科问题的能力”（50%）、“英语口头表达能力”（45%）、“中英文翻译能力”（40%）、“面对镜头的各方面自我管理能力（例如表情管理、手势管理、声音管理、情绪管理等）”（40%）、“对当前热点问题进行深入研究的兴趣”（40%）、“英语写作能力”（35%）。由此可见，这一应用型教学任务的整个过程不但有助于学生积累、吸收多领域的知识，而且对学生的多方面应用能力和学习研究动力有明显的促进作用。

本课程在培养“英语＋区域国别研究/区域国别学＋国际传播”复合型人才上的探索，不仅有助于推动英语学院国际传播方向学生的茁壮成长，也有助于所有专业（方向）的学生挖掘自己的兴趣与潜力、拓宽学业和职业发展的道路。学期课程结束后，对于自己在国际传播中就历史与当前热点问题用英语进行介绍、分析和提供对策建议，学生整体的兴趣较学期初有所上升，其中 25%的学生“有一些兴趣，并愿意更多尝试”，30%的学生“比较有兴趣，并愿意更多尝试”（国际传播 2 人、翻译 2 人、语言学 1 人、金融学—英语类双学士 1 人）。并且，部分有兴趣、有能力、有志向的学生还有可能以此为新起点，向复合性更强的“区域国别学”这一国家对外开放战略急需的新兴交叉学科迈进。学期课程结束后，对于区域国别学，有 35%的学生“有一些兴趣，并愿意更多尝试”，15%的学生“比较有兴趣，并愿意更多尝试”（翻译 2 人、财务管理 1 人），20%的学生“非常有兴趣，并愿意将其作为自己未来学业与职业发展的一个选项”（国际传播 2 人、语言学 1 人、公共外交 1 人）。以上数据显示，对国际传播和区域国别学感兴趣程度最高、持续探索意愿最强的学生不仅仅局限于国际传播方向，他们的专业（方向）相当分散，这说明本课程较为有效地调动了不同专业学生对这一复合型人才培养新方向的热情。如果这些学生当中一些人未来能够成为美国及美国以外的区域国别学研究拔尖人才，并将高质量的综合研究成果跟国际传播结合起来，很有可能会为我国对外开放做出更大的贡献。

结语

本课程以复合型人才培养为导向，引导学生进行多领域、跨学科的知识学习与问题研究，通过师生研讨拓展了学习研究的广度和深度，并将历史与现实结合起来，探索“英语＋区域国别研究/区域国别学＋国际传播”这一本科拔尖复合型人才培养的新方向，这是一种综合性、应用性很强的创新教学实践，非常有助于学生的全面和持续的发展。本课程将一方面保持和提高自身作为历史课程的教学质量，另一方面不断探索复合型人才培养的新方法，为对外经济贸易大学的外语通识课程在人才培养方面的创新建设提供参考，为我国加快建设世界重要人才中心和创新高地作出贡献。

参考文献

[1] 陈杰，劳凌玲. 中国区域国别学学科构建的理论探索述评：写在区域国别学成为一级学科周年之际 [J]. 外语学刊，2023 (5)：6-15.

[2] 对外经济贸易大学“十四五”事业发展规划纲要 (2021—2025).

[3] 吴岩. 加强新文科建设 培养新时代新闻传播人才 [J]. 中国编辑，2019 (2)：4-8.

高校课程思政建设的现状与路径浅析

江　山

摘　要：课程思政建设是教育改革的重要方向，开展“大思政”融合浸入式的教育是当前教育发展到新时代的必然趋势。全面推动课程思政建设“要把立德树人贯穿高等教育各环节”，形成全面覆盖、层次分明的课程体系。将思政教育有机融合进专业教学，实现思政与专业教育的如盐化水。育德于心，成德于行，才能真正实现潜移默化、春风化雨式育人育才的目标。

关键词：课程思政　立德树人　思想政治教育

引言

高校课程思政建设是在国家政策导向、人才培养需求、教育教学改革、社会环境变化和学科交叉融合等背景下开展的，是为更好地培养专业知识与思政觉悟并重的优秀人才，开展课程思政必须始终坚持把“育人本位”贯穿课程思政全过程。要因课制宜，推动课程思政建设由理念转化为实践、由部分扩展到全体、由课程与思想政治的“结合”走向课程与思想政治的“融合”，推进高等学校课程思政建设的有力引领和积极探索。

一、高校课程思政建设的内涵及特征

（一）高校课程思政建设的内涵

开展课程思政必须坚持以习近平新时代中国特色社会主义思想为源头活水。课程思政核心是要求把“做人做事的基本道理、社会主义核心价值观的要求、实现民族复兴的理想和责任”这三句话的总要求融入各类课程和教育教学全过程、各方面，坚定正确政治方向和思想引领，在立德树人上实现同向同行。课程思政建设要覆盖各类课程并且要统筹课程建设各关键要素，在课程实施上打造“全学科育人”教学体系，对象全面覆盖、二作全程贯穿、要素深度融入的体系。课程思政以每一位学生的终生发展作为建设动力，以所有学科全面推进相互协调，所有课程都纳入到思政教育体系中，任何课程和教师都应当结合自身课程的特点挖掘思政元素，并将之运用到课堂授课当中。科学设计教学体

作者简介：江山，对外经济贸易大学党委办公室/校长办公室干部。

系框架作为着力落脚点，在传授知识技能的基础上塑造精神体系。课程思政重点关注专业课教学中蕴含的思政教育功能，寓德于课，挖掘“人文素养”元素，在专业教学中融入职业道德和伦理教育，尽可能多学科、系统化深入挖掘社会主义核心价值观融入各类课程教学中，做好教学过程设计和教学方法的丰富。课程始终秉承高校“以优取胜，学术兴校，特色立校”理念，课程设计供给将思政元素提炼、知识传授和能力培养紧密结合，课程思政建设要不断创新，结合时代发展和学生特点，探索适合不同课程的思政教育模式和方法，有效“教”与有效“学”，使专业课真正成为与价值观同频共振之课，培养既具有国际化、复合型视野，又兼具中国式现代化发展爱国理念并最终服务于建设中国特色社会主义事业复合型人才的教学目标。

（二）高校课程思政建设的特征

1. 价值引领性。课程思政建设要注重价值引领，将课堂教学与思想品德素养有效融合。从大思政着手，把牢政治方向，实现思想政治、意识形态与专业知识、实践技能有机统一。坚持坚定的政治立场，追踪研究在社会实践中出现的新问题和新事物，用马克思主义理论体系中的政治理论知识分析解剖客观存在的现实问题，以成熟、先进的意识形态为学生提供令人信服的政治答案，提供强有力的正确指引，实现价值观引领和价值渗透。

2. 知识融合性。课程思政其主要研究对象是高校学生教育观，品德教育贯穿专业课和通识课教育全程。专业课程内容与思政元素内在天然的融合，既要落实知识传授，又要注重价值塑造和能力培养，实现二者同向协同育人。在教学实践过程中学生能够充分感受到知识并不是死板教条，而是创造价值的工具，进而对知识产生深度认同。专业课程涵盖广泛的知识体系和学科领域，涉及多学科、跨学科交叉融汇，具有学术性、综合性、多元性、开放性等百花齐放的特点。课程思政建设要实现专业知识与理想信念、品德修为、文化自信传承的高度融合，离不开知识的传播应用、知识积累、知识更新和知识储备。引导学生求真、向善、崇美的价值塑造，寓价值引导于知识传授与专业能力培养之中，如健康之人体，血脉贯通。

3. 全员参与性。课程建设需要全体教师和学生共同积极参与，教师是课程思政的关键主体，教师对课程思政的理念和目标有较高的认同度，学生在学习过程中充分感受到课程思政的积极影响，对其成长和发展有益。思政元素不是生硬植入，而是潜移默化、润物无声地渗透在课程知识体系中，使学生在不知不觉中受到熏陶。

4. 时代适应性。高校课程思政建设要与时俱进，紧密结合时代发展需求和社会现实问题，将时代精神、社会主义核心价值观等内容融入课程教学中，把握事物发展总体趋势和方向。用辩证的思维分析解决问题，使学生将创新性思维应用于工作与社会实践中。

5. 实践体验性。高校课程思政建设要注重实践体验教学，强调通过实践活动让学生亲身体验思政教育的内涵和意义，增强教育效果。课程思政的实践实效性关系到教育的质量和效益，关系到教育的改革和发展。以思政理论创新支撑实践，实践验证完善思政理论，创新理论探索和实践举措。要重视对学生自身发展状况的关注，使同学们能够更好地了解中国共产党带领中国人民所取得的丰功伟绩。通过组织实地调研、精神文明创建、志愿服务等各种形式的社会实践，让同学们亲身感受社会的真实情况，将所学运用到实践中，引导学生在实践中体验和理解思政教育的内涵，增强思政教育的实效。

二、新时代高校课程思政建设的现状分析

（一）取得的成绩

高校思政建设在近年来取得了显著的成绩，国家政策支持不断加强，高校对思政建设的重要性认识不断深化和提高，形成了较为完整的课程体系。师资队伍建设得到加强，教学方法不断创新，实践教学与体验、校园文化氛围与建设等方面也取得了不断进步，学生获得感增强，社会影响力扩大。

（二）存在的问题

1. 课程思政资源挖掘不够，整体协同推进力度不足。部分教师在挖掘课程中的思政元素时，缺乏系统性和深度，教育的认同感和参与度不高。对高校思政建设的教学方法创新不够深入，未能及时总结经验、发现问题并提出有效的改进措施，整体协同推进力度有待加强。

2. 师资队伍建设有待加强。部分教师对课程思政的认识不足，教育理念不够先进，传统的教学方法仍然占据主导地位，缺乏创新和多样性，难以吸引学生的兴趣和参与度。部分教师的思政素养和教学能力有待提高，一些专业课教师在开展课程思政中缺乏必要理论基础和专业技能，教学过程中践行课程思政的理论认同感关联性不强，积极性主动性创造性发挥不够。高校间可资借鉴的做法和经验缺少沟通交流，思政元素分散，缺少统一梳理、分类汇总和对思政资源的整体共享和利用。

3. 考核评价体系不够完善。课程思政的考核评价体系尚未完全建立，对学生的思政学习成果评价不够全面、客观，考核方式较为单一，缺乏对学生综合素质的全面考量。主要集中在学生的思想政治表现和课程成绩上，对学生综合能力和素质评价不全面，评价方法过于量化，影响课程思政的实施效果。

4. 协同育人机制尚未形成，学生个体差异和需求关注不够。学校各部门之间、学校与社会之间的协同育人机制尚未完全建立，思政教育的合力不足。忽视了学生在思想、兴趣、背景等方面的个体差异，未能提供个性化的思政教育，影响了课程思政教育效果。对学生情感状态把握不够，教学亲和力针对性不足，教学理论生硬灌输缺乏趣味，专业课程机械化的思政化，缺少与学生及时沟通，没有及时掌握他们的思维发展规律，造成了学生获得感不强、教育效果不佳。

5. 实践教学环节薄弱。思政教育的实践教学环节相对薄弱，学生缺乏实际体验和锻炼的机会，难以将理论知识转化为实际行动。

三、高校课程思政建设的路径

（一）创新课程思政教学模式

课堂教学应接近学生生活体验层面，选准学生兴趣动情点，变换教学手段，更新课堂教学方法和模式。以学为本搭建互动课堂，开拓特色优秀传统文化资源，创建传统文化传播平台，让学生们现场感受领悟观察，通过艺术的浸染把思政课程的种子埋在同学们心里。注重学情调研，结合专业谈思想、说素养、讲故事。增加社会热点问题的分析与讨论，加强情境情感教学，创设不同的课堂情境，运用情景陶冶式教学模式，寓情于景、有滋有味创设教学情境。不仅在课堂教学，在科研实践活动与日常生活中也融入思政元素，使学生成为事件主角。运用现代化信息技术等手段建设智慧课堂，创造机会，让学生多参与、多互动、多展示、多思考、多质疑，深入参与到课堂中动手动脑动心，体现坐中学思悟，体验与感悟、启发与分享。积极探索发掘实践教学的思政功能，开展形式多样的社会实习实践与志愿服务活动，促进师生、学生间交流互动、资源共享、知识生成情感共鸣，形成思想和行动上的自觉。

（二）优化教材和课程建设

课程是人才培养的基本单元，立足高校特色和实际情况，结合学校发展定位和遵循教育教学规律及人才培养目标，树立课程思政引领课程建设进展新理念。新时代教书育人的规律、学生成长规律体现在课程思政教学中，把人的课程思政建设作为教学的目标放在首位。从课程目标出发，拓宽教学内容，精心教学设计，显性隐性有机结合，课程内容突破创新，与时俱进把握时代脉络。保证课程的综合性与操作性，明确其知识传授、能力培养、价值塑造三个层面的内容与要求。

要推进课程思政建设，需要定期组织专业课和思政课教师共同研讨交流、分享经验、相互学习借鉴。推进如名人生平、历史事件、职业素养规范、行业榜样及经典教学案例开发，力求政治和学理性统一，灌输和启发性统一。根据学情与课程目标设计教学大纲、教案课件的编写、网络和新媒体技术拓展教材内容形式，完善教材开发力度。在制定课程大纲时，明确课程所承担的思政教育目标，将思政教育内容具体化、体系化。从整体上掌握教材内容，教材应充分体现思想含量、政治含量和学术含量，提升教学质量，强化“政治”“时代”“科学”和“易读”四个方面的提高。教材的内容、格式和表现方式应通俗易懂、具有独特的政治性和思想性、突出专业课程价值取向、被师生喜爱和接受、方便学生了解和理解的课本、达到教育教学目的和效果的教材就是最好的教材。课程要符合学生的心理发展特征和认识规律，打造更加符合时代发展和人才需要的教材。

（三）强化思政队伍建设体系

建立健全思政建设的管理机制，包括组织领导机制、协同育人机制、评价激励机制等，确保思政建设工作的规范化、制度化和长效化。提高教师自身政治站位和素养，提升教师自身的学科建设教学水平和思政涵养，使教师兼具美德与才华。还要不断丰富课程思政教育理论知识和思政意识，持续研究探索符合学科特点的思政教育实践路径。加大对高校教师中华优秀传统文化内涵教育培训、思政理论和教育教学理论和技能的培训，为其创造更多的学习与发展空间，以推动其专业发展和教育现代化。

（四）设计创新思政建设教学体系

高校应从优化课程内容、创新教学方法、提高课程质量等全方面加强思政课程建设，使思政课程更加贴近学生实际，更具有吸引力和感染力。高校在课程思政层面建构上，立足育人生态、学科生态，从学科本身出发，梳理课堂课程知识点蕴含的多样化思政元素，对知识结构、教学内容和方式方法进行合理再造，形成鲜明而有特色的思政课程。实施课程思政要充分尊重学生个性发展需求，实行差异性教学。要根据学生行为特点、成长成才需要的育人模式和不同职业倾向、不同需求、不同行为方式构建符合学生思想发展的课程。课程思政要深度与教学实施融合，以专业知识教学为主，思政教学为辅，将思政教育自然融入教学过程中。课程思政教学与专业知识讲解实现无缝连接，用润物无声方式逐步陶冶学生情操，促进吸收内化。始终坚守初心使命是为党和国家育人的根本，激发创新学生活力，使学生乐于接受并内化社会主义核心价值观，形成思想和行动的自觉。把握高质量内涵式发展要求，培育人才资源，加快优质教育体系新兴学科建设，才能不断取得新的教育发展成果，为人民为社会需求更加高效服务。

（五）完善课程思政建设评价体系

课程思政教学评价可为教学目标科学定位，为教学内容与教学方法提供客观依据，促进学科建设发展，提高课程思政教学的实效性。评价改革根据学情可以灵活性地更新创新，构建以课程思政效果为重要考核指标的教学评价逻辑体系，制定评价与反馈的标准与规范，明确内容与范围。第一，坚持定性和定量分析相结合、工作评价和效果评价相结合、教师自评和专家评价相结合。教师自评，包括授课目标达成度评价及学习效果完成度评价；专家评价主要根据课程设置的“育德功能”指标及“价值引领”观测点，考察教师的思想政治素养、教师育德意识和能力以及课程思政教学成效。第二，把教师参与课程思政教学改革情况和课程思政效果，作为教师考核评价、岗位聘用、评优奖励、选拔培训的重要内容。

四、结语

课程思政的推进，要与高等学校思想政治工作体系中的方方面面关联、协同起来，做到有呼有应，同频共振。立足“育人至上、思政先行”的核心理念，采取提高课程思政意识、构建课程思政学科体系、不断创新教学模式方法、优化课程设置和教材、强化师资队伍建设和教师培训、营造校园文化氛围、加强组织管理和建立有效评价体系等措施，使主体自觉与制度保障共同配合，在有益探索的基础上凝聚共识，协同发力，高校课程思政的建设一定会取得新发展和新成效。

参考文献

[1] 陈宝生. 从历史中汲取智慧和力量 [J]. 实践（思想理论版），2021（3）：56.

[2] 张永奇. 构建课程共同体，推动新时代高校思想政治理论课改革创新——基于哲学社会科学课和思想政治理论课统一性的分析 [J]. 思想政治课研究，2020（6）：96-101.

[3] 杨智勇. 高校辅导员“双线”晋升的现实制约与解决路径 [J]. 思想理论教育，2020（12）：107-111.

[4] 陈媛. “教育的后现代转向”视域下开放大学的发展进路 [J]. 成人教育，2020，40（11）：17-24.

[5] 黄蓉生，胡红梅. 基于抗击疫情视域的大学生责任担当教育略论 [J]. 思想政治教育研究，2020，36（5）：12-18.

[6] 李慧玲，孟亚. 课程思政：回归“铸魂育人”价值本源 [J]. 理论导刊，2020（10）：114-119.

[7] 靳诺，徐志宏，王占仁，等. 习近平总书记关于教育的重要论述研究笔谈 [J]. 思想理论教育导刊，2020（9）：4-20.

高校数学类通识课课程思政教学探究

——以“数学思想与数学文化”课程为例

张宇卓

摘　要：课程思政教育教学改革是体现新时代高等院校育人实效的关键。数学思想与数学文化课作为理学类中的通识课程具有与课程思政有机融合的独特优势。本文从课程思政视角下的课程教学模式改革、课程思政的教学设计和案例、课程思政考核评价体系、育人成效及反思等几个方面，介绍了对外经济贸易大学本科生通识课数学思想与数学文化的课程思政教学改革与实践，其中给出了具体的“五模块六路径”课程思政教学设计方案并提出了全过程、多元化的课程思政考核评价体系，旨在为其他数学类课程思政建设提供借鉴和参考。

关键词：课程思政　数学类通识课　数学思想　数学文化

引言

习近平总书记在2016年全国高校思想政治工作会议上强调:“要坚持把立德树人作为中心环节，把思想政治工作贯穿教育教学全过程，实现全程育人、全方位育人，努力开创我国高等教育事业发展新局面。”[1]2020年教育部印发了《高等学校课程思政建设指导纲要（教高〔2020〕3 号）》（以下简称《纲要》），其中提出了针对理学类专业特点推进课程思政建设的意见[2]，为理学类课程思政建设指明了方向和目标。

为落实立德树人根本任务，各大高校都非常重视各类课程的课程思政建设[3-13]，努力实现全员、全程、全方位育人的教育目标。但是，由于数学类课程理论性和抽象性较强，教学内容与思政内容客观上存在一定距离，使得数学类专业课程的课程思政建设存在一定困难[14-15]。对外经济贸易大学开设的“数学思想与数学文化”课程，是本科生可文理兼修的一门核心通识通修课程，学生基数大、辐射面广，课程不涉及数学上的推导和论证，以阐述思想为主，这些都为本课程的思政育人目标的实现提供了独特的便利条件。同时，数学类通识课的课程思政建设可以很好地弥补数学专业课程与思政育人融合的不足。因此，关于“课程思政”视角下通识课“数学思想与数学文化”教学模式的改进、教学案例的设计、教学过程的实施、教学评价体系的构建等多角度进行思政融合与实践

作者简介：张宇卓，对外经济贸易大学统计学院副教授。

探索，对全方位改善学习体验、提升思政育人成效、实现教学目标有重要意义。

一、课程思政视角下“数学思想与数学文化”课程教学模式改革

数学文化的内涵包括数学的思想、精神、方法、观点，还包括数学家、数学史、数学教育、数学发展中的人文成分、数学与社会的联系、数学与各种文化的关系等等[16]。《纲要》中强调的课程思政设计角度[2]与数学文化的内涵有较高的匹配度。基于课程的通识性特点，本课程对于培养学生的思维品质、科学态度与创新精神、家国情怀和使命担当等方面有着得天独厚和不可估量的作用。我们设计了课程的三维目标，包括知识目标、能力目标和思政目标。（图 1）

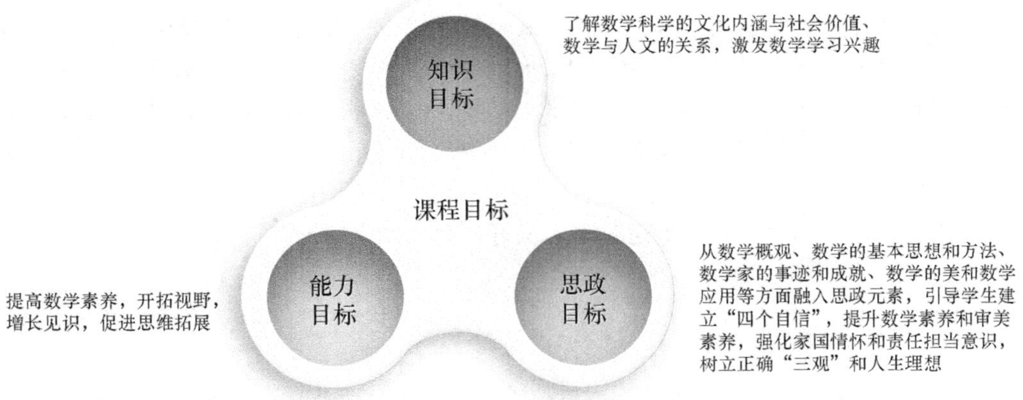

图 1　三维课程目标

基于三维课程目标和对外经济贸易大学“博学、诚信、求索、笃行”八字校训从学业、品德、精神、实践四个方面提出的明确要求，构建形成课程思政视角下的数学思想与数学文化课程总体教学模式改革方案（图 2）。

该方案以三维课程目标为导向，应用线上教育平台、微信、MOOC 等多种教学辅助手段，实现课前线上导学，课中线下反馈、课堂讲授和展示以及课后线上延学三个主要环节，其中，课前可以通过线上平台发布预习任务及课前案例引导学生思考和激发学生兴趣；课中教师可通过预习反馈调整讲授或展示内容，同时渗透课程思政元素和案例，通过问题驱动或案例分析等多样化的教学方法引导学生深刻反思及体悟；课后利用线上资源和手段，教师可通过布置作业及在线小测验等方式了解学生课堂知识的掌握情况，同时引导学生查阅相关史料、应用案例和多媒体资源拓宽视野，潜移默化地在课内外教学全过程中融入课程思政元素，以期实现人才培养外化于行、思政教育内化于心的育人效果。

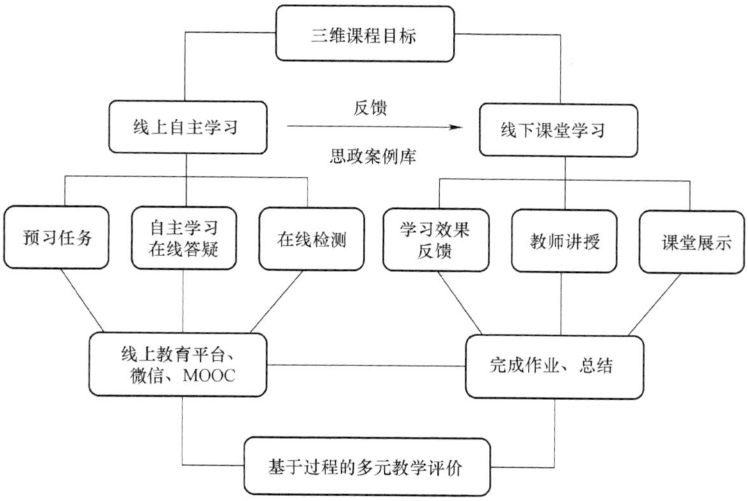

图 2　课程思政视角下的数学思想与数学文化课程教学模式改革方案

二、“数学思想与数学文化”课程思政“五模块六路径”教学设计

根据本课程的通识性、趣味性及涉猎内容的广泛性等特点，我们深入挖掘每堂课教学内外各环节中所蕴含的思政元素，丰富课程内容与思政元素的融合路径，构建形成“数学思想与数学文化”课程思政“五模块六路径”教学设计方案（图 3）。

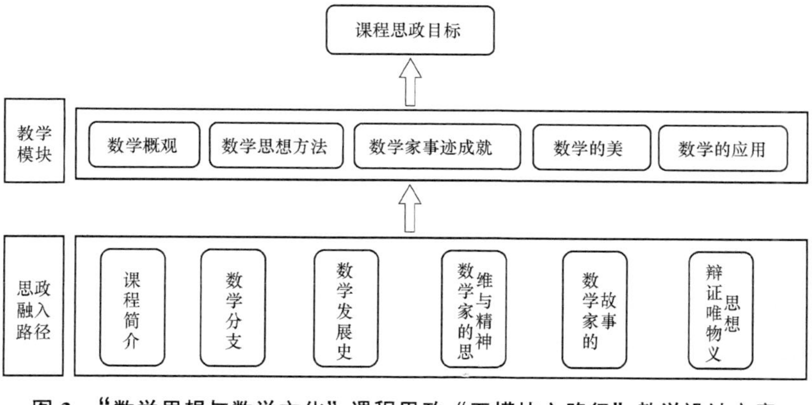

图 3　“数学思想与数学文化”课程思政“五模块六路径”教学设计方案

在教学实践中，我们从五个教学模块挖掘课程思政教学案例。

（一）“数学概观”模块

教学过程中，于古今中外的数学成就中融入历史观点，有机渗透，培养学生的爱国主义思想情感，增强“四个自信”。

思政教学案例 1：享有盛誉的古典数学名著之一《九章算术》是我国古代劳动人民智

慧的结晶，它不仅为中国的传统数学奠定了坚实的理论基础，而且在世界数学发展的历史长河中的影响也是深远的。

思政教学案例 2：魏晋时期的数学家刘徽是中国传统数学最具代表性的人物之一，他提出了具有近代极限思想的割圆术，早于西方人提出的类似方法一千两百多年。刘徽在《九章算术注》中创造的“互乘相消法”与高斯消元法基本一致，比欧洲领先一千多年。

思政教学案例 3：南北朝时期的祖冲之采用刘徽的割圆术，将π的近似值精确到小数点后第七位，早于外国数学家获得同样的结果一千多年，为了纪念祖冲之的杰出贡献，有些外国数学史家也把π叫做“祖率”。

思政教学案例 4：南宋的数学家秦九韶在其著作《数书九章》中提出求解一次同余问题的“大衍总数术”。直到 18 世纪，瑞士数学家欧拉、法国数学家拉格朗日才对这一问题进行系统的研究。1801 年，德国数学家高斯在《算术探究》中明确写出类似定理，然而他们的成果比秦九韶的晚了五百多年。秦九韶的这一成果现被称为 “中国剩余定理”。

（二）“数学的基本思想和方法”模块

恩格斯认为“数学是研究现实世界的数量关系和空间形式的一门科学”[17]。在数学的基本思想和方法中蕴含了大量的“变与不变”“量变与质变”“对立与统一”“有限与无限”等辩证关系，处处渗透着由特殊到一般、由具体到抽象的辩证思想。习近平总书记指出：“马克思主义理论的科学性和革命性源于辩证唯物主义和历史唯物主义的科学世界观和方法论。”[18]所以，我们可从马克思主义哲学思想出发，挖掘教学内容与思政育人的“融合点”。

思政教学案例 5：极限的概念和点的轨迹等阐述了动与静的观点，进而通过极限的运算使学生体会有限进入无限，认识量变到质变的飞跃。

思政教学案例 6：数的概念的提出、发展和扩充以及数系理论的逐步完善，体现了矛盾运动的思想。

思政教学案例 7：穷竭法中的曲直转化、常量与变量、连续与间断、潜无限与实无限等等都说明了客观事物的对立统一。

（三）“数学家的事迹和成就”模块

数学不只是一系列数学符号、数学公式和数学定理的堆砌，在这些符号、公式和定理的背后蕴含的是许多数学家的劳动、付出、勇气和智慧。在教学中适当介绍一些著名数学家的成长历程和事迹，充分发挥榜样的力量，可以大大激发学生的学习热情，培养学生不畏艰险、勇于探索的品质。

思政教学案例 8：著名数学家华罗庚幼年未受过正规教育，但他自学成才，经过艰苦的努力成为国际公认的世界级数学大师。在战火纷飞的年代，华罗庚毅然回国，在西南联大任教，并艰难地写出名著《堆垒素数论》，为中国和世界的数学事业做出了巨大贡献，他的家国情怀和绝不言弃的伟大精神值得我们学习。

思政教学案例 9：著名数学家陈省身是创立现代微分几何学的大师，被国际数学界尊为“微分几何之父”。他还是一位杰出的教育家，培养了大批优秀的博士生。他本人也获得了许多荣誉和奖励，例如，1975 年获美国总统颁发的美国国家科学奖，1983 年获美国数学会“全体成就”靳蒂尔奖，1984 年获沃尔夫奖。陈省身始终对祖国怀有赤子情怀，他为中国数学的发展做出过不可磨灭的突出贡献。

思政教学案例 10：18 世纪的瑞士数学家欧拉被公认为世界上最著名的数学家之一，他不但学识超群，而且品质高尚，识才育人，荐贤举能，为后人敬仰。即使在双目失明的情况下，欧拉也没有沮丧退缩，仍然坚持自己的研究，因此有“数学家之英雄”的美誉。

思政教学案例 11：解析几何的创始人法国数学家笛卡尔的成就是与他的思想奔放、善于独立思考、敢于大胆质疑的精神分不开的。他对书本知识从不盲从，他说：“决不可过分相信自己单单从例证和传统说法中所学到的东西。”[17]正是这种在传统观念面前敢于破除迷信的精神，使他不仅在数学中开拓了新领域，同时还在物理学、生理学、哲学等学科中也做出了重要贡献。

思政教学案例 12：英国著名的数学家、物理学家牛顿是微积分的创始人。1665 年，伦敦爆发鼠疫，正在剑桥大学就读的牛顿为了躲避瘟疫被迫停课回到乡下，在他独处的 18 个月里，牛顿并没有虚度时光，他创立了二项式定理、光的分解，确立了力学三定律、万有引力定律的基本思想。此时的牛顿，只有 23 岁。这些伟大的科学发现，开启了近代自然科学的序幕，点燃了人类飞速前进的助推器。以此为例，鼓励学生不管何时何地，要始终保持积极进取、终身学习的态度，才能成就更好的自己，才能无惧未来的挑战。

（四）“数学之美”模块

“数学之美”是一种人的本质力量通过宜人的数学思维结构的呈现，包括数学结构、公式、定理、证明、理论体系等。教师在课堂上通过丰富的例子，引导学生理解和欣赏数学中的抽象美、简洁美、对称美、和谐美、奇异美等理性的美感，把“数学之美”的种子播撒在学生心中，激发学生对数学美的追求和热爱之情，培养学生的数学审美感受力和欣赏力。

思政教学案例 13：球面被认为是最完美的几何图形。几何图形中还大量存在着点对称、线对称以及面对称图形，另外函数和反函数的图像、对称变换下仍然变为它自己的图形等等，这些无不体现出数学的对称之美。

思政教学案例 14：数学理论中抽象群的概念本质上就是来源于描述客观事物的对称性这一美学因素，对称性的抽象分析在建立群概念和发展群理论方面发挥了重要作用。

思政教学案例 15：高等数学中的基本运算符号等都是用简单形式表达了概念蕴涵的丰富思想，从而体现出数学的简洁美。

思政教学案例 16：众所周知，黄金分割率在数学、艺术、建筑、商业等领域，甚至于自然界都被广泛地应用。黄金矩形被心理学家认为是矩形中最为赏心悦目的图形。在艺术领域中，艺术家们将古希腊维纳斯女神塑像及太阳神阿波罗的形象都按 0.618∶1 来设计腿长与身高的比例，从而创造出艺术之美。许多著名的建筑也广泛采用黄金分割率，早在公元前 5 世纪，古希腊建筑师已经开始利用黄金分割率，巴特农神殿就是具有代表性的一个早期建筑。这些实例都体现了数学的和谐之美。

思政教学案例 17：数学中的想法奇巧、怪异，令人体会到一种奇异的美感，激发人们的探究欲望，这就是数学中的奇异美。例如：19 世纪的代数学中的四元数理论；几何学中的非欧几何的出现；20 世纪的孤立子、分形与混沌理论都体现了数学之奇异美。

（五）“数学的应用”模块

在数学通识教育中融入当今热点，使学生了解到数学科学不仅能够帮助我们积累经济财富，数学作为科学的基础在历史及当代无不代表着国家的综合实力，我们要以早日实现中国梦的强烈责任感和紧迫感，加速建设数学强国。

关于数学应用方面的思政教学案例有很多，例如微积分在天文学中的应用；代数学中的线性方程组与卫星定位、隐身飞机设计，线性空间与嫦娥三号安全着陆，矩阵论与现代密码学、经济学数学模型；黎曼几何在数字图像处理中的应用；大数据时代统计学在企业、农业及其他学科领域中的应用；运筹学在市场销售、生产计划、人事管理等优化问题中的应用，不胜枚举。

三、全过程多元化课程思政考核评价体系

为实现三维课程目标，将课程思政育人效果体现于课程考核评价体系之中，我们在课程考核中增加了思政考核点。本课程考核包括平时成绩（35%～40%）、期中考试成绩（5%～10%）和期末论文成绩（50%～60%），其中平时成绩的评定即过程性考核包括出勤率、作业、线上线下互动情况、线上线下学习情况等。课程思政育人效果考核评价方式如表 1 所示。

表 1 “数学思想与数学文化”课程思政育人效果考核评价方式

考核组成	考核项目	考核形式	考核内容
过程性考核	线上线下学习表现	课程出勤率、线上资源利用情况等	政治认同、家国情怀、责任担当意识等
	线上线下互动情况	撰写学习心得、查阅文献、制作相关数学家或数学成就的短视频、课堂参与展示等	科学精神、数学素养、审美素养、全球视野等
	作业及测评	测验及作业完成情况	辩证思想、科学世界观和方法论、“四个自信”等
结果考核	期末	期末论文	科学精神、数学素养提升、“四个自信”等

我们将持续开展考核评价方式的改革和实践，将课程思政育人成效科学地量化融入考核评价标准中，充分调动学生的学习积极性和主动性，活跃线上线下课堂教学，力求构建全过程、多元化、科学化的课程考核评价体系。

四、“数学思想与数学文化”课程思政育人成效

“数学思想与数学文化”课程自 2019 年春季首次开课起，一直受到同学们的广泛关

注。在每学年的选课阶段，该课程都是通识类课程的选课热门。从 2021 年春季学期开始，我们将上文中的思政育人理念融入该课程的教学大纲和教学内容中，精心设计每一个教学环节，在课堂内外潜移默化地融入思政元素，并结合平时的作业、线上线下的互动和展示以及期末论文等多元化形式考查课程思政育人成效。以下节选了部分学生的评教留言（图 4）。

报的时候没想到这个课还挺不错，不需要数学计算所以没什么负担，了解了好多数学的文化知识和数学家的故事。适合所有人报的基础数学文化常识课吧～	觉得老师是统院最好的老师之一，人很好，网课期间同学们问题很多，老师都能理解大家并且一一解决，学习资源也比较丰富，每节课除了练习题和测验之外还会布置有您的思考题活跃大家的思维，激发对数学的学习兴趣。我对数学本身就非常热爱，学了这门课之后对数学的博大精深更有感触，真的是核心通识很可的一门课！强推！
很有想法的课，收获很大，作为通识通修课程是一门很好的课程。	第二次选张老师，老师人好讲得好！
老师很棒，能帮我们整理一下知识点会更好。	老师很可爱，课也很有趣。
老师很负责！	这门课介绍一些数学方法和发展史，平时小作文・测验，期末论文或开卷考，老师很耐心很好。
zyz 老师很赞！	这个学期是网上授课，但老师准备得还是比较用心的
老师人很好，如果课上结合更多有您的数学现象，案例，课堂会更有趣一些。	老师安排的 MOOC 视频很好，每章都很有条理，同时设置了慕课堂问卷。
张宇卓老师真的好温柔，知识也好渊博，很幸运能够抽到张宇卓老师的课。	这门课程很有趣呀，让我对数学乃至数学家有了更进一步的了解，老师上课进度安排得很好，作业量也不大，很喜欢～
很棒的课！！数学的世界真广大，学高等数学的我真菜鸡。希望学校可以多多开设这类学说史课程。	老师讲了很多有用的数学知识，但是前期作业有点多。

图 4　部分学生的评教留言

本课程的期末考核方式为论文考核，论文主题是“结合自己的专业，谈谈对数学历史上的某一数学名题或数学分支的理解和感悟，并阐述在本课程中的收获。”以下展示几位学生的期末论文的部分内容，如图 5、图 6、图 7 所示。

论文题目　<u>“数不知数”问题及其解法的演进</u>

“数不知数”问题在《孙子算经》中被提出，是我国古代的重要数学问题。《孙子算经》原文曾给出了名为孙子定理的解法，但该解法依然存在着诸多不足。譬如，$A_iA_i' = l(mod a_i)$的通解问题以及约数必须两两互质的限制。后来，南宋数学家秦九韶在其《数学九章》中提出了“大衍总数术”这一更为通用的算法，该算法后来也被称为“中国剩余定理”。中国剩余定理应用广泛，即使在现在，依然在密码学等领域发挥着重要的作用。

然而，在研究本话题的过程中，笔者还发现了中国古代数学发展中存在的一些问题。注重实践而轻视理论、象形文字在数学表述上劣于字母、保密性强等等。而这也带给了现在的我许多思考：在学习数学的过程中，我们需要理论与实践并进，注重数理体系、数理逻辑的完备性，并学会熟练运用数学的语言，对问题进行数学化的描述。此外，我们还需要多多交流，在沟通中加强对数学的理解与认识。

图 5　同学 1 论文部分内容

同学 1 的选题是“物不知其数”问题和中国剩余定理，并谈到了他的理解和感悟。从学生的文字可见，通过了解中国古代数学成就及影响意义，本课程做到了课程思政强调的增强“四个自信”的育人效果。

论文题目 产品定价中的博弈风险-以囚徒困境为例

四、一些学习感悟

博弈论生动有趣，又遍布于我们生活的各个角落，平常朋友之间的买饭，取快递甚至都充满了博弈，这些博弈不止是机械的“理性人”考虑，还会将博弈对手的性格特点引入考虑范围，同时巧妙地“利用”对手的一些把柄等等。这些博弈乐趣无穷，失败的一方会总结经验教训，以提高自己下次博弈胜出的机会。胜利的一方也不能得意太早，也许这次的胜利就是下次对手博弈的资本，对手可能在博弈开始就抛出“上次就是我帮你取的”，“上次就是我倒的垃圾”等等，来让你的博弈一开始就陷入被动。

经过一个学期数学思想与数学文化课程的学习，使我对数学历史的发展，数学的各个分支都有了一定的了解。世界参差，数学平等，每个人都有权力学习数学，钻研数学，研究自己喜爱的数学。课上我们学习到了无数的数学伟人以及他们创造出的美好理论，我们也许没有那种能力或者机会来达到那种成就。但是我们有着自己热爱数学的方式与方法，数学给我们带来的快乐也是相同的。思维碰撞出的火花灿烂且美好，无论是高校中研究高深理论的数学教授，还是小学里计算着一元一次方程的学生，都在享受着数学带来的乐趣。对于我来讲也是如此，考研期间最快乐的事情自然是不学习，但学习中最快乐的就是学习数学。学习一上午的数学畅快而美好，积分的优美，代数的华丽，概率论的严谨。一上午的学习结束，吃午饭的契机再和同学博弈到底去哪个食堂用餐，让同学一同前往我意中的餐厅并不简单，博弈复杂到还要引入天气等诸多自然因素，生动有趣。

图 6　同学 2 论文部分内容

同学 2 结合自己的专业谈到了博弈论中的囚徒困境模型，深刻阐述了他在本课程中的收获和体会。可见，通过本课程的学习，不仅能够激发学生对数学科学的学习热情，而且也能较好地提升学生的数学素养，从而树立正确的科学方法论和科学世界观。

论文题目 由“贝特朗悖论”谈现代概率论的发展及其在金融与抗疫上的应用

更重要的是，万丈高楼平地起，没有解决“贝特朗悖论”的经历，想必我们也很难到达现在这一步，而数学就是在一次次的危机中发展的、精进的，可以说，所有的学科都是在一次又一次的思维碰撞中得到发展的，因此我们绝不能让下一个希帕索斯是因为发现无理数而丧生大海，只有当我们能够包容不同的观点，这个社会才能进步。

最后，感谢张老师这学期的精彩授课，让我这个学了数分高代但是还觉得自己对于数学一无所知的同学，了解了数学有趣的一面，对于很多经典的数学问题有了更加深刻的认识，更重要的是懂得了学习数学，学习知识的意义在于能够像华罗庚，陈省身那样的伟人一般能用自己的所学帮助到他人，帮助到祖国。

图 7　同学 3 论文部分内容

该同学 3 谈到了现代概率论发展历史中的著名悖论“贝特朗悖论”，也谈到了他对一些著名数学家的爱国情怀与科学精神的敬仰，从论文的最后一段文字可见，本课程对学生的人生观和价值观引领确实达到了“润物无声”的效果。

五、总结与反思

课程思政育人教学是非常重要的，只有通过正确的教学内容、多样化的教学方法和全面的评价体系，才能真正达到教学与育人的双重目标，使学生受益终身。要做好课程思政，我们仍需在今后的课程建设中努力解决如下三个问题。

第一，应持续地从多角度不断挖掘内容丰富、层次递进、相互支撑的思政元素与融合路径，精心设计教学内容，力求实现德育、智育完美结合的双重教育目标。

第二，《纲要》中指出：全面推进课程思政建设，教师是关键[2]。课程思政教学要发挥教师的主观能动性，并对任课教师提出更高的要求，教师除了熟练掌握课程内容本身，还要对哲学、历史、文化、时政等有一定的了解和认识。任课教师需紧跟时代步伐，不断更新教学内容和案例，以突出课程的科学性、应用性和时效性。

第三，应不断完善和优化课程思政评价体系，努力将思政育人效果量化融入考核评价体系之中，提升课程的价值引领作用，力求为其他数学类课程思政建设提供示范和参考。

结语

课程思政建设是关系到学生健康成长的一项系统工程，数学通识类课程教学与思政育人恰当融合还有很多值得探讨和研究的问题，真正实现双赢还需要一个长期的过程。作为高校一线教师，理应肩负起价值引领的责任，坚定理念，绝不言弃，努力探寻新颖的教学模式，为培养德才兼备、全面发展的复合型人才积极投身于课程思政建设的探索与实践之中。

参 考 文 献

[1] 习近平．把思想政治工作贯穿教育教学全过程开创我国高等教育事业发展新局面[N]．人民日报，2016－12－09（1）.

[2] 中华人民共和国教育部．高等学校课程思政建设指导纲要（教高〔2020〕3 号）[EB/OL]．（2020－06－01）[2022－09－10]．https://www.gov.cn/zhengce/zhengceku/2020－6/06/content_5517606.htm.

[3] 彭双阶，徐章韬．大学数学课程思政的课堂教学实现[J]．中国大学教学，2020（12）：27－30.

[4] 闫莉，闵兰，李为．大学数学基础课程思政的教学设计研究——以概率论与数理统计课程思政为例[J]．西南师范大学学报：自然科学版，2021，46（5）：186－189.

[5] 赵东红，魏海瑞，刘林．大学数学公共课程思政元素挖掘初探［J］．大学数学，2021，37（3）：46－52．
[6] 江南．HPM 视角下基于 OBE 教育理念的“高等数学”课程思政探究［J］．高等教育研究学报，2020，43（4）：97－102．
[7] 林媛，刘伟明．基于课程思政背景的常微分方程课程教学改革研究［J］．湖北师范大学学报：自然科学版，2021，41（2）：108－112．
[8] 高彦伟．数学“课程思政”的源与行——以“概率论与数理统计”教学为例［J］．吉林师范大学学报：人文社会科学版，2021（4）：111－118．
[9] 沈荣鑫．地方应用型本科高校师范类专业课程思政的探索与实践——以泰州学院数学师范专业为例［J］．高教学刊，2021（14）：79－82．
[10] 秦厚荣，徐海蓉．大学数学课程思政的“触点”和教学体系建设［J］．中国大学教学，2019（9）：61－64．
[11] 杨威，陈怀琛．大学数学类课程思政探索与实践——以西安电子科技大学线性代数教学为例［J］．大学教育，2020（3）：77－79．
[12] 李桂贞，李羽，等．高等代数课程思政“五维六融”教学模式研究与实践——以惠州学院高等代数课程为例［J］．惠州学院学报，2022（6）：123－127．
[13] 周跃良，唐小娟．利用混合式学习改革高校教学的策略［J］．电化教育研究，2007（11）：56－60．
[14] 祁占勇，于茜兰．高等学校课程思政的演化逻辑与生成路径［J］．扬州大学学报（高教研究版），2022，26（5）：1－9．
[15] 徐之海，金鑫，等．高校理工类通识课课程思政教学方法探索与实践［J］．高教学刊，2023（3）：90－92．
[16] 顾沛．数学文化［M］．北京：高等教育出版社，2008．
[17] 张若军．数学思想与文化［M］．北京：科学出版社，2015．
[18] 习近平．十九届中央政治局第五次集体学习［EB/OL］．（2018－4－24）［2020－12－22］．https://www.gov.cn/xinwen/2018－04/24/content_5285470.htm．

基于新时代环境的“国际贸易”课程教学改革

欧阳涤非

摘　要：随着经济全球化趋势的放缓和经济国家主义思想的流行，国际贸易环境和发展出现了新变化和新形势。新的时代环境要求对现有的“国际贸易”课程教学进行改革，以适应国家对贸易专业人才的需要。本研究通过分析当前国际环境的特点和传统课程教学，结合以往教学和科研经验，对“国际贸易”课程改革从教学内容，教学方法和考核评价三个维度提出建设性意见。

关键词：国际贸易　教学改革

引言

国际经济环境的重大演变正在重塑国际贸易教学的外部条件。自 2008 年全球经济危机开始，经济全球化不断深化的进程逐渐放缓，甚至出现一定程度的倒退。世界银行数据显示，全球贸易开放度①从 1970 年的 25%稳定上升至 2008 年的 61%后，陷入了长期停滞，由此引发大量关于逆全球化趋势的争论。2016 年英国宣布脱离欧盟，2018 年美国对华贸易战是最近十年全球经贸脱钩的标志性事件，它们显示未来国家间经济更深入的融合和互相依赖并非理所当然，甚至会出现进一步的割裂。特别是中美贸易争端并未随特朗普下台而终结，美国于 2024 年又对中国发起新的“301 调查”，并大幅提高对新能源汽车等领域的关税，预示着中美两国的贸易争端将常态化。而且，随着 2020 年以来新冠疫情的全球大流行，地缘政治风险激增，跨国供应链遭受严重冲击，贸易环境不确定性快速上升，形势之复杂远超以往。一些悲观观点认为，未来的国际贸易和跨国供应链将让步于非经济因素，从经济全球化退回区域化。尽管反对经济全球化的呼声和经济国家主义思想在西方国家中逐渐流行，中国作为负责任的大国，仍坚定不移地支持对外开放政策，成为全球经贸自由化的压舱石。危机总是孕育着希望，习近平总书记在党的二十大报告中指出，“推动货物贸易优化升级，创新服务贸易发展机制，发展数字贸易，加快建设贸易强国”。在 2023 年中国国际服务贸易交易会上，习近平总书记又强调，“今年是中国改革开放 45 周年，中国将坚持推进高水平对外开放，以高质量发展全面推进中国式现

作者简介：欧阳涤非，对外经济贸易大学国际经济贸易学院讲师，硕士生导师。

① 贸易开放度一般由贸易额占国民生产总值的比例衡量，反映了贸易开放程度。此处的全球开放度即为全球贸易总额比上全球生产总值获得。

代化，为各国开放合作提供新机遇”。中国不仅是这样说的，也是这样做的。最近五年，中国在经贸领域取得了一系列亮眼成就，2020 年推动全球最大的自由贸易区诞生——《区域全面经济伙伴关系协定》（RCEP）成立生效；2023 年在世界贸易组织牵头达成全球首个多边投资协议《投资便利化协定》；创建中国进口博览会并克服疫情困难，连续举办两届；搭建首届国际供应链博览会，为稳定全球供应链产业链提供中国方案。

“国际贸易”是本科国际经济与贸易专业的核心基础课程。其课程设计应帮助学生理解和掌握不同国际贸易理论的基本原理及其对应的不同国际贸易政策的政策措施，同时促进学生关注和了解国际贸易格局的历史演进和最新动态，从而兼具理论知识深度和实务敏感度。少数研究在中美贸易争端之前就已提出“国际贸易”课程改革的必要性（葛秋颖和赵艳莉，2016）。最近五年，逆全球化呼声和经济国家主义思想更甚之前，可能削弱学生对贸易学科的求知性，甚至导致学生质疑经济全球化的重要性和贸易课程的必要性，严重影响未来该领域的人才储备。因此，国际经贸环境的新形势使“国际贸易”课程对教师和学生提出了更高的要求，即学生经过课程学习必须对本国和世界新环境下贸易发展有更充分的了解和主动的探索，才能更适应国家和社会对经贸领域人才的新需求。本研究综合国际贸易环境的新变化，结合本人在国际贸易领域的教学和研究经验，对“国际贸易”课程教学改革提出建设性意见。

一、课程内容改革

传统本科生“国际贸易”课程内容主要关注货物贸易，涵盖经典的贸易理论（如李嘉图比较优势理论、赫克歇尔—俄林要素禀赋理论和产业内贸易理论），讲述不同理论的理论基础和之间的区别，并解释不同贸易理论下国家的贸易所得。与之对应的是国家贸易政策的差别（如自由贸易、关税保护、战略性贸易政策等），以及其他相关内容（包括反倾销、世界贸易组织、贸易壁垒、区域经济一体化等）。尽管这些内容仍然重要且值得学习，但和国际贸易的新形势出现一定程度的脱节，可能导致学生产生越学习越困惑、越质疑的心态，从而失去学习兴趣。比如，目前全球贸易环境不确定性会对贸易产生什么样的影响？美国重组供应链的行为是否有贸易理论支持？经济全球化是否已经结束？在现有的新形势下中国如何实现高质量对外开放和贸易强国？这些现实且重大的问题很难被传统课程内容所覆盖。本研究通过比照传统教材和国际贸易新形势新变化，认为未来的“国际贸易”课程应该在课程内容上做到两个“增加”和两个“增强”。

（一）增加关于贸易政策和贸易环境稳定性的内容

传统国际贸易研究特别关心贸易壁垒如进口关税水平的高低，然而过去几十年全球总体关税水平已大幅下降，未来很难再继续为全球贸易发展带来新动能。与此同时，随着国家间政治经济冲突的频繁化，越来越多的学术研究发现贸易环境稳定性（如关税的波动水平）与降低贸易壁垒对于贸易发展同等重要（Handley and Limão，2022），但关于该知识的教学内容在目前的“国际贸易”课程中十分稀缺。不了解贸易环境的影响，学生就很难理解加大对外开放举措对于中国外贸发展的重要性，也难理解中国对于稳定全球经贸环境的重要性。增加关于贸易政策与环境稳定性的教学内容，不仅有利于完善学生对国际贸易新形势的理解，也有利于教师将思政内容融入“国际贸易”课程的教学中来，从而培养学生的家国情怀和道路自信。

（二）增加关于数字贸易的内容

从早年的跨境电商到近年来人工智能、云计算等高科技领域的快速发展，越来越多的企业开始利用信息技术，通过数字订购和数字交付两种方式参与到全球贸易网络。由于信息摩擦等成本，以往只有大型企业才有资格进入国际贸易市场，但今天许多小型企业借助信息科技技术也能在国际贸易中找到属于自己的位置。数字贸易是国际贸易领域的新概念，但又不完全独立于货物和服务贸易，目前关于数字贸易的理论和实证研究还相对初步，但基于其未来重要性，至少应该将其表层特征和最新演化趋势加入课程内容。

（三）增强关于全球供应链的内容

传统贸易理论将商品的整个生产过程置于一个国家内部，而后国家基于比较优势或规模经济实现商品的交换，然而现实是跨国企业主导下的商品生产工序的跨国分割，因而贸易政策对贸易施加的影响将显著不同。例如，一国对他国商品施加高额进口关税可能并不能起到保护本国产业的目的，甚至产生与预期截然相反的结果，这也导致学术界对关税战争下两国损失与收益比较难以达成一致。因此，不了解全球供应链的机理和发展，学生很难对现实贸易政策变化的影响形成完善的认知。

（四）增强关于服务贸易的内容

传统“国际贸易”课程聚焦于货物贸易，然而服务贸易愈发重要，截至 2021 年，服务贸易占总贸易额的比例超过了五分之一。由于服务贸易与货物贸易存在本质的区别，无法用传统货物贸易理论解释，也很难被传统贸易政策所影响。随着货物贸易增长的放缓，服务贸易将逐渐成为全球贸易的新增长点。目前服务贸易格局主要由发达国家主导，即发达国家能提供高端高质量的服务，并从发展中国家获得大量的服务贸易顺差。因此，中国未来的贸易发展，特别是想实现高质量发展和成为贸易强国，不能忽视服务贸易，相关知识值得学生们更深入地学习。

二、教学方法改革

（一）多元化教学方法

为提升学生的学习兴趣和教学效果，“国际贸易”课程应该采取更加多元化的教学方法，而非按传统方式对着教材照本宣科。第一，应该增加使用任务驱动型教学方法，即通过创造情境和确定任务培养学生自主学习的能力。例如，教师可以结合当前国际经贸环境的时事热点提出明确的项目任务，如分析全球重大事件对中国贸易的影响是什么，中国的应对策略该如何。然而任务驱动式教学法可能存在重实践轻理论的问题（吕凤军和王美红，2009），因此教师在利用热点问题设置任务时，应同时注重学生对任务背后贸易理论的思考，因而让学生主动将现实经贸形势和理论知识结合起来进行探索。第二，目前许多课程开始采取翻转课堂等教学形式变换老师和学生角色，让学生上台报告，增强师生互动（刘丽杰，2022）。然而根据以往的教学经验，大多数学生仅仅做到搜集资料和复述资料，并没有对不同来源资料做到系统性的整合和分析，缺乏自我见解而流于表面。因此，老师有必要花费更多的时间，提前选择好的问题、好的材料，替学生把关，引导启发学生思考。第三，穿插使用主题式教学法。传统的课程安排和教材章节往往把不同知识点分割，利于学生学习，但现实重大的问题往往是不同知识与理论的交互。比如中美两国之间的竞争，涉及贸易壁垒、贸易制裁、全球供应链、国际组织等多个方面，很难用一个书本章节来对应。因此，仅通过分开的章节学习很难让学生对现实问题有系统性的思路，这时候有必要以该事件为主题，将不同的知识有机地联系起来，甚至将学生自身的生活经历和日常观察融入起来，帮助学生更好地掌握国际贸易知识。

（二）注重思辨能力培养

教师应该清楚地认识到贸易带来的社会经济影响是多方面的，并非非黑即白。国际贸易的发展从传统国家交换单一商品到生产链条的全球分割，从传统的货物贸易到服务贸易和数字贸易，古典和新古典贸易理论对现实的解释力逐渐下降，而盲目地灌输理论知识可能导致学生对知识和现实的脱节。一个很典型的例子是，大量经济学家一直相信自由贸易会给国家带来福利，但现实是西方国家越来越多的普通民众开始反对自由贸易，并认为自由贸易对民众的损失要大于其收益。这究竟是因为贸易理论出现了明显的错误还是普通民众缺乏科学知识而形成的错误观念？到底应该由经济学家修改贸易理论还是应该由政府组织更多的贸易知识普及？“国际贸易”课程需要鼓励学生去思考贸易理论和现实贸易发展的一致和不一致之处，培养思辨精神和思辨能力，而非仅仅为了通过应试教育的考试，获得更高的分数。这仅仅让学生收货一张漂亮的成绩单，但对其长期成长没有明显的意义。教师应该提前准备材料，引导学生关注和思考，在课堂中给学生充分表达自我见解的机会，在讨论中实现观点与观点的碰撞，充分汲取他人的思考成果，在碰撞中逐步完善自身观点。

（三）提高多语言能力

国际贸易是商品与服务在国与国之间的交换，因而国际贸易将不可避免地涉及跨国之间的沟通与协调。如果“国际贸易”课程培养的学生缺乏用英语（或者其他外语）阅读国际贸易相关新闻的能力，缺乏用英语表达基本贸易相关知识的能力，那么将很难承担更加复杂的任务，如完成跨国商品服务的交易，甚至在国际组织中帮助中国参与国际贸易规则制定。因此，在教学过程中，教师应该挑选有针对性的专业英文材料和英文视频报道，鼓励甚至带领学生阅读和观看，练习基本的专业口语表达能力。陈燕和曹晓静（2021）提出基于学习质量保障体系（AOL）改进“国际贸易双语”课程，其中通过问卷和访谈的方式调查学生学习目标和难点很适合运用于此。有条件的高校，还可以开展其他语种的合作，通过将专业任课老师和外语老师进行搭配，增强将外语应用于国际贸易教学的能力。

三、考核评价改革

无论是教学内容改革还是教学方法改革，目的都是提高学生的综合素质，适应新时代环境下国家对国际贸易专业人才的需要。因此，本研究认为考核评价标准也要随之改革，才能做到对人才培养的最终把关。第一，传统的“国际贸易”课程通常注重笔试，考核贸易理论和贸易政策知识。考核评价改革应该一方面降低笔试占期末考核成绩的比重（至50%），另一方面考试内容上加入更多关于贸易发展新形势新变化的难点、重点和热点，不设置完全唯一的固定答案。这样可以同时考查学生对现实世界的关注和从多个角度进行思考和分析的能力。随着笔试成绩比重的下降，课堂表现的比重也随之上升，教师需要通过讨论、报告、小组协作等维度对学生的表现做出客观合理的评价。因此，考核评价改革不仅对学生提出了更高的要求，对教师也提出了更高的要求。

目前国内高校基本已通过问卷调查的形式设置对教师教学效果的评估，从而将学生的反馈纳入到教师成长过程中来。一般来说，在课程结束后，学生将回答提前设计好的问题，对教学内容和教学方法给出评价。“国际贸易”课程的教学改革并非一定一帆风顺，反而可能会出现很多挑战与困难，如学生感到更多的学习压力而不理解、教师的课堂准备变得更加复杂等。因此，教学评估问卷应该随着“国际贸易”课程教学改革而改变，更加有针对性地调查学生在教改后反馈的困难和问题，让教师得以反思，从而找到能够进一步提高和完善的地方。

结语

全球经贸环境正经历着快速变化，一方面国与国之间的政治经济冲突此起彼伏，另一方面信息通信技术的发展在持续性地重塑全球贸易网络，这些新形势新变化都对“国际贸易”课程教学提出了新的要求和考验。本研究以新时代环境变化为出发点，具体讨论了“国际贸易”课程教学内容、教学方法和考核评价的改革方案，力图提升学生对国际贸易的关注和思考，培养学生应对复杂国际经贸环境的能力。

参考文献

[1] 葛秋颖，赵艳莉．新常态经济形势下国际贸易教学模式的新思考［J］．高教学刊，2016（1）：54－55，57．

[2] 吕凤军，王美红. 任务驱动型教学方法的应用研究［J］. 商场现代化，2009（19）：213.
[3] 刘丽杰. 开放大学国际贸易实务课程翻转课堂教学设计［J］. 船舶职业教育，2022，10（5）：55-57.
[4] 陈燕，曹晓静. 基于学习质量保障体系（AOL）的课程建设研究——以“国际贸易（双语）”课程为例［J］. 黑龙江教育（理论与实践），2021（7）：80-81.
[5] Handley, Kyle, Nuno Limão. Trade Policy Uncertainty［M］. Annual Review of Economics 14，2022，363-395.

讲好中国故事——“英美文学导论”课程教学理论与方法新探

李　铭

摘　要：本文以“英美文学导论”的课堂为教学场域，尝试加入以学生为主体、以英文创作中国故事的课堂环节，从而实现思政教育进课堂的教育目标。首先，从学理上阐明加入中国故事的创作环节是世界文学的大视野下、为人类命运共同体意识所支持的合理安排；其次，根据读者反应批评理论 RRT 教学理念，以学生为主体的阅读和创作不仅促成文学作品的持续生成，也使教师的知识传授得到有效的回应和检验。从评价的功能上，中国故事作为思政教育的实践途径，有助于解决其评价标准上的难题。最后，尝试为英美文学课堂的中国故事创作提供具体的讲授方式及创作手法，供教师和学生参考。

关键词：英美文学导论　中国故事　思政　读者反应批评理论（RRT）

引言

新时代面向世界的重要传播命题是“讲好中国故事”。在当下国家增强“软实力”的战略下，面向海外传播的中国故事已经成为确立文化自信、塑造大国形象、提升世界影响力的重要力量。“讲故事”这一古老的信息交流方式被提升到中国主动把握对外文化交流、进行不同层次的文明之间对话的重要途径。“中国故事”更承载着塑造党和国家形象的使命，寻求世界范围内的价值认同，最终达到扩大国际影响力的目的。习近平总书记明确指出：“讲好中国故事、传播好中国声音，向世界展现真实、立体、全面的中国……要加快构建中国话语和中国叙事体系，打造融通中外的新概念、新范畴、新表述，更加充分、更加鲜明地展现中国故事及其背后的思想力量和精神力量。”（习近平，2021）“中国故事”在近年来的影视创作、文学写作中渐成规模，出现了影响较大的电影作品如《我和我的祖国》《长津湖》《流浪地球 1、2》，以及雅俗共赏的电视剧如《人世间》《山海情》等。然而不得不面对的现实状况是，大多数作品的影响力仅局限于国内观众，对外传播作为“中国故事”的基本使命却举步不前，受困于以本民族的主旋律语言讲给国内观众、读者的自足状态。

作者简介：李铭，对外经济贸易大学英语学院副教授，硕士生导师。

一、世界文学视野下的“中国故事”在“英美文学导论”课程中的定位

从文学理论的角度，读者对作品的接受构成了作品的生成意义，相当于以读者为主体的再创作，对原作品实现了意义的再生或重构。从传播学角度，完整的传播过程由包括“讲述者”“施为者系统”和“听讲者”“接受者系统”在内的所有人共同完成。“传播的接受者通过自己的认知结构和价值体系对听到的故事进行筛选、拼接和重构，在此过程中如果故事本身与其认知结构的知识体系，情感、美学的感受方式相距甚远，那么这个故事就只能讲给自己，无法为他人理解，以讲故事在他人心中建立国家形象的目的也就难以达成。”（徐占忱，2014：22）现代知名国际法、国际关系大师汉斯·摩根索将国家形象比拟社会形象，“别人对我们的看法同我们的实际情形一样重要。正是我们在他人‘心境’中的形象，而不是我们本来的样子，决定了我们在社会中的身份和地位。”（Morgenthau，1985：86）

以往学术界提到中国故事在国际传播中的困难之处，往往归咎于媒体写作对中国经验的内容选择：“国际国内关于中国发展的特殊主义观点大行其道，过于夸大中国独特的个性和特色，忽略中国故事所蕴含着的普遍性价值。”（徐占忱，2014：24）实际问题是，中国故事如果仅定位在工具属性——着重于对中国模式、中国经验在全球推广的目的性，那么中国故事就不免受制于短期功利性的目标。宣传工具的属性不仅使故事流于表面，更容易被打上意识形态的标签，强化身份对立下的文化偏见。能够获得他人理解、认同的故事首先必然“具有人类共同的情感力量，融萃人本价值”。（张斯琦，2023：157）总结经验，中国故事的创作首先应建立在人类命运共同体的意识之下，借助多媒体平台，以多维度、多视角再现中国的历史、文化以及普通人的生活，以“共识性事物与共同情感话题作为叙述对象，既不是倾向于西方的，也不是以东方文明为中心，而是以建构人类共同价值和共同体为核心 …… 聚焦当今全球人类面对的共同问题，并给予充分的人文关怀。其本质是建构中国现代形象，谋求中国文化价值观认同。”（张斯琦，2023：159）

从文学的视角来看，中国故事立足“人性意识”，以人类共同命运、共同情感的话语维度构建叙事。这就从学理上将中国故事扩大到本民族文学的叙事范畴之外、定位在世界文学的大视野下。这一视野为高校英美文学类课程加入中国故事、构成课堂环节提供了可能性。具体而言，高校英语文学课堂上的中国故事创作，作为教学过程的一个环节，必然设置在本课程教学大纲的框架内。中国故事的创作因素——叙事视角、情节、叙事美学、修辞等文学因素也相应建立在对课堂知识全面掌握的基础上。由此，在英语文学类课程中加入中国故事创作的教学环节，隶属这门课程特定的知识体系，是课程特定范式下的中国故事。就以笔者讲授的“英美文学导论”课程为例，中国故事的创作环节以学生为主体，旨在考查学生对课程内容的掌握程度、英语语言运用能力和思政水平。可以说，为英语文学课堂加入中国故事创作是世界文学的大视野下、为人类命运共同体意识所支持的合理安排，是国际传播的宏观任务下、微观的课程创新，施教者和受教者共同

实践的、特定范式下的中国叙事。

二、思政教育在英美文学课程中的实践方式与评价问题

“英美文学导论”课程是对外经济贸易大学英语学院、英语文学系下设的必修课程，授课对象为已经具有一定程度的听、说、读、写能力的英语专业本科学。根据《大纲》的规定：“文学课程的目的在于培养学生阅读、欣赏、理解英语文学原著的能力，掌握文学批评的基本知识和方法。通过阅读和分析英美文学作品，促进学生语言基本功和人文素质的提高，增强学生对西方文学及文化的了解。”大体而言，作为一门英美文学类课程，这门误旨在提高英语专业学生对英语文学的阅读、理解与鉴赏的能力，在美学与人文价值的意义上加强对文学本质的认识，进而形成对西方文学、文化的思考，启迪思想的交流和碰撞。2018 版的《英语专业本科教学指南》指出，“以‘英语文学导论’为例，课程的教学内容不仅包括文学作品导读，还包括西方文论与文学批评方法，要求学生掌握马克思主义、精神分析、女性主义、接受美学、后殖民批评等现代西方文学分析与批评理论。”（曾艳钰，2019：4）《英美文学导论》教材由南京大学英美文学博士生导师杨金才教授主编，选用的作品普遍体现了不同历史时期英语文学（包括英国、美国、加拿大以及意大利等西方国家）所彰显的人文主义精神，深具文学表现力和美学感染力。在世界文学的大视野下，教材所选作品基于人类共通的正义感、道德感，富于人性和情感力量，尤见文学之美。这门课程的授课方式一般采用传统的教师单向讲授模式，以教师为主、联系历史背景对作品的创作方法、思想内涵和美学形式做出阐释。

近年来，思政进课堂已然形成新的潮流，思政的价值引领对传统课程的教学内容、教学结构产生了新冲击、启发新的思考，并且由此生发出新的教学维度。纵观目前国内高校思政教育进入英语文学课堂所形成的创新模式，通常体现为思政视角的介入生发成为中国文学的比较维度。例如中国大学慕课平台所显示的，广州外语外贸大学省级精品示范课程、广东省本科高校课程思政优秀案例——《英美文学》，在课程的设计中增加了中国文学的相关元素：如在英国中世纪文学板块中，加入中国古典英雄的比较元素，从中国古典文学的参照关系中理解英国中世纪文学史诗的英雄塑造特点。同时在莎士比亚戏剧的板块设计中将《罗密欧与朱丽叶》与《梁山伯与祝英台》并置，试图建立文化比较的课程讲授方式，体现文化共同体意识。这种类型的课程设计从学术角度上利用了学生现在的中国文学基础，在与授课内容平行比较的学术方法中建立对英美文学作品的认知。平行比较的方法运用于教学实践，对于大学本科生来说未必不能唤起学生们的兴趣，然而就比较文学的学理而言，平行比较不能深入文学内在的发展逻辑，流于粗浅和表面化，容易对学生正在形成的学术思维造成误导。同时，中国古典文学作为参照性内容介入英语文学课堂，尽管有助于形成在世界文学视角下对中国文学的重新的认知，然而与思政教育的关联性则较弱。

近年来，高校外语思政教育中一个重要的环节是对教学效果的评价，而评价环节正是思政教育进课堂的实践难点。目前关于外语课程思政教育的评价主要涉及“评价指标、

评价方式、评价主体三个方面”。（刘建达，2020：38）尽管有研究提出，评价指标应从课堂知识的考察拓展到“语言形式所蕴含的思想性、内容性、价值观、态度等评价维度，将‘语言’与‘思想’同向同行进行整合评价，通过命题测试和学生的实际外在思想政治表现检验课程思政教育的效果”。（王雪梅、霍炜，2021：313）实际上，“命题测试”作为传统的知识考察方式限于课堂，而“实际外在思想政治表现”则与学生的在校表现相关，涉及综合素质考评的多方面内容。而所谓“语言与思想”的整合评价方式则是命题考试与综合素质考评的累加，在实践中无疑使课堂与课外混淆不清，无法形成标准化操作。

三、RRT 教学理论下“英美文学导论”课程设计思路

传统的教学模式通常着重教师单向的内容输出，而读者反应批评（Reader-Response Theory，RRT）这一文学理论则强调读者在语言习得和文本意义生成过程中的创造性作用，其效果是传统单向度的教育模式所无法达到的。在读者反应批评理论的启发下，“英美文学导论”课程打破传统模式，学生在教师讲授和教材内容的基础上，后续开展英文创作活动。这一环节既可形成对课堂学习的检测，又使文学作品在学生的理解和接受下得到持续的生成，使文本产生新的内容和意义。因而学生创作这一环节可作为学生展现语言水平、文学创造力和表达思想的重要组成部分。

（一）RRT 教学理论下，重塑学生接受环节——为思政评价问题提供解决思路

美国教育理论家罗森布拉特（Louise Rosenblatt）首先将文学接受理论延拓到外国语言文学教育领域。文学接受理论摈弃了 20 世纪 40 年代到 50 年代局限于文本内部研究的“新批评”方法，认为阅读文学作品是一个活跃的主体创造过程——作品本身即蕴藏着引导每一位读者以自己的理解达成对作品丰富内涵再创造的潜能。而读者通过对作品在不同意义、程度上的接受，则可形成对作品情感的领悟以及对人生的认知。罗森布拉特认为阅读与接受是一个丰富人生经历的过程，对于外国文学的课堂则意味着学生成为课堂主体，学生的阅读以及阅读之后的再创作活动是语言习得下文学意义的再次生成。（Rosenblatt，2005：XV – XVI）

在这一教育理念的基础上，“英美文学导论”课程采用教师与学生同为课堂主体、双向互动的课堂形式。以教师为主体的讲授主要集中于文学基础性知识，如文学的历史、流派、叙事知识、修辞方法以及文本分析方法等认知性内容。在认知基础上，课堂转向学生主体，学生通过自主的阅读与阐释、在已掌握的语言与文学知识的基础上对某些文本进行续写实践，创作自己的中国故事。这就意味着课堂从教师主体转向学生主体，进行翻转课堂的实践。学生的再创造基于对原文本的模仿和改写，必然经历一个自主批判性阅读与理解的过程；最终打破占据主导地位的原文本从文化、思想上对学生的“掠夺”；使学生从被动接受文学作品的处境下解放出来。这个过程有助于激发学生们的创造力，鼓励他们作为创作主体、文化主体，基于自身文化鉴赏力作出创造性的阐释与改写。

在 RRT 教学理念下，学生的文学创作实践是在中国当代文化语境下、属于“英美文学导论”课程框架内特定的文学范式。学生以英语创作的中国故事作为课程重要的构成环节，将体现三个评价维度上的价值：英语语言维度、“英美文学导论”课程维度以及思政的价值维度。作为对“英美文学导论”学习程度的反映和思想政治价值观的再现，学生的创作无疑将构成理想的课程评价对象和思政评价对象，便于教师形成客观、标准的评价指标，为思政教育在外国文学课堂的评价问题提供解决的途径。

（二）思政教育引导下的文学作品的讲授方法与中国故事创作方法初探

1. 从创作者视角出发，形成对经典作品意识形态的认识

在以教师为主体的讲授环节，“英美文学导论”的课程设计首先应建立创作者视角的文学讲授方式。从创作角度出发对文学作品的解读正是后殖民批评的创始人爱德华·赛义德的文本批评方法，他提出文学批评旨在分析“作为写作的文本，而非作为阅读的文本”。（王岳川，1999：49－50）正是从创作者的思想和意识出发，赛义德对 19—20 世纪的英国经典作品，如笛福、狄更斯、康拉德、福斯特等小说中潜藏的帝国主义意识形态作出了独具慧眼、极富说服力的发现和阐释。他巧妙地揭示了小说创作者是如何将帝国主义、殖民政治的意识形态渗透在精巧的叙事结构之中，并形成了特有的叙事美学。在英国海外扩张的同时，成功带动了英国文学的海外传播，奠定了英国小说在世界文学史上的经典地位。

2. 思政价值引导下，中国故事的英文创作途径之一——寓意人物塑造

“英美文学导论”在翻转课堂、以学生为主体的创作环节，教师应引导学生通过模仿英语文学经典范文的方式进行创作。目前大多数学术成果对中国故事的研讨多集中在中国故事的正面价值和思想意义，而对具体的创作方法却缺乏指导性建议和深入探讨。面对这个问题，可引导学生在人类命运共同体的意识之下，坚持本民族文化的价值核心，具体采用主角人物寓意式塑造的手法进行创作。

寓意是文学创作的手法，也是一种思维方式；苏格兰学者麦克奎恩（John Macqueen）指出，“寓意起源于哲学和神学，而非文学”。（Macqueen，1970：1）在西方文明的两大起源：希腊与希伯来文明中，“寓意”式的人物无处不在，这类人物形象是文学教化、宗教喻义的化身。如希腊神话中的诸多神祇多被赋予拟人化的寓意（personification allegory），而《圣经》人物则多具象征喻义（symbolic character）。在英语文学领域，“那些意义丰富、文学价值很高的作品总是指向多层意蕴。更重要的也许是，寓意作品不仅可能包含丰富的意义，而且还因为它特有的‘寓意’性，往往最能触及社会本质、深入文化核心、体现民族意识和表达时代精神。”（肖明翰，2014：58）因此建构“寓意”式人物，通过丰富的生活细节、巧妙的情节构思丰满人物形象，形成富有趣味和寓意的故事，是有效保证思政教育目的的叙事手法，也是思政教育引领下，“英美文学导论”课堂的创造性之所在。

结语

中国故事是近年来国家对外传播的叙事策略，目前这一叙事策略面临的困境是中国故事的受众大多局限于国内，难以扩大到英语世界、使国外读者产生共鸣。大学的英美文学课程旨在传授英语文学的发展历史、文体美学等西方文学知识，形成对西方文学内在脉络的认知。在思政教育进入课堂的价值导向下，“英美文学导论”课程设计的创新点在于将中国故事的创作纳入课堂教学与评价环节。这不仅有助于将思政教育有机地嵌入教学内容；更因契合 RRT 的文学教育理念，可形成对学生语言水平、英语文学知识的有效考察；便于进行思政表现的评价，为解决一直以来思政教育进课堂的评价难题提供思路。在世界文学的大视野下，中国故事的创作不仅有助于加强“英美文学导论”课程的思想性，且可为之提供新的思想维度——调动教师从创作者视角出发进行文本阐释，借此发掘文学作品潜藏的意识形态观念。此外，中国故事的创作使学生成为创作主体，使他们以创作者的自主意识重新理解文学作品，并在自己的视角下构建中国故事的新版本。最后，本文尝试以“寓意”这一古老的西方文学手法作为传递思想价值、实践自主叙事的一条具体创作途径。概言之，在英语文学课堂加入中国故事的创作环节有助于学生了解西方文学作品思想价值观的产生方式，使中国故事蕴含的思想和文化价值在“英美文学导论”的课程范式下得以彰显。

中国故事的原则和主旨是：“围绕中国精神、中国价值、中国力量，从政治、经济、文化、社会、生态文明等多个视角进行深入研究，为开展国际传播工作提供学理支撑。要更好推动中华文化‘走出去’，以文载道、以文传声、以文化人，向世界阐释推介更多具有中国特色、体现中国精神、蕴藏中国智慧的优秀文化。要注重把握好基调，既开放自信也谦逊谦和，努力塑造可信、可爱、可敬的中国形象。”（习近平，2021）这一基调是英语文学课堂开展中国故事创作的指导方针。“英美文学导论”作为世界文学视野下的一方苗圃，将努力把英语文学的株株花木移植、栽种在中华文明的厚土之中。

参考文献

［1］刘建达．课程思政背景下的大学外语课程改革［J］．外语电化教学，2020，42（6）：38－42．
［2］王雪梅，霍炜．高校外语课程思政研究综述（2018—2021）［J］．上海理工大学学报，2021，43（4）：309－314．
［3］王岳川．后殖民主义与新历史主义文论［M］．济南：山东教育出版社，1999．
［4］习近平在中共中央政治局第三十次集体学习时强调加强和改进国际传播工作展示真实立体全面的中国［N］．人民日报，2021－06－02（01）．
［5］肖明翰．英语文学中的寓意传统［J］．外国文学，2014，35（3）：52－61．
［6］徐占忱．讲好中国故事的现实困难与破解之策［J］．社会主义研究，2014，37（3）：

22.
[7] 曾艳钰．英语专业本科教学指南解读［J］．外语界，2019，40（6）：4.
[8] 张斯琦．中国当代文学的海外传播及其新闻的“文学性”话语[J]．文学评论，2023.12（2）：156－163.
[9] MacQueen，John．Allegory［M］．London：Methuen，1970.
[10] Morgenthau，Hans J, Kenneth W Thompson. Politics Among Nations：The Struggle for Power and Peace［M］．New York：McGraw－Hill，Inc．1985.
[11] Rosenblatt，Louise．Making Meaning with Texts：Selected Essays［M］．Portsmouth，NH：Heinemann，2005.

课程思政建设的推进及其与“物权法”课程的融合

张 尧

摘 要：在法学教育推进课程思政建设的过程中，“物权法”等课程的课程目标和课程设计缺乏系统规划，教材设计和授课协作存在不足，导致“物权法”等课程与课程思政建设大多呈现“两张皮”的局面。在“物权法”课程推进课程思政建设的过程中，可予融合的思政元素主要可分为三类，即可归入到意识形态领域的法学知识、体现社会主义良好道德风尚以及社会主义核心价值观的专业知识，以及非意识形态领域的法学知识。为了使这些思政元素与专业知识相融合，在“物权法”的授课过程中，应推行课程思政集体教研制度，强化集体备课，同时以马工程《民法学》教材为主，深入挖掘物权法部分的思政元素，形成具有浓厚思政色彩的物权法讲义，并进一步改革教学方式，重视第二课堂，从而使专业教育与课程思政建设形成协同效应。

关键词：物权法　专业教育　课程思政　融合

引言

“课程思政，是高校思想政治教育工作的一种新理念，指在以思想政治理论课作为思想政治教育主渠道的前提下，将思想政治教育融入专业课程教学的知识传授过程中，使专业课与思政课同向同行，共同构建育人格局，实现立德树人的教育目标。”（陈楚庭，2020：51）2016 年，习近平总书记在全国高校思想政治工作会议上强调，“用好课堂教学这个主渠道，思想政治理论课要坚持在改进中加强，提升思想政治教育亲和力和针对性，满足学生成长发展需求和期待，其他各门课都要守好一段渠、种好责任田，使各类课程与思想政治理论课同向同行，形成协同效应。”2020 年 5 月 28 日，教育部印发的《高等学校课程思政建设指导纲要》强调，“要紧紧抓住教师队伍‘主力军’、课程建设‘主战场’、课堂教学‘主渠道’，让所有高校、所有教师、所有课程都承担好育人责任，守好一段渠、种好责任田，使各类课程与思政课程同向同行，将显性教育和隐性教育相统一，形成协同效应，构建全员全程全方位育人大格局。”就法学类课程而言，在宪法学等意识形态颇为明显的学科中，将专业知识与思政因素相结合，通过显性教育即可较好地实现相应的课程思政建设。但就“物权法”等民法学课程而言，其作为民法学的“分编”内容，除部分具有中国特色的制度内容之外，其余的内容则多是大量的专业术语和法律

作者简介：张尧，对外经济贸易大学法学院副教授，硕士生导师。

规定，意识形态色彩不显。故而，本文不揣浅陋，拟以“物权法”课程作为分析对象，对如何在“物权法”课程中开展和推进课程思政建设，如何使思政元素与专业知识形成协同效应进行分析。

一、“物权法”课程与思政元素融合的具体问题

2020 年教育部印发的《高等学校课程思政建设指导纲要》中提到，应“结合专业特点分类推进课程思政建设”，法学类专业课程“要在课程教学中坚持以马克思主义为指导，加快构建中国特色哲学社会科学学科体系、学术体系、话语体系。要帮助学生了解相关专业和行业领域的国家战略、法律法规和相关政策，引导学生深入社会实践、关注现实问题，培育学生经世济民、诚信服务、德法兼修的职业素养”。在民法学等课程的开展过程中，尤其是在物权法等以“分编”内容为主的课程中，课程思政建设的推进必须解决好专业教育和思政教育“两张皮”问题。所谓“协同效应”并不等同于二者的简单相加，或是仅以思政教育作为课程“引子”，进行典型示例之后，即将其置于一旁。就“物权法”课程而言，其与思政元素融合的具体问题表现为以下两方面。

一方面，课程目标和课程设计缺乏系统规划。目前，诸多高校的法学院纷纷推进课程思政建设，并开设“习近平法治思想概论”课程。在此大环境之下，各授课教师虽已意识到课程思政建设的重要性，但如何避免将课程思政建设作为“样子货”，如何在部门法的诸多课程中系统推进课程思政建设，不无疑问。从现实情况来看，各高校及法学院虽也会推进课程思政的示范课程建设，但此类示范课程的授课内容多是从某个部门法（如宪法、环境法等）之中所抽取的某项最为典型、最易融合思政元素的法律制度，“示范”自然易行。然而，如何在非典型的、思政元素并不突出的法律制度或法学知识之中，系统推进专业知识与思政元素的协同，却远非示范课程所能解决，而这恰恰是物权法等课程的课程思政建设的难点。

另一方面，教材设计和授课协作的不足。现有的马工程《民法学》教材仅是将物权、合同等内容作为其中一部分编入其中，并未单独针对各分编的内容而单独成书。故在物权法等课程的教学过程中，就需要在采用马工程《民法学》教材的同时，借鉴其他相关的教科书。但这些教科书共同的问题是，其中的思政因素并不明显，或是思政色彩较弱，这就导致在具体的授课过程中，授课老师需要结合自身的思考，尝试将思政因素融入进去。因此，在“物权法”等民法学的“分编”课程之中，思政色彩的浓淡以及深浅，就会因各授课教师对课程思政建设的理解差异而呈现出“因人而异”的状况。在此情形下，为了解决课程思政建设在同一门课的不同课堂出现“深一脚、浅一脚”的状况，就需要在课程开始之前，由相应的学系或教研室组织集中备课、集中研讨，对某一门课程中所可能运用的思政元素进行整理，并对其与专业知识的融合角度或授课方法进行讨论，如此才能在教材设计业已滞后的环境下加快推进课程思政建设。

二、“物权法”课程中可融合的思政元素的类型化

如前所述，对于典型的、思政元素突出的法律制度，即使没有“示范”，专业知识与思政元素亦可实现较好的融合。在此情形下，二者的融合只取决于授课教师的自觉，只需授课教师主动往前迈一步，即可凸显此类法学知识或法律制度的思政属性。但对于除此之外的法学知识或法律制度，则要对其中可予运用的思政元素进行挖掘，并进行归类，而非强行将其“靠到”课程思政建设之上，否则只会适得其反。对此，教育部所印发的《高等学校课程思政建设指导纲要》亦强调“显性教育和隐性教育相统一”。此即表明显性教育并非课程思政建设的唯一路径。重视课程思政建设的显性教育，但也不忽略隐形教育，这在物权法的授课过程中表现得尤为明显。

就法学知识而言，大体可分为意识形态领域的法学知识和非意识形态领域的法学知识。（李磊，2019）在教授意识形态领域的法学知识时，需要旗帜鲜明地推进课程思政建设的“显性教育”，而在教授非意识形态领域的法学知识时，因其“可能揭示的是法律发展的一般规律，我们要学习和借鉴人类先进的法学理论知识和世界上优秀的法治文明成果”，（时显群，2020：60）这就需要通过“隐形教育”而凸显其中的核心价值，在传授知识的同时注重价值引领。毕竟，借鉴国外法治有益成果，探索适合自己的法治道路，是夯实全面建设社会主义现代化国家、实现中华民族伟大复兴的法治基础所需要的。

物权法的内容与我国的经济制度密切相关，大到国家经济体制，小到每个普通人（自然人）的生活，都离不开物权法的确认和保护。在“物权法”课程的授课过程中，无论是“显性教育”抑或“隐形教育”，其中可予融合的思政元素主要包括以下三种类型。

一是可归入到意识形态领域的法学知识。例如，我国《民法典》第 207 条所确立的“平等原则”，即“国家、集体、私人的物权和其他权利人的物权受法律平等保护，任何组织或者个人不得侵犯”。这项原则为我国物权法所独有，是由我国的经济体制所决定的，是我国经济体制的直接体现和反映。依据我国《宪法》的规定，我国“在社会主义初级阶段，坚持公有制为主体、多种所有制经济共同发展的基本经济制度，坚持按劳分配为主体、多种分配方式并存的分配制度”（第 6 条），“社会主义的公共财产神圣不可侵犯”（第 12 条），“公民的合法的私有财产不受侵犯”（第 13 条）。为了维护社会主义市场经济的有效运行，就有必要确保所有的市场主体具有平等的法律地位、适用平等的规则、受到平等的保护。对于此类可归入到意识形态领域的法学知识，就有必要在授课时强化其中所蕴含的思政色彩，强化学生对我国经济制度的认识，增强道路自信、理论自信、制度自信和文化自信。

二是体现社会主义良好道德风尚以及社会主义核心价值观的法学知识。例如，在相邻关系中，我国《民法典》第 288 条为其确立了“有利生产、方便生活、团结互助、公平合理”的原则。相邻不动产的权利人（所有人或利用人）之间，在用水、排水、相邻通行、建造、修缮建筑物及铺设管线、通风、采光、日照，以及排放固体污染物、不可量物（如噪声、光辐射、电磁辐射）等过程中，因行使不动产权利而需要相邻各

方给予便利和接受限制，应循前述原则而调和相互之间的冲突，以谋求相邻各方之间的共同利益。再如，在“业主的建筑物区分所有权”制度中，依据我国《民法典》第272条规定，业主“行使权利不得危及建筑物的安全，不得损害其他业主的合法权益”。这就要求在现实生活中，业主不得随意从事改动房屋的承重结构等行为。而且，业主“应当遵守法律、法规以及管理规约，相关行为应当符合节约资源、保护生态环境的要求”。如物业服务企业或者其他管理人要求业主不得“任意弃置垃圾、排放污染物或者噪声、违反规定饲养动物、违章搭建、侵占通道、拒付物业费”，业主应当依法予以配合。在因自身权利的行使而对他人的权利产生妨害，或是与他人的权利行使产生冲突时，前述规定无疑是符合社会主义良好道德风尚以及社会主义核心价值观的。在授课过程中，对其中所蕴含的“良好道德风尚”或“核心价值”加以强调，也有利于帮助学生形成良好的价值观。

三是在非意识形态领域的法学知识教授过程中，应充分介绍各个制度设计的背景、演进及其所涉及的各种冲突观点（理论见解及实务观点），必要时还应介绍域外法的相关规则及制度考量，使学生明白即使某项制度设计或知识无法归入到典型的意识形态领域之中，但社会科学领域的制度设计往往与该国或地区的历史、习惯、国情及民情等密切相关，围绕同一问题而设计的不同制度或规则，并无高低优劣之分，而只有合适与否之别。典型者如物权变动，物权变动模式的立法例可细分为“债权意思主义”（所有权于买卖合同有效成立时即行转移）、“债权形式主义”（在买卖合同有效成立时所有权并不即行转移，于不动产登记或动产交付时始行转移）及“物权形式主义”（在买卖合同有效成立时所有权并不即行转移，须具备物权行为与登记或交付等相应的公示方法才能导致所有权的转移）。“物权形式主义”虽为德国法所采纳，并确立了“分离原则”和“物权行为无因性”，但这并不妨碍我国《民法典》采纳“债权形式主义”。毕竟，借鉴国外法治有益成果，并不等同于完全照搬或抛弃德国法的经验，有益者皆可采之。再如，在现代城市治理的过程中，如果“业主的建筑物区分所有权”制度中业主大会和业主委员会可以有效运行，则可极大提高城市的治理水平，且可以极大地培育公民参与社会治理和公共事务的热情。无论是“选聘和解聘物业服务企业或者其他管理人”，促进物业服务质量的提高，抑或是“使用、筹集建筑物及其附属设施的维修资金”“改建、重建建筑物及其附属设施”或“改变共有部分的用途或者利用共有部分从事经营活动”，应依据法定的表决规则（《民法典》第278条第2款）而共同决定之。这些都可被视作普通民众参与公共事务和社会治理的缩影，普通民众亦可借此获得参与公共事务的“初体验”。此类规则及专业知识本与意识形态领域无关，但在授课的过程中，亦可对其中可能蕴含的思政元素进行探索。例如，近些年来，在城市老旧小区的改造过程中，因加装电梯而诉诸法院的案例常见于报端。在讲授“业主的建筑物区分所有权”部分的专业知识时，可在介绍相关的专业知识（共同管理权以及《民法典》第278条规定）的同时，将社会主义良好道德风尚“隐含”其中，引导学生明白在解决此类纠纷中应坚持“与人为善”（“友善”）。

三、“物权法”课程与思政元素融合的具体路径

针对“物权法”课程与思政元素融合的具体问题，在“物权法”课程的授课过程中，应深入挖掘物权法的相关专业知识中可能蕴含的思政元素，从备课方式、教材改革和教学方式等方面入手，方能实现显性教育与隐形教育的统一。具体而言，“物权法”课程与思政元素融合的路径表现为以下三点。

首先，通过集体备课的方式，围绕如何在“物权法”课程中融入课程思政元素而进行集中讨论，对授课内容和授课计划等进行反复打磨，培育一支优秀的课程思政教学团队，从而加强教师队伍“主力军”的建设。对此，教育部印发的《高等学校课程思政建设指导纲要》也强调，要“充分发挥教研室、教学团队、课程组等基层教学组织作用，建立课程思政集体教研制度”。在法学教育与课程思政建设融合的过程中，各部门法之间虽有差异，但如何在非典型的、思政色彩不甚浓厚的专业知识中发现思政元素，如何在授课过程中融入思政元素，这些问题不单是“物权法”课程所独有的，而课程思政集体教研制度无疑可以集中智慧为其寻找解决之策。在推行课程思政集体教研制度的同时，还应尊重每一位教师的主体作用，允许每个课程在保持统一性的同时，还可因每个教师的授课特色而保持差异性，从而共同致力于构建全员、全程、全方位育人的大格局。

其次，应以马工程《民法学》教材为主，深入挖掘物权法部分的思政元素，形成具有浓厚思政色彩的物权法讲义，从而紧紧抓住课程建设的“主战场”。如前所述，马工程《民法学》教材在一定程度上无法满足物权法、合同法等分编知识的授课，在课程思政建设的方面亦略显滞后与不足。在此情形下，在坚持马工程《民法学》教材的价值引领的同时，应根据物权法、合同法等各编内容的特色，经过集中备课、集中讨论，对其中所蕴含的思政元素和相应的授课方式进行整理，逐渐完成物权法讲义等的编写。这也有利于构建中国特色哲学社会科学学科体系、学术体系、话语体系。在现有的评价体系之下，应考虑加强对此类讲义编写的支持力度，探索将其作为职称评定、评优奖励等的重要内容和指标，如此方能“充分发挥教师的主体作用，切实提高每一位教师参与课程思政建设的积极性和主动性”。

最后，应进一步改革教学方式，重视第二课堂，紧紧抓住课堂教学的“主渠道”。“在法学教育中，专业教师要注重引导法科生运用马克思主义法学的基本原理和科学立场，分析法治中国建设中的实际问题。”（刘伟琦，2021：147）在物权法的授课过程中，对于深植于我国经济体制及社会结构的制度，尤应注重对其制度背景的介绍，而非停留于对《民法典》相关规则的简单重复，从而使学生们加强对我国经济制度的了解。例如，在讲解有关土地承包经营权以及“土地经营权”的相关知识时，有必要对我国农村土地的“三权分置”改革，以及我国农地制度自改革开放以来的发展进程加以介绍。同时，可选择播放部分与此相关的纪录片或新闻视频，使学生能够将书本上的制度置于历史发展的进程之中。在有条件时，可综合运用第一课堂和第二课堂，就近选择一些已落实“三权分置”的农村村落，组织学生们现场参观，实地感受我国农地制度的重大变革及其为农民

生活所带来的巨大变化。再如，围绕我国《民法典》新确立的“居住权”制度，在授课过程中，应充分介绍该制度的立法背景，即为贯彻党的十九大提出的加快建立多主体供给、多渠道保障住房制度的要求，让全体人民住有所居，从而增加规定“居住权”这一新型用益物权。同时，还可通过典型案例的分析而增强学生们对该制度的理解，强化学生们对该制度的现实运用场景的认识。此外，还可充分运用第二课程，组织学生们现场观摩居住权的登记。

结语

专业教育与课程思政建设之间往往只是一线之隔，但课程思政建设不能生搬硬套，须将其有机融入课程教学之中，才能达到润物无声的育人效果。总的来看，“物权法”课程的课程思政建设需从授课教师间的协作、教材的改革以及教学方式的改革等诸多方面共同加以推进，如此才能实现专业课与思政课的同向同行，共同构建育人格局，实现立德树人的教育目标。

参考文献

[1] 陈楚庭．法学专业“课程思政”教学改革探析[J]．学校党建与思想教育，2020(16)：51．

[2] 李磊．法学类课程开展课程思政的进路研究：以民法学中“农村土地承包经营权”的授课为例[J]．攀枝花学院学报，2019，36(6)：102–103．

[3] 时显群．法学专业“课程思政”教学改革探索[J]．学校党建与思想教育，2020(4)：60．

[4] 刘伟琦．法学课程思政教学改革的新理路：法治中国情怀培育[J]．黑龙江高教研究，2021，39(10)：147．

课程思政建设路径与创新方法研究

——以“消费金融学”课程为例

陈福中

摘　要：思政引领是铸魂育人的关键所在，将思政教育融入新兴课程建设是高校落实立德树人根本任务的重要一环。本文以“消费金融学”课程为例，从课前嵌入、课堂互动、课后共享和过程评价四个方面探索思政课程建设的路径与创新方法。研究发现，在课程嵌入环节要引入密切结合中国经济具体实践的现实案例，在课堂互动环节要建立学术论文研讨、主题发言与学生点评等多模块互动体系，在课后共享环节要推进课后交流与小组成果资源共享，在课后评价环节要提高个人发言和小组展示等课堂参与环节的比重。相比于已有研究，本文在课程体系、参与主体和建设环节三方面形成有益补充，对于其他专业课程的思政导入具有重要借鉴意义。

关键词：课程思政　建设路径　创新方法　消费金融学

一、引言

2020 年 5 月，教育部印发的《高等学校课程思政建设指导纲要》指出了课程思政建设的目标要求和内容重点，其中明确要求“将课程思政融入课堂教学建设全过程”。课程思政是将思政教育融入其他课程教学的综合性教育改革，是激发并凝聚各种课程思政合力的新型育人模式，是“三全育人”格局的重要内容[1]。课程思政建设寓价值观引导于知识传授和能力培养之中，帮助学生塑造正确的世界观、人生观和价值观[2]。因此，高校课程思政建设是高校落实立德树人根本任务的关键路径，已经成为引导当代大学生将价值引领内化为精神追求并外化为自觉行动的重要一环[3]。

在此背景下，课程思政的理论逻辑结构与现实建设路径成为教育改革领域的研究热点之一。理论逻辑结构方面，已有研究从教育本质维度解析了课程思政建设，认为课程思政坚持以马克思主义教育本质观、习近平关于教育的重要理论为指导，从而契合新时代高校质量变革和内涵式发展的现实之需，避免形式化、标签化、虚假化和教条化倾

作者简介：陈福中，对外经济贸易大学国际经济贸易学院教授，博士生导师。

本文系对外经济贸易大学 2023 年度校级课程思政研究课题及北京市高等教育学会 2022 年立项课题面上项目（项目批准号：MS2022030）阶段性成果。

向[4-5]。现实路径方面，已有研究依托学科门类和较为成熟的课程体系探讨了课程思政建设过程中应注意的问题及解决方案。例如，有学者从新工科、新文科和商科等学科门类探讨课程思政的着力点和教育实践[6-8]，也有学者着眼于“国际经济学”、“哲学概论”和“大学英语”等具体课程，有针对性地研究新时代高校有效推进课程思政建设的具体路径[9-11]。

尽管已有研究对于课程思政建设进行了大量研究，但仍然存在三个方面的局限。第一，已有研究多聚焦于传统成熟课程的课程思政建设的相关问题，如“国际经济学”、“哲学概论”和“大学英语”等，而对于新设立课程的课程思政建设则涉及较少。第二，已有研究多从教师视角讨论思政课程的建设路径，鲜有研究从学生受众视角讨论其在思政课堂中的主体作用，并据此提出课程思政的创新方法。与已有研究不同，本文以一门新兴的跨学科课程——“消费金融学”为例，从课前嵌入、课堂互动、课后共享和过程评价等方面研究课程思政的建设路径与创新方法。在此过程中，本文把握学生主体，讨论如何在充分发挥其主动学习和乐于学习的能动性的同时将思政教育融入“消费金融学”课程建设，这也是被已有研究所忽略的课程思政建设创新方法。第三，已有研究重视在授课环节的思政课堂建设路径研究，却忽略了课后共享和过程评价等环节。对思政课堂的建设不能仅仅停留在课堂上，在课后融入思政教育也十分重要。因此，本文可以从课程体系、参与主体和建设环节三个方面对已有研究形成有益补充。

二、“消费金融学”课程介绍及据以建设思政课程的必要性

（一）“消费金融学”课程介绍

“消费金融学”是一门新兴的跨学科课程，涵盖了经济学、金融学、投资学、市场营销以及消费者行为学等多个学科的相关内容。课程以消费者为中心，探讨涉及消费者幸福感（或福利）相关领域的问题，包括收入、支出、储蓄、借贷等传统的消费者理财行为，以及借助互联网等新媒介的金融理财方式，对消费者幸福感所起到的影响；对于消费者本身而言，课程将从金融素养、理财能力与从事商业活动等角度，深入揭示影响消费者主观幸福感的主要因素。该课程属于跨学科的新兴学科，在经济金融领域的理论研究以及消费者行为的政策实践指导层面，具有重要的理论意义和应用价值。

通过四十余年的改革开放，中国经济发展取得了辉煌的成就，消费金融领域的相关议题越来越成为学术界和实务界讨论的热点。通过教学使学生对消费者传统理财行为，包括消费者收入、支出、储蓄和借贷等有一个较为清晰的认识，对引入新媒介的互联网金融影响消费者幸福感的机理有较为深刻的了解，并从金融素养、理财能力以及商业活动等角度让学生认识上述因素对消费者幸福感的重要性，掌握消费者金融相关领域的研究方法和基本分析架构，并将思想政治教育的相关内容蕴含于消费者金融相关专题的讲授和学习过程中。

该课程将以培养学生分析问题以及解决问题的能力为主要目标，辅以相关的思想政治

教育内容，让学生充分认识中国特色社会主义的制度优越性，树立民族自尊心和自信心，从而将消费金融相关的实际问题凝练为具体的科学研究课题进行深入研究。为了达到这一目的，在课程教学过程中，将创新性地结合论文研讨与专题讨论等方式，实现学以致用和学以致“研”的教学质量监控目标。

（二）以“消费金融学”课程为依托建设思政课程的必要性

第一，该课程紧密结合中国特色经济实践，有助于思想政治教育和课程教学过程相融合。该课程在建设过程中力求将思想政治教育的内容与消费金融的相关理论和实践结合起来，凸显中国特色社会主义的制度优越性，强化学生对具有中国特色的消费金融相关议题的理解能力。课程内容涉及消费金融的相关理论以及诸多热点问题，可以很好地将思想政治教育与具体的经济实践结合起来，从而实现思想政治教育和课程教学过程的有机融合。

第二，该课程是跨学科课程，有助于发挥思政课程建设的溢出效应，从而全面提高课程思政教育教学水平。该课程融合了经济学、金融学、投资学、市场营销以及消费者行为学等多个学科的相关内容，将充分发挥课程的价值导向性作用。依托该课程建设思政课程，不仅有助于将思政内容融入这一门课程的教学，也有助于学生融会贯通，将普遍性原理应用到其他学科中，增强学生对该跨学科课程的学习和研究兴趣。同时，结合学生的学习情况以及课程教学效果反馈，不断审视课程思政教学的实践，总结在课程教学过程中更有效融入思政元素的新思路和新方法，可以为其他多个学科的课程思政建设提供有益参考。

第三，该课程以消费者为主要研究对象，贴近学生实际生活，有助于调动学生参与思政课程建设并发挥主体作用的积极性。为了丰富课堂教学内容，结合思想政治教育目标，该课程在建设和实际教学过程中致力于开发课程教学案例库，以发生在学生身边的真实案例引导学生思考消费者金融的相关专业知识。这一举措不仅以更平易近人的方式传授思想政治教育的有关内容，也将学生作为思政教育的受众主体，引导其进行主动思考。因此，该课程有助于总结在充分发挥学生主观能动性的同时融入思政教育的创新方法，从而形成有益的经验补充。

三、“消费金融学”课程思政建设路径与创新方法

自 2016 年以来，笔者已连续 7 年先后为 500 余名博士、研究生开设“消费金融学”课程，该课程及相关教材先后获得 2019 年度对外经济贸易大学研究生精品教材建设项目，2020 年度研究生“课程思政”示范课程建设项目和 2021 年度对外经济贸易大学研究生精品教材出版项目的资助。通过总结有关经验，本文以“消费金融学”课程为例，围绕课前嵌入、课堂互动、课后共享和过程评价四方面总结思政课程建设路径与创新方法。

（一）课前嵌入：引入密切结合中国经济具体实践的现实案例

该课程以培养学生分析问题以及解决问题的能力为主要目标，辅以相关的思想政治教育内容，让学生充分认识中国特色社会主义制度的优越性，树立民族自尊心、自信心和自豪感，从而将相关的实际问题凝练为具体的科学研究课题进行深入研究。为此，该课程在课前嵌入环节引入了丰富的案例进行讨论，让学生成为案例讨论的主体，充分发挥其主动学习和乐于学习的能动性，这是不同于已有研究中以教师为主体建设思政课程的创新做法。

在案例的选择上，要兼顾专业知识以及思想政治教育，力求密切联系中国经济发展的具体实践，做到源于生活、高于生活，这是对应于课前嵌入环节思政建设创新做法的具体建设路径。例如，以“中国奢侈品消费动机分析”案例结合当前我国消费升级的大趋势，引导学生形成可持续的消费价值观；以“中国消费者收入差异的影响因素”案例结合改革开放以来我国贫富差距的现实情况，引导学生正确认识我国个人收入分配差距扩大化问题；以“个人按揭贷款还款：气球贷与窟窿贷”案例与现实存在的两种不同还款方式为切入点，引导学生在避免非理性超前消费的同时选择合适的偿还方案；以“网红直播商业活动影响下的消费者行为”案例紧密结合当前百花齐放的网红经济，引导学生正确认识消费经济新业态。

（二）课堂互动：建立学术论文研讨、主题发言与学生点评等多模块互动体系

在课程建设过程中，进一步强化学生的课堂参与度，即以课堂互动建设思政课堂。课堂互动一方面从提升学生学习兴趣的角度入手，在思想政治教育和课程专业知识的学习过程中，充分发挥学生参与课堂教学的主观能动性；另一方面，将学生课堂参与情况纳入到课程考核中，对于课程教学过程中参与不足的学生形成一定的外在条件约束，从而全面提升课堂参与水平。

在课堂互动环节，不同于已有研究中教师提问、学生回答等传统思路，采取学术论文研讨、主题发言与学生点评等创新做法。在学术论文研讨方面，结合课程思政建设要求，本课程精选了八个相关的主题内容开展专题讨论。在课程教学过程中，针对每个专题选择相关领域的学术论文进行讨论，充分发挥学生学习的主观能动性，并且以课堂论文讨论的方式，提升学生课堂的参与度以及总体教学效果。

在案例教学以及专题讨论的基础上，在该课程的教学过程中，还要求学生搜集数据并整理相关资料，以团队协作的方式进行主题发言。同时，要求每个团队成员代表对其他团队的主题汇报进行点评，最后由教师做综合评价。通过主题发言的方式，培养学生实际动手搜集资料进而解决问题的能力，提升学生课堂参与的获得感和满意度。

（三）课后共享：推进课后交流与小组成果资源共享

课后共享是被已有研究忽略的一个创新做法。已有研究针对思政课堂的融入通常仅限于

课堂本身，但课后小组或班级互动、成果和资源共享也是课程思政建设方法改革的一部分。本课程不仅从教师层面充分利用网络技术或社交媒体建立与学生的互动共享平台，也鼓励学生积极分享在课程学习过程中的心得体会以及对课程学习有益的课外参考资料。

在教师层面，在借助学校的研究生综合系统上传教学大纲、课件和课外阅读资料（英文原著和研究文献）的基础上，还建立班级微信平台以达到即时交流的效果。在学生层面，鼓励学生自发上传课后共享小组的研究成果，并发动其他小组同学使用批判性思维（Critical Thinking）对研究成果进行互动和点评。在此过程中，由教师适时引导，将思政内容融入课后共享环节。

（四）过程评价：提高个人发言和小组展示等课堂参与环节的比重

长期以来，多数课程的总成绩评价体系通常以期末考试或论文为主，并占据绝对地位。尽管已有研究在课前嵌入和课堂互动环节提出了一些行之有效的课程思政建设路径，但鲜有文献提出要将各环节纳入课程的过程评价体系。因此，优化本课程的总成绩构成，注重过程评价，采取多元考核方式，是该课程评价环节的创新做法。

具体来说，该课程考核注重过程评价，期末论文成绩占比适当下调，而上调平时出勤、课堂个人发言、小组展示、作业测试、期中考核等环节的成绩比重。在小组讨论、学生发言和团队展示的过程中，教师要及时考核学生的外文文献阅读理解能力、口头表达能力、逻辑思维能力、课程知识掌握程度以及对中国特色社会主义经济制度的基本理解等诸多方面，形成综合评价计入相应环节的平时成绩。

四、“消费金融学”课程思政改革效果

通过该课程的学习，使学生对“消费金融学”的相关基本概念和基本理论有较深刻的认识，掌握观察和分析消费者金融相关热点问题的正确方法，提高学生在社会科学方面的研究兴趣和素养，进一步将专业知识学习与思想政治教育有机地结合起来。此外，通过课程的教学和学生的学习，让学生进一步认识中国改革开放所取得的巨大成就，增强对中国特色社会主义制度优越性的理解，从而在强化思想政治教育的同时，提升课堂整体教学质量和效果。

具体来看，该课程建设过程中取得了两个方面的效果。

第一，将思想政治教育融入专业课程教学过程中，提高了学生课堂学习满意度。该课程建设过程中力求将思想政治教育的内容与我国消费金融发展的相关理论和实践结合起来，凸显中国特色社会主义制度的优越性，强化学生对“消费金融学”的认识和理解。鉴于课程内容涉及消费者金融的诸多热点问题，为了将思想政治教育融入专业知识的学习中，在教学过程中引入丰富的案例进行讨论，让学生成为案例讨论的主体，充分发挥其主动学习和乐于学习的能动性。此外，在课程建设中，还拟邀请相关理论和实践领域的专家开展学术讲座，将课内学习、课外学术和实践研讨有机结合起来。通过丰富多样的教学方式，提升课程的整体教学质量和效果，并很好地将思想政治教育与具体的经济

实践结合起来。这些举措实现了思想政治教育和课程教学过程的有机融合，提升了学生课堂学习的满意度和获得感。

第二，思想政治教育与专业知识学习相结合，提高了学生的课堂参与水平。作为研究生课程，需要体现一定的学术性和理论性，因此在课程教学过程中，安排了以学生为主体的与每个专题相对应的学术论文研讨。同时，为了将思想政治教育融入专业知识的学习过程中，在选择学术论文和案例资料时力求在强化专业领域文献和实践的同时，进一步提升学生的思想政治教育的水平。此外，在课程建设过程中，进一步强化学生的课堂参与度。一方面，从提升学生学习兴趣的角度入手，在思想政治教育和课程专业知识的学习过程中，充分发挥学生参与课堂教学的主观能动性；另一方面，将学生课堂参与情况纳入课程考核中，对于课程教学过程中参与不足的学生形成一定的外在条件约束，从而全面提升课堂参与水平。

五、结论与启示

为切实将课程思政融入课堂教学建设全过程，寓价值观引导于知识传授和能力培养之中，本文以“消费金融学”课程为例，从课前嵌入、课堂互动、课后共享和过程评价四方面研究了课程思政建设路径与创新方法。

研究发现，在课前嵌入环节，教师可通过引入现实案例的手段，使得学生成为案例研究与讨论的主体。在案例选择上，要注意密切结合中国经济具体实践，尤其要选取贴近学生生活的现实案例。在课堂互动环节，教师要一改填鸭式教学的传统思路，构建起学术论文研讨、主题发言与学生点评等多模块互动体系，引导学生主动思考和大胆交流。在课后共享环节，重视课后小组或班级互动、成果和资源共享，并鼓励学生批判性地讨论，以期融入社会主义核心价值观。在过程评价环节，要积极推动评价指标多元化，弱化期末论文成绩而强调课堂参与环节。

作为一门新兴跨学科课程，“消费金融学”受众面广，可面向多个专业的学生同时开课，因此该课程具有作为隐性育人前沿阵地的天然优势，在落实立德树人根本任务中应发挥重要作用。本文从课前嵌入、课堂互动、课后共享和过程评价四个方面明确了课程思政建设路径与创新方法，启示教师从只注重课堂教学以及课堂应该以教师为主体的传统观念中走出来，让学生成为课堂真正的主体并充分利用好课后的交流机会，深度挖掘新时代中国特色社会主义经济具体实践中涌现出的思政建设热点，将思政课堂建设融入到课前、课中和课后的各个环节中。

参考文献

[1] 李培涛．红色文化融入高校课程思政育人的路径研究——评《大学生红色文化精神教育》[J]．教育发展研究，2023（2）：86．

[2] 白彦，李国正．管理类专业课程引导大学生社会主义核心价值观培育的理论建构

[J]. 中国高等教育，2022（23）：21－23.
[3] 杨治，梁潇. 课程思政中的意义建构：教学内容的感知特征及影响 [J]. 高等工程教育研究，2023（2）：102－109.
[4] 童卫丰，杨建义. 从三重维度厘清“课程思政”的教育逻辑 [J]. 江苏高教，2022（1）：121－124.
[5] 靳玉乐，张良. 要认真对待高校课程思政的“泛意识形态化”倾向 [J]. 现代教育管理，2021（4）：31－37.
[6] 彭立威，施晓蓉. “新工科”背景下课程思政建设“四全覆盖”模式的探索 [J]. 国家教育行政学院学报，2022（11）：63－70.
[7] 李硕. 新文科背景下铸牢中华民族共同体意识的课程思政——基于中国政治制度史“学—研”一体教学模式的应用 [J]. 民族学刊，2022（4）：103－114，142.
[8] 张春萍. 加强新商科课程思政建设的路径探析 [J]. 中国高等教育，2021（10）：37－39.
[9] 肖维青，赵璧. 课程思政背景下的大学英语教材内容重构实践——以“大学英语课程思政数字资源包”建设项目为例 [J]. 外语界，2023（1）：57－65.
[10] 李瑞琴. 新时代高校有效推进课程思政的再认识——以国际经济学课程思政实践为例 [J]. 中国大学教学，2022（12）：22－27.
[11] 江怡，王航赞. 哲学专业课程如何满足课程思政的要求——以“哲学概论”课程教学为例 [J]. 中国大学教学，2022（12）：41－48.

强化过程学习　多举措提高“线性代数”课程教学效果

许　静

摘　要：线性代数课程由于概念多、难点多，具有较强的抽象性，学生普遍认为是一门较难掌握的课程。如果学生不注重平时的学习，问题一直累积下去，将在学习过程中掉队。本文分析总结了在线性代数教学过程中发现的主要问题，并在教学实践中有针对性地进行教学方式方法的改革和完善，通过线上线下混合教学、加强平时考核和督促、融入课程思政、提高科学素养、结合应用例题学以致用、梳理常见问题等多举措强化过程学习，达到提升教学效果的目的。

关键词：线性代数　过程学习　线上线下混合教学

引言

线性代数是对外经济贸易大学经济、管理、理、工等学科的一门公共基础数学课，是构建模型进行科学计算和定量分析的重要工具。随着大数据时代的发展和计算机运算能力的提升，解大型线性方程组、处理高阶矩阵等已经成为分析研究中的重要工作，这些大规模计算问题都要用到线性代数中的理论知识（许静等，2022：314）。然而在线性代数教学过程中，我们发现部分学生不重视平时学习，导致基本概念、基本理论和基本方法掌握不好。学生没有扎实的基础就无法掌握课程的理论体系，造成一知半解，考试成绩不高，影响后续相关专业课程的学习。

李庆（2017）以西南民族大学非数学专业类的理工科的线性代数教学为例，总结了线性代数教学中存在的难点，并从数学问题研究的历史背景、数学理论与工具的实际应用以及数学文化等角度提出了线性代数课堂教学改革的策略。孟国艳等（2022）针对线性代数教学中存在的“痛点”问题，结合专业实例对教学内容进行重组，促进信息技术与课程教学的融合度。欧阳苗等（2017）将线性代数章节中的主要知识点进行拆解，通过阅读、理解和应用，构建知识体系思维导图，基于这种拆书教学法，在教材上的知识中处处渗入自己的看法和实践，并进一步尝试结合专业背景，重现相关知识点，形成课程思维导图。

作者简介：许静，对外经济贸易大学统计学院副教授，硕士生导师。

针对对外经济贸易大学的具体情况，通过与学生交流、查看平时教学记录、分析考试答题情况等方法，我们了解了学生的学习状况、面临的问题和学习需求，并在教学实践中进行教学方式方法的改革和完善。一方面弥补单纯课堂教学的不足，加强平时的考核和督促，另一方面激发学生的学习兴趣和主动性，提高学习效果。

一、线上线下混合教学，强化过程学习

线性代数有 64 课时，共六章内容。受课时所限，课堂主要以知识讲解为主，课堂练习的时间较少，而数学类课程仅仅听课是不够的，还需要有复习和大量的训练。基于网络教学平台，我们采用线上线下混合教学来强化平时的过程学习，使学生在课堂外也能继续学习。

（一）课堂教学的补充和延伸

我们录制了大量的视频资料发布在网络教学平台，包括以下四个方面：

1. 所有知识点讲解。供学生复习巩固，根据需要观看相关内容，及时查缺补漏，对于在课上有没听明白的地方，或者请假需要补课的同学非常有帮助。

2. 各章习题讲解。每章都有配套的习题，详尽的习题讲解有助于学生理解解题过程，改正错误，掌握相关理论方法。

3. 期末综合训练讲解。针对期末复习准备了多套综合训练题，以提高学生综合解题能力。

4. 应用例题讲解。结合课程知识，收集整理了多个应用例题，对其中部分例题进行讲解，可以让学生了解如何用线性代数的理论方法解决实际问题。

（二）过程考核与学业督促

针对学生平时学习投入精力不足的问题，除了及时提醒课下自觉做练习，还采用以下三种方式让学生重视平时的学习：

1. 单元测试。在网络教学平台每章进行一次测试，并且计入平时成绩，学生就会有压力，从而主动复习和训练。单元测试的参加率都非常高，学生通过测试可以了解自己的学习情况，发现问题及时解决，有针对性地进一步复习巩固，加深对知识的理解掌握。这种平时考核有助于强化过程学习，避免了期末考试临阵磨枪的情况。

2. 学业督促。时刻关注学生的平时学习情况，针对考勤不到、没交作业的同学，通过平台系统发出学业督促或学业预警信息，引起学生的重视。

3. 交流答疑。尽管有微信群可以提问，但很多学生不习惯在大群里发言，网络教学平台提供了与教师一对一交流的模式，可以方便快捷地解答学生的疑问。

（三）了解沟通的平台

教师根据平时答疑中出现的问题和测试答题情况，了解学生目前的学习状况，以及整

理出错率高的题目，这些就是学生学习中的薄弱点，可以在课程总结和习题课中着重强调。同时，通过这个平台可以了解学生的学习需求，不断完善教学的各个环节。

二、融入课程思政，提高科学素养

线性代数课程思政教学是在数学理论教学中融入思政元素，将学识教育和道德素质教育相结合，在潜移默化中培养学生的优秀品质和正确价值观。例如，针对线性方程组，我们从弘扬传统文化、增强民族自信、辩证唯物主义哲学思想、思维训练与品质培养等若干方面，挖掘其中的思政元素，多维度介绍与线性方程组相关的历史文化、哲学思想、数学思想和文化等，达到全方位育人的目的（许静等，2022）。

其他可以融入思政元素的知识点有：行列式、向量组的线性关系、秩、可逆矩阵、矩阵的初等变换、向量空间的基、特征值与特征向量、二次型化标准形等。我们将在教学过程中不断总结和完善思政内容，做到科学、自然和丰富。

三、应用例题，让学生学以致用

目前，学生普遍缺乏一种在学数学的基础上用数学的能力，相对枯燥的、抽象的理论打击了学生的学习积极性。学生对线性代数的学习有很多困惑，不知道有什么用，更不知道怎么用。我们在介绍理论知识的同时，还应该让学生感受到知识的广泛应用和强大的解决问题的能力（许静，2018：222）。

线性代数中的矩阵、向量、方程组、特征值、二次型等知识并不是一些枯燥的数学概念和符号，事实上，做任何实证研究，都离不开线性代数知识。根据财经类院校学生后续专业课和未来发展对线性代数的需求，推动线性代数手算与机算的结合，我们收集整理了在经济、管理、环境发展等领域的应用例题（许静，2018）。通过这些应用例题，希望学生了解线性代数的应用场景，明白怎样用线性代数的知识刻画及表示实际问题，加深对理论的理解，实现理论与实践的结合。

每个应用例题都有问题描述、对应课本的知识点、模型建立、模型求解、模型评价等部分。模型的求解采用 MATLAB 软件，使学生真正动手使用数学工具和计算软件进行定量分析，对以后参加数学建模竞赛也能起到很好的支撑作用，培养了学生科学分析和科学计算的能力。受课时所限，大部分的应用例题以课外阅读资料和在线视频的方式发布，学生可以根据自己的兴趣选择学习。课本上的知识点及对应的应用例题见表 1（许静，2018：223）。

表 1　知识点及对应的应用例题

序号	知识点	应用例题
1	矩阵的运算	产品成本核算
2	向量的运算	产品的供应量和价格变化

续表

序号	知识点	应用例题
3	向量组的线性关系，极大无关组	药方配制问题
4	用矩阵表示变量间的线性关系	用户选择服务运营商意向的趋势
5	矩阵的秩的计算及应用	宏观经济联立方程模型识别条件
6	建立线性方程组及求解	列昂惕夫投入产出模型
7	初等矩阵和逆矩阵的应用	密码问题
8	矩阵的特征值与特征向量	发展与环境问题
9	线性代数在统计分析中的应用	白糖期货价格预测
10	二次型在优化中的应用	价格弹性分析

四、梳理常见问题

我们从 2022 年线性代数期末考试试卷中抽取了 3 个教学班，共 367 份试卷，卷面成绩平均分 51.4，最高分 98，最低分 5，低于平均分的占 52%，明显有两极分化的趋势。我们对主观题进行了简单分析，各知识点的得分情况如下表 2 所示。整体看，部分学生未能系统掌握本课程的基本理论框架和重要的计算方法，基本概念、基本方法不清，导致成绩较低。

表 2 学生期末考试主观题成绩分析

题型	知识点	分值	平均分	得分率	总体情况
计算题（共 52 分）	解线性方程组	10	5.8	58%	平均分：24.3 得分率：46.7%
	求极大无关组、向量正交化	10	3.6	36%	
	向量空间的基、过渡矩阵	10	6	60%	
	特征值、特征向量	10	4.1	41%	
	二次型化标准形	12	4.9	40.8%	
证明题（共 8 分）	可逆矩阵	4	1.6	40%	平均分：2.8 得分率：35%
	矩阵的秩	4	1.2	30%	

根据表 2 中的结果，结合平时与学生的交流，我们梳理了学生学习中的几个问题。

（一）概念不清

线性代数的概念多、难点多，很多教师都意识到这是线性代数教学中的难点。周建华等（2021）针对线性代数课程中概念众多、学生理解概念困难的现象，提出了表征学生概念理解的标识，分析了影响学生理解的因素，指出了建立良好概念印象对于理解概念的重要性。郭宏艳（2016）将抽象的概念具体化，帮助学生理解并掌握这些概念。杨威（2021）利用思维导图把线性代数的抽象概念形象化，分别从行列式、向量组、零向量、秩及线性方程组出发，串联出线性代数各个章节的知识点，加深同学对线性代数抽象概念的理解并认识前后各个知识点之间的关联，培养学生解决复杂问题的综合能力和高级思维。

针对难理解的概念，我们采用直观化和通俗理解的方式进行讲解。例如，对向量组的线性相关性这一特别抽象的概念，我们从两个角度进行解读。

1. 几何直观。两个非零向量线性相关的充分必要条件是两个向量中的非零分量对应成比例。易知，当向量 α,β 线性相关时，从几何角度解释，二者是共线的，反之，α,β 线性无关时，二者不共线。对于三个向量的情况，线性相关意味着三者是共面的，线性无关意味着三者不共面。

2. 通俗理解。向量组 $\alpha_1,\alpha_2,\cdots,\alpha_s$（$s\geqslant 2$）线性相关的充分必要条件是其中至少有一个向量可以由其余 $s-1$ 个向量线性表示。这个可以被其余向量线性表示的向量并没有贡献“有用信息”，它在向量组中显得是“多余的”。所以，线性相关通俗理解就是向量组中存在多余向量。反之，线性无关向量组中的每个向量都不能被其余向量线性表示，因而向量组中不存在多余向量。后面的若干命题都可以用是否存在多余向量通俗直白地解读向量组的线性关系。我们也鼓励学生用自己的语言理解描述这些概念，面对问题，先理解明白了，再用严谨的数学语言整理出来。

（二）基本计算能力不过关

我们的课程考试以及将来的硕士入学考试，线性代数都是手算结果，这就要求学生有准确率高且速度快的计算能力。但从考试情况看，学生对多数题目有解题思路，但初等变换等基本计算出错，说明学生平时训练较少，这是考试成绩偏低的一个重要原因。因而我们针对典型的重要题型，在作业中增大题目量，加强训练。例如，针对线性方程组的解的判断和求解问题，我们给出方程个数、未知量个数和未知常数个数不同的若干题目，并且要求对未知量个数和方程个数相等的方程组用矩阵方法和行列式方法进行解的判断，让学生能全面掌握该题型。学生也可以在平时接触一些常见的出错点，能更好地巩固学过的知识。表 2 显示，涉及向量组的正交化、特征值和特征向量的计算等题目得分率都偏低，需要以后增加这方面的训练。

（三）解题思路不够开阔

线性代数知识点多且细，学生经常有做题无从下手的感觉，这时需要构建知识点的关系网络，将各点连接起来，打通思维通道。例如对于 n 阶可逆方阵 A_n，通过如表 3 所列的各章中的多个等价关系，可将若干重要知识点串联起来。同理，矩阵不可逆也有若干等价关系，不再赘述。

表 3　方阵可逆的等价关系

序	所在章	等价关系
1	行列式	① $\lvert A_n \rvert \neq 0$
2	向量组及线性方程组	① A_n 的行向量组、列向量组均线性无关 ② 齐次线性方程组 $A_n X=O$ 仅有零解 ③ 非齐次线性方程组 $A_n X=b$ 有唯一解
3	矩阵	① $r(A_n)=n$ ② A_n 可逆 ③ 存在方阵 B_n 使得 $AB=E$，其中 E 为单位矩阵 ④ 伴随矩阵 A^* 可逆 ⑤ $A_n=P_1P_2\cdots P_s$，其中 P_i 是 n 阶初等矩阵
4	向量空间	① A_n 的行向量组、列向量组均可作为 n 维向量空间的一组基
5	特征值与特征向量	① A_n 的特征值全都不为 0

这些等价关系像一条藤蔓，各知识点不再是分裂的，它们是紧密相连的。学生掌握了这条脉络，解题时就不会仅仅局限在题目给的信息上，可以开阔思路，全面考虑问题，更容易找到解题的突破口。

（四）综合能力弱

证明题和一部分较难的客观题都特别考察学生的知识综合运用能力，也是学生普遍发怵的题目。从表 2 看出，证明题的得分率是较低的。在平时的教学中我们有意识地引导学生去分析题目，怎样充分利用题目的信息。例如，考虑如下命题的证明。

命题：若矩阵 $A_{m\times n}$，$B_{n\times t}$ 满足 $AB=O$，且 $r(A)=r<n$，则 $r(B)\leqslant n-r$。

1. 先从条件入手分析。由 $AB=O$ 知，B 的列向量是以 A 为系数矩阵的齐次线性方程组 $AX=O$ 的解，且当 $r(A)=r<n$ 时，$AX=O$ 有非零解。

2. 再从结论入手分析。$n-r$ 这个指标是当 $AX=O$ 有非零解时，其基础解系中向量的个数，所以应考虑用基础解系解决问题。

上述分析结合在一起就可以知道，B 的列向量可以由 $AX=O$ 的基础解系中的向量线性表示，所以 $r(B)\leqslant n-r$。这个命题涉及多个知识点，有一定的综合性，关键是要求学生对线性方程组的解的判断和解的结构要有深入的认识，才能将矩阵问题转化为线性方程组的问题。

线性代数的一个特点是同一个本质问题，可以有不同的表现形式，需要学生有一定的归纳总结能力，才能透过现象看到本质，快速地理清思路、解决问题。

结语

线性代数作为一门公共基础课涉及的学生面广，故教学方式必须多样以适应学生不同的需求。我们在对课堂教学精益求精的前提下，结合各种教学改革措施，强化学生的过程学习。从近年的学生成绩和教学评价看，学生学习情况有所提高，评价较高，但仍然存在一些问题，例如针对学习能力强、学有余力的同学如何增加难度、扩展知识面的问题，多次挂科学生的学习问题，部分学生缺乏学习主动性的问题，学生成绩两极分化问题等，我们还要不断探索教学方式方法的改革，提高教学质量。

参考文献

[1] 许静，张宇卓．“线性代数”课程思政教学案例——以线性方程组理论为例［G］// 北京对外经济贸易大学教务处．创新与实践——本科人才培养与教育教学改革论文集，2022，314－321．

[2] 李庆．以西南民族大学为例探析线性代数教学中的难点及其对策［J］．数学学习与研究，2017（1）：27－28．

[3] 孟国艳，银润龙，李新云．问题导向的线性代数课程教学改革探索与实践［J］．大学数学，2022，38（3）：75－81．

[4] 欧阳苗，欧启通．基于拆书教学法的线性代数教学探索与实践［J］．大学数学，2022，38（1）：60－66．

[5] 许静．基于 Matlab 软件改革财经类大学《线性代数》课程［J］．科技创新导报，2018（22）：222－223，225．

[6] 周建华，吴霞，卢伟．概念印象与线性代数教学［J］．大学数学，2021，37（4）：84－89．

[7] 郭宏艳．《线性代数》教学中若干难点的探讨［J］．教育教学论坛，2016（22）：226－227．

[8] 杨威．基于思维导图的“线性代数”形象化教学探究［J］．教育教学论坛，2021（1）：17－20．

新文科背景下保险科技交叉融合课程的创新建设

——以“保险精算智能”课程为例

黄一凡

摘　要：面向国家数字经济战略和“新文科”“新财经”学科建设，培养保险科技领域的创新型复合型人才，保险学院于2021学年新增“保险精算智能”课程进入本科生培养方案。本文首先对保险科技人才的培养目标和相关院校的教学实践进行梳理，探讨基于STEM跨学科整合模式的课程方案设计。在此基础上，课程组构建了以保险大数据建模分析与风险管理案例应用为核心的教学内容体系，将人工智能的思想和编程实践更好融入保险精算的教学过程，打破学科界限，促进学生实现在保险与人工智能信息技术的理论和实践能力的全面发展。

关键词：保险科技　复合人才培养　STEM教育　交叉融合课程建设

引言

作为金融科技的重要分支，保险科技即“数字技术+保险场景”融合，能够有效促进保险业务流程优化、培育保险生态新模式、助力保险监管、赋能保险全价值链发展（周延礼，2017）。我国保险业自2017年开始步入以“数据及其深度应用”为核心的全流程数字化阶段，保险科技应用从营销和理赔环节扩展至产品开发、风险控制、公司治理和金融监管各个方面，迫切需要人工智能与大数据等技术支撑。但截至2020年底，保险全行业信息科技人员占比仅2.51%[①]，复合型人才缺乏仍是制约我国保险科技发展的关键因素。在此背景下，中国人民银行和原银保监会相继发布《金融科技发展规划》和《关于银行业保险业数字化转型的指导意见》，提出要加强人才队伍建设，培养金融、科技、数据复合型人才。

作为人才培养的主阵地，高等学校在拔尖创新人才教育方面承担着重要的责任。教育部从2019年开始全面推进“新文科”等“四新”专业建设，其中对财经类专业和课程进行改革、推进学科交叉融合，也属于“新文科”建设的内在要求。但时至今日，我国的保险科技人才培养仍处于起步探索阶段：部分院校或仅仅在保险学、精算学的专业培养

作者简介：黄一凡，对外经济贸易大学保险学院副教授。

① 中国保险行业协会：保险科技“十四五”发展规划。

方案中增设 R、Python 等数据分析和编程课程，或尽管有开设“人工智能＋保险”名义的课程，但存在教学内容深度不足、缺少对信息技术与保险实践结合案例的讲授、未涵盖保险科技的最新发展成果和趋势等问题，难以满足行业对创新复合人才的需求。有鉴于此，我院于 2021 年对精算学专业、精算与风险管理实验班的培养方案进行修订，新增“保险精算智能”课程（设在本科第 6 学期，32 学时），以促进人工智能与机器学习与保险理论教学、应用实践和学术研究的深度融合。历时三年，课程的筹备和建设情况如下。

一、相关院校的课程实践

国内高校相关的教学实践主要集中在金融科技领域，目前对金融科技人才的培养模式已形成了一定的共识。例如：应当在培养过程中突出金融科技人才的创新能力、复合性与国际化背景、兼具风险意识和互联网思维的特色（刘勇和曹婷婷，2020）；制定适合学生发展的柔性化、个性化培养方案，构建以问题为导向的跨学科复合课程群，通过课程打散和主题重构实现学科间的弹性交叉（贾君怡和于明哲，2021）；等等。

保险科技的人才培养目标与之具有一定相似性。以我院和信息学院联合申报的《保险大数据双学士学位复合型人才培养项目》为例，学生经过本科阶段的学习，应“具备扎实的经济金融理论基础与大数据专业理论方法，掌握前沿的人工智能技术和大数据分析工具，熟悉保险金融行业的运行逻辑与新发展趋势，能够积极参与和推动人工智能、大数据技术在保险、金融等行业的深入应用”。因此，除了在培养方案中加入机器学习等信息技术课程以及风险管理与保险等专业课程外，开设交叉融合课程势在必行。例如，中国人民大学开设了“大数据精算建模”课程、西南财经大学开设了“精算软件与保险科技”课程等。对相关院校教学大纲的分析能够为本课程提供参考。

（一）中国人民大学“大数据精算建模”课程

中国人民大学的精算专业（应用统计学）设立在统计学院，作为理工学科大类（理科试验班）的一个专业方向。大数据精算建模课程于 2019 年加入培养方案，作为“个性化选修课”，开设在第 7 学期、共 32 学时，目前由数据科学与大数据统计系的教师主讲。

该课程教学大纲对教学目标的表述为：“本课程着重于培养和加强学生利用大数据编程解决实际保险精算业务问题的能力。在基础知识部分，本课程将首先介绍大数据及精算建模的基础知识和原理，……在应用层面，授课内容主要围绕实际理赔大数据的数据清洗、特征工程、文本分析、机器学习等主要数据处理方法。”从教学计划来看，该课程与保险实践相关的内容主要集中在保险理赔数据的特征工程（5 次课）、自然语言处理（3 次课）和机器学习建模（3 次课）三个方向。指定教材为中国人民大学出版社出版的《数据科学并行计算》，推荐参考书目包括《Python 大数据处理库 PySpark 实战》和《PySpark 实战指南》，均为大数据技术相关教材，较少涉及保险和精算专业的知识。此外，由于主讲教师的教研背景与金融和保险精算学科均不太相关，该课程在讲授过程中可能会陷入过多关注人工智能和机器学习算法、忽视保险精算实践应用的困境，难以实现既定的保险科技复合型人才培养目标。

（二）西南财经大学“精算软件与保险科技”课程

西南财经大学的精算学本科专业设立在金融学院，目前作为与金融学类、金融科技等专业并列的方向，单独进行招生和培养。西财精算专业较早开始了对保险科技人才培养的探索，培养方案包含大数据与机器学习、精算软件与保险科技 2 门核心课程。其中后者属于保险科技交叉融合课程，共 51 学时，主讲者包括保险精算系多名教师以及保险实务界专家组成的教师团队。

大纲对课程目标的表述为：“通过理论学习与实际应用相结合的教学过程，使学生熟悉 R 语言基本操作和编程。初步具备利用 R 语言进行数据分析、模拟计算和数据可视化的能力。对保险科技有一定的理解，能很好地把握保险科技相关研究的最新动向，为进一步的理论创新和保险实践奠定良好的基础。”教学内容分为两部分：一部分是对相关编程和精算软件的基础知识、统计学和机器学习理论的讲述（约 7 次课），参考教材包括《R 语言实战》和《R 语言初学者指南》；另一部分是以专题讲座形式介绍信息技术与保险行业结合的实践，如区块链与保险、物联网与保险、云计算与保险等，每次课一个专题（约 10 次课）。该课程的设计思路与保险科技复合人才的培养目标相对最为接近，但在具体的组织方式上，其第一部分只关注人工智能与机器学习的基础理论和方法，而后一部分讲座更偏宏观，对如何从技术方面实现保险与科技融合的问题涉入不深，前、后两部分教学内容之间稍显割裂。这为本课程的设计做了提醒。

二、教学原则和思路

考虑到保险科技对学生专业能力的复合性要求，本课程的设置遵循 STEM 教育理念，着力推进学科间的交叉融合。STEM 是科学（Science）、技术（Technology）、工程（Engineering）和数学（Mathematics）4 门学科的统称，旨在实现跨学科知识的有机融合，更好培养学生的创新精神与实践能力（余胜泉和胡翔，2015）。STEM 的跨学科课程整合模式包括相关课程模式（the correlated curriculum）和广域课程模式（the broad fields curriculum）两种（Herschbach，2011），本课程主要采用广域课程模式的设计思路，淡化学科之间的界限，以真实的保险金融应用情景引导学生学习不同领域的知识。课程的培养目标可以概括为：“通过本课程学习，使学生深入了解人工智能和机器学习方法的原理，进而根据保险研究的需求和数据特征，自主开展数据处理和构建量化模型，最终为保险实际问题提出创新解决方案。”

（一）围绕“保险数据挖掘”主题，统一组织课程方案

保险数据挖掘是一项系统性的复杂任务，核心目的是合理应用人工智能和机器学习技术，挖掘数据中的深层信息，为保险精算与风险管理提供决策依据。以保险产品定价情

景为例，与数据挖掘相关的任务包括：数据收集和整理、确定分析目标、构建数据分析量化模型、模型评估与调整、结果解释与应用，共 5 个部分。本课程将以各项任务为线索，系统讲授“人工智能+保险”的具体实现。例如，在数据收集和整理部分，重点讲解人工智能的特征工程技术，但紧紧围绕保险数据的特点（如损失分布的偏态性、离散化特征的应用）展开，通过练习同步加深学生对保险原理和计算机编程工具的掌握。在构建数据分析量化模型部分，首先讲授决策树和神经网络为代表的几种机器学习模型的数学基础，进而通过死亡率动态预测、投保人风险评估、保险产品文本评论分析等实际案例，展示人工智能在保险数据挖掘中的应用。通过这些案例，学生不仅能够理解机器学习模型的具体实现，还能比较分析各模型在不同应用场景中的适用性，巩固和深化对人工智能方法的全面认知。

课程采用结构化学习的模式，帮助学生更清楚地了解每个模块的学习内容及其在整体框架中的位置，培养其跨学科的综合素养，最终逐步建立起完整的数据分析思维和保险应用能力。课程内容覆盖 STEM 的 4 门学科，包括机器学习模型的数学性（M）、计算机编程的工程性（E）、保险数据挖掘和案例解决的系统性和技术性（T）以及保险人工智能前沿学术研究的科学性（S），但各部分教学内容的侧重点不同。

（二）内容深度和广度并重，在筑牢理论基础同时激发学生兴趣

保险科技具有丰富的内涵和广泛的外延，因此，在讲授具体知识点时需要做到详略得当。对于学术界和业界广泛认可的方法，如神经网络和梯度提升树模型，课程将深入探讨模型背后的数学原理，帮助学生理解机器学习和人工智能思想同一般的统计建模方法的区别，真正掌握从实际问题出发来构建和调整模型的能力。对于一些非核心的知识内容，则借助具体案例穿插讲授，生动演示如何应用多种技术创新性地解决问题，激发学生兴趣，引导他们对相关知识点进行自主学习。

例如，在介绍神经网络部分时，重点讲解其模型结构，凸显神经网络与传统线性回归模型的关联和差异；在此基础上，课程将引入保险精算学术研究在神经网络的最新成果——结合广义线性模型的精算神经网络，通过叙述相关研究思路，启发学生进一步探索机器学习与保险精算的未来融合方向。

三、课程方案设计

（一）教学内容和计划

通过需求分析和相关实践经验总结，课程组将在学科深度融合、理论与实践并重的思路下组织教学内容。

1. 课程导论（1 次课）

导论模块主要聚焦精算与风险管理任务，以保险精算学科在大数据时代面临的新数据、新问题和新方法为切入点，引出保险科技的应用与科研前景，梳理课程的教学目标

和内容。导论课程主要体现 STEM 中的科学与技术部分，以健康风险与医疗费用的影响因素分析、车主驾驶行为识别和风险量化、保险文本信息挖掘 3 个典型案例，激发学生对保险科技的探索兴趣，认识“人工智能+保险”的强大应用潜力。

2. 保险数据分析基础（4 次课）

本模块主要讲授基于保险数据的特征工程方法以及如何从数学角度分析保险实践问题。其中，第一部分除了涵盖传统结构化数据的收集和整理，还重点关注网页数据、流数据、图像数据和自然语言文本数据等在保险领域逐渐兴起的新型非结构化数据。笔者在评审本科学位论文时发现，多数学生对机器学习的模型结构和编程实现较为熟悉，然而在如何处理不同类型的数据、使其符合分析模型的要求时存在问题。因此，课程将通过理论讲解和实例演示，帮助学生建立对保险数据分析流程的规范认识，主要体现技术性和工程性。

在第二部分，针对保险精算的特定场景，课程将讲解如何将具体的数据分析目标转化为计算机可以理解的数学优化问题，即目标函数。本部分预期将数学建模的知识融入保险应用背景，培养学生自主确定研究问题并构建目标函数的能力，体现课程的数学性。

3. 保险数据量化建模（8 次课）

本模块是课程教学的核心内容，也是真正实现学科融合的关键点。不同于中国人民大学和西南财经大学的课程设置，本课程除介绍广义线性模型、决策树衍生模型、神经网络模型的基本原理外，还重点关注其在保险精算领域的实践应用，探讨人工智能与保险研究融合所产生的新变化。例如，引入梯度提升树模型的前沿研究成果，基于保险问题的特定目标函数来完善和修改机器学习模型，对两个学科的研究边界同步进行拓展；应用逻辑图演示精算神经网络，介绍对网络结构进行优化的思想，增强机器学习模型对保险问题的适用性和可解释性；等等。期望为参与课堂学习的高年级学生打下进一步研究深造的基础。

每个章节的内容按照各类机器学习模型的“数学原理—编程实现—实践案例应用—进阶拓展”组织，依次体现 STEM 中的数学性、技术性、工程性和科学性，并紧紧围绕保险数据挖掘的主题展开，有效打破了知识点间的界限。在课堂案例方面，重点挑选死亡率预测、损失数据建模和准备金评估等保险精算研究的典型场景，同时额外加入了保险文本评论分析、图像识别与理赔查勘等新颖应用。以上案例的选择均来自主讲者的科研背景，部分研究成果已发表在保险精算领域的国际顶级期刊，可以最大限度地保证授课效果、实现教研相长。

4. 模型分析与调整（3 次课）

本模块是保险数据挖掘的最终阶段，也是回答实践问题的必然需求。除了介绍基础的模型评估方法，更注重结合保险监管的具体规定与保险行业各个参与方的需求，对模型结果进行解释与调整，促进“人工智能+保险”应用落地。课程将从保险公司管理者和投保人关注的角度出发，全面介绍对机器学习量化模型进行评价的指标及可视化方法，强调技术性与工程性。

整体教学内容体系如表 1 所示。

表 1　保险精算智能课程的教学内容体系

模块	章节	内容	对应领域
1. 课程导论	保险数据挖掘导论	精算、数据科学和人工智能	S
		保险数据挖掘的基本框架	T
2. 保险数据分析基础	特征工程	保险数据特点及常用的特征工程方法	T、E
	目标函数与模型评价准则	分类回归目标函数基础	M
		基于保险问题的目标函数调整	M
3. 保险数据量化建模	广义线性模型与正则化	广义线性模型与正则回归模型的结构	
		正则回归模型的程序实现：glmnet	T
		案例 1：心血管疾病的风险分析	E
		案例 2：应用正则项实现投保人风险分类	S
	决策树类模型	决策树、随机森林与提升树模型的基础	
		随机森林与提升树的程序实现	T
		案例：基于改进提升树的车险索赔频率建模	S、E
	神经网络及其拓展	神经网络基础	
		神经网络的程序实现	T
		拓展：精算神经网络的相关研究	S
		案例：基于神经网络的死亡率预测模型	E
	文本分析与主题模型	主题模型的基本概念	
		LDA 主题模型的程序实现	T
		案例：保险公司评价的文本分析	E
4. 模型分析与调整	模型选择与调优	保险数据分析模型的调整方法	T
	可解释模型与结果可视化	机器学习模型解释工具	T、M
		案例：保险产品费率结构设计	S、E

（二）课堂互动

在完成理论讲授和部分案例研讨后，课堂将把更多时间交给学生，即翻转课堂。学生以 6～8 人自由组队，各小组根据事先给予的选题指南，在教师的指导下拟定问题切入点和案例研究计划，利用课下时间完成调研和分析，形成完整报告并在课堂上进行展示。教师与其他同学对报告内容提出问题和建议，充分实现教师与学生之间、学生与学生之间的交流互动。各个小组的展示材料将在学期末统一汇总并分享给全体同学，课程组也会及时将优秀案例纳入教学素材库，供后续学生学习。

互动研讨案例的指南主要来自保险科技相关的学术研究和工业应用热点问题，选题示例包括“物联网大数据在新型保险产品开发中的应用前景”及“人工智能在促进保险客户画像和精准营销中的作用”等。课程组教师也将定期对选题指南进行更新，确保课程的时代性和前沿性。

（三）考核方式

1. 课堂表现（约占总成绩的 10%）

课堂参与度将作为平时表现的一部分。

2. 课后练习与小组作业（约占总成绩的 30%）

小组作业的考核要点在于：（1）对市场上保险科技应用和发展现状的认识，需要自主搜集资料并给出详实的数据；（2）充分理解人工智能与机器学习方法在保险实务中的应用，指出某项业务具体应用了哪些信息技术、带来了哪些优势；（3）归纳保险科技在当前实践应用中的局限和不足，并对未来发展提出建议。小组作业的评分将综合考察课堂展示的效果与文字报告的完整度，同时参考班级其他学生对小组展示的评价。

3. 期末论文（约占总成绩的 60%）

除小组作业外，每位学生在期末还需从课堂发布的案例中选择其一，综合应用人工智能与机器学习方法解决实际的保险精算问题，最终形成完整的案例分析报告并提交程序代码。期末论文与小组作业的考核侧重点不同：小组作业注重对保险科技宏观应用的调研，而期末论文更加重视具体的工程和技术层面的实践，强调应用课堂讲授的保险数据挖掘的全部内容，选择合适的特征工程方法、确定问题目标并通过机器学习量化建模得出结论，为保险风险管理与精算定价评估提供决策依据。在论文选题方面，课程组将提供更加详细的案例要求作为指引。例如：请基于一家保险公司客户的文本评论数据，分析消费者在购买保险产品时重点关注的因素（保障范围、价格或服务），并对该公司的声誉水平进行量化，为改善其声誉提出可行建议。通过将复杂选题分解成若干个递进的子任务，帮助学生建立应用机器学习和人工智能解决问题的整体思维框架，最终实现从保险科技理论到实践的跨越。

本课程的期末考核要求与北美精算师“Exam PA：Predictive Analytics”类似，不限制学生使用的技术和回答问题的角度，重点关注其解决问题思路的完整性和科学性。

结语

当今时代，保险科技的创新迭代呈加速趋势，高校的课程设置应适应变化，根据行业与国家需要进行调整。本课程组专注于保险实践场景，着重培养学生应用人工智能与机器学习方法解决保险精算实际问题的能力，紧紧围绕保险数据挖掘设计课程内容，通过理论讲授和案例研讨结合的方式，打破学科之间的界限，促进学生在数学基础、编程能力、案例分析和科研素养方面的同步提升。目前，保险精算智能课程已完成教学方案、课程内容和教学案例库建设，并即将完成第一轮授课工作。课程组未来也将根据保险科技理论实务的发展和学生的反馈，不断对教学方式和教学内容进行改革和创新。

参 考 文 献

[1] 贾君怡，于明哲．金融科技专业建设与人才培养的实践探索研究［J］．科学决策，2021（12）：145－150．

[2] 刘勇，曹婷婷．金融科技行业发展趋势及人才培养［J］．中国大学教学，2020（1）：31－36，59．

[3] 余胜泉，胡翔．STEM 教育理念与跨学科整合模式［J］．开放教育研究，2015，21（4）：13－22．

[4] 周延礼．保险科技的应用现状和未来展望［J］．清华金融评论，2017（12）：16－18．

[5] Herschbach，Dennis R．The STEM Initiative：Constraints and Challenges［J］．Journal of STEM Teacher Education，2011，48（1）：96－122．

“形势与政策”课程“数字化+混合式”教育教学模式新探索

张伟玉　王宇航　李晓洁　崔晨涛　管淑侠

摘　要：“形势与政策”课程是唯一一门纵贯本科4年8学期的高校思想政治理论课，具有鲜明的时效性和突出的政治性，是实施爱国主义教育和公民道德教育的主要载体，在思政课体系中占据特殊位置。为解决该课程师资力量严重缺乏、教学内容动态调整、优质课程无法全覆盖、教学管理效率低下、学生学习内生动力不足等问题，课程团队充分利用超星学习通平台，重点推动学生端、教师端和管理端“三端并重”的教育教学数字化改革；高标准打造“四位一体”的师资队伍，提升教师授课质量；分类分层设计线上线下班级，将规定课程与个性化课程相结合；定期遴选优质金课，实现线上全覆盖；通过线上直播和线下讲座结合，实现课程供给的时效性与政治性融合；创新课程考核评价方式，推动成绩评定多元化。通过上述措施创新性构建“数字化＋混合式”教育教学新模式，打造符合数字化时代发展趋势和“新生代”学生特点和学习习惯的优质思政课程。

关键词：形势与政策　数字化　混合式　思政课

引言

2018年，教育部社科司发布1号文件《教育部关于加强新时代高校“形势与政策”课建设的若干意见》（教社科〔2018〕1号），强调“‘形势与政策课’是理论武装时效性、释疑解惑针对性、教育引导综合性都很强的一门高校思想政治理论课，是帮助大学生正确认识新时代国内外形势，深刻领会党的十八大以来党和国家事业取得的历史性成就、发生的历史性变革、面临的历史性机遇和挑战的核心课程，是第一时间推动党的理论创新成果进教材进课堂进学生头脑，引导大学生准确理解党的基本理论、基本路线、基本方略的重要渠道”。文件要求形势与政策课程要“采取灵活多样的方式组织课堂教学，积

作者简介：张伟玉，对外经济贸易大学马克思主义学院副教授，硕士生导师；
王宇航，对外经济贸易大学马克思主义学院教授，博士生导师；
李晓洁，对外经济贸易大学马克思主义学院专职教师、副教授；
崔晨涛，对外经济贸易大学马克思主义学院专职教师，讲师；
管淑侠，对外经济贸易大学马克思主义学院专职教师，副教授。
基金项目：本文受对外经济贸易大学优秀青年学者资助项目资助（20YQ17）。

极运用现代信息技术手段，扩大优质课程的覆盖面，提升形势与政策课教学效果”。“当代青少年作为互联网的原住民，思想活跃、思维敏捷，观念新颖、兴趣广泛，探索未知劲头足，接受新生事物快。数字化技术为‘大思政课’打开了更广阔的发展空间，为把道理讲深、讲透、讲活提供了有效助力。”（岳修峰，2022：005）教育数字化能够提供更广泛的学习机会，在资源共享、个性化学习、高效评估和反馈等方面具有独特优势，教育数字化对推动高质量教育将产生积极影响（陈忠民，2023：98－99）。对外经济贸易大学“形势与政策”课程“数字化＋混合式”教育教学新模式探索时间较早、建设时间较长、成熟度较高，为优质数字化教学平台和混合式教学模式的打造积累了较为丰富的建设经验。

一、课程建设历程

（一）第一阶段：线下规范化与标准化建设阶段

2018 年以前，对外经济贸易大学“形势与政策”课程全部采用传统的大班线下授课模式。2018 年春季学期开始，在传统课堂基础上，该课程实现了全覆盖全校本科生群体，并开始 4 年 8 学期“不断线”授课，构建了形策大讲堂和线下课堂精讲相结合的授课模式，初步完成了课程的规范化与标准化建设。

（二）第二阶段：“线上＋线下”融合式发展阶段

受新冠疫情影响，2020 年春季学期，“形势与政策”课程开始加快探索“线上＋线下”融合的混合式教学模式，出台了《关于对外经济贸易大学“形势与政策”课建设的实施方案》，大力推进课程的信息化建设和混合式教学模式的构建。

（三）第三阶段：“数字化＋混合式”建设提质增效阶段

2023 年春季学期开始，课程教学团队为适应数字化发展趋势，打造符合互联网时代学生学习习惯和认知特点的思政课程，开始建设数字驱动、智能提效，以“共建、共享、共赢”为核心理念的“形势与政策”课建设模式，基本探索形成了可克隆、可共享、可推广的“数字化＋混合式”教学新模式。

二、课程教学目标

（一）价值目标

课程结合当前国内国际形势，引导学生树立正确的世界观、人生观、价值观，提升学生的政治素养，为中国式现代化建设和中华民族伟大复兴培养和塑造新时代新青年。课程第一时间推动党的理论创新成果和政策主张进教材、进课堂、进头脑，使学生准确理解党的基本理论、基本路线、基本方略、基本政策，为实现中国梦增强责任感和使命感。

（二）知识目标

课程主要目的是让学生深入学习习近平新时代中国特色社会主义思想，了解党和国家的最新理论成果和方针政策，包括“全面从严治党”“经济社会热点问题”“港澳台工作”“国际形势与政策”“民族理论与政策”等模块内容。学生通过学习国内外政治、经济、社会等方面的最新发展动态和趋势，及时了解世界和中国的发展变化，正确认识国际关系，理解我国外交政策，为培养具有国际视野的人才提供知识支持。

（三）能力目标

通过了解当前复杂的国际关系、社会现象和热点问题，增强学生辩证思维能力、战略思维能力、宏观分析能力、是非判断能力。课程通过深入剖析当前的政治、经济、社会问题，引导学生实事求是、理性看待问题，增强分析问题、解决问题的能力，为服务改革开放前沿、服务国家重大战略做准备。

三、传统形势与政策课堂的困境与挑战

（一）教学管理效率低下

“形势与政策”课程是学校目前唯一一门贯穿本科 4 年的本科生必修课，每学期近 9 000 左右人次修读，每学年累积修课人数 2 万左右人次，且需连续修读 8 个学期不间断，对于如此庞大的学生数量和如此长的修读时间，无论是教师课堂教学、学生考试评价还是作业提交等教学管理工作均面对巨大考验，教学管理的效率问题成为教师面临的重要挑战。

（二）优质课程无法全覆盖

时效性鲜明是形势与政策课的动态特征，政治性突出是形势与政策课的必然要求，理论与实践相结合是形势与政策课的活的灵魂（李小鲁，2011：40－41）。形势与政策课程需紧跟社会热点、党和国家方针政策，课程更新大、变化速度快，对教师专业素质和学习能力要求较高。但该课程的专职思政教师人数极少，保障全校本科生连续 4 年课程修读任务艰巨，传统授课模式难以让优质课程覆盖全部学生。课程面临内容更新多、变化速度快、教学班级大、师资力量严重缺乏、教学内容高品质供给和优质课程无法全覆盖的痛点。教学内容的动态性特征、优质课程的全覆盖需求与高质量学科教师缺乏之间存在巨大矛盾（李小鲁，2011：41－42）。

（三）学生学习内生动力不足

传统的“形势与政策”课程常由教师在大阶梯教室面对几百位学生讲课，学生被动听课，教师“满堂灌”，学生参与度低、积极性不高，思政课堂面临内容枯燥、说教性强、

学理性弱、互动性低、抬头率不高等痛点，学生普遍存在学习内生动力不足，对思政课重视程度不够、认知基础薄弱等问题。形势与政策课程要及时、准确、深入地推动党和国家重大方针政策入脑入心，推动习近平新时代中国特色社会主义思想进学生头脑，成为亟待解决的重大课题。

四、“数字化+混合式”教育教学模式新探索

（一）教师、学生和管理三端并重，推动教育教学数字化改革

在教师端，以数字化技术介入教学方法创新，增加“数字化”教学的可复制性、可推广性，并充分融入对外经济贸易大学特色元素和校园文化，打造受学生喜爱的“数字教师形象”；在学生端，配备AI助教，实时解答学生疑问，创造动态、积极、主动的学习氛围，加强学生学习的灵活性，以及师生互动的及时性和可达性；在管理端，加强学生学习效果的监管，通过数字化平台和智能化手段将教师从繁重的教学管理任务中解放出来，提高课程管理的便捷性和高效性。

（二）高标准构建“四位一体”教学团队，提升教师授课质量

“形势与政策”课因其课程属性的时效性、教学领域的广泛性、教学内容的复杂性、教材体系的多变性，相对于其他更具专业性和稳定性的思政课对授课教师的课程设计、教学方法和教学内容提出了更多挑战和更高要求（严萍昌，2020（03）：151），高水平教师和优质好课金课对提升教学质量至关重要。对外经济贸易大学“形势与政策”课程高标准遴选授课团队，通过校领导示范引领、知名专家学者领衔、专职思政教师主抓、兼职教师辅助的“四位一体”联合教学团队的打造，提升师资队伍质量。

（三）分类分层设计线上线下班级，规定课程与个性化课程相结合

课程合理配比线上线下班级，学生在线下学习统一要求的规定课程，在线上学习通平台可根据学科特点和个人偏好定制个性化课程。采取分类分层的教学设计，为大一学生开设20余个新生班级，开展对新生的专门教育，针对毕业生设计20余个全线上班级，满足毕业年级同学需外出求职、考学升学和毕业等特殊情况下的学习。为大二、大三学生同时开设60余个线上线下融合班级，加大教学的梯次和难度。通过学习通在线教学平台的班级和课程管理，实现对班级精细化管理和学生成绩的全链条记录。

（四）定期遴选优质课程，实现优质金课线上全覆盖

每学期遴选广受学生欢迎和好评的优质金课，上线到学习通平台，组建“全面从严治党”“我国经济社会发展”“港澳台工作”“国际形势与政策”“民族理论与政策”等教学组，通过集体备课和教学研讨等方式，打磨教学课件，录制金课、好课上线到数字化平台共享，实现优质课程全覆盖。

（五）线上直播和线下讲座结合，实现时效性与政治性融合

邀请社科理论专家、知名学者、学校领导、政府官员、企事业单位负责人等通过线上直播和线下讲座的形式开办高水平学术讲座，打造形势与政策“名师大讲堂”，发挥“名师大讲堂”立德树人的品牌效应，对国内外热点话题进行深度分析，帮助学生了解时事政策、社会热点和理论前沿，将党和国家最新理论和政策以最快的速度、更权威的解读覆盖全校学生。

（六）创新课程考核评价方式，推动成绩评定多元化

学生成绩采用过程性评价和最终评价相结合的方式，分为线下课程学习时长（30%）、线上课程学习时长（30%）、作业质量（40%）等内容，按照教育部规定采用“通过”和“不通过”作为最终的成绩评定结果。学生可通过独立撰写学习报告、联合制作短视频或制作思维导图等多种方式完成课程作业，增强学生参与性、协作性和可分享性，鼓励学生以小组集体调研的方式完成作业，遴选优秀学习小组进入寒暑假社会实践和学生科研创新团队，选派专兼职教师担任团队指导教师。

五、“数字化+混合式”教育教学模式改革成效

（一）教学效果提升

课程将习近平新时代中国特色社会主义思想和党的二十大精神，以及党和国家的最新理论成果和方针政策等内容通过“线上+线下”融合、数字化与智能化融合的方法，灵活、便捷、高效地入脑入心。通过形势与政策“名师大讲堂”紧密结合时代背景，关注国内外热点问题和形势发展，通过对当前复杂国际形势、社会现象和热点问题分析，增强学生辩证思维能力、战略思维能力、宏观分析能力、是非判断能力。课程在教学过程中注重与学生的互动与反馈，通过问卷调查、座谈会，及时调整教学策略和方法，经过多年的教学实践和探索，课程已经形成了良好的教学效果和反馈机制。

（二）管理效率提高

“形势与政策”课程数字化平台和混合式教学模式的改革创新实现了 4 位专职教师加 30 余位兼职教师挑起全校 9 000 人次、100 多个教学班级的任务，节约了学校的教学资源，更为重要的是实现了优质教学资源的全覆盖，提升了课程内容供给的质量和丰富度，学生在线学习数据实现了学习过程的记录和监测，提高了教师和教学行政部门的管理效率。

（三）建设成果丰硕

截至 2023 年 12 月，“形势与政策”课程数字化平台已全部推广到全校所有本科生班级，在线平台注册学生总数 11 273 名，上线班级总数 264 个，制作在线课程视频 165 部。

平台内学生观看视频总时长为 19 186 191 分钟（约 32 万小时），平均每人观看约 1 701 分钟（约 28 小时），教师共发布作业计划 252 次，累计收取学生作业 4.7 万余份。

六、“数字化+混合式”课程改革评价

（一）社会评价积极

“形势与政策”课程“数字化+混合式”教育教学新模式，受到教育主管部门、学校、社会和媒体的高度评价。课程教学改革创新得到了教育部等主管部门的肯定，其阶段性成果和部分成功经验刊登进教育部简报，教育部官方网站新闻栏目以《对外经济贸易大学坚持改革创新办好“形势与政策”课程》为题，对对外经济贸易大学“形势与政策”课程教育教学改革创新的重要成果进行了报道和肯定。人民日报—人民网教育频道、中国社会科学网高校新闻栏目、对外经济贸易大学新闻网对“形势与政策”课程改革情况进行了广泛报道和宣传，取得了较突出的社会效益。2023 年，“形势与政策”课程教学管理数字化改革创新项目组通过团队合作、紧张准备，总结提炼“形势与政策”课程“数字化+混合式”新模式的建设思路、建设目标、建设重难点等，归纳总结形成了大量材料，积极申报国家一流线上线下混合式课程，目前已通过学校评审，被推荐参评国家一流线上线下混合式课程。

（二）师生评价较高

课程通过“数字化+混合式”教育教学模式改革，不仅解决了特殊时期（例如，疫情防控期间）的在线授课需要，缓解了教室、教师等资源紧张问题，更为重要的是课程的“数字化”混合式教学模式注重学生参与和学习资源共享，提高了优质教学资源的覆盖面，更容易为“00 后”青年学生接受和吸收。学生对本课程的评价普遍较高，认为课程“内容丰富、观点新颖、实用性强”，有助于提升他们的思想政治素质和综合素质。教师们认为“教师教学过程的体验感较好，是一门学生学有所获，教师教有所得的课程”，本课程也在同行中获得了较高的评价和认可。

结语

对外经济贸易大学“形势与政策”课程围绕立德树人根本任务，积极推动课程管理和教学模式的改革创新，在全面从严治党、我国经济社会热点问题、港澳台工作和国际形势等领域进行价值塑造、知识传授和能力培养，第一时间推动党的理论创新成果和政策主张进教材进课堂进头脑，使学生准确理解党的基本理论、基本路线、方针和政策，引导学生深入学习贯彻习近平新时代中国特色社会主义思想，树立正确的世界观、人生观、价值观和时代观，引领青年学生积极投身中国特色社会主义建设事业，为中国式现代化建设和中华民族伟大复兴培养具有较高政治素养的复合型人才。

对外经济贸易大学“形势与政策”课程充分利用超星学习通平台，重点推动学生端、教师端和管理端“三端并重”的教育教学数字化变革，区分不同阶段学生特点，分类分层设计，规定课程与个性化课程相结合，通过线上直播和线下讲座实现课程内容供给的政治性与时效性融合，高标准打造“四位一体”的师资队伍，遴选优质金课实现线上全覆盖，推动多元化考核方式，创新性构建“数字化＋混合式”教育教学新模式，打造符合数字化时代发展趋势和“新生代”学生特点和“互联网原住民”为主体学生的学习习惯和认知特点的优质思政课程。

参考文献

[1]《关于加强和改进新形势下高校思想政治工作的意见》，中共中央国务院印发《关于加强和改进新形势下高校思想政治工作的意见》，中华人民共和国人民政府官方网站，2017 年 2 月 27 日。https://www.gov.cn/zhengce/2017－02/27/content_5182502.htm?eqid＝ccbdde25001469b7000000066464d13b.

[2]《教育部关于加强新时代高校“形势与政策”课建设的若干意见》，中华人民共和国人民政府官方网站，2018 年 4 月 12 日。https://www.gov.cn/zhengce/zhengceku/2018－12/31/content_5443365.htm.

[3]《对外经济贸易大学坚持改革创新办好“形势与政策”课程》，中华人民共和国教育部官方网站，2022 年 4 月 12 日。http://www.moe.gov.cn/jyb_xwfb/s6192/s133/s155/202204/t20220412_615755.html.

[4] 岳修峰．数字化赋能“大思政课”[N]．人民日报，2022-7-15（005）.

[5] 陈忠民．教育数字化背景下思政课程教学改革探究[J]．金融理论与教学，2023（4）：98－99.

[6] 李小鲁．学科化视角下高校“形势与政策”课建设的理念与路径[J]．思想理论教育导刊，2011（11）：39－44.

[7] 严萍昌．高校“形势与政策”线上线下混合式“金课”建设[J]．社会科学家，2020（3）：150－155.

改编美国戏剧 “讲好中国故事”

——以教学实践作品《我们的胡同》为例①

李 军

摘 要:《我们的胡同》是笔者在对外经济贸易大学“欧美戏剧(英)”课程教学创新与实践中，指导学生对美国经典戏剧《我们的小镇》进行中国化改编的一次尝试，它将原剧从20世纪初的一个美国小镇重置于20世纪八九十年代至21世纪初的一个北京胡同，围绕季、张两家及其街坊邻里的日常生活，反映并诠释了原剧的主题思想，同时以跨文化视角探索和构建了经典美国戏剧与我们当下生活的对话与交映。本文从中国化改编起因、过程和意义三方面展开分析，旨在阐明这一案例对于英美(戏剧)文学的教学与实践，以及如何“讲好中国故事”的借鉴意义。

关键词:《我们的胡同》 中国化改编 讲好中国故事

引言

党的二十大报告提出，“加快构建中国话语和中国叙事体系，讲好中国故事、传播好中国声音，展现可信、可爱、可敬的中国形象”。“讲好中国故事”的重点在于如何讲，包括讲述什么内容和采用何种方式。习近平总书记在2014年召开的文艺工作座谈会上的讲话指出：“文艺是最好的交流方式，在这方面可以发挥不可替代的作用。一部小说，一篇散文，一首诗，一幅画，一张照片，一部电影，一部电视剧，一曲音乐，都能给外国人了解中国提供一个独特的视角，都能以各自的魅力去吸引人、感染人、打动人。”利用国外的经典文学作品来讲述中国故事有“借水行船”之效，正成为对外传播和文化交流领域备受关注的重要方式。

《我们的胡同》是笔者于 2023—2024 学年第一学期在“欧美戏剧(英)”①课程教学实践中指导学生集体创作的一出戏，通过将美国经典戏剧《我们的小镇》进行中国化改编，讲述了北京小羊圈胡同里以季、张两家为主的一群胡同人家的生活，从中反映了中国在 20 世纪八九十年代至 21 世纪初的时代背景和精神风貌，展现普通老百姓的平凡生活中令人感动的点点滴滴，彰显生命的意义与价值。

作者简介：李军，对外经济贸易大学英语学院副教授。

资助项目：对外经济贸易大学2024年度课程思政研究课题资助。

①“欧美戏剧(英)”是一门人文类公共选修课，2023年被教育部评定为第二批国家级一流线下本科课程。

一、中国化改编起因

（一）原剧作者与中国文化的渊源

桑顿·怀尔德的父亲是美国外交官，出任过香港总领事。怀尔德随父母在中国度过了他的少年时光，曾在香港教会学校和山东曲阜侨民学校读过小学，深受中国文学与文化熏陶，尤其是中国戏曲对其后来的戏剧创作产生了深远的影响。

对怀尔德的戏剧创作带来最直接和深远影响的是中国京剧表演大师梅兰芳。1930 年，梅兰芳在美国的巡演取得了令人瞩目的成功，他所代表的东方戏剧美学"通过一个舞台和很少的道具来展现诗意的事件和想象的美"（田民，1993），给美国艺术界带去了极大震撼。怀尔德在观看过梅兰芳演出后也颇受启发，之后多部剧作中都能看出中国戏曲的影响。《我们的小镇》正是借鉴了京剧舞台上无布景和极少道具的布置、象征性的摹拟动作、时空自由转换，以及"舞台经理"这一角色的有戏曲特点的插入式全知视角的叙述等手法。此外，在这部剧中，怀尔德以寓言家般的眼光关注着人类命运和社会前途，在艺术上追求哲理性、诗情和意境，这一特点与戏曲及中国古典文学的浪漫传统亦有所呼应。

（二）通过改编实现原作的寓言性和普遍意义

《我们的小镇》是美国剧作家桑顿·怀尔德创作于 1938 年并获当年普利策奖的戏剧，曾被英国著名戏剧评论家比格斯毕高度赞誉为"美国戏剧中最感人、最有影响力的作品之一"（Bigsby 260）。

此剧表面上描述的是一个叫歌洛威尔（Grover's Corners）的小镇上，以韦伯和吉布斯两家为主线的普通人们看似波澜不惊的平常生活，实则是以寓言形式，揭示属于我们每个人拥有的平凡生活中稍纵即逝而又弥足珍贵的瞬间。正如但汉松和刘海平两位学者指出的："全剧……让观众认识到歌洛威尔……既是美国 20 世纪初特定的新英格兰小镇，同时又是所有人在所有时空中都会经历的生活缩影"（1973）；剧中人物的塑造显然也是类型化和普遍化多于具体化和个性化，两位主角乔治和艾米丽都只是作为一般的类型出现，而不是特殊化的性格人物，"他们的普同性并非取决于两人成为个性化人物的能力，而是由于他们最大限度代表了各自年龄组所有个体的共有特征"（1975）。《我们的小镇》内在的寓言性和普遍性赋予了《我们的胡同》对原剧进行再语境化改编和人物重塑的合理性，甚至是必要性。

（三）中国化改编的对外经济贸易大学特色和传统

在英语戏剧教学与实践中通过中国化再语境进行解读、改编与演绎，堪称是对外经济贸易大学英语戏剧教学的特色与传统：2005 年，对外经济贸易大学编演的莎剧《皆大欢喜》（*As You Like It*）尝试将中国戏曲元素糅入表演中，获得了首届中国大学莎士比亚戏剧节的第四名；2006 年，对外经济贸易大学作品《裘力斯·凯撒》（*Julius Caesar*）更加大胆、深入地将中国元素和戏曲手法贯穿到整部作品中，在第二届中国大学莎士比亚戏剧节上荣获冠军；2016 年，对外经济贸易大学和英国利兹大学联袂制作的《仲夏夜梦南柯》（*A Midsummer Night's Dreaming Under the Southern Bough*）参演爱丁堡戏剧节之艺穗节（Edinburgh Festival Fringe），将莎剧当代化、当下化和本土化，融入了许多当代中国文化和青年文化的元素，因此受到国内外媒体和学界的高度关注。

二、中国化改编过程

《我们的胡同》是由一个有跨文化和跨学科特色的班级集体完成的。全班共有 19 名学生，来自 3 个年级、4 个民族（汉、藏、锡伯和维吾尔）和十几个专业。在贺文思（翻译 2019 级）、白嘉乐（工商 2019 级）等同学的倡导下，全班集体商定编演《我们的小镇》。

（一）创作思路：融入本土元素的中国视角

选定剧目之后，老师围绕创作思路和主题演绎着重抓了两点：（1）在《我们的小镇》授课环节引领学生进行文本细读和分析，帮助学生更深刻地领悟原剧的中心主题：平凡生活的弥足珍贵（“an attempt to find a value above all price for the smallest events in our daily life”）；（2）启发学生思考经典作品的普遍性（universality）和当下性（presentism），强调对于经典作品再语境改编的合理性和意义，凸显“HERE，NOW，US”（此地、此刻、我们）来实现作品的时代意义和现实意义，以及通过本土化改编来探索“讲好中国故事”的创新途径和方法[①]。还向学生介绍了以前课上按此方式改编的《仙桥小镇》（2018）如何将原剧“搬”到中国江南水乡的改编创作经验，并鼓励循此思路再求创新。

在主创团队进行剧本改编的过程中，来自北京本地的孟安睿（工商 2020 级）提议将此剧重置于当代北京背景下，他和孙铭萱（国经 2020 级）合作改编剧本，和两位导演一起沿再语境思路对剧情、人物和台词进行相应改编，将全剧设定在 1990 年亚运会至 2008 年奥运会这二十年间的北京，地点是北京西城的小羊圈胡同[②]，而原剧中的吉布斯和韦伯两家则被改为了季、张两家。为此，安睿做了扎实的调研，还特意向家里的长辈请教关于北京胡同的历史和生活细节，提出许多具体构想：“四个孩子的中学在胡同附近的北京三中；剧中的 124 路公交车正好穿行于北京最繁华的地带之一——西四—大屯地带，这里面包括了鼓楼、蒋宅口、方家胡同、安定门、后海等重要地带；在生活中，添加了八喜、北冰洋、二八酱、红色夏利、爱新觉罗、副食铺、王致和、三元牛奶、鸿宾楼、潭柘寺等北京要素。”[③]后来又植入了京城鸽哨、传统婚庆、1998 抗洪、时代流行歌曲等本土化

① 笔者写的英语短文“Our Hutong，a Cross-cultural Campus Drama Addressing HERE and US”对此有更详细介绍。此文在 *China Daily* 的 2023 年“My Campus Story”征文活动中被评选为“优秀案例”，见 https://cn.chinadaily.com.cn/a/202401/10/WS659e0cfaa310af3247ffb714.html。

② 现名小杨家胡同。老舍先生出生此地，多部作品中曾提及小羊圈胡同，如《小人物自述》《四世同堂》和《正红旗下》。

③ 见微信公众号“UIBE 戏精俱乐部”（《欧美戏剧（英）》学生自建的课程教学表演实践公众号）2023 年 7 月 16 日推文《我们的胡同丨梦醒时分，余韵悠然》。本文引述的所有剧组成员的话均见此推文，后不赘注。

文化元素和事件，使全剧的再语境构建更为生动和细腻。

（二）排练阶段：“胡同”搭起，人物浮现

剧本改编完成、角色分工明确后，离六月初的演出只剩一个多月，剧组开始了紧锣密鼓的排练。由于这只是一次结课演出，预算、场地和技术支持等各方面条件都十分受限，但在贺文思和周同悦两位导演的精心策划下，排练、音乐和服化道等各项工作都在有条不紊地推进。文思后来回顾：“没有排练厅我们就打游击战，求索报告厅门口的空地、八楼空地、图书馆报告厅后面的空地都是我们的舞台；没有足够的经费我们就自己创造条件，群策群力从宿舍搜罗道具和服装，用垃圾袋自制幕布，再把唯一的追光牢牢固定在手机支架上做定点光，利用教室仅有的两排灯，打造舞台的灯光效果。道具组采购小道具渲染氛围，大家一边排练一边琢磨彼此的戏，成就彼此。”

排练过程中，更多创意相继涌现，“胡同”雏形愈加清晰。在场地方面，我们得到校团委的支持，在排练后期借到了求真 102 教室，有了稍像样点的固定场地。在一次排练中，笔者提议将舞台和观众席翻转对换，形成了别具一格的探索性表演空间及观演关系。剧务同学在舞台、灯光、道具等方面也因陋就简，尽可能按整体设想筹措或自制物件。譬如，负责道具的张玉锦提议在第二幕婚礼现场用红喜字和喜糖来增添中式婚礼的氛围感，为送牛奶的郝义民找来了铃铛，送牛奶前摇铃铛让义民叔和钱淑英以及赵桂兰的戏份的衔接更为流畅，也更加生活化，还为送报纸的小盛准备绿色的斜挎包，让人物更加贴近送报纸的形象。此外，我们还找来一辆老式“飞鸽”自行车，送奶工推着车一下子活灵活现起来；一次性蓝色雨衣烘托除了多雨之夏的洪水背景；为了让魏国强接到所里抗洪救灾的紧急命令更加逼真，笔者特意去校保卫处借来了两台闲置不用的对讲机；有人从家里拿来了两幅书法长幅，季、张两家有了浓厚的“中国风”氛围；还有“赵姨”的围兜、“钱姨”的鸡毛掸子、“马老太太”的拐杖等等道具和设计（见图 1、图 2），都使胡同的人物更加鲜明，本土化风格更加生动、逼真。

图 1　赵姨（耿道莹饰）和送奶工（高静怡饰）

图 2　婚礼场景——季成霖（白嘉乐饰）欢迎马老太太（郭嘉凤饰）光临儿子婚礼

为了帮助演员们更好地把握角色和全剧主题，笔者还在“欧美戏剧（英）”课上安排了一系列讨论和表演工作坊。工作坊的一项活动是让同学们分成6～7人一组，围成一圈依次回忆并分享当天从晨起开始某个看似平常却有特别感触的时刻。这项活动的效果超过了预期：当天适逢贸大第十九届国际青年文化节，一位同学在分享时动情地说：“由于新冠疫情，学校已有好几年没有举办过国际青年文化节了，所以我在来教室的路上，看到这届文化节人声鼎沸、充满活力的场面时，一下子几乎忍不住落泪。”他说的话引起了其他同学的共鸣：疫情之前我们习以为常的各种生活体验，一旦失去之后才如此深切地意识到是多么可贵——这正是美国剧作家怀尔德在《我们的小镇》这部作品中寓示的道理！通过类似交流和活动，剧组所有人对于作品有了更贴合自身的理解和感悟，能更自然地投入剧中的角色和剧情中。

（三）演出及演后谈

经过一个多月的排练与筹备，6月15日下午，《我们的胡同》在求真102如期开演。演出前全剧组围聚一圈，十九只手搭在一起，齐声喊出“我们的胡同，加油!”，之后“大幕”（黑色大号垃圾袋拼成）拉开，灯光（舞台后部全靠手动操控的两盏小灯）亮起，一片鸽哨声中，扮演“舞台经理”的演员孟安睿用地道的北京口音说出开场白，其他角色随后依次走进“胡同”，用英语演绎三幕美国经典戏剧，通过本土化改编讲述我们中国人自己的故事。

一个多小时的演出中，小羊圈胡同见证了近三十年的光阴流转，胡同人经历了生活日常、爱情婚恋、生死离别和各种世事变迁（见图3、图4），也共同感受了所有那些微不足道的生活小事和瞬间承载的令人难忘和动容之处。随着“舞台经理”最后一次站在舞台中央，深情道出一声“晚安”，《我们的胡同》也在收光和掌声中款款落幕。

图3　情窦初开的小园（周同悦饰）和东子（巨来提饰）

图4　已逝的小园（贺文思饰）目睹着送葬的亲人

演出结束后，退休教授姜锡彪、英语学院辅导员张杉杉及其他三十多位观众与剧组成员一起座谈，英语学院党委书记项洁和主管本科教学的副院长宋成方也特意赶来祝贺演出成功并参与交流。项书记和姜教授都是土生土长的北京人，他们对这部本土（北京）化的改编作品予以积极评价，还兴之所至地分享了各自的戏剧情缘。张杉杉老师在谈到自己多年来参与和见证的贸大英语戏剧活动时，竟感动得落泪。其他观众也都发表了热情洋溢的观后感。剧组同学也都敞开心扉，纷纷表达了参与这次演出的收获与感想。

三、中国化改编意义

（一）春风化雨：课程思政意义

《我们的胡同》通过中国化改编使作品更加贴近我们熟悉的生活，给学生提供了一个在戏剧中体验人生的宝贵机会，使他们沉浸其中，又能反思平凡生活的价值与意义，学会更加珍惜当下的生活，珍惜身边的人，学会更加乐观、积极地迎接每一天的生活，从而树立正确的价值观和人生观。

回顾演出，剧组成员纷纷道出了从戏剧中收获的生活真谛与感动。扮演季家父亲的白嘉乐感言："每一粒生活的碎片，都是生命的馈赠……谢谢这部剧提醒我们珍惜活着的每一刻。" 扮演季家女儿的钟艺（会计 2019 级）说："这门课和这次演出让我终于知道，这是我自己的人生，我要去准备出场了，然后，要自信，不用再因为可能遇到的各种压力而感到紧张或是害怕，因为除了我没有人能演好季颖，更没有别人能演好自己。"扮演派出所民警的藏族女孩贡桑德吉（行管 2020 级）感慨："我们现实生活的警察们何尝不是这样的呢，他们日夜兼程、默默地为无数个'胡同里的居民'付出，为居民的安全保驾护航，我从他（民警国强）的身上看到了平凡人的伟大。"

通过这次戏剧课的教学表演实践，同学们还提升了想象力、创造力、表达能力等综合能力，提高了自我认知和表现力，增强了团队合作精神和集体荣誉感，这些都有积极的、综合的思政意义。

（二）借水行船："讲好中国故事"

"讲好中国故事"对于促进文化传承、增进文化交流、增强文化自信、提升对外文化传播、推动文化软实力建设都具有重要意义。如何更有效地"讲好中国故事"，已是各界人士广泛关注和研究的重要课题。文艺报社总编梁鸿鹰提出："中国故事面向海外传播，是讲给国际社会的，如何讲述、怎样讲得易于为国外受众接受至为重要"。中国传媒大学吴辉教授强调了通过外国文学来讲中国故事的重要意义：因为"有中国故事又有国际声望的名篇名片，才能跨越语言障碍和文化疏离以提升价值理念的传播力度、增进文化认同的接受程度"。这些观点都鞭辟入里地阐明了通过外国经典文学来讲中国故事的特殊作用和意义。

改编外国经典作品，是"讲好中国故事"的一种具有创新性和开拓性的有效途径。通过精选合适作品、有机融入中国元素、进行再语境改编等策略和方法，我们可以让外国经典作品在中国焕发出新的生命力，同时也能够借助这些作品，讲好中国故事，促进中外文化的交流与融合，此举可谓有借水行船之妙。《我们的胡同》通过对美国经典戏剧《我们的小镇》的再语境改编，既保留了原剧的主题、情节、人物和语言等核心要素，又将中国的社会、文化和传统价值元素有机地融入其中，不仅将外国的经典文学作品融入中国本土的文化语境中，还能为中国的文学创作和文化传播提供新的思路和视角，对于“讲好中国故事”而言也是一次颇有探索意义的尝试。

结语

从多年的“欧美戏剧（英）”教学与实践中，笔者总结出一个道理：只有帮助和启发学生树立文化主体意识，探究并建立接受主体和作品文本之间的相关性，才能使学生从深层次真正接受和理解作品；就英语经典戏剧而言，只有这样才能在表演实践中真正找到创作动力与激情。《我们的胡同》的改编经验再一次验证了这一道理，它释放了学生的想象力和创造力，并且从思想上让他们经历了一次洗涤和熏陶。同时，这次改编也对通过外国经典文学来 “讲好中国故事”提供了一个颇具借鉴意义的有效例证。

参考文献

[1] 但汉松，刘海平．现代寓言的舞台呈现：重解桑顿·怀尔德的《我们的小镇》[J]．中央戏剧学院学报《戏剧》，2011（1）：70－81．

[2] 桑顿·怀尔德．怀尔德戏剧选·原序［M］．汤心楣，刘文汉，译．北京：今日世界出版社，1976．

[3] 田民，何恬译．梅兰芳与20世纪国际舞台［M］．南京：江苏人民出版社，2022．

[4] 梁鸿鹰．讲好中国故事：当代文艺与人类命运共同体构建[J]．理论视野，2017(8)：61－67．

[5] 吴辉．跨媒介、跨文化传播：“改编”课堂讲好中国故事初探［J］．教育传媒研究，2021（6）：25－28．

[6] Bigsby，C.W.E．A Critical Introduction to Twentieth-century American Drama 1900—1940［M］．Cambridge：Cambridge University Press，1982．

[7] Gallup，Donald．The Journals of Thornton Wilder 1939—1961［M］．New Haven：Yale University Press，1985．

[8] Wilder，Thornton．Ed．J．D．McClatchy．Collected Plays and Writings on Theatre［C］．Library of America，2007．

[9] Yang, Peter. Play Is Play: Theatrical Illusion in Chinese Wall by Frisch and Other “Epic” Plays by Brecht，Wilder，Hazelton，and Li［M］．University Press of America，2000．

新财经建设背景下的教学内容改革与创新

——以“公司理财”课程为例

刘春蕊

摘　要：“新财经”是“新文科”的重要组成部分。“新财经”建设的重要内容之一是教学内容的改革和创新。“公司理财”是财经类专业的基础课程，根据经济发展的时代特征对教学内容进行改革和创新不仅是构建新时代高质量教育财经体系的要求，同时也是培养高素质财经人才的必然选择。本文主要研究“公司理财”课程在“初创企业融资与风险投资”内容上的改革和创新。

关键词：新财经　教学内容　改革创新　公司理财

引言

2023 年 2 月，教育部等五部门联合印发了《普通高等教育学科专业设置调整优化改革方案》，对“新文科”建设指明了方向。“新财经”是“新文科”建设的重要内容，“新财经”的学科建设、教学改革和人才培养直接关系到我国经济的长远健康发展。

“公司理财”是财经类专业的基础课程，有着非常广泛的应用。然而随着新一轮科技革命和产业变革加速演进，其现有教材的内容已不足以满足新时代经济的发展需要。“公司理财”教学内容的改革和创新不仅是构建新时代高质量教育财经体系的要求，同时也是培养高素质财经人才以满足经济发展需要的必然选择。

现有“公司理财”课程主要以上市公司为代表的比较成熟的企业为研究对象。对于一个比较成熟的企业而言，未来面临的不确定性和风险较小，有多种可选择的融资渠道，包括股权、债权等。在新一轮科技革命和产业变革的演进中，有越来越多的初创企业对科技的发展产生了巨大影响，苹果、微软、腾讯等都是由初创企业成长起来的。但初创企业因创新性强、处在成长的早期阶段，未来的不确定性高、风险大，没有办法通过首次公开募股（IPO）进行股权融资或者通过借贷进行债权融资，融资渠道相对有限。然而初创企业对科技创新和产业升级非常重要，其融资是发展过程中必须解决的问题，因此，了解现实中初创企业是如何进行融资的非常必要。本文就“公司理财”课程中加入“初创企业融资与风险投资”内容的必要性和具体设计进行研究。

作者简介：刘春蕊，对外经济贸易大学国际商学院讲师，硕士生导师。

一、“公司理财”课程教学内容改革和创新的必要性

（一）“公司理财”课程简介

“公司理财”（Corporate Finance），是以公司为研究对象，回答如何通过投资、融资等财务活动提升企业价值的课程，实用性非常强。该门课是工商管理类专业的学科基础必修课，按照学校的培育计划，学生一般在第三学期或者第四学期完成该门课的学习。同时它也是全校的公共选修课，选课同学来自学校各个学院，受众面非常广。

（二）“公司理财”课程现有内容体系

“公司理财”研究如何通过财务活动提升企业的价值，其中财务活动包括长期投资决策、融资决策和营运资本的管理。

长期投资决策是指对公司一年以上的投资和收益做出计划和取舍的过程，关系到公司的长远发展。长期投资决策包含两个方面：一是证券投资，比如购买股票、债券、基金等；二是长期项目投资，包括固定资产的新建、改建、扩建、更新以及新产品的研究与开发等。现有内容主要是关于长期项目投资，具体包括投资项目资本成本的确定、投资项目预期现金流的估计、资本预算中的决策标准等内容。

融资决策包括资本结构决策、股利政策和融资规模。资本结构决策回答了债务资本和权益资本的构成。理论研究表明，不同的资本结构会影响企业的价值，而要想提升企业的价值，就要根据理论研究和实际情况摸索最优的资本结构。而股利的分配政策会影响资本结构，因此股利政策的选择要考虑对资本结构的影响。同时，还要根据自身的发展需要，确定最优的融资规模，实现资本的最优利用。

营运资本的管理主要包括营运资本的投资管理和营运资本的融资管理。营运资本的投资主要是确定流动资产投资总额和各项流动资产的目标投资额，而营运资本的融资则是确定流动资产的资金来源。

（三）“公司理财”课程现有内容体系的局限性

“公司理财”课程现有内容主要以较为成熟的企业为研究对象，最具代表性的是上市公司。这类企业具有规模较大、盈利较好、风险较小的特点，所以融资渠道比较多元：既可以通过银行贷款、发行债券实现债务融资，也可以通过发行股票进行权益融资。因此，“公司理财”课程现有关于融资决策的内容是以企业可以基于自身需求从多样化资本市场选择融资方式和融资规模为假设前提的。

然而，中小企业在融资上的灵活度要小得多。中小企业因规模小、风险高一直存在融资难的问题，尤其是初创企业。初创企业指“具有创新精神的企业”，是创新型企业，其对技术的突破和经济的发展非常重要，比如腾讯、谷歌等都是从初创企业发展而来的。但鉴于初创企业是创新型企业，而且处在发展初期，这类企业一般规模小、不确定性大、

风险高，即使有较好的发展前景，其融资渠道亦非常有限。

现实经济中，初创企业的融资主要通过风险资本的投资来实现。然而风险投资具体是如何运行的？企业通过风险资本融资与一般的权益融资和债务融资有什么不同？风险投资除了承担投资功能，对企业还有什么价值？初创企业如何进行融资决策？这些问题在目前的“公司理财”课程的内容中均没有涉及。

二、“公司理财”课程教学内容改革和创新的方向

“公司理财”课程内容需要顺应现实经济的发展，兼顾不同发展阶段的公司的财务活动，因此有必要在“公司理财”课程中加入“初创企业融资与风险投资”相关的内容。具体内容可以从以下几方面展开。

（一）初创企业的特点和融资方式

初创企业有自身的特点，与相对成熟的公司有很大不同。初创企业处于发展的初期阶段，规模较小，而且大多是高科技企业，研发的风险较高，未来面临着较大的不确定性，没有办法通过 IPO 进行股权融资或者通过借贷进行债权融资。现实中，初创企业怎么进行融资呢？——一般通过风险投资进行融资。腾讯、京东、拼多多，这些公司在发展初期都经过了多轮风险投资的融资。

（二）风险投资的介绍

风险投资（Venture Capital）是一种金融中介，指向创业企业进行股权投资，以期所投资创业企业发育成熟或相对成熟后主要通过转让股权获得资本增值收益的投资方式。

讲述风险投资的发展历史主要从两个方面展开，一是世界风险投资发展的历程，二是中国风险投资发展的历程。风险投资起源于美国，从 20 世纪 70 年代真正兴起。我国的风险投资起源于 1985 年，中国新技术企业投资公司作为我国首家风险投资的全国性金融企业于同年在北京成立。

风险投资主要分为两种类型，独立风险投资（IVC）（见图 1）和企业风险投资（CVC）（见图 2）。独立风险投资和企业风险投资在组织结构和投资目标等方面存在显著差异。独立风险投资通常采用有限合伙制，由普通合伙人（GP）和有限合伙人（LP）组成。普通合伙人主要作为公司的管理者，负责基金的运营、管理，具体包括寻找投资机会、管理投资组合公司、设计和实施退出方案等。有限合伙人一般是主要的出资人，不参与公司具体投资运营。有限合伙人与普通合伙人通常会就基金的规模、存续期、投资方向及收益分成等签订合伙协议。企业风险投资一般是由非金融企业设立的独立投资子公司或者投资部代表母公司对创业公司进行投资，其投资资金一般仅由母公司提供，不需要第三方提供资金，投资资金不会受到资金合同期的限制。投资目标上，独立风险投资主要是追求财务上的回报，而企业风险投资的第一要务是为母公司带来新的技术或增长点，从

战略层面提高母公司的竞争优势，现实中企业风险投资做投资决策时会兼顾母公司的战略目标和财务目标。

风险投资作为一种金融中介，不仅为初创企业提供资金，而且会监督创业者的行为，提高管理效率，同时还会为接下来的融资提供帮助。在实际管理中，为了避免可能存在的道德风险问题，风险投资一般会进行多轮投资。风险投资的退出方式主要包括：如果被投企业取得成功，那么被投企业会上市或者被并购从而风险投资拿到相应的回报或实现相关的目标；如果被投企业失败了，那么会破产重组或者变卖资产。

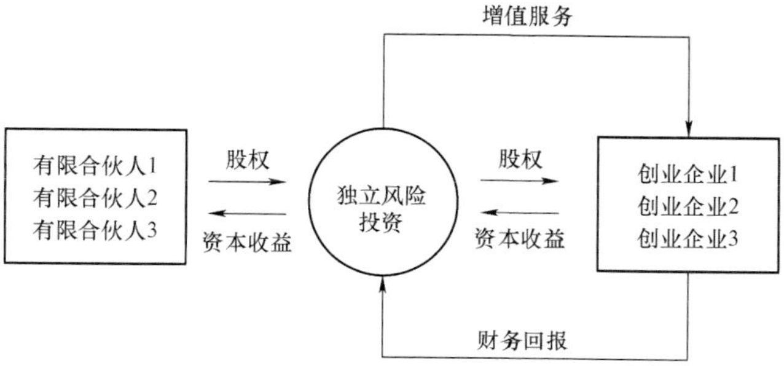

图 1　独立风险投资

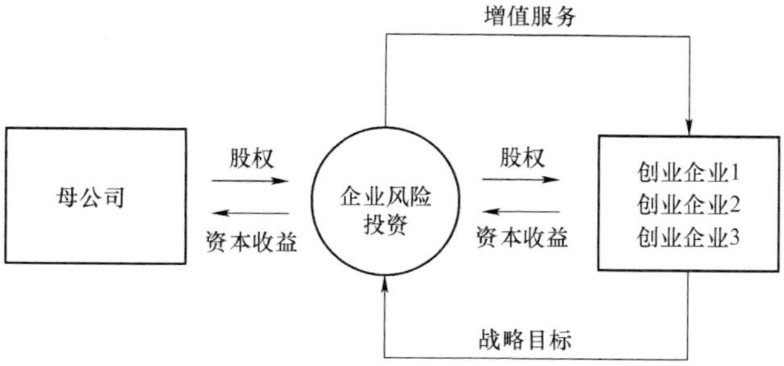

图 2　企业风险投资

（三）风险投资的重要性

在我国，风险投资在最近十五年经历了一个快速的发展阶段，尤其是 2014 年以后（见图 3）。从交易金额来看，2009 年的规模不到 2 000 亿元，2014 年超过 6 000 亿元，2015 年破万亿元，2018 年和 2021 年都超过了两万亿元，虽然 2022 和 2023 年有所下降，但依然是超过一万亿元的体量。从被投企业的数量上，2009 年约有 1 500 家，2015—2022 年每年都有超过一万家的企业通过风险投资成功融资，2015—2018 这四年更是超过一万五千家。风险投资成为资本市场越来越重要的力量，作为早期融资的重要方式有力地补充了现有的融资体系。

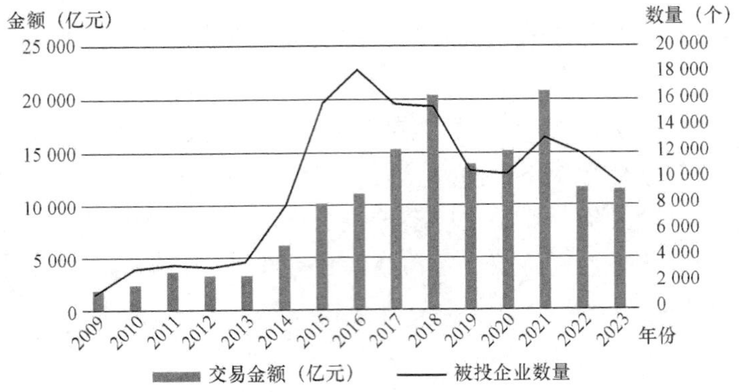

图 3　风险投资的时间趋势

数据来源：CVsource 和作者的整理

（四）风险投资投资初创企业的案例

用案例教学的方式给学生展示独立风险投资和企业风险投资投资初创企业的典型案例，让学生对风险投资有更加直观的了解。

1. 独立风险投资案例——红杉资本

红杉资本由唐·瓦伦丁在 1972 年创建。新公司从福特基金会等机构投资者手中募集了 500 万美元，专门投资于小型的私人企业。1975 年，红杉资本脱离了资本集团，独立运作。20 世纪 90 年代初瓦伦丁退出对红杉资本的管控，由莱昂内和莫瑞兹接手。2005 年 9 月，红杉资本中国基金创立，正式进入中国。

红杉资本投资了苹果、谷歌、雅虎、Dropbox、YouTube 等众多创新型公司，红杉资本中国基金的投资组合包括京东、阿里巴巴、蚂蚁金服、今日头条、蔚来汽车、新浪等。

红杉资本投资的经典案例之一是苹果公司。1976 年，21 岁的乔布斯和 26 岁的沃兹尼克在车库里创办了苹果公司。他们很快研制出了世界上第一台通用的个人电脑 Apple－Ⅰ，售价 666 美元，并成功出售了 175 部。在 Apple－Ⅱ尚在设计中时，乔布斯便向红杉资本寻求投资。瓦伦丁转而将其介绍给了马库拉。瓦伦丁很快意识到了自己判断有误，一年后投资 15 万美元，成为苹果公司的董事。随后，苹果公司成为纽约股市和个人电脑行业的神话，而瓦伦丁和红杉资本更是成为神话的缔造者。

2. 企业风险投资案例——百度

百度的投资逻辑是拓宽以搜索引擎为中心的生态系统边界，从而最大化获取流量，包括但不限于通过百度搜索视频，进入爱奇艺；通过百度搜索机票，进入“去哪儿”；通过百度搜索餐饮，进入“糯米”；通过百度搜索 App，进入“91 手机助手”。

2011 年 6 月，百度以 3.06 亿美元收购去哪儿网 60%股份，“去哪儿”的估值随之达到 4.83 亿美元。投资后，百度将“去哪儿”的旅游服务搜索结果页整合到百度搜索中，去哪儿网也将融到的资金进行酒店搜索和移动用户应用程序的开发。2013 年 11 月 1 日，去哪儿网在美国纳斯达克上市，当天市值 31.9 亿美元，百度所持股票价值达到 9.26 亿美元，相比投资时涨了2倍多。

2014年12月，滴滴和快的进行打车大战，美国的叫车应用先驱Uber进入中国，百度以6亿美元参与Uber D轮投资，获得Uber 1.5%的股份。之后，Uber在中国地区的地图换成了百度，支付选项中也接入了百度钱包，而百度则在自己的地图中接入了Uber叫车的选项。

三、“公司理财”课程教学内容改革和创新的实践设计

（一）章节设计

“初创企业融资与风险投资”主要与初创企业的融资有关，是对现有融资决策内容的有力补充。现有融资决策主要以相对成熟的企业为主要研究对象，但初创企业有非常不同于成熟企业的特点，融资方式上有较大不同。现实中的初创企业主要通过风险投资来解决融资问题。因此，初步打算将“初创企业融资与风险投资”作为融资决策的一部分内容。

（二）教学方法

通过内容教学与案例教学相结合的方法来完成“初创企业融资与风险投资”部分的教学。其中初创企业的介绍和风险投资的介绍通过内容教学来完成，而初创企业如何通过风险投资完成融资、风险投资在初创企业融资过程中的作用等内容则主要通过案例教学的形式来完成。

（三）时长和内容

“初创企业融资与风险投资”的教学预计需要3个课时。第一个课时主要讲解什么是初创企业、初创企业的发展、初创企业的特点、初创企业在融资方面面临的困难等内容。第二个课时介绍风险投资这种融资方式。在第一个课时中提到的初创企业融资困难的基础上引入风险投资，依次介绍风险投资的概念、发展历程、类型、特点，并从募、投、管、退四个方面介绍风险投资的运营管理。第三个课时通过案例教学的方式讲解初创企业是如何通过风险投资进行融资的，包括风险投资扮演的角色（不仅有投资，而且有管理）、初创企业的成长、风险投资的退出等方面，从而让学生在一个个鲜明具体的例子中理解初创企业的融资以及风险投资的重要作用。

（四）教学效果

通过“初创企业融资与风险投资”的教学，主要实现以下三个方面的教学效果。首先，让学生了解初创企业与“公司理财”课程现有的研究对象——相对成熟的公司的不同，从而帮助学生对处于不同生命周期的企业有更全面深刻的了解。其次，让学生了解风险投资，从而了解多样化的融资方式和多层次的资本市场。风险投资是资本市场的重要组成

部分，主要投资初创企业，帮助企业完成早期融资，追求的是高风险、高收益，与“公司理财”课程现有的融资方式有较大区别。因此对风险投资的介绍很好地补充了融资决策部分的内容。最后，通过案例教学让学生更加具体地了解现实经济中初创企业的融资和风险投资的运行，例如百度、谷歌等学生非常熟悉的高科技公司曾经都是初创企业，借助风险投资的力量实现了早期融资并逐渐发展壮大。通过案例讲解拉近课堂知识和现实经济之间的距离。

参考文献

[1] 蒋屏，赵秀芝．公司理财［M］．北京：中信出版社，2022．
[2] Ross，Stephen A.，Randolph W．Westerfield & Jeffrey F.Jaffe．公司理财［M］．吴世农，沈艺峰，王志强，等，译．北京：机械工业出版社，2011．
[3] 发展改革委就“创业投资企业管理暂行办法”答问（www.gov.cn）。
[4] 张俊芳，郭戎．中国风险投资发展的演进、现状与未来展望［J］．全球科技经济瞭望，2016，31（9）：34－43．

第三编

高教论坛

信息技术与高等教育深度融合的国际比较及热点分析

韩淑伟

摘　要：本文利用 CiteSpace 软件对国内 3 387 篇、国外 1 278 篇信息技术与高等教育融合的重要文献进行可视化分析，研究发现：国内外学者对信息技术和高等教育融合的研究整体上呈上升趋势，且国家间呈现出不同的特点；中外学者关注的热点主题呈现趋同性，均主动寻求转变和创新；中外学者对于研究热点的捕捉呈现时期差异性，外文文献呈现热点分散性和热点持续性，中文文献表现出阶段跳跃性和热点转换性；国内外学者对于热点的集中程度和聚类维度呈现差异性；中外学者研究热点长期演变特征趋同。

关键词：深度融合　研究热点　CiteSpace

引言

信息技术的快速发展推动了教育领域的深刻变革，高等教育信息化、数字化和智能化的本质是信息技术与高等教育的不断融合，技术赋能高等教育成为一条红线贯穿于高等教育高质量发展的整个进程，因此，梳理国内外信息技术与高等教育融合领域的热点问题与发展趋势，揭示高等教育与信息技术之间相互促进、共同发展的密切联系，具有重要的理论价值和现实意义。基于此，本文通过近 20 年的发展历程，以国际比较的方式，探索国内外信息技术与高等教育融合发展脉络、特点异同及热点趋势等。

一、研究设计和数据来源

（一）研究设计

本文采用文献计量方法，借助学界广泛认可的 CiteSpace 软件进行可视化分析，研究主题围绕文献关键词展开，运用年发文量探讨信息技术与高等教育深度融合的发展脉络，

作者简介：韩淑伟，对外经济贸易大学教务处副研究员。

运用关键词共现展现研究热点，运用关键词突现、关键词聚类和时间线图等深入挖掘研究主题的变化特点和发展趋势。本文基于信息技术发展的周期迭代特征①，以及信息技术与产业融合的特点②，确立 2004—2022 年作为本研究的时间区间。

（二）数据来源

为保证数据收集的质量和可信度，本文选取了两大高质量权威数据库进行检索。国内文献源自于中国知网（CNKI）（来源类型：核心期刊、CSSCI），英文文献源自于 Web of ScienceTM 核心合集数据库。检索方式均以"主题词"为主进行检索。国内文献以"信息技术""教育技术""信息化""数字化"等为主要"主题词"进行检索，共获得 3 387 篇文献。英文文献以与"information technology""digital teaching""higher education"表达形式进行"主题词"检索，文献类型限定为"articles"和"review articles"。检索 2004—2022 年间收录的信息技术与高等教育融合的相关期刊论文，共获得 1 278 篇文献。以上中、英文文献均手工剔除书评、会议摘要以及其他不相关的文献。

二、研究结果与分析

（一）研究现状

1. 年度刊载量分析

年度刊载量是衡量某一领域在特定时间段内发展态势的重要指标，对分析某一领域的发展态势和预测其未来发展趋势具有重要的意义③。一般说来，某一主题的相关文献发表数量越多，越能够反映出学界对该领域的关注度。本文运用 Excel 工具对样本文献年刊发量进行统计（见图 1）。

数据显示，中外研究核心文献总数差距较大，中国在该领域的研究文献（3 387 篇）远高于外国（1 278 篇），发文量为其近 3 倍之多。如前文所述，信息技术与高等教育自其诞生以来就不断融合，始于 20 世纪 60 年代的信息技术革命，随着电子计算机的普及应用以及与现代通信技术的有机结合，深深地影响和促进着高等教育的发展。由于文献收录的原因，直至 2004 年才有文献被 WOS 数据库收录，首篇被 WOS 核心数据库收录的

① Gokhberg L，Roud V. Structural Changes in the National Innovation System：Longitudinal Study of Innovation Modes in the Russian Industry［J］. Economic Change &Restructuring，2016，49（2）：1－20.

② 孟庆时，余江. 新一代信息技术产业的技术升级测度研究［J］. 科学学研究，2021，39（8）：1407－1417.

③ 邱均平，沈恝谌，宋艳辉. 近十年国内外计量经济学研究进展与趋势：基于 CiteSpace 的可视化对比研究［J］. 现代情报，2019，39（2）：26－37.

④ 由于 WOS 核心数据库 SSCI 于 2004 年收录核心期刊，为了确保中外文献比较的一致性，故 CNKI 核心期刊检索的起始年份也选择为 2004 年。

文献为 Garland.K 于 2004 年发表的 “The Effects of Mandatory and Optional Use on Students' Ratings of a Computer-based Learning Package”。由于研究区间设置问题④，系统检索最早的中文文献是冯克义等 1992 年 2 月发表的《对高等教育改革的战略思考——略谈高等学校发展高新技术问题》。

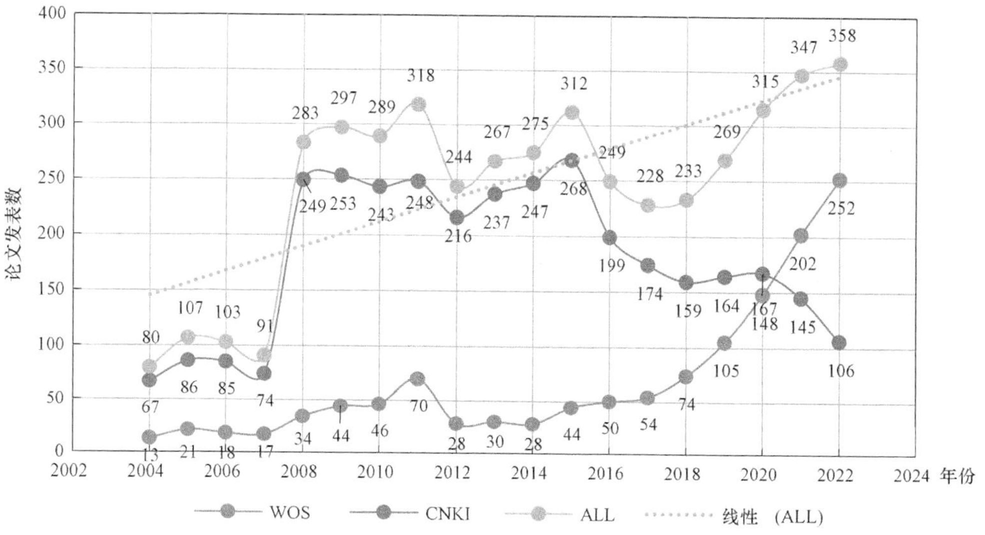

图 1　2004—2022 年信息技术与高等教育融合趋势图

通过图 1 不难发现，近 20 年来信息技术与高等教育融合的研究呈上升趋势。从发展态势看，中外文献研究呈现不同的发展轨迹。中文文献呈三段式形态：2004—2007 年以信息技术与高等教育整合为主题的研究论文发表数平稳增长（67～86 篇）；2008—2015 年呈现爆发式增长和高位运行（216～268 篇），并且在 2015 年达到峰值，这一研究发现与李志河①等对 2006—2015 年十年高等教育信息化研究综述的研究结论相一致；2016—2022 年呈衰减之式（199～106 篇），这属于研究热点过后的理性回归。总体上可以判断，我国在信息技术与高等教育融合方面的研究处于领先地位。外国研究文献逐年递增且增速平缓，近 20 年来的研究发展呈现两个阶段，2004—2011 年为前期平稳增长阶段（13～70 篇）；后期从 2012—2022 年呈快速增长阶段（28～252 篇）。

根据以上分析，我们认为我国在信息技术与高等教育融合领域的研究在 2015 年发展至鼎盛期，但整体上并不稳定，且有下滑趋向；而外国研究相对稳定且呈上升趋势，综合国内外的研究则整体上呈上升趋势。

① 李志河，伊洁. 近十年我国高等教育信息化研究综述 [J]. 中国教育信息化，2016（17）：6-8.

2. 研究国家分布

为探讨外文文献发表的国家分布，表 1 选取了在 2004—2022 年之间信息技术与高等教育融合领域发文数量排名前十的国家。从表中可以看出，除中国外，近 20 年来国际上该领域的研究，整体上以发达国家的研究实力较强，各个国家之间研究数量差异比较明显。美国作为世界上高等教育和信息技术最发达的国家，发文数量 226 篇，占整体文献数量的 28.54%，是排名第二的西班牙的近 2 倍，充分显示了其研究实力，也凸显出美国学术地位在全球的显著优势。排名第三的是澳大利亚，105 篇的研究数量占到 13.26%，第四名和第五名分别是英国和土耳其，发文量分别为 88 篇和 58 篇，比例为 11.11%和 7.32%。

表 1　信息技术与高等教育融合研究发文量排名前十的国家（外）

序号	发文篇数	发文国家	百分比
1	226	美国（USA）	28.54%
2	127	西班牙（SPAIN）	16.04%
3	105	澳大利亚（AUSTRALIA）	13.26%
4	88	英国（ENGLAND）	11.11%
5	58	土耳其（TURKEY）	7.32%
6	50	加拿大（CANADA）	6.31%
7	41	马来西亚（MALAYSIA）	5.18%
8	39	德国（GERMANY）	4.92%
9	30	沙特阿拉伯（SAUDI ARABIA）	3.79%
10	28	南非（SOUTH AFRICA）	3.54%

（二）基于关键词共现和突现的热点分析

为探究中外文献在不同时间所聚焦形成的研究主题，利用 CiteSpace 可视化软件，形成关键词共现图谱与突现图谱（采用 LLR 算法），利用“Export-Network summary table”功能，分析整理得到表 2、图 2 和图 3。表 2 列出中外文献的 15 个高频关键词，通过对高频关键词的分析，可以发现学术研究的热点。图 2 和图 3 列出中外文献的各 20 个突现词，通过突现词分析，揭示短时间内关键词被引频次急剧上升，说明该领域研究主题引起相关学者的密切关注，反映出相关领域主题的变化及动态①。

表 2　信息技术与高等教育深度融合研究高频关键词

中文文献高频关键词				外（英）文文献高频关键词		
序号	关键词	频数	中介中心性	关键词	频数	中介中心性
1	高等教育	401	0.4	用户接受度（user acceptance）	20	0.22
2	高职教育	270	0.27	远程教育（distance education）	50	0.12
3	人才培养	181	0.19	技能（skill）	43	0.12
4	职业教育	112	0.18	在线教育（online education）	89	0.11
5	人工智能	109	0.15	混合式学习（blended learning）	199	0.1
6	教学改革	110	0.12	信息技术（information technology）	181	0.08
7	教育技术	85	0.12	技术体系（technology system）	128	0.08
8	校企合作	117	0.11	教师（teacher）	33	0.08
9	信息技术	112	0.11	高等教育（higher education）	253	0.07
10	教学模式	74	0.06	大学生（college student）	133	0.07
11	产教融合	54	0.06	模式（model）	52	0.07
12	专业建设	52	0.06	教学/学习策略（teaching/learning strategy）	11	0.06
13	专业设置	33	0.05	绩效（performance）	86	0.05
14	课程体系	47	0.04	影响（impact）	50	0.05
15	翻转课堂	61	0.03	架构（framework）	24	0.05

结合表 2、图 2、图 3 和二次文献探析，近 20 年来信息技术与高等教育融合领域中外研究者面临的研究热点及其异同性主要如下。

1. 信息技术冲击下的高等教育生态由实转虚

由实转虚代表着高等教育的生态变化，也代表着信息技术对高等教育的深刻影响。从关键词的角度来看，外文文献包括：远程教育（distance education）、在线教育（online education）、高等教育（higher education）、技术体系（technology system）；中文文献包括：

① 李文元，王平. 基于 CiteSpace 的我国顾客参与研究可视化分析［J］. 电子商务，2020（2）：35－37.

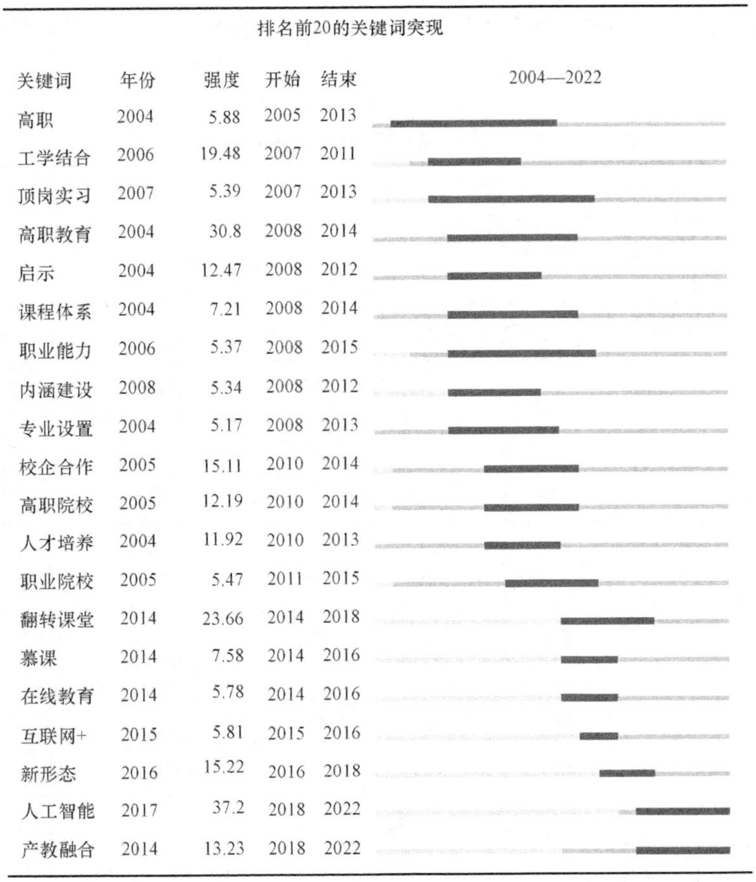

图 2 中国信息技术与高等教育深度融合的关键词突现图

高等教育、高职教育和职业教育、校企合作、产教融合等。这说明世界各国的高等教育都在迎接信息技术挑战，主动谋求在线教育与科技企业、在线平台合作，促进产教深层融合，寻求办学模式的转变。从关键词突现的角度来看，高等教育的生态转换也体现在不同的突现词和不同的时空。外文文献的突现词包括：高等教育（higher education）始于 2004 年，突现起于 2018 年，持续于 2022 年。而中文文献的突现词包括：高职教育[①]（2004，2008—2014）、在线教育（2014，2014—2016）、互联网+（2015，2015—2016）。由时间维度可知，近 20 年来，高等教育生态在信息技术影响下一直在持续变化，并带有阶段性、技术性的时代烙印。如有的学者在世纪之初，就提出要跟随现代教育技术步伐，促进教育教学跨越式发展，迎接高等教育的新挑战[②]；有的学者在疫情之后，针对“应急式”的线上教学跃升到大范围“常态化”线上教学现状，提出要重新审视“教育技术的力量”[③]。

① 高职教育，该突现词时间标注为（2004，2008—2014），根据本数据集的信息可知，其始于 2004 年，突现于 2008 年，并且持续到 2014；同理，其他突现词的时间标注如上。作者注。

② 李捷. 教育信息化与高校教育教学的跨越式发展［J］. 黑龙江高教研究，2004（1）：16－18.

③ 邬大光. 教育技术演进的回顾与思考——基于新冠肺炎疫情背景下高校在线教学的视角［J］. 中国高教研究，2020（4）：1－6，11.

2. 信息技术冲击下学习者学习方式呈现多样化

随着信息技术对高等教育的影响，学习者的学习方式和学习效率得到更大关切。思维方式的培养以及获取知识的途径越来越多样化，并且体现出技术化特征。从关键词的角度来看，外文文献包括：信息技术（information technology）、大学生（college student）、用户接受度（user acceptance）、混合式学习（blended learning）、绩效（performance）、技能（skill）等；中文文献包括：人工智能、课程体系等。从关键词突现的角度来看，表征学习者学习方式的突现词中外文文献呈现出一定的差异性。从关键词突现的角度来看，外文文献的突现词主要包括：绩效（performance）（2008，2018—2022）、动机（motivation）（2011，2018—2022）、知识（knowledge）（2010，2018—2022）、在线（online）（2010，2018—2022）等；中文文献的突现词主要包括：慕课（2014，2014—2018）、新形态（2016，2016—2018）等。从时间的持续性看，外文文献显示出外国学者近 4 年来对信息技术与高等教育的融合持续关注；而中文文献显示热点关注 2～4 年左右的时段性。

排名前20的关键词突现

关键词	年份	强度	开始	结束	2004—2022
flipped classroom	2014	4.83	2017	2022	
higher education	2004	22.52	2018	2022	
performance	2008	11.44	2018	2022	
knowledge	2010	6.77	2018	2022	
motivation	2011	4.6	2018	2022	
skill	2004	4.25	2018	2022	
student	2005	12.03	2019	2022	
adoption	2013	7.06	2019	2022	
impact	2009	6.33	2019	2022	
engagement	2013	5.43	2019	2022	
classroom	2011	5.15	2019	2022	
intention	2013	4.67	2019	2022	
succe	2007	4.44	2019	2022	
model	2007	10.11	2020	2022	
machine learning	2015	8.16	2020	2022	
design	2011	6.76	2020	2022	
self efficacy	2008	5.86	2020	2022	
achievement	2008	5.49	2020	2022	
online	2007	4.87	2020	2022	
management	2011	4.24	2020	2022	

图 3　外国信息技术与高等教育深度融合的关键词突现图

3. 信息技术冲击下的教师教学模式不断创新

信息技术支持下教学模式创新，突破了传统的以教师为中心的教学结构，建立起一种既能发挥教师主导作用又能充分体现学生主体地位的新型教学模式。从关键词的角度来看，外文文献包括：教师（teacher）、教学/学习策略（teaching/learning strategy）、模式（model）等；中文文献包括：教育技术、人才培养、专业建设、教学改革、翻转课堂等。文献挖掘出的这些高频关键词说明信息技术与教学模式融合带来了一系列创新，“课堂革命”①大大提升了教学效果。从教学模式的突现词来看，外文文献的突现词主要包括：绩效（performance）（2008，2018—2022）、教室（classroom）（2011，2019—2022）、互动（engagement）（2013，2019—2022）、模式（model）（2007，2020—2022）等；中文文献的突现词主要包括：人才培养（2004，2010—2013）、慕课（2014，2014—2018）、翻转课堂（2014，2014—2018）等。从时间的持续性看，信息技术对教学模式的影响，表现出与学习方式类似的差异性，即外文文献显示外国学者近 3～4 年来对信息技术与高等教育的教学模式融合持续关注；而中文文献显示出中国学者的热点关注仅仅保持 4 年左右的时段性。

（三）基于关键词聚类和时间线图的趋势分析

聚类分析考量的是关键词变化的集中度，而时间线图考察的是时间长轴上各聚类的分布。聚类（Clustering）分析作为一种寻找数据之间内在结构的技术，能够根据全体数据划分成若干相似组，而这些相似组被称作聚类。本文围绕关键词聚类图谱和时间线图进行分析，能够梳理研究热点和研究主题的集中程度。软件基本属性设置为节点类型（Node Types）、关键词（Keyword）、图谱布局（Layout）、聚类（Clusters）、时间线图（Timeline views）等。本文使用 LLR 聚类算法，采用 K 聚类方法命名关键词聚类图谱，选取前 10 个时间跨度大、结构复杂的典型聚类（见图 4 和图 5）。通过聚类信息导出和整理，得到表 3 和表 4。聚类序号与聚类大小呈反比，最大的聚类以#0 标记，其他依此类推，网络特征签名（该网络的一些重要信息）显示在图示左上角。中文文献关键词聚类共现网络是由 770 个节点、1 628 条连线组成（如图 4），外文文献关键词聚类共现网络是由 1 523 个节点、6 967 条连线组成（如图 5）。

网络的模块化是对其整体结构的全局性测量，局部结构的变化会引起全局的改变②。模块化 Q 值和平均轮廓 S 值是评估网络整体结构性能的重要指标。“平均轮廓”表示聚类的同质性，轮廓值的分数越高，则聚类成员间的一致性越高，这提供了聚类间的可比性。本研究中文文献的聚类模块 Q 值为 0.532（＞0.3），外文文献的 Q 值为 0.684（＞0.3），表明这两类文献的关键词聚类都是显著的。中、外文献的聚类平均轮廓值 S 分别为 0.837 8 和 0.892 4（一般认为，S＞0.5 聚类是合理的，S＞0.7 聚类是令人信服的），因此两者的平

① 王亚克，胡小平. 信息技术时代大学课堂革命的内涵与方向［J］. 教育与考试，2022（5）：57－63.

② Chen C. CiteSpace Ⅱ： Detecting and visualizing emerging trends and transient patterns in scientific literature［J］. Am Soc Inform Sci Tech，2006，57（3）：359－377.

均轮廓值表明，本聚类结果显著可靠。

结合表 3、表 4 和二次文献探析，近 20 年来信息技术与高等教育融合领域中外研究者面临的热点趋势及其异同性主要如下。

1. 外国学者文献研究聚类维度体现为学习方式、教学策略、信息技术

通过聚类列表[①]（表 4）看出，外国学者关于信息技术和高等教育融合的研究，在聚类趋势上同样可分为 3 组：一组由#0、#4、#5、#9 构成，该组聚类反映的维度是体现的信息技术与高等教育的融合后学习者学习方式变化的新特征，即“混合式学习”、“基于网络的学习”“移动学习”和“探究式学习”。该组聚类反映了在信息技术加持下的高等教育学习者获取新知的多样性和丰富性，体现了信息技术与高等教育深度融合的本质特征之一。第二组由#1、#3、#8 构成，这组聚类由“远程教育”、“高等教育”和“教学策略”组成，这组聚类主要由 distance learning、instructional technology、performance、strategy、teacher、flipped learning 高频关键词的涵义聚类而成。聚类的维度体现在信息技术与高等教育融合的教学技术维度变革，以及在宏观和微观层面的相互影响。第三组由#6、#7 构成，这组聚类刻画了信息技术与高等教育融合的“技术层面”，包括人工智能和技术接受意愿模型。该组聚类维度侧重于机器学习、语义理解、信息检索等“人工智能”技术等。

2. 中国学者研究聚类维度表现为整体影响、技术应用和人才培养

通过聚类列表（表 3）看出，对于中国的信息技术和高等教育融合研究，可分为 3 组：一组是以聚类#0、#2、#3 为代表的普通高等教育、高职教育以及共同的职业导向教育，这些聚类的关键词量大，包含的信息量多，如人工智能、信息技术等，其聚类维度反映了信息技术与高等教育的整体性影响，以教育信息化全面推动教育现代化已成为我国教育事业改革发展的战略选择[③]。第二组是以聚类#1、#5、#8 为代表的校企合作、教育技术、质量发展，这些聚类侧重于教育技术的应用、校企合作的协同育人、以及构建高质量的发展体系等，体现了信息化建设打造协同育人机制、助力经济社会发展的新走向[③]。第三组是以#6、#7、#9、#4 为代表的人才培养、专业建设、课程建设和翻转课堂，这些类别聚焦于人才培养模式、教学模式和课程体系改革，特别是在线教育、翻转课堂、慕课等，体现了信息化建设在优化学科专业布局、重塑教学形态、从而推动教育教学改革、推进优质资源共享、构筑智慧教育的新生态[④]。

3. 中外学者的研究从时间线图视角呈现出的演进特征

关键词聚类的时间线图，根据同一聚类的节点和聚类主题在文献中的历史跨度，按照

① 对于聚类#2，american indians，说明如下：该组聚类主要由 impact、college student 等 92 个关键词涵义聚类而成，该聚类反映了信息技术与高等教育融合的“主体”，此标签若以“college student”命名应更完美，应该是软件算法以出现年份优先的缘故，但其聚类维度恰当。

② 吴砥，邢单霞，蒋龙艳. 走中国特色教育信息化发展之路——《教育信息化 2.0 行动计划》解读之三［J］. 电化教育研究，2018，39（6）：32.

③ 张大良. 用现代信息技术赋能高质量人才培养的内涵与路径［J］. 中国高教研究，2022，38（9）：14 - 17.

④ 何克抗. 从“翻转课堂”的本质，看“翻转课堂”在我国的未来发展［J］. 电化教育研究，2014，35（7）：12.

时间顺序被分布在同一水平线上，能够呈现研究主题的历史呈现及热点演化。图中的圆圈代表聚类关键词，连线表示两关键词出现在同一篇或多篇文章中，代表着关键词之间的联系，也正是这种联系，使得路径图能够加入时间因素。中外文文献，从近 20 年的时间跨度看，以 2010 年为界大体可以区分为前后两个分期。绝大部分的关键词聚类均分布于时间轴的前半段，而后半段的聚类大体是前期聚类延续，即研究热点的持续，对照上文与年发文量的持续增多形成印证。关键词聚类的时段分析，进一步反映了信息技术与高等教育融合研究热点在世界范围内的演变特征。

表 3　中国信息技术与高等教育融合的关键词聚类表

序号（ID）	聚类名（Label）	关键词数（Size）	轮廓值（S）	均年（year）	热点术语（LLR，P）
#0	高等教育	127	0.836	2014	高等教育（297.18，1.0E-4）； 人工智能（153.1，1.0E-4）； 信息技术（81.53，1.0E-4）； 高等职业教育（69.37，1.0E-4）； 高职教育（42.84，1.0E-4）
#1	校企合作	98	0.853	2008	校企合作（101.58，1.0E-4）； 高职院校（94.03，1.0E-4）； 高等教育（63.29，1.0E-4）； 工学结合（52.3，1.0E-4）； 中等职业（36.08，1.0E-4）
#2	职业教育	57	0.849	2011	职业教育（125.12，1.0E-4）； 课程体系（70.94，1.0E-4）； 职业能力（34.13，1.0E-4）； 路径（29.39，1.0E-4）； 高职教育（20.36，1.0E-4）
#3	高职教育	55	0.801	2006	高职教育（182.84，1.0E-4）； 高等教育（39.23，1.0E-4）； 教育研究论文（28.36，1.0E-4）； 教科版（20.76，1.0E-4）； 职业技术教育（19.87，1.0E-4）
#4	翻转课堂	54	0.856	2013	翻转课堂（147.16，1.0E-4）； 教学模式（69.12，1.0E-4）； 教学改革（62.09，1.0E-4）； 慕课（46.93，1.0E-4）； 在线教育（32.18，1.0E-4）
#5	教育技术	47	0.834	2007	教育技术（81.45，1.0E-4）； 启示（63.01，1.0E-4）； 美国（45.16，1.0E-4）； 对策（40.77，1.0E-4）； 中国（37.41，1.0E-4）

续表

序号（ID）	聚类名（Label）	关键词数（Size）	轮廓值（S）	均年（year）	热点术语（LLR，P）
#6	人才培养	43	0.739	2010	人才培养（149.99，1.0E-4）； 高等教育（25.43，1.0E-4）； 模式（24.31，1.0E-4）； 创新（23.41，1.0E-4）； 课程改革（15.06，0.001）
#7	专业建设	42	0.819	2014	专业建设（70.95，1.0E-4）； 产教融合（70.27，1.0E-4）； 新工科（25.19，1.0E-4）； 供给侧（18.87，1.0E-4）； 创新创业（18.87，1.0E-4）
#8	发展	38	0.895	2005	发展（43.5，1.0E-4）； 体系（30.97，1.0E-4）； 内涵（25.66，1.0E-4）； 构建（24.75，1.0E-4）； 质量（22.78，1.0E-4）
#9	课程	29	0.857	2010	课程（41.14，1.0E-4）； 高职（37.71，1.0E-4）； 专业（33.57，1.0E-4）； 区域经济（28.23，1.0E-4）； 产业结构（28.23，1.0E-4）

表 4　外国信息技术与高等教育融合的关键词聚类表

序号（ID）	聚类名（Label）	关键词数（Size）	轮廓值（S）	均年（year）	热点术语（LLR，P）
#0	blended learning	128	0.858	2009	blended learning（69.16，1.0E-4）； higher education（28.95，1.0E-4）； educational technology（21.16，1.0E-4）； online learning（19.96，1.0E-4）； dental education（16.85，1.0E-4）
#1	distance education	94	0.831	2012	distance education（44.53，1.0E-4）； distance learning（31.97，1.0E-4）； teacher education（17.26，1.0E-4）； information literacy（14.57，0.001）； professional development（12.08，0.001）
#2	american indians	92	0.951	2012	american indians（18.57，1.0E-4）； american indian（14.16，0.001）； college students（14.16，0.001）； usa（12.36，0.001）； physical education（12.36，0.001）

续表

序号（ID）	聚类名（Label）	关键词数（Size）	轮廓值（S）	均年（year）	热点术语（LLR，P）
#3	teaching/ learning strategies	87	0.856	2010	teaching/learning strategies（47.81，1.0E-4）；improving classroom teaching（37.97，1.0E-4）；pedagogical issues（32.08，1.0E-4）；post-secondary education（21.65，1.0E-4）；media in education（21.65，1.0E-4）
#4	web-based learning	80	0.834	2012	web-based learning（9.92，0.005）；learning management system（9.86，0.005）；context awareness（9.43，0.005）；undergraduate（6.44，0.05）；health systems（5.81，0.05）
#5	mobile learning	79	0.828	2013	mobile learning（18.17，1.0E-4）；information technology（it）（11.09，0.001）；user acceptance（11.09，0.001）；health care（11.09，0.001）；program development（11.09，0.001）
#6	Artificial intelligence	76	0.854	2012	artificial intelligence（30.73，1.0E-4）；big data（8.65，0.005）；academic libraries（8.65，0.005）；big data（8.65，0.005）；blended-learning（8.65，0.005）
#7	technology acceptance model	76	0.896	2011	technology acceptance model（13.11，0.001）；service delivery（11.13，0.001）；special education technology（11.13，0.001）；technology skills（11.13，0.001）；technology acceptance（10.23，0.005）
#8	higher education	71	0.918	2012	higher education（31.53，1.0E-4）；blended learning（17.73，1.0E-4）；further education（13.51，0.001）；context（13.51，0.001）；virtual learning environment（9.76，0.005）
#9	enquiry-based learning	65	0.92	2011	enquiry-based learning（8.64，0.005）；cancer（8.64，0.005）；distributed cognition（8.64，0.005）；substance abuse（8.64，0.005）；client-centered therapy（8.64，0.005）

三、研究结论

（一）研究结论

本文基于 WOS（核心合集）的 1 278 篇外文文献和 CNKI（核心期刊和 CSSCI 数据库）的 3387 篇中文文献，运用 CiteSpace 软件进行了可视化计量研究，分别从发文量、发文国家、高频关键词、关键词突现、关键词聚类等方面分析中外信息技术与高等教育融合的研究状况，得出主要结论如下：

（1）国内外学者对信息技术和高等教育融合的研究整体上呈上升趋势。国内学者的发文量远高于国外。文献发表的国家分布不均衡，中国的发文量最为突出，其次为美国，再次为西班牙、澳大利亚、英国等。

（2）中外研究者关注的热点主题呈现趋同性。通过高频关键词可知，研究者共同面对信息技术冲击下的高等教育生态由实转虚、学习方式多元化、教学模式创新等，这说明世界各国的高等教育、学习者和教育者都在迎接信息技术挑战，主动寻求转变和创新。

（3）中外研究者对于研究热点的捕捉呈现时期差异性。通过关键词突现可知，外文文献突现词出现的时间点呈现分散性，但绝大多数突现词表现为近 4 年来（2018—2022）的持续热度；相较于外国学者，中国学者对于研究热点的追踪不断变化，呈现出阶段性特点，一般 3～4 年就会伴随热点进行转换。

（4）中外学者研究热点长期演变特征趋同。通过时间线图可知，在世界范围内的中外文文献，若从近 20 年的时间跨度来分析，以 2010 年为界大体均可以区分为前后两个分期，且演变特征趋同。

参考文献

[1] 张文丰. 近十年来我国高等教育信息化研究综述［J］. 辽宁教育研究，2007（8）: 49－51.

[2] 李志河，伊洁. 近十年我国高等教育信息化研究综述［J］. 中国教育信息化，2016（17）: 5－8.

[3] Gokhberg L, Roud V. Structural Changes in the National Innovation System: Longitudinal Study of Innovation Modes in the Russian Industry［J］. Economic Change & Restructuring, 2016, 49（2）: 1－20.

[4] 孟庆时，余江. 新一代信息技术产业的技术升级测度研究［J］. 科学学研究，2021, 39（8）: 1407－1417.

[5] 陈悦，陈超美，刘则渊，等. CiteSpace 知识图谱的方法论功能［J］. 科学学研究，2015（2）: 242－253.

[6] 邱均平，沈恝谌，宋艳辉．近十年国内外计量经济学研究进展与趋势：基于 CiteSpace 的可视化对比研究［J］．现代情报，2019，39（2）：26－37.
[7] 李志河，伊洁．近十年我国高等教育信息化研究综述［J］．中国教育信息化，2016（17）：6－8.
[8] 陈超美．CiteSpace II：科学文献中新趋势与新动态的识别与可视化［J］．陈悦，侯剑华，等，译．情报学报，2009（3）：401－421.
[9] 李文元，王平．基于 CiteSpace 的我国顾客参与研究可视化分析［J］．电子商务，2020（2）：35－37.
[10] 李捷．教育信息化与高校教育教学的跨越式发展［J］．黑龙江高教研究，2004（1）：16－18.
[11] 邬大光．教育技术演进的回顾与思考——基于新冠肺炎疫情背景下高校在线教学的视角［J］．中国高教研究，2020（4）：1－6，11.
[12] 王亚克，胡小平．信息技术时代大学课堂革命的内涵与方向［J］．教育与考试，2022（5）：57－63.
[13] Chen C. CiteSpace II：Detecting and Visualizing Emerging Trends and Transient Patterns in Scientific Literature. J. Am Soc Inform Sci Tech，2006，57（3）：359－377.
[14] So H J，Brush T A. Student Perceptions of Collaborative Learning，Social Presence and Satisfaction in a Blended Learning Environment：Relationships and Critical Factors［J］. Computers & Education，2008，51（1）：318－336.
[15] O'Flaherty J，Phillips C. The Use of Flipped Classrooms in Higher Education：A Scoping Review［J］. Internet & Higher Education，2015，25（apr.）：85－95.
[16] Davis F D，Bagozzi R P，Warshaw P R. User Acceptance of Computer Technology：A Comparison of Two Theoretical Models［J］. Management Science，1989，35（8）：982－1003.
[17] 吴砥，邢单霞，蒋龙艳．走中国特色教育信息化发展之路：《教育信息化 2.0 行动计划》解读之三［J］．电化教育研究，2018，39（6）：32.
[18] 张大良．用现代信息技术赋能高质量人才培养的内涵与路径［J］．中国高教研究，2022，38（9）：14－17.

本科生资助育人模式创新探索与实践

——以对外经济贸易大学“志远班”为例

鲁 萍 汪 锴

摘 要：作为本科生资助育人创新模式和长效机制的创新探索与实践，对外经济贸易大学学生工作部学生资助管理中心面向高校专项计划和国家专项计划招生中的家庭经济困难学生组建原有行政班级之外的“志远班”。在志远班建设实践中，充分贯彻全员、全方位、全过程育人的“三全育人”目标，探索扶困与扶智、扶志充分结合的“三扶齐抓”资助理念，构建志远班德智体美劳“五育并举”的育人格局，守正创新，不断探索完善，打造本科生资助育人“强基工程”。

关键词：资助育人 “三全育人” “五育并举” 探索与实践

引言

为贯彻落实全国高校思政工作会议、全国教育大会精神，积极响应党和国家号召，进一步推进教育脱贫攻坚成果同乡村振兴有效衔接，促进教育公平，对外经济贸易大学学生工作部学生资助管理中心结合学校资助工作特点和学生情况，面向高校专项计划和国家专项计划招生中的家庭经济困难学生组建“志远班”。“志远”语出诸葛亮写给儿子的《诫子书》，非淡泊无以明志，非宁静无以致远。表达的是学校的殷切期望，期望学生能够心存志远，立志成才。“志远班”的创立，以困难学生基础保障、精神激励、发展实现的多层次需求为导向，在资助育人实践中着眼长远、逐层深入，将扶贫与扶智、扶志紧密结合，是对困难学生个体成长的全方位回应。

“志远班”以育人为核心，充分贯彻全员、全方位、全过程育人的“三全育人”目标，深化将扶困与扶智、扶志充分结合的“三扶”资助理念，构建志远班德智体美劳“五育并举”的育人格局。截至 2023 年 4 月，志远班已成功开设六期，两期志远班学生已顺利毕业，在校志远班学生来自全国 23 个中西部省份、覆盖全校 12 个本科学院，占本科生家庭经济困难学生的 1/4 以上。志远班每年级分为 2～3 个小班，进行不同生源地、不同

作者简介：鲁萍，对外经济贸易大学党委学生工作部副部长，副教授；
汪锴，对外经济贸易大学保险学院辅导员，讲师。

学院的混合编班，充分助力学生在互相交流中开阔眼界、拓宽学习渠道。志远班人才培养模式创新探索与实践的具体情况及效果如下。

一、建设情况

（一）立“三全育人”目标

2017 年，中共中央、国务院印发了《关于加强和改进新形势下高校思想政治工作的意见》，明确提出了坚持全员、全过程、全方位育人的要求。志远班建设实践立足“三全育人”，志远班资助育人建设项目 2019 年正式写入学校“三全育人”建设实施方案任务分解书，成为学校落实“三全育人”的生动实践。

在全员育人层面，志远班实行校内校外“双班主任制度”，在学校范围内先后公开择优选聘来自 10 个不同职能部处的 13 名教师担任六期志远班校内班主任，通过充分挖掘职能部门育人资源，形成学校全员育人合力。同时为更好利用校友资源，在学校校友总会的支持下，志远班专门配备“校友导师团”，进一步丰富志远班育人团队的构成。

在全方位育人层面，面向志远学子设计涵盖经济保障、思想引领、学业指导、能力培养等 4 个方面课程体系，制定基础素质、能力培养和职业规划 3 个培养模块，保障家庭经济困难学生在顺利完成学业的同时实现全面发展。

在全过程育人层面，志远班对家庭经济困难学生的培养以学生入学为起点、贯穿大学四年直至毕业后的一定阶段。注重通过学生数据的横纵向对比，持续追踪各阶段志远学子综合素质增值状况，同时选任高年级志远班学生担任低年级志远班班主任助理，持续发挥志远学子朋辈互助的“传帮带”效用。

（二）探“三扶齐抓”路径

习近平总书记 2021 年 2 月在全国脱贫攻坚总结表彰大会上的讲话中指出:“我们坚持开发式扶贫方针，坚持把发展作为解决贫困的根本途径，改善发展条件，增强发展能力，实现由‘输血式’扶贫向‘造血式’帮扶转变。”志远班建设过程中不断探索将经济扶困与扶智、扶志充分结合的“三扶齐抓”助学思路，形成立足保障型资助、推进发展型资助、强化精神资助三个层面递进式的资助路径[1]。

1. 扶困层面夯实保障型资助

经济拮据是志远学子面临的首要问题，学生资助管理中心通过实施系列措施为学生缓解困难：在新生入学报到当天，为每名学生提供价值千元的绿色通道爱心礼包，全面涵盖入校后生活、学习等各种必需品；满足志远班学生的勤工助学上岗需求，鼓励有上岗需求的学生全部上岗；积极面向志远学子宣传国家和学校资助政策，实现志远学子“应助尽助”，从经济上保障学生没有后顾之忧。

2. 扶智层面推进发展型资助

志远班学生的学习基础相对薄弱，多措并举提高志远班学生的学习能力和专业基础：通过开展“朋辈引导、助力成长”活动，组织安排优秀高年级学生，帮助志远学子尽快熟悉专业情况，尽快适应大学生活；聘请学校关心下一代工作委员会学业指导组为志远班开设学业指导讲座，设立英语、高等数学和经济学基础三个小课堂；通过学业指导中心针对志远班配备红色助手，针对不同学业基础和学习问题，开展一对一的学业咨询。

3. 扶志层面强化精神资助

加强对志远学子的思想引领和爱国诚信教育，以自立自强为主线设计志远班学生资助方案，将培育社会主义核心价值观贯穿志远班资助育人全过程[2]。通过组织各类爱国主义主题教育和实践活动，筑牢学生为实现中国梦团结奋斗的思想基础；通过举办各类志远学子主题班会及座谈研讨活动，通过辅导员、行政班班主任、志远班班主任一对一深度辅导，及时了解志远班学生的思想状态，帮助学生摆脱“精神贫困”，在身心发展、品质培养、能力提升等方面给予更多的关心和帮助，引导其树立高远志向。

（三）构“五育并举”格局

育人是大学教育的根本要求，学生德智体美劳全面发展是高校育人的重要目标。志远班建设过程中坚持探索构建“五育并举”育人格局，为志远班设计科学合理的培养方案和课程体系，从经济保障、思想引领、学业指导、能力培养等各方面为志远班学生提供帮助，制定基础素质、能力培养和职业规划 3 个培养模块，不断完善价值观与品德、体育与身体健康、艺术与审美、沟通与表达、领导与合作、创新与学习、职业生涯规划、专业认知、企业调查研究等 9 个专题 27 门课程的培养方案，以保障志远学子在顺利完成学业的同时实现全面发展。

1. 以德为先，厚植家国情怀

志远班创新教育形式，贯穿爱国主义教育主旋律，浸润社会主义核心价值观。通过举办“志远青年说”辩论赛，引导同学们对学习生活和未来选择的现实问题进行更为理性深入的思考，充分将“小我”融入祖国“大我”中；通过“不忘初心、牢记使命”主题班会，组织志远学子分享参与国庆 70 周年群众游行、合唱、志愿服务的经历，“家是最小国，国是千万家”等金句赢得了学生的热烈掌声；疫情防控期间，志远班通过举办疫情防控主题班会开展“云端思政”，提醒学生做好个人防护，在家乡积极配合地方疫情防控政策，同时保证网络学习质量；通过举办“我爱祖国 • 我爱家乡”方言配音大赛，以深度参与、深入互动、音视频融合的形式，在志远学子中进一步厚植爱国爱家情怀。

2. 夯实智育，助力学业发展

学校不断为志远学子优化智育平台。通过开展“开卷有益”读书会，为志远学子建设班级书库，包含《习近平的七年知青岁月》《周恩来传》等 46 本书籍，旨在鼓励和引导学生全方位学习思考，养成良好的阅读习惯；通过举办“助力之高数指导讲座——郝素敏老师专场”，更具针对性地帮助志远学子明确数学学习中的问题，改善数学学习方法；通过组织开展志远学子生涯规划分享会，将专家讲授与朋辈分享相结合，助力志远学子更及时地为自己的学业做好规划，有效应对学习困难。

3. 推动体美劳全面发展

志远班建设着力为志远学子搭建全面发展的培养平台。通过精心组织迎春健步走、惠园乐跑、冬季运动会、消防趣味运动会等形式多样的体育活动，鼓励志远学子“走下网络、走出宿舍、走向操场”，保持身心健康；通过开展播音主持培训、新闻宣传培训，组织志远学子与学校留学生同游北京，极大助力志远学子提升语言表达、人际沟通和跨文化交际能力；通过组织观看北京人民艺术剧院《莲花》《社区工作者》等话剧，在陶冶情操的同时提升志远学子艺术鉴赏能力；通过在志远学子中组建“秉烛夜读——作业帮扶计划”志愿服务项目团队，既锻炼学生组织领导力，又引导学生在回馈社会的志愿公益活动中感恩奉献，自我实现。

此外，志远班在“家”文化的氛围中，不断加强班级凝聚力建设，让每一个天南海北的志远学子都充分感受到来自学校的关爱、来自同学的温暖。志远班班主任通过定期与班干部及班级成员谈心交流，了解志远学子面临的学习生活中的实际困难，在中肯建议的同时帮助志远学子更好地规划大学生活；通过举办集体生日会，为班级过生日的学生集体庆祝，同时开展朋辈交流互动；以“恰同学少年，青春正好”为主题组织春游活动，登山望远、迎春踏青、愉悦身心；延续传统组织冬至“热气腾腾包饺子”活动，志远学子聊学习、谈生活，充分融入志远大家庭。

二、建设成效

被纳入“志远班”平台进行四年培养的家庭经济困难的学生群体，来自高校专项计划和国家专项计划招生中的家庭经济困难学生。受家庭经济条件的限制，此类学生群体在获得经济资助的基础上，更需要获得提升个人能力和视野的资助育人平台。在原有行政班级之外，以特定班级形式和培养模式将此类学生群体组成新的班级，通过提升学生的受助质量和自助能力，提高资助育人的“边际效益”，让经济困难学生获得更多成长成才机会——在此思路下，“志远班”平台开展持续建设并取得了丰硕育人成效。

第一期志远班试点建设在 2014 年。对象是当年学校按照教育部统一部署，面向云南等集中连片特困地区招收的农村自主招生专项的 31 名学生。2018 年第一期志远班学生毕业，取得了骄人的成绩。学生中既有高校学生运动会的夺魁者，又有科研立项重点课题、社会实践校级优秀团队的成员，同时他们发挥专业特长活跃于各类学科竞赛中，获得有美国大学生数学建模大赛一等奖、国家奖学金、国家励志奖学金、自强之星、校级综合奖学金等奖项。毕业时第一期志远班近 70%的同学直接就业，相继与中粮集团、恒大集团、光大银行等大型企业和知名金融机构签约；有 5 名同学凭借过硬的成绩攻读北京大学等国内“双一流”大学硕士研究生；1 名学生响应国家号召应征入伍；还有学生在学校国际化氛围的影响下选择赴海外深造。

在校党委文君副书记的关心和推动下，第二期志远班 2018 年成立，由我校 2018 级高校专项和国家专项计划中的 85 名家庭经济困难学生构成，他们在校期间硕果累累：33 人次获得国家励志奖学金、美国大学生数学建模竞赛 S 奖等国家级奖项和荣誉，21 人获得首都大学生暑期实践特等奖及挑战杯红色专项市级赛、北京市国防知识大赛等省市级奖项和荣誉称号，55 人获得综合奖学金、建华奖学金、优秀学生干部、优秀志愿者、优秀科研助手等校级奖项和荣誉称号。2018 级志远学子已于 2022 年载誉毕业，其中 12 名学生免试保送国内“双一流”大学硕士研究生、21 名学生考研成功，到中国人民大学、北京师范大学、四川大学、中山大学及本校（对外经济贸易大学）等高校继续攻读硕士研究生；近 50%的毕业生直接就业，相继与中国乡村振兴基金会、大连海关、武汉市政等国家机关和事业单位，以及京东科技、新浪微博等大型企业和金融机构签约；1 名学生响应国家号召入伍参军。

为进一步总结凝练志远班资助育人模式，巩固人才培养成果，形成长效育人机制，2022—2023 年，学生工作部学生资助管理中心面向志远班已毕业学生及在校学生开展调研访谈工作，94.7%的志远班学生认同志远班人才培养模式，89.9%的志远班学生对志远班人才培养成果感到满意。在面向 2014 级志远班毕业生的访谈中，谈及在志远班平台的最大收获，有志远学子提到：“最大的收获是温暖师生情和与志远学子间真挚的友谊。通过老师们精心组织的节日活动、提供的英语课外补习以及组织的韩国汉阳大学暑期夏令营等，让身在异乡的我们倍感温暖并找到努力的信心，让性格不够外向的我收获了更多的友谊。也让我对贸大有了更强的归属感和努力学习的动力。”谈及最难忘的一次志远班活动，有志远学子提到：“最难忘的活动是志远班给我们发放羽绒服，暖身更暖心，让我这个刚走出云南的孩子在寒冷的北京感受到了温暖和安心，这件羽绒服至今我还在穿。”谈及志远班班主任能够发挥的不一样的作用，有志远学子提到：“作为志远班学生，看到周围有很多优秀同学，自己常常会不自觉陷入焦虑之中。然而，行政班主任或者年级辅导员事务性工作极多，很难有时间和我们一对一沟通，志远班班主任时常都会找大家谈话，倾听我们存在的各种问题，并且非常温柔耐心地鼓励我们，让我们重塑自信心。”谈及毕业后志远学子将志远班精神品质继续传承发扬的经历，有志远学子提到：“毕业后我到了港口工作，在疫情期间加入防疫工作专班，参与隔离管理工作，尽管赶上国庆假期，还面临半个月不能外出，但我牢记志远班所教会我的爱国、自强、奋斗、奉献的精神品质，克服困难，最终圆满完成了任务。”

三、问题与对策

志远班自 2014 年试点建设至今，育人成果显著，但面对新形势新问题，仍存在一些不足，需要在实践中不断探索完善。

（一）进一步提升精准资助水平

志远班资助育人工作当前面临着由“量的积累”向“质的提升”的转型。志远班资助育人工作需转向优化资助结构、打造品牌资助活动项目、提升资助工作边际效益，尤其在后疫情时期，更应针对志远学子的实际需求推进内涵式发展，分层分类、精准施策，促进志远班资助项目精准下沉到各分众学生群体[3]。在此情况下，推动志远班资助育人活动与不同学科、不同特点的志远学子匹配，促进“对象精准”；推动志远班资助育人力度与学生面临的实际困难匹配，促进“力度精准”；推动志远班人才培养阶段设置与学生在低年级、中年级、高年级不同时段的培养需求匹配，促进“时间精准”[4]。通过提升精准资助水平，将志远班资助育人效用最大限度发挥。

（二）进一步锻造育人精品平台

在志远班建设实践中，出现有与学生发展实现需求不匹配、缺乏必要“后资助”环节等现实困境。当前在确保志远学子保障型资助的前提下，提升发展型资助、精神资助水平，也是巩固拓展脱贫攻坚成果、与乡村振兴有效衔接，更好服务科教兴国战略、人才强国战略的题中之义[5]。志远班将进一步针对困难学生搭建有效的能力锻造平台，在校内充分调动育人资源配置，以项目制形式由班主任牵头落实思想引领类、学业促进类、艺术体育类、劳动实践类、心理减压类、国际视野类等精品活动，同时开展资助育人追踪评价，及时追踪和精确量化志远学子的成长增量。

（三）进一步促进各育人主体联动发力

志远学子既按照行政编班有自己所在学院的辅导员、班主任和本科生导师，同时在志远班平台还有志远班班主任、校友导师。当前，志远班各育人主体尚未构建充分有效的联动机制，行政班班主任侧重学生的学业指导，所在学院辅导员侧重学生的日常事务管理，志远班班主任侧重学生的精神激励、能力发展，校友导师侧重学生的视野拓展。进一步通过定期组织班主任、辅导员及校友导师座谈，形成一人一策的联动资助育人“一张表”，将志远学子的个性化信息及时更新同步给校院两级育人主体，实现真正意义上的全员联动育人。

结语

习近平总书记在党的二十大报告中高屋建瓴地提出要促进教育公平，办好人民满意的教育。志远班坚定担当立德树人伟大使命，通过贯彻“三全育人”工作目标，坚持“三扶齐抓”资助理念，着力构建德智体美劳“五育并举”育人格局。通过持续开展志远班建设，打造资助育人“强基工程”，不断实现学生受助质量和自助能力的提升，推动志远学子“一人不差、一人不落”的全员发展，促进教育公平，为每一位寒门学子助学筑梦，为党和国家铸人育才。

参考文献

[1] 涂荣. 高校贫困生资助工作的人文关怀及其实现机制研究[J]. 教育评论，2017(8): 3-6.

[2] 陈诚. 让贫困学生有尊严地受助[N]. 光明日报，2017-1-25.

[3] 刘洋，韩雪峰，等. 基于马斯洛层次需求理论的大学生自我实现引导路径[J]. 辽宁工程技术大学学报（社会科学版），2018(5): 396-400.

[4] 肖丽，肖蓉，等. 新时代立德树人视域下高校学生资助育人工作创新路径研究[J]. 湖南社会科学，2022(5): 14-21.

[5] 陈玉. 以“互联网+”为背景的高校学生资助“一体化”工作模式探索[J]. 黑龙江教育（理论与实践），2022(2): 53-54.

财经类院校的“大部制”改革

——基于 X 大学学部制改革的案例研究

唐　灿　罗　乐

摘　要：以学部制为代表的“大部制”改革，日渐成为中国综合性大学跨学科组织体系的主流形式，这一形式也逐渐在财经类院校崭露头角。本文以中国“双一流”财经类院校 X 大学为例，对财经类院校学部制兴起、发展及面临瓶颈等问题梳理与分析，提出“十四五”时期财经类院校深化发展学部制的政策建议：把握学部的学术职能之本及其职能的有限性；探索并支持学部的类型化发展；理顺“校—部”协作机制，做好责权匹配；持续优化学部考核并加强信息化建设。

关键词：学部制　财经类院校　大学治理

引言

“大部制”源于行政机构改革，即在部门设置中，将那些职能相近的部门、业务范围趋同的事项相对集中管理，最大限度地避免职能交叉、政出多门、多头管理，从而提高效率、降低成本。大部制改革的趋势从中央政府起始，自上而下，逐步扩展到社会其他领域。

国内高等院校逐步推广以“学部制”为代表的大部制改革。1999 年北京大学开始学部制改革，迄今已形成理学部、人文学部、医学部等六个学部与院系体系；北京师范大学的教育学部已构建全口径、师资力量雄厚的“教育学航母”，浙江大学、天津大学等也在全校范围或重点优势学科推广学部制。学部制日渐成为国内综合性大学跨学科组织体系的发展趋势。

近年来财经类院校不断借鉴和吸收学部制经验。截至 2023 年 12 月，本科层次的财经类高校共 105 所，其中对外经济贸易大学于 2018 年成立经济学部；中央财经大学在其《大

作者简介：唐灿，对外经济贸易大学图书馆馆员，编辑；
罗乐，对外经济贸易大学信息学院教务员，中级馆员。

① http://www.cufe.edu.cn/xxgk/xxzc.htm，访问时间 2024 年 5 月 17 日。

学章程》[①]中提出“依据需要设立学部等学术组织”；中南财经政法大学、上海对外经贸大学和山东财经大学设立类似虚体学部的一级学科执行委员会、应用经济学科组等，对同属一级学科的各学院、研究院进行组织协调。大部制改革在财经类院校的发展方兴未艾，值得深入研究。

一、财经类院校大部制改革兴起的背景与意义

（一）兴起的背景

2015年，国家发布《统筹推进世界一流大学和一流学科建设总体方案》《统筹推进世界一流大学和一流学科建设实施办法（暂行）》等文件，建设世界一流大学和一流学科成为国家意志。一流大学须有一流学科、一流治理结构和能力，学部制是跨学科、开放式组织管理平台，其学科整合、综合治理的职能为“双一流”建设提供了重要支撑；综合性大学通过推行学部制、产学研用协同制度等改革，构建高水平跨学科平台，加强学科联系，消除学科壁垒，打造学科集群，为服务国家重大战略和地方经济社会发展提供智库支持。

学部制主要有三种组织形式：学术管理型，以部务会、议事会、联席会制度甚至仅作为院校合并前的指代，无独立办事机构与专职人员等实体组织，行政管理职能在学院，此类形式在国内高校数量极少。学术管理兼组织协调，“虚”“实”程度不一，学部具备一定的学术权力和行政管理职责。综合管理型，学部成为实体机构或一级管理组织，学部管理人员有对应的行政级别，学部具备职称评审、高层次人才引进、战略咨询等学术职能与行政职能，学部下属的学院、研究院实体性被弱化。

后两种形式的学部制在综合类、理工类大学较为常见，初心旨在建立纯学术虚体架构，形成学术与行政相分离、去行政化的改革态势；负责部门边执行边探索，建构“反馈—指导—再反馈”循环机制，运行过程中学部发展态势不一，学部制改革方向受学校领导管理思路及其他人为因素影响。理工类因为科研、实验教学较多，教师跨学科、跨院系合作频繁，学部作用有限，组织协调少；医学类、社科类、人文艺术类在学部成立之后，跨学科、跨院系的合作交流增加，学部组织协调工作越发重要，学部逐渐成为校院上情下达的重要枢纽。学部制对于财经类院校依然是“新兴事物”，其定位、职能、权责等处于不断探索和完善过程中。

（二）发展的意义

财经类院校是我国具有行业特色类的院校代表，学科布局不同于综合类大学，一般集中在经济学、管理学两大门类，以应用经济学、理论经济学、工商管理等一级学科为主，面临一级学科下设的二级学科及方向过多，一级学科院系分布广，跨院系协调难度大等

问题。国内主要财经院校中，应用经济学一级学科下设实体性建设单位，中央财经大学为 17 个，东北财经大学 13 个，西南财经大学 12 个，对外经济贸易大学 7 个，中南财经政法大学 6 个，上海财经大学 5 个[①]，需跨院系统筹协调、集中优势力量发展。不同院系在人才引进、职称评聘等方面标准不一，各自拥有独立的数据库、专门实验室、小型图书馆等配套支持设施，重复建设亦不鲜见，在财政“过紧日子”背景下，需跨院系协调的平台和制度性安排，统一标准、提升效率和产出。学部制发展改革，符合改革契机与趋势。

二、财经类院校大部制建设及发展现况：基于 X 大学的分析

（一）案例选取

本文以 X 大学为分析案例。X 大学是国内著名财经类院校，办学规模处于同类高校平均水平，学科专业聚焦，在经济学、管理学和法学等领域学术声誉较高，毕业生就业领域相对集中，服务于相关特定行业且业内认可度较高，学部制改革在同类院校中起步较早。

（二）学部制建设与发展历程

X 大学的学部制建设与发展，经历了从“虚体”到“半实体”的发展过程。

1. 虚体的学部

2008 年前后，X 大学在“211”工程三期首次试行课题/项目管理的学部制，按照学科门类对应设立经、管、文、法 4 个学部，覆盖全校学院和教学研究室；在学部范围内以学部/学院为单位进行课题申报与评审结项；分管校领导担任学部部长，指导学部课题管理，经费和日常管理由学科建设部门负责[①]。

2014 年至 2015 年，国家政策调整，暂无新重点建设计划。X 大学在此政策空白期，于 2015 年组织实施校内“211”工程平台建设，沿用学部制管理方式；经济学部培育国家社科重大项目 2 项、国家社科重点项目 2 项、管理学部培育国家社科重大项目 1 项、法学部培育国家社科重点项目 1 项、文学部培育国家社科重点项目 1 项，至 2017 年全部结项。项目负责人通过校内“211”工程支持，申报各类项目、人才支持计划，取得了较突出的建设成果。

虚体学部制，在项目管理上减少学科管理部门与各学院、各课题组对接的中间环节和审批步骤，但缺乏系统的管理方式、文件支持、制度保障，面临分管校领导岗位调整、课题审核延迟、跨院系协调难度大等问题。

2. 半实体的经济学部

2016 年第四轮学科评估，X 大学的优势学科应用经济学、理论经济学等 6 家主要单

① 数据来源截止到 2022 年 8 月 31 日。

② 2010 年 X 大学正式组建专门的学科建设部门，“211”工程三期办公室由科研管理部门划入学科建设部门。

位，以及其他学院、智库中研究经济学的教师，对教师、成果、留学生等配置与划分认知不一，缺少跨学科组织协调，且学科建设部门和应用经济学一级学科主建单位（A 学院）需求迫切，筹划成立跨学科组织。

“双一流”建设正式启动后，X 大学持续深化学部制改革。2018 年 10 月，X 大学成立经济学部[①]；经济学部办公室挂靠在校直机关学科建设部门，设置专职工作人员 1 人，负责经济学部定期部务会、草拟与发布相关文件、组织重大项目申请等工作。经济学部是 X 大学的首个半实体性质正式学部，定位为一级学术管理组织，涵盖应用经济学、理论经济学 2 个一级学科。

3. X 大学经济学部的建设成效

经济学部自成立以来，按照《章程》要求，定期召开部务会，采取若干措施，取得初步成效：

（1）对标国内外一流大学经济学科发展情况。选取经济学标杆院校与学科进行 SWOT 分析，定期更新与追踪；统筹协调经济学门类所属各学院的学科发展规划和学术标准。

（2）专题研究经济学门类高层次人才引进、科研成果认定、博士生导师遴选等。2020 年起在师资引进、评价、聘用等方面达成共识，统一标准。

（3）推动各学院自有数据库信息共享，加强基础数据库通用建设，建设经济类品牌数据库、专题数据库。

（4）经济学部 6 家单位联合相关部门以及校外单位成立“数字经济实验室申报领导小组”；组织召开各类调研研讨会，于 2019 年底获发改委、教育部正式批复，“数字经济实验室项目”成为 X 大学首个重大学科基础设施，构建申报重大学科基础设施的协同机制。

经济学部成立至今，形成相对成熟的运行经验。以学科建设部门为代表的校直机关，通过成立跨一级学科半实体性平台，初步实现“学术活力、学术成果质量、学术影响明显提高和资源消耗明显降低”的绩效目标，整合集成优势和团队合作效益，提高学校治理体系和治理能力水平；A 学院通过学部协调相关学院、整合资源，为壮大应用经济学优势学科注入了动力。

经济学部的成立和运行，顺应改革发展趋势；统筹协调经济学科门类下众多二级机构，学部制改革取得初步质效。以学部制为代表的大部制改革中，X 大学还配套实施了校院两级管理体制改革、科研管理制度改革、职称评聘与人事考核制度改革等。

在经济学部的试点基础上，X 大学扩大学部制试点范围，先后成立语言文学部、政治学部、管理学部和法学部等，逐步实现跨学科平台全覆盖。

三、财经类院校大部制发展中面临的瓶颈

在学部试点运行取得诸多探索创新性进展的同时，也发现了一些问题，可能成为日后

① 聘任 A 学院院长为经济学部部长，聘应用经济学、理论经济学 2 个一级学科所在 6 家单位负责人为经济学部部务委员会委员。

进一步深化改革发展的瓶颈。

（一）学术职能的有限性与综合改革期望的无限性

在经济学部建立之前，X 大学人事部门全流程负责职称评聘，行政主导，学术性弱。

X 大学经济学部所属各学院，发展层次处于相近区间[①]，共享博士学位授权点等平台资源，有共同发展目标，发展步骤具有一致性。经济学部的试点兼顾历史与现状，为大部制改革的开展提供支撑。

因此，在学部试点的过程中，学校注重发挥学部的评议、咨询功能，将经济学学科组转为经济学部，由经济学部遴选评审专家，更加注重专家的学术水平；通过调整其他学科组、扩大学部制试点范围，使得评审更加注重不同学科差异，关注学术成果的学科归属与内涵归属；学部统一经济学类的成果与标准认定，缩小了经济学门类下各学院的标准差异。

未来若将职称评审的全流程都交给学部，真正做到“学术评审”、同行评议，突出有代表性的高水平成果，把这些学术类职能、权责转移到学部这样的学术组织，才能实现让学术职能和行政职能各归其位的制度设计。

但是，在改革中如何做到各学科的科学均衡发展，仍然是一个有待于进一步讨论的课题。面对较为复杂的现实状况，X 大学把某些非学术职能加诸学部，但学部仅是议事协调组织，无权具体执行行政管理工作。在前述申报数字经济实验室的项目中，经济学部只能组织动员相关学院，而由学科建设部门等相关职能部门负责居中协调、对外申报、参与答辩。

（二）非实体化的制度困境与实体化的资源困境

经济学部作为半实体的学术管理组织，缺乏资源维持运转；学部下属各学院从“双一流”建设经费中提取一定比例作为学部管理经费，仅满足日常开支；按照成立学部的文件要求，学部应设专职人员 1 人，但 X 大学未遴选合适人员，而是由学科建设部门人员兼任；由于是非实体性机构，无法以“学部”的名义公开发布文件、对外沟通交流，登记领取固定资产、注册学部网站，发展面临制度困境。

由于非实体限制，学部无法有效评价学院和部务委员工作，学校、学科建设部门无权对学部整体工作进行考核；例如在数字经济实验室项目内，学部下属各学院教职工承担大量编制工作，而教师的额外付出无法在学部一级通过量化、折算工作量得到确认，导致激励效应不足。

由于历史因素，财经类院校的办学规模、岗位、编制和人员总数受限，财政支持力度远低于综合类大学，2019 年教育部直属 75 所高校的预算公开数据中，清华大学 297.2 亿元位列第一，而财经类院校中预算收入最高的西南财经大学仅有 18.6 亿元。增加一级实体性机构，势必令原有资源更为紧张，演变成与其他校直机关平级的一级行政管理组织，

① X 大学应用经济学一级学科在第四轮学科评估中整体获评 A。

造成“叠床架屋”，学部实体化面临资源制约。

学部建立的跨学科组织，涉及 X 大学 6 家校内单位，面临行政管理阻隔，目前 X 大学只在部分研究院探索人员、成果等要素的流动机制，即在不改变编制和人员基本归属的前提下，实现学科带头人、学术骨干的“双聘制”；在共同申报国家级、省部级重大重点课题，开展校地校企合作、教育扶贫与对口支援等方面，经济学部尚未取得显著成效，学术活力尚待激发。

（三）校—部发展目标与学部内的发展目标冲突

阻碍学部制深入发展从根源分析，主要是多方发展目标难以统一。代表学校的校直机关，注重学部的投入产出，不要实体化、防止挤占校内资源、影响其他领域发展；而代表学科/学院的经济学部，站在学部整体角度，则希望在职称评聘、校院两级管理体制等方面取得更多自主权。经济学部下属 2 个一级学科，应用经济学作为入选“双一流”学科，所属单位获得的支持相对较多，学部内其他学院则希望权责匹配、合理分配。

而在新建学部中，各学院的发展阶段差异更大，学术标准难以统一，新兴学科的内涵外延也难以界定；资源分配方式面临着既要支持优势学科、也要扶持弱势学科的“两难”。随着学部扩大试点，各新建学部发展目标不一致的问题逐渐凸现，例如在新一轮学位授权点申请的过程中，相关学部/学院为高层次人才的学科归属存在分歧，学部层面难以全盘协调。这些都需要在支持存量与做好增量的前提下，进一步平衡好各类资源的分配。

四、财经类院校大部制深化发展的对策建议

“十四五”时期是全面开启社会主义现代化强国建设新征程的重要机遇时期。2022 年教育部等三部委发布第二轮“双一流”建设高校名单，X 大学再次入选。第二轮建设持续推动大部制管理机制创新，突破关键环节。

大陆高校的学部制，植根于本校特色，类型、性质、权限有差异，旨在实现总体目标。财经类高校由于其特殊性，学校—学院组成基本架构，完全的学术组织在具体事务上需要行政机关的协调与配合。有些财经类高校虽未设立学部，但可通过一级学科执行委员会、工作组或联席会等组织履行职能。X 大学的学部制改革，应结合学校实际、顺势而为。

学部制体系设计如何兼顾专业与效率，平衡成本与收益，处理好集中统一领导和放管服改革的关系，是值得思考的问题。本文在 X 大学学部制发展实际及校内外专项调研情况分析的基础，提出以下对策建议。

（一）科学把握学部学术职能之本及其有限性问题

财经院校学部制改革是探索的过程，要注意明确其学术职权的内涵及有限性和有效

① 对教育方法的引导示范，不等于教学督导。

性：比如通过学部平台，组织重大学术攻关、项目，学术交流与教学法推广[①]；师资引进的学术标准、学术条件注意均衡性与多样性[①]；建设跨学科、跨院系的学术团队、实验室、研究中心等；由行政管理奖惩的模式与思路，走向服务、引导、鼓励、动员与规范的范式与思维。

学校要做好顶层设计，明确学部的主体责任，列明权责清单，学术职权交给学部，非学术的、不宜交代学部的工作仍需由行政部门承担。清华大学经济管理学院原院长钱颖一认为，在大学治理的过程中应认清“学术问题”和“行政问题”的边界。

（二）积极探索并大力支持学部的类型化发展

X 大学的经济学部日趋成熟，集中了学校主要学院、优势学科，具有特殊性；经济学部涵盖的资源、联合的力量与其渴望获得的相关学术职能，推动着学部向半实体化甚至实体学术机构演进；作为现有运行机制最成熟的学部，经济学部责任重大，担负着体制机制改革试点重任，经验和成果可供其他学部参考。鉴于经济学部的发展重任，把该学部实体化，赋予相应的职权，遴选专业管理人员，给予配套支持，保障其学术独立性，是未来长期发展的应有之义。

其他新建学部，宜以虚为主，虚体实做。学校各类资源有限，不宜增加过多行政层级。允许不同类型的学部进行试点探索，依靠各学部自定的《章程》治“部”，制定管理办法，强化制度建设，形成尊重制度规范的风气，明确新建学部的学术职能，形成同行评议机制，支持学部的类型化发展。

X 大学的半实体以及未来类型化的学部是改革中的新事物，要有预判预警，提前排查风险，形成科学合理、权责清晰的工作机制，降低创新发展的盲目性。

（三）理顺“校—部”协作机制，破除藩篱

以科研成果标准为例，原 X 大学设置中外文核心期刊目录，核心期刊目录又进一步分为 A、B、C 三类等级，与科研奖励、职称评聘、博导遴选直接挂钩。在落实“破五唯”、深化教育评价改革的要求下，以学部为单位，确定学科期刊目录等级，增加小语种领域的国别期刊等；破除唯论文、唯（C）SSCI 的不良倾向，逐步取消科研成果的“撒网式”奖励，向高端、原创、代表性成果倾斜；统一规范科研成果、职称评聘、博导遴选三类学术标准。

一级学科既是研究领域与知识体系，也是学术组织体系，要求学科师资梯队有学术影响力、人才规模、学历与年龄结构合理、海外经历等。一级学科设置问题包括确定新建院系和重点支持学科。学校学部需明晰权责清单，学部发挥学术判断与把控职能，学校协调实施，校直机关按照部署投入资源，产出成果正向作用于学部，强化学部学术权威性，理顺“校—部”协作机制。

在尊重学科差异的前提下，科学合理设置标准，保持客观统一，经济学部已有海外联

---

① 学部可制定大体相同的学术规范，按照统一标准实施，但具体的学术要求可比学校的基本原则更具多样性。

合招聘经验，逐步升级职称评聘委员会转变成学部师资委员会，在高层次人才的内培外引上发挥更大作用；优势学科带动弱势学科，支持潜力学科，减小学科发展差距，形成良好的学科生态，共同产出高水平成果，实现内涵式发展。

学部层面需构建一支专兼职结合的专业性行政支持团队，学部管理不同于一般的行政管理，部分学部挂靠在学科建设部门，是因其行政支持团队需要熟悉校内外乃至国内外高等教育发展、有学科管理经验、战略规划眼光，这类高素质、职业化、专业化的行政人才是学部制改革乃至学校学科建设、发展的重要保障力量。

（四）持续优化学部考核与信息化建设

以一流学科建设为导向，明确学部的年度建设任务，对学部的投入产出绩效、工作业绩，进行定量和定性综合评价，基于客观数据，发挥好学部同行、学部内成员、校直机关的评议作用，形成“内部评价+外部评价”正向促进、双向循环的学部考核制度，以评促建。

加强学部信息化建设，发挥学部绩效考核结果在资源分配中的杠杆作用。由学部拟定年度工作计划与预算，不定期序时进度抽查、年中检查、年终考核。试点学部的专项拨款与建设任务完成情况挂钩，发挥“重人均、重贡献”的评价导向，以考核推动学部建设，减少学科建设“大而不强”“重数轻质”的不良现象①。

结语

以学部制为代表的大部制改革，是高校一项牵涉面较广的校院两级治理结构改革，涉及人、财、物等资源的重新组合、调整和分配，在打破原有管理格局和惯性过程中会遇到新问题和挑战。改革的道路不会一帆风顺，大部制改革是提升大学治理水平、构建现代大学制度的重要举措，X 大学的改革整体上已经走在同类高校前列，相关经验可为兄弟院校提供参考。

参考文献

[1] 李均，屈西西. 国内高水平大学学部制改革的现状与建议——基于 23 所“985 工程”大学的考察 [J]. 江苏高教，2020（2）：9-14.
[2] 杨辉，钱峰. “双一流”建设背景下高校学部制改革的逻辑起点、实践目标和路径选择 [J]. 黑龙江高教研究，2019，37（8）：6-10.
[3] 严蔚刚，李德锋. 我国高校学部的基本权力、分类及相关思考——基于我国学部制改革的调查研究 [J]. 中国高教研究，2012（7）：12-16.

① 目前，高等教育市场上涌现出一批具备技术实力和数据优势的公司，比较著名的有中国知网、上海软科、宝和数据、江苏青塔等，不少高校与其合作进行二级单位的绩效考核都已取得进展。

［4］魏小琳. 治理视角下大学基层学术组织的重构［J］. 教育研究，2016，37（11）：65－73.
［5］邹晓东，吕旭峰. “学部制”改革初探——基于构建跨学科研究组织体系的思考［J］. 高等教育研究，2010，31（2）：26－31.
［6］邹晓东，吕旭峰. 研究型大学学部制改革的动因、运行机制及发展走向［J］. 浙江大学学报（人文社会科学版），2011，41（3）：5－11.
［7］杨颉. 协同治理 协议授权——探索校院二级管理改革新路径［J］. 中国高教研究，2017（3）：12－16.
［8］殷柯望. 我国高校学部制建设的困境与对策研究［D］. 中国矿业大学硕士学位论文，2017.
［9］宋伟. 学术权力在科研组织中存在的逻辑［J］. 科学学研究，2007（1）：38－41.
［10］罗伯特·伯恩鲍姆. 大学运行模式——大学组织与领导的控制系统［X］. 北京：中国海洋出版社，2003：81－101.

对本科生毕业论文质量控制的几点思考

陈怡琴

摘　要：本科生毕业论文是本科生人才培养环节的重要组成部分，是考核学生综合运用所学专业知识进行理论分析和解决问题能力的有效手段。根据教育部发布的《本科毕业论文（设计）抽检办法（试行）》中的有关要求，从 2021 年开始，由省级教育部门对本科毕业论文进行抽检。在这一新形势下，对本科生毕业论文的质量控制就显得尤为重要。本文从管理者的视角出发，结合对外经济贸易大学本科生毕业论文工作实际，分析了当前毕业论文质量控制中存在的主要问题：学生将主要精力放在就业和考研上，投入毕业论文的精力十分有限；论文写作指导课程设置薄弱，学生缺乏有效的学术训练；指导教师工作量大，师生互动效果不佳等；都使得本科生毕业论文质量堪忧。对于当前存在的这些问题，笔者提出针对性的对策和建议，以期切实有效提高本科生毕业论文的整体质量。

关键词：本科生　毕业论文　质量控制　思考

引言

2021 年 1 月，教育部下发了《本科毕业论文（设计）抽检办法（试行）》，其中对评议的要素和重点、工作程序、结果反馈与使用、监督与保障等方面进行了明确规定，从制度上对本科生毕业论文抽检工作提出了明确要求。该办法对于加强和改进教育督导评估监测、保证本科人才培养基本质量具有重要意义，使本科生毕业论文抽检工作有据可依、有章可循。

《本科毕业论文（设计）抽检办法（试行）》指出，对连续 3 年抽检存在问题较多的本科专业，经整改仍无法达到要求者，视为不能保证培养质量，省级教育行政部门应依据有关规定责令其暂停招生，或由省级学位委员会撤销其学士学位授权点。该办法的出台要求高等院校对于本科生毕业论文质量控制更加严格、管理更加规范。因此在新形势下，加强对本科生毕业论文的质量控制是一项十分迫切的任务，对其开展相关研究更显得尤为必要。本文从管理者的视角出发，结合我校本科生毕业论文工作实际，分析了当前的工作现状及质量控制过程中存在的问题，并提出相关具有可操作性的建议。

作者简介：陈怡琴，对外经济贸易大学国际经济贸易学院本科办公室主任，研究员。

一、对外经济贸易大学本科生毕业论文质量控制的基本情况

本科生毕业论文是本科生人才培养的重要一环，不仅有助于培养本科生创新思维和实践能力，更是本科生人才培养质量优劣的重要体现。对外经济贸易大学《本科毕业论文（设计）管理规范》（2018 年 12 月修订）指出：撰写毕业论文（设计）是本科培养方案的重要组成部分，是培养学生理论联系实际的学风和提高学生创新能力的有效手段，是对学生掌握和运用所学基本理论、基本知识、基本技能以及从事科学研究能力的综合考核。以对外经济贸易大学 2022 届本科生为例，毕业论文主要工作日程如下表所示。

序号	时间（年月日）	事项
1	2021.11.15 前	完成选题、定题等工作
2	2022.03.14 前	完成定稿纸质版及电子版收集工作
3	2022.03.28 前	完成相似性检测工作
4	2022.05.09 前	完成院内盲审工作
5	2022.05.30 前	完成答辩及成绩评定工作

本科生毕业论文全流程主要包括选题定题、论文定稿、相似性检测、双盲评审、答辩等环节，各环节提出明确要求，对毕业论文整体质量进行有效控制。在选题定题环节：学校要求每位教师指导学生人数原则上最多不超过 6 名。在相似性检测环节：（1）相似性≥55%以上为严重不合格，本次答辩不予安排，论文须重新选题或重做，半年后重新申请答辩。如论文相似率再次达到 55%以上，论文按不通过计。（2）相似性≥35%且＜55%为不合格，要求学生在论文指导教师指导下重新修改论文。在预答辩前 5 个工作日重新提交再次检测，再次检测同时学校安排匿名评审，检测和评审合格后方可答辩。检测和评审仍不合格，将推迟答辩。（3）相似性≥25%且＜35%，对学生提出警告，要求学生自行修改。预答辩前 3 个工作日重新提交，再次检测，检测合格后方可答辩。在论文盲审环节：规定毕业论文（设计）以匿名形式交由两位专家进行评审，盲审比例为 100%。论文由两位盲审专家进行评阅并按照百分制打分，两位专家打分的算数平均值记为评阅成绩。评阅成绩为 85 分（含）以上，可以直接答辩，或按照评审意见修改后答辩；评阅成绩为 60 分～84 分（含），需按照评审意见修改，经指导教师同意后，方可参加答辩；评阅成绩为 60 分以下，不得参与学院首次答辩，学生需根据评审意见及指导教师意见修改论文，经学院毕业论文指导委员会审定通过后进行二次盲审。在论文答辩环节：要求各学院严格论文（设计）评定质量标准，不得以学生实习、找工作等理由降低评分标准。论文（设计）答辩委员会或答辩小组对未认真准备答辩或经答辩发现毕业论文（设计）存在质量问题、诚信问题的学生应给予论文（设计）不通过、延期答辩等方面的答辩结论。

从2021届本科生开始，我校使用中国知网大学生毕业论文（设计）管理系统（以下简称知网系统）进行毕业论文全流程管理，提高了管理效能，在一定程度上保障了本科生毕业论文各环节质量控制有序和有效进行。

二、本科生毕业论文质量控制中存在的主要问题

教育部发布的《2022年全国教育事业发展基本情况》显示，高等教育在学规模将进一步扩大。2022年，高等教育毛入学率59.6%，比上年提高1.8个百分点。全国普通、职业本专科共招生1014.54万人，比上年增长6.11%。其中，普通本科招生467.94万人，比上年增长5.25%。近年来，由于大学生在学规模不断扩大，大学生就业供给高于经济增长对大学生的实际需求，毕业生就业形势十分严峻，学生就业压力较大。严峻的就业形势使得学生在学期间将大量精力放到单位实习、考研备考、就业求职等方面，导致本科生对毕业论文的重视和精力投入严重不足，加之论文指导课程设置薄弱，以及在论文开题、指导过程、相似性检测等环节中仍存在一些问题，毕业论文质量控制实际效果仍不理想，本科生毕业论文整体质量呈下滑趋势。

（一）论文写作指导课程设置薄弱，学生缺乏系统有效的学术训练

本科生在大学前三年内所学课程绝大多数通过开卷或闭卷笔试的方式进行考核，以论文为考核方式的课程数量较少，学生撰写论文的机会十分有限。由于缺乏系统有效的学术训练和实际写作经验，进入大学四年级后要立即面对文献搜集、选题、数据分析及论文撰写工作，学生往往感到迷茫和不知所措，不知从何处入手。笔者查询了我校2021级本科生培养方案，在通识通修部分培养方案中设置了少量与论文写作相关课程：社会调查研究方法、社科信息检索、应用文写作等，课程属性均为选修。在主修专业培养方案中各学院根据学科特色设置了部分论文写作类课程，如经贸学院设开设了经贸研究与论文写作（1学分、选修）、金融论文实证与写作（2学分、选修）、经济建模与写作（2学分、选修）等；金融学院开设了金融学术论文写作（2学分、选修）；商学院开设了毕业论文设计与写作（2学分、选修）；保险学院开设了论文规范与写作（1学分、部分专业必修）；国关学院开设了社会科学论文写作方法（2学分、选修）……但从中不难发现，课程类别多数为选修课，对于学生不作必修要求。此外，部分学院将课程放在了第7学期开设，学生本应在第7学期完成开题和毕业论文主体部分的撰写，同期才开设相关课程稍显滞后。论文指导课程学习及相关学术训练严重不足，直接导致学生不会写论文。

（二）开题时间与学生实际相冲突，投入论文的精力十分有限

学校本科生毕业论文开题时间约每年的10—11月，这个时间选择考研的同学正在为12月进行的全国研究生统一入学考试进行紧张的备考冲刺，而选择就业的同学往往在9月份就陆续开始准备就业推荐书、就职材料、参加各类招聘会、网上填写求职申请、参

加笔试和面试等，因此毕业论文开题的时间正好与考研备考、求职等相互冲突，由于考研和就业压力很大，毕业生精力有限，很多学生对于毕业论文的开题根本不重视，甚至敷衍了事。论文选题开题环节效果不理想，论文写作的基础不牢固，很难写出一篇合格的毕业论文。论文开题后到提交初稿前，学生有 4 个月的时间，如果严格按照指导教师的要求进行资料收集、文献阅读、数据处理、论文写作并且投入较多精力，结合自己所学专业知识，完成一篇合格的论文应该说难度不大。但实际的情况是，开题后很多学生把论文写作搁置下来，继续投入求职、考研复试等个人事项中。经过与指导教师访谈发现，很多学生在整个论文撰写过程中重视度不高、主动性不足，未按照指导教师的要求开展相关工作，论文投入工作量严重不足，部分学生甚至在 3 月份提交论文初稿进行相似性检测前 1 周才突击完成论文写作（凑出一篇论文），质量堪忧。长此以往，势必会影响到我校本科生毕业论文的整体质量和水平。

（三）相似性检测环节形同虚设

使用知网系统后，相似性检测的流程为学生在系统中上传毕业论文，经指导教师审核通过后自动完成检测工作，同时系统会给出非常详细的检测报告，学生可自主查询并下载检测报告。同时，系统中设置所有学生均有两次相似性检测机会，一检超标的同学，无论超标多少都有二次检测机会，这与我校检测环节目前“对于相似性达 55%以上为严重不合格，本次答辩不予安排”这一规定有所背离。在没有使用论文系统前，本科生毕业论文初稿第一次检测相似比超过 55%是不能进行二次检测的，更不可能和检测通过的同学一样进行后续论文流程。目前系统的这种设置，会使部分学生投机取巧，利用第一次检测后系统给出的报告对毕业论文进行对照删减和修改，之后进行二次检测并且顺利通过。这种走捷径的方式，会加剧学生对毕业论文的消极态度，从而影响到整个毕业论文的质量。此外，部分学生为了应对相似性检测，将拟引用论文中的相关论点或经典语句改成浅显的表达（甚至语句不通），以此达到降低重复率的目的，在一定程度上也降低了毕业论文质量。

（四）指导教师工作量大，师生互动效果不佳

随着毕业生规模不断扩大，指导教师指导学生数量比较多，且除本科生外还承担研究生以及留学生毕业论文的指导工作，指导各层次各类别学生或达 20 人，指导任务十分繁重。在与部分指导教师访谈时发现，在每年的 3—5 月，论文指导、修改、盲审以及答辩等工作任务非常集中，同期还有课程教学以及科学研究的多重任务，老师们有时分身乏术。毕业论文指导环节师生互动过程中各类问题频出：学生不听从导师修改意见，指导教师在论文全过程一直督促提醒，但学生会以实习、面试等原因推脱和不按时完成论文；学生在论文规定的时间节点前一天将论文发给老师后又不断催促指导教师给出意见，要求指导教师“有求必应”；学生对指导教师依赖性较强、期待值很高，同时主观能动性不足；指导教师要求学生踏实完成论文各个环节，而学生却想花费少量时间，走捷径速成；指导教师给出的修改意见非常笼统，学生不知该如何修改；由于指导质量很难量化和考

核，指导教师实际投入不足的情况也时有发生。师生互动不佳不仅挫伤了教师指导论文的积极性，也会使学生感觉老师没有尽心尽力指导，彼此抱怨，影响了论文的整体写作进度和最终质量。

三、对本科生毕业论文质量控制的几点建议

对于当前本科生毕业论文中存在的相关问题，笔者建议采取有针对性的相关措施，切实有效提高毕业论文的质量和整体水平。

（一）开设论文写作必修课，加强学术训练

在目前的本科生培养方案中关于毕业论文环节有6学分的要求，建议额外增加论文写作课程模块，设置1～2学分毕业论文写作指导类必修课程，邀请多位具有学术影响力的教师共同授课，从不同角度对学生进行写作规范、选题方向、写作格式、数据处理、论文修改技巧等的讲授，同时该类课程建议在第5或第6学期开设，课程通过论文形式进行考核。此类课程能够帮助学生理清选题意义、做好写作安排、了解学术规范等，学生可以学以致用，提前准备毕业论文选题，将课程论文与毕业论文有效结合，为毕业论文写作打下坚实的基础。此外，各学院在毕业论文开题前应举办多场毕业论文写作专题讲座，邀请相关专家抽丝剥茧，揭开论文写作的“神秘面纱”，让学生学会构建论文的逻辑框架，掌握写作方法和技能。开设论文写作必修课及相关讲座对于培养学生良好的写作习惯和学术素养大有裨益。

（二）将本科生开题时间前移，延长毕业论文写作周期

本科生毕业论文选题开题的质量，是毕业论文写作的基础环节，直接决定着论文的质量。根据当前的毕业论文写作时间与就业季、考研备考等时间冲突的实际情况，建议学校在大三年级暑假前（第6学期初）发布毕业论文工作的开题通知，让学生利用课余时间进行文献检索和文献阅读，熟悉论文写作规范，并且在6月份底前完成选题定题工作。之后在导师的指导下，做好论文进度安排，充分利用好暑期近2个月的时间开展调研、相关资料收集、数据验证、构建写作逻辑等，待9月份进入大四后完成论文第一稿的提交，这时毕业论文已初具规模，后续近半年时间内再根据导师的要求不断完善修改论文内容。将论文写作周期延长，能够有效地解决学生在个人就业（考研）和毕业论文撰写时间上的冲突，使学生在不同时间段侧重（主攻）一项任务，实现就业（考研）和高质量毕业论文的双赢。

（三）相似性检测环节与盲审环节结合

鉴于部分学生为了应对相似性检测，上传一篇质量一般（甚至较差）但重复率较低（25%以下）的论文进行检测，检测通过后用质量较高但重复率超标的论文（25%以上）进入盲审的情况，笔者所在学院采取用相似性检测版本（通过检测）后直接进入双盲评

审，中间不允许进行修改，并将此要求提前告知学生，让学生在论文初稿撰写时就做好准备，有效地规避了检测和盲审版本不一致的情况。建议学校统一规定相似性检测通过后即进入盲审流程，这样学生在论文初稿时不仅控制了相似性超标的问题，同时保障了毕业论文的写作质量。此外，还应加强对毕业论文最终版的相似性检测，以防重复率过高，在北京市抽检时影响学校本科生毕业论文的整体质量。

（四）集体指导和个体指导相结合，提高指导效率和效果

毕业论文撰写过程是学生在指导教师的指导下运用理论知识解决实际问题的过程，也是学生与指导教师互动的过程，因此学生的积极主动投入、教师的全程指导、师生间的良性互动，都是毕业论文顺利且高质量完成的有力保障。指导教师应采取集体统一指导和个体定向指导相结合的方式开展指导工作。集体指导方面：可召开毕业专题写作会、进度分享讨论会等，针对学生毕业论文撰写的共性问题进行统一指导，营造良好的写作氛围，由学生汇报论文进展以及遇到的问题，相互交流、相互支持、共同进步。个体指导方面：可通过面谈、微信、电话、邮件等方式，对学生论文写作中遇到的个性问题进行有针对性的定向指导。集体指导和个体指导相结合，不仅有助于提高指导效率，避免指导教师花费大量时间多次反复指出共性问题，而且有助于提升指导效果，使指导教师对毕业论文中的个性问题“把脉”更深入，解决更彻底。

（五）校院两级加强论文各流程管理，严格设置相关时间节点

本科生毕业论文全流程管理和各环节均通过知网系统进行，但各环节在截止时间控制上相对松散，各学院执行也不太一致，客观上造成了本科生对待毕业论文态度不积极、多临时突击等情况。建议学校在系统中统一设置并严格执行各环节截止时间，无法按时上传的学生，不允许其参加第一批答辩或不再保留当年毕业论文撰写资格，该生将无法在正常时间获得学位。由于不能按时取得学位，可能导致学生已经签约的就业单位或考取的研究生入学资格都将化为乌有，势必对学生起到强烈震慑作用，促使学生对毕业论文加大投入、确保产出。此外，学院层面要严格控制尚未达到要求的毕业论文，不得进入检测、盲审和答辩流程。

（六）加强学生学术诚信教育

在本科生入学之初，校院两级要举办多场学术诚信系列讲座，在大一新生心中构建“诚信为本”的学业发展理念。积极联合学工部门，针对不同年级学生特点开展多种形式的诚信教育，如签订学术诚信承诺书、举办诚信知识科普讲座、举办学术不端警示案例巡展等，对学生进行教育和警示，营造良好的学术氛围，强化诚信意识，引导学生自觉抵制学术不端行为。

（七）建设本科生优秀毕业论文资源库

北京市和学校每年都会评选优秀本科生毕业论文（设计），建议教务处汇总学校近五

年以来所获得的北京市级优秀毕业论文、校级优秀毕业论文论文，建设优秀毕业论文资源库。同时，在知网系统中设置优秀学位论文（设计）模块，将优秀论文资源导入知网系统，方便学生按专业筛选查看和下载学习，对优秀毕业论文的研读将对毕业论文写作发挥良好的启示作用。

结语

本科生毕业论文工作是本科生人才培养质量的重要体现，必须得到足够的重视。校院两级应加强管理和联动，从论文指导必修课设置、延长论文写作周期、检测手段有效运用、加强师生良性互动、建设优秀毕业论文资源库、开展学术诚信教育等方面下大力气，解决当前存在的一些实际问题，更加有效地进行质量控制。本文是笔者结合实际工作的一点粗浅思考，对本科生毕业论文质量控制的研究没有止境，对于特殊困难（如心理问题、学业困难等）学生毕业论文的指导如何进行差异化管理和重点帮扶，对于创业类毕业设计如何进一步规范和评价，毕业论文与学生专业实习如何更好地结合，以及合理运用信息化手段加强毕业论文质量控制等，都将是未来的研究重点。

参考文献

[1] 教育部《关于印发〈本科毕业论文（设计）抽检办法（试行）〉的通知》（教督［2020］5号）。
[2] 教育部《2022年全国教育事业发展基本情况》http://www.moe.gov.cn/fbh/live/2023/55167/sfcl/202303/t20230323_1052203.html.
[3] 伊璨. 工学类本科毕业设计（论文）质量提升途径的探索与思考［J］. 教育教学论坛，2020（51）：121－122.
[4] 林莉，刘静宜. 重复率检测视角下应用型财经类高校本科毕业论文质量管理优化研究［J］. 科技创新与生产力，2022（2）：13－16，19.
[5] 赵晓丽，张晓丽. 经管类本科毕业论文质量提升途径研究——以昌吉学院为例［J］. 科技经济市场，2022（6）：128－130.
[6] 白志玲，秦丙克. 本科毕业论文质量提升的改革措施［J］. 大学，2022（26）：28－31.

对外经济贸易大学智慧教学建设策略性研究

贾萧竹　卢艳桥　田　丽

摘　要：随着数字化教育的发展步入新阶段，智慧教学不仅仅对传统教学的教育理念和教育模式等产生重大冲击，而且对于推动信息化教育的重要变革尤为关键。本文以对外经济贸易大学的智慧教育实践为例，总结了财经类高校智慧教学目前存在的困境，并针对性地提出了提升智慧教学质量的对策，以促进财经类高校智慧教学建设的高质量发展。

关键词：智慧教学　发展困境　建设策略

引言

近年来，国家层面高度重视智慧教育的发展，《国家中长期教育改革和发展规划纲要（2010—2020 年）》（以下简称《发展纲要》）将“教育信息化建设”列为十大工程之一，明确指出信息技术对教育发展具有革命性的影响，强调要加快我国智慧教育建设，为推进教育现代化、学习型社会建设、智慧育人环境建设提供有力支撑。《教育部高等教育司 2023 年工作要点》提出“加快高等教育数字化转型，打造高等教育教学新形态”。智慧教学作为智慧校园的一种新型校园形态，不仅仅能够实现校园从传统的封闭式课堂走向开放式课堂，还能够让学生在真实情境以及虚拟情境的交融之下感受学习内容。在智慧校园大数据的支撑下，智慧教学能够为师生提供泛在化学习方式，推动学校教育教学的整体变革，实现网络教学的无缝互通，为广大师生提供更好的智慧教学的支撑服务。

教与学的创新、智慧教学的变革，关键在于是否能够抓住信息化大数据的机遇。智慧教学的发展也为教育的可持续发展提供更加智能、专业、高效的教育服务。传统的教学方式更多的是“以教为中心”，互动式、启发式、探究式的教学模式较少，传统的教学环境已经无法满足高校课堂改革的需要，在数字化教育时代，信息技术与课堂教学的深度融合已成为当今教育教学改革不可阻挡的潮流。因此，高校教育教学工作者关注的重点应该是如何适应课堂教学改革的需要，进一步促进信息化与课堂教学的融合，增强学生学习体验的效果，构建智慧教学的新环境。

作者简介：贾萧竹，对外经济贸易大学教务处助理研究员；
卢艳桥，对外经济贸易大学党委办公室/校长办公室中级经济师；
田丽，对外经济贸易大学教务处中级经济师。

一、智慧教学变革的意义

（一）赋能数字教育发展，推动教育领域全面变革

随着大数据、人工智能等技术的发展，当今社会诸多领域变得更加“智能化”，在技术的支持下，智慧金融、智慧医疗、智慧交通等新模式新业态的涌现逐渐让人们的生活更加便捷美好。智慧教学同样也是新技术驱动下产生的新型教学模式，秉持“以人为本”的教育目标，以大数据为支撑基础，以人工智能为手段，赋能教与学全流程的各环节，实现人才培养的个性化、定制化、差异化，做到教学管理的精准细分和精确定位，同时把学生的知识储备建构起来，使知识构建更加系统化，帮助学生融会贯通所学知识内容。此外全程化、全面化、全要素的教学评估，动态实时的反馈、调整、评估机制，都可以在智慧教学评估中实现。因此，智慧教学作为促进高等教育领域教学变革的重要内容，具有十分重要的意义。

（二）构建新型师生模式，增强学生学习能动性

智慧教学在公共教育领域也扮演着十分重要的角色，智慧教学既可以为大部分公民提供优质、丰富的教育资源和服务，也可以面向不同人群提供针对性、个性化、定制式的教学支持，真正意义上做到“有教无类，因材施教，终身学习，人人成才”。智慧教学能够使学生借助各种教育技术进行自主学习，激发学生学习的主观能动性，学生可以根据自己的学习需求，利用相关的课程资源，寻找最适合自己学习的方式进行深入学习。智慧教学的课堂更注重探究式、启发式学习，教师可以引导学生通过自学发现学习过程中的问题，利用智慧教学资源平台，搭建适合每个学生成长发展的学习规划路径，从真正意义上实现因材施教的教学效果。此外，智慧教学也有助于构建新型的师生关系，从传授式传统课程转变为学生自主学习的探究课堂，帮助学生提升自主学习、深入思考以及解决问题的能力。

（三）培养复合型国际人才，引领教育信息化的创新与发展

随着大数据、人工智能等多项技术的应用，我国数字化发展进入快车道，数据成为新的生产要素，为传统产业发展提供了新动能。借助智能教学平台，拓展丰富的学习资源，与国际接轨，有利于培养学生的国际视野，提升学生综合能力，把培养数字素养作为科学思维的基础，有助于增强学生规则意识的提升，智慧教学为学生开启了一扇学习新视野的天窗。智慧教学的发展，将会带动整个教育行业的快速发展，并培养出一大批具有创新能力的国际化复合型发展人才，从而引领中国教育信息化发展步入新阶段。

二、对外经济贸易大学智慧教学取得的成效

对外经济贸易大学智慧教学在线上教学期间取得了巨大的成效，2020 年疫情防控期间对外经济贸易大学实现 1 671 门次本科生课程大规模上线，选课本科生 83 422 人次实现了在

线学习。所有课程均按教学计划开出，教学运行平稳有序，实现了“教学质量不降低、课程学习不停顿、研究讨论不中断”。通过当学年学生教评结果可以看出学生对运用信息技术教学平台开展教学较为满意（见图 1）。

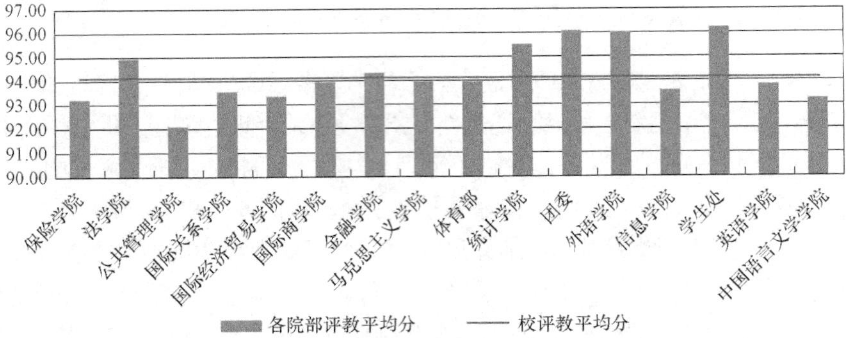

图 1　2020 学年度学生教评结果

对外经济贸易大学自 2015 年起，在前期视频公开课、资源共享课等教学示范课和教学方法改革课程建设的基础上，广泛开展了在线开放课程的建设与应用，共建设并上线运行了校级中文 MOOC 课程 37 门、英文 MOOC 课程 4 门。学校借力 MOOC 广泛开展混编教学实践，形成翻转课堂、“1+M+N”同课协同教学、线上线下混编教学等多种教学形式，以 MOOC/SPOC 为基础，促进课堂教学模式变革，再造课堂。大力推行校内混合式教学的应用与实践，使混合式教学课程的申请由原来的 16 门增加到 180 门，教学成效显著。截至 2021 年，混合式教学线上学习人数达 42 657 人，参加活动的学生达 126.1 万人（次），进一步加强了信息技术与教育教学的深度融合。

此外，对外经济贸易大学在知行楼等教学楼建设智慧教室，为教师开展研讨型课程提供支持和服务。2022 年教务处面向 316 名本科生开展调研，了解到学生目前对智慧教室的需求如图 2 所示。

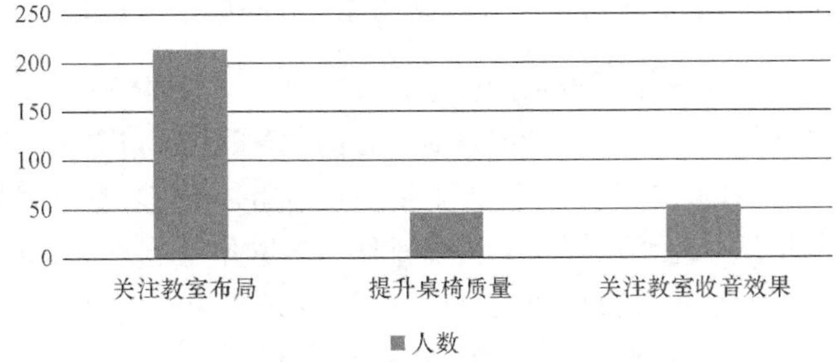

图 2　学生对智慧教学需求的统计

目前学生对于智慧教室建设的主要诉求是教室的整体布局需要符合智慧教学的课堂要求，智慧教室硬件设施的改善对于开展智慧课堂十分重要。2023 年底学校加大投入，在博学楼开展并完成了 4 间智慧教室的改造。

三、智慧教学建设存在的问题

（一）教师对智慧教学方法模式不熟悉

智慧教学需要教师具备一定的技术能力，如使用在线教学平台、数据分析等。然而，目前很多财经类大学的教师尚缺乏这方面的培训和经验，导致智慧教学的推广受阻。在对我校智慧教学进行调研时发现，部分教师对于智慧教学的模式还不太熟悉，只是片面地将智慧教学理解为在智慧教室上课，对于如何将智慧教学真正融入课堂教学并没有深入思考。很多教师还是沿用以往的传统教学模式，对于信息技术的使用并不熟练，在学习新的教学模式方面仍有抗拒心理，造成智慧教学并不能够全覆盖对外经济贸易大学所有课堂的局面。有些智慧教室的教学技术设施由于闲置时间较久，形同虚设，并没有得到充分的利用。

（二）智慧教学硬件设备有待更新换代

虽然对外经济贸易大学在教学楼内配备了部分智慧教室，但不少智慧教室的设备还需要进一步调整和升级。调研结果显示，87%的学生认为对外经济贸易大学智慧教室在提高课桌椅的质量等硬件设备升级的同时，需进一步关注智慧教室的整体布局；78%的学生认为目前智慧教室的服务器稳定性较差，在上课过程中课堂技术装备声音小、收音效果差，直接影响课堂学习效果和体验。智慧教学环境建设是智慧教学的重要一环，只有配备更与时俱进的智慧教学设备，才能将智慧教学更好地应用于实际教学环境当中。

（三）教师与学生在智慧教学过程中的互动性较为薄弱

在智慧课堂中，老师们把课堂教授的内容通过信息技术运用的方式展示给学生，使教学内容变得生动、灵活。但在实际教学实践中，老师们对信息技术掌握不够，仍旧以直观讲述为主，未能有效利用技术手段，授课的方式十分单一。很多教师在智慧教学设计中缺少对学生交流互动的关注，只注重对学生作品和成绩的评价，对学生课堂表现缺少充分的了解。由于智慧教学更加依靠信息技术，这让很多学生在教学过程中容易利用手机、电脑开小差，课堂专注度不高，学生课堂交流与合作较少。部分学生可能对新技术的接受程度有限，直接造成智慧教学的教学效果不佳。

（四）信息安全以及智慧教学制度设立亟须进一步完善

智慧教学涉及大量的个人信息和数据，如学生的学习成绩、行为数据等。智慧教学面临的一大挑战是如何保证这些数据的安全，防止学生隐私泄露。在调研中发现，大部分财经类院校是通过与第三方公司签署相关协议的方式来获取智慧教学技术支持，但在管理的过程中缺少规范的管理制度去约束第三方技术人员，同时缺乏完善的过程监测机制去保障学生信息闭环管理，因此存在较大的信息安全隐患，严重制约了智慧教学的发展。接下来，建立健全完善的配套管理制度是学校智慧教学发展亟须解决的关键问题。

四、对外经济贸易大学智慧教学建设建议

（一）加强智慧教学的培训与交流，增强教师的智慧教学能力

在智慧教学过程中，高校应定期组织教师参加专业培训，加深教师对智慧教学模式和方法的认识和理解，提升教师的专业素养和教学能力。我校积极通过教师教学工作坊开展“教师数字化素养与能力提升”系列培训，聚焦在线教学工具、知识图谱、AI 课程建设、虚拟仿真课程建设等方面，助力提升教师智慧教学能力。此外，学校还应鼓励教师积极参加各类教学技能比赛，在竞争中学习和进步；鼓励教师参加国内外学术会议和研讨会，加强关于教学模式和方法的学术研究和交流，与其他高校和研究机构进行交流合作，不断提高学术水平和教学质量。

（二）推进智慧教学平台建设，整合智慧教学资源

高校要通过“教、学、管、评”各个教学核心环节建设智能课堂辅助教学，提升教学活跃性和趣味性；利用现代信息技术，建立系统化、智能化、个性化的智慧教学平台，整合教学资源；完善网上教学应用，实现师生课下云端互动的课程教学资源云共享；利用大数据技术分析教学效果，为教师提供个性化的教学建议，持续提高教学质量；关注学生学习过程性数据，加强学习过程分析和评价，提出提高学生学习效率的个性化建议，助力我校提升人才培养质量。

（三）树立系统性教学理念，不断更新教学内容和方法

财经类人才培养不仅要注重学生理论知识的学习，更要关注学生实际操作的能力和水平，避免在智慧教学过程中出现“重理论轻实践”等问题，应强化实践教学，开展校企合作实习实训项目，树立系统性教学理念，让学生在实践中学到并运用财经知识，鼓励学生参加各类金融理财竞赛活动，在实践互动竞赛中，使学生的实际操作能力加强，团队协作能力也得到了锻炼。在专业建设方面，应根据财经领域的发展趋势，及时更新教学大纲内容，确保教学内容紧跟时代发展，与时俱进。同时，采用现代化教学手段，如多媒体教学、网上教学、虚拟仿真教学等，对教学内容进行更直观的展示，多维度的互动，全面激发学生学习的积极性，充分调动学生学习的主动性，实现教学质量跨越式提升。

（四）创新教学评价体系，提升智慧教学质量

建立系统化、多元化的教学评价体系，结合课堂表现、作业、实践项目、团队协作等各类智慧教学过程数据，将基于学习经历的过程性评价数据纳入教学评价体系，既注重学生的考试成绩，又关注学生的动手能力、创新能力、团队协作能力提升，打破传统评价“唯分数论”的瓶颈。定期对学生、教师等进行教学质量考核，收集反馈信息，使教学质量不断提高，教学策略、教学方法适时做出调整，更加客观、综合、系统、动态地评价学生的学习效果。

结语

目前，教育信息化已经成为世界各国教育领域的重要战略方向。我国智慧教学建设已经做了很多实践探索，通过智能设备、互动式教学等方式，不断提升高校课堂教学的互动性和实时性，增强学生的学习效果体验。但是，在实践过程中，智慧教学还存在着进一步完善的空间，如何将信息化与教育教学更好地融合是财经类高校智慧教学下一步思考的重点所在。数字教育带来的变革创新，是机遇也是挑战，把握信息化教育带来的教育教学变革契机，通过智慧教学持续提升优化教学目标、课程设置等，努力为提升财经类高校人才培养高质量发展作出贡献。

参考文献

[1] 周凯，尹盼盼. 地方高校智慧课程教育体系建设现状与对策研究［J］. 科教导刊（中旬刊），2020（26）：23－24.

[2] 崔亚强，甘启宏，王春艳. 高校智慧教学环境的建设和运行机制思考：以四川大学为例［J］. 现代教育技术，2020（3）：95－100.

[3] 陈一明. "互联网+" 时代课程教学环境与教学模式研究［J］. 西南师范大学学报（自然科学版），2016，41（3）：228－232.

[4] 甘容辉，袁智秦，何高大. 国外智慧校园建设的最新发展及启示［J］. 现代教育技术，2019，29（2）：19－25.

[5] 周凤新，王兴辉. 基于雨课堂智慧教学环境的课堂教学初探［J］. 中国教育技术装备，2018（1）：56－58.

[6] 张金荣，叶丛如. 智慧教室功能建构及其建设思考［J］. 中国教育技术装备，2019（9）：44－45，54.

[7] 张兆基，王浩，王鹏翔，王静. 民族高校智慧教学系统建设模式探索［J］. 西藏科技，2020（12）：53－57.

[8] 徐颖，汤家喜，李静. 智慧教学下混合式一流本科课程建设研究与实践［J］. 牡丹江教育学院学报，2022（10）：28－31.

[9] 张小吉，王心辉. "互联网+教育" 下智慧教学环境的建设探究［J］. 大学，2022（16）：34－37.

[10] 姜文啸. 基于智慧教育的一体化未来社区智慧教学建设［J］. 继续教育研究，2022（3）：49－52.

[11] 李芸. 智慧教学在建设工程造价课程中的应用研究［J］. 山西建筑，2022，48（1）：196－198.

[12] 杨柳青，殷婕. 高校教学空间布局有效性的探索：以高校智慧教学环境建设为例［J］. 成才之路，2021（28）：35－37.

赋能青年：志愿服务的劳动育人价值研究

——基于对外经济贸易大学全日制在校大学生的问卷调查

陈　玲　蔡维明　梁　震　毛诗琪

摘　要：志愿服务是高校第二课堂的重要育人形式，与劳动教育本质共通。本文利用问卷调查研究了对外经济贸易大学全日制在校大学生（以下简称贸大学生）参与劳动教育性质的志愿服务接受劳动教育的育人效果。贸大学生参与劳动教育性质的志愿服务呈现短、平、快的特点，其认知程度和参与意愿高；该类志愿服务在学生能力培养和自我效能提升方面促进作用良好。进一步研究发现，提高参与频率、促进分享传播是实现劳动教育价值目标的可靠途径。党员群体和女性群体在提高参与频率影响机制下的育人成效更显著。

关键词：高校志愿服务　劳动教育　实证研究

引言

2015 年，教育部、共青团中央、全国少工委印发《关于加强中小学劳动教育的意见》。2018 年 9 月，习近平总书记在全国教育大会上明确指出，要把劳动教育纳入培养社会主义建设者和接班人的总体要求，构建德智体美劳全面培养的教育体系。2020 年 3 月，中共中央、国务院印发《关于全面加强新时代大中小学劳动教育的意见》，对高校提出了明确要求[①]。作为“五育并举”重要组成部分，扎实推进劳动教育是大中小学校落实立德树人根本任务、培育时代新人的重要工作内容。

作者简介：陈玲，对外经济贸易大学团委副教授；
蔡维明，对外经济贸易大学国际经济贸易学院讲师；
梁震，对外经济贸易大学国际经济贸易学院研究生；
毛诗琪，对外经济贸易大学国际经济贸易学院研究生。

本文系对外经济贸易大学 2022 年校级思政专项重点课题“志愿服务在高校劳动教育中价值的实证研究——以对外经济贸易大学为例”（JYX202203）结项论文之一。

① 中共中央、国务院印发《关于全面加强新时代大中小学劳动教育的意见》要求：“注重围绕创新创业，结合学科和专业积极开展实习实训、专业服务、社会实践、勤工俭学等，重视新知识、新技术、新工艺、新方法应用，创造性地解决实际问题，使学生增强诚实劳动意识，积累职业经验，提升就业创业能力，树立正确择业观，具有到艰苦地区和行业工作的奋斗精神，懂得空谈误国、实干兴邦的深刻道理；注重培育公共服务意识，使学生具有面对重大疫情、灾害等危机主动作为的奉献精神”。

劳动教育是旨在促进学生形成劳动价值观和养成良好劳动素养（形成劳动习惯、有一定劳动知识与技能、有能力开展创造性劳动等）的教育活动[1]，其教育目标就是劳动教育的价值所在①。新时代劳动教育赋予了志愿服务新使命。作为服务性劳动的特殊实现形式，志愿服务被明确为劳动教育的主要实施途径。它与劳动教育强调的劳动在本质上是一致的：都具有鲜明的实践性，是劳动主体、客体和意义的内涵集合，有较强的人格塑造特征；从劳动的社会属性和目的性看，二者天然同向、内生契合[2]。劳动教育和志愿服务的紧密结合在类型学意义上形成了一种新的志愿服务划分。

这种以形成劳动价值观和养成良好劳动素养为目标，大中小学生参与为主体，面向特定人群、特定领域提供非专业性无偿自愿的社会服务活动可称为“劳动教育性质的志愿服务”。以对外经济贸易大学为例，本文探讨了大学生劳动教育性质的志愿服务的劳动育人价值。

一、研究设计

为了测量对外经济贸易大学全日制在校大学生参与劳动教育性质的志愿服务接受劳动教育的育人效果，除人口学特征信息外，本研究的关注指标包括认知态度、参与情况、自我能效、能力培养、传播分享、价值实现和评价建议等方面。在此基础上，本研究通过设置量化问题聚焦劳动知识的习得、劳动技能的提升、劳动习惯的培养和劳动观念的塑造等四个方面，利用主成分分析构建育人效果评价指标。

（一）问卷设计

本文根据各级政府和教育主管部门关于劳动教育的政策部署，结合本校实际，编制了自填式问卷。问卷由两部分构成，第一部分为对于受访者人口学特征的调查；第二部分是问卷的正式部分，意在明确对外经济贸易大学全日制在校大学生劳动教育性质志愿服务的参与情况（11 题）、认知态度（2 题）、能力培养（4 题）、自我效能（2 题）、传播分享（4 题）和价值实现（6 题）。重要指标的收集均采用封闭式问卷。项目组还收集了受访者对劳动教育性质志愿服务的建议意见，共 6 个题目。

（二）调查对象

在本科学生中，本文采用随机函数抽取了 200 个学号，并联系对应学生完成问卷填写；在硕士研究生与博士研究生中，各学院自行随机抽选学生进行问卷填写，最终获得有效样本 298 份。抽样结果的人口学特征与全校总体男女比例、生源地情况、专业设置和本硕博在读人数分布情况基本吻合（如表 1），样本代表性较好，无系统性误差。

① 檀传宝（2019）认为劳动价值观是劳动素养的核心。该作者为了突出劳动价值观首要性在其文中做单列处理，本文亦同。

表 1　受访者人口学特征描述统计

项目		样本数量	样本比例
性别	男	94	31.54%
	女	204	68.46%
年级	大一	44	14.77%
	大二	43	14.43%
	大三	61	20.47%
	大四	67	22.48%
	硕士生	70	23.49%
	博士生	13	4.36%
生源地	农村	63	21.14%
	城镇	235	78.86%
专业类别	经济学	84	28.19%
	法学	42	14.09%
	文学	75	25.17%
	理学	14	4.7%
	工学	9	3.02%
	管理学	61	20.47%
	其他	13	4.36%
政治面貌	中共党员（含预备党员）	77	25.84%
	共青团员	204	68.46%
	民主党派	0	0%
	群众	17	5.7%

（三）量表的信度与效度分析

项目组对本次问卷调查结果进行信度及效度分析[①]，用于检验问卷中量表样本是否可靠可信以及研究问卷题目的设计是否合理。

① 检验详细过程和图表受篇幅所限不予展示，可向作者索要。

1. 信度分析

信度分析将量表题分为三个维度进行分析：劳动教育性质志愿服务认知参与情况、劳动教育性质志愿服务能力提升情况、对外经济贸易大学劳动教育性质志愿活动开展评价。以上维度信度系数值均大于 0.9，且删除任意题项后，信度系数并不会明显上升，研究数据信度质量高。分析项的 CITC 值均大于 0.4，分析项之间具有良好的相关关系，同时也说明信度水平良好。研究数据信度系数值高于 0.9，综合说明数据信度质量高，可用于进一步分析。

2. 效度分析

项目组对本次问卷调查结果进行了效度分析，使用 KMO 和 Bartlett 球形检验进行效度验证，得出表 2 结果。KMO 值为 0.948，因此，本次研究数据非常适合提取信息，反应出效度很好，可以进一步分析。

表 2　KMO 和 Bartlett 球形检验

KMO 值		0.948
Bartlett 球形检验	近似卡方	3 826.693
	df	171
	p 值	0.000

二、调研结果

（一）参与情况：参与度较高、以短平快的志愿服务为主

调查结果显示，83.89%的大学生参与过劳动教育性质的志愿服务。这部分参与者中，志愿服务主要类型是劳动服务和校园服务，分别占比 70.8%和 66.8%。参与频率以每学期 1～3 次为主，占比 74.8%。49.2%的受访者参与志愿服务的时长以 2～10 小时为主；31.2%的受访者服务时长 10～35 小时。受访者更倾向于参与与体力劳动直接相关的志愿服务，持续时间较短，总体呈现活跃态势。

（二）认知态度：了解程度与参与行为有差距，参与意愿仍有提升空间

问卷获取了大学生对于劳动教育性质的志愿服务的了解程度和参与意愿。结果显示，87.05%大学生对该类志愿服务的了解程度在“一般了解”及以上。超过 70%的同学表示对参与这类志愿服务有意愿或没有反感。学校开展的劳动教育志愿服务吸引了多数同学的兴趣，但仍有 4.36%的同学参与意愿不高，还有提升空间。

（三）能力培养：在掌握劳动知识、改善日常习惯和提高生活能力方面发挥了积极作用

绝大多数大学生认为劳动教育性质的志愿服务在能力培养方面发挥了积极作用。在掌握劳动知识方面，62.4%的受访者认为志愿服务帮助其掌握劳动知识，熟练劳动技能。近64%的同学认为该类志愿服务有利于培养良好的生活习惯。约 63.2%的同学认为该类志愿服务促进了独立生活能力的提高。

（四）自我效能：在个体能力培养和使用中改善自我效能

作为一种利他行为，参与志愿服务的经验积累也有利于提升大学生对自我能力的肯定，帮助大学生构建积极自我认知体系，从而提高自我效能感[3]。87.2%的受访者认为参与该类志愿服务可以帮助他们运用专业知识解决问题。同时，高达 94.4%的受访者认为在该类志愿服务中获得了自立自强的自我效能感。其中，27.6%的同学认为该类志愿服务激发的自我效能感水平很高，36.4%的同学认为服务后自我效能感水平较高，30.8%的同学认为这种效能感在服务后有一定程度的涌现。

（五）分享传播：分享偏好突出，带动意愿强烈，社交媒体是传播主渠道

分享传播行为在大学生参与劳动教育性质的志愿服务后成为一种常态。超过 70%的同学参与活动后选择带动其他人参与类似志愿服务。在尚未直接带动他人参与的 28.4%同学中，有 83.1%表示愿意成为推动他人参与的力量。社交媒体在分享传播中发挥了重要作用。64.4%的同学表示会通过社交媒体分享参与志愿服务的过程。有 57.6%的同学参与创作过劳动教育相关媒体作品。

（六）价值实现：基本实现劳动教育价值目标并有持续性积极影响

劳动教育性质的志愿服务本质是在志愿服务中增进受助对象福利，并引导志愿者在劳动中实现自我发展，通常体现为价值塑造和职业发展两个方面[4,5]。结果显示，70%的受访者在服务实践中创造了新的劳动成果，对受访者认知产生积极影响，包括树立正确的劳动观点、培养热爱劳动和劳动人民的情感、提高公共服务意识、培养吃苦耐劳的精神等。所有受访者都认为在服务实践中对相关岗位工作有了更深的理解。92%的受访者认为该类志愿服务有助于提升受访者的就业和升学竞争力。

（七）评价与建议：志愿者在活动数量、质量和深度上有更多期待

总体而言，劳动教育性质志愿服务受到了广泛的好评和肯定。就活动开展频率而言，78.52%的受访者认为学校当前的志愿服务频率较高或为以上水平。从活动内容丰富程度来看，81.88%的受访者认为活动内容较为丰富，突显了活动多样性和吸引力。在活动组织水平方面，43.63%的受访者认为组织形式“很好”。

同时，调查也揭示了一些现存问题。其中活动数量较少、活动内容表面化和活动意义不突出等问题被受访者频繁提及，反映出受访者对活动数量、质量和深度的关注。此外，多数同学期待与社会组织合作以提高活动频率，并指出学分考核标准需要同劳动理论与活动内容相结合。

三、计量分析

（一）数据来源与方法

根据 250 份劳动教育性质志愿服务参与者的有效问卷，本文提取可量化信息对于其实现劳动教育成效的影响因素进行探究。通过主成分分析法构造了劳动教育成效和分享传播影响的两个代理变量①，结合人口信息特征作为控制变量进行 OLS 线性回归研究。主要变量描述性统计如下表 3。本文假设通过增加志愿服务的总体时间长度或参与频率可以让大学生获得更好的劳动教育成效。

（1）被解释变量。劳动教育成效得分根据与劳动教育成果相关的 8 个问卷问题回答打分作为原始数据，进行主成分分析得出成分得分，在此基础上加权得出。

（2）核心解释变量。年平均劳动志愿时长和学期劳动志愿参与频率。年平均劳动志愿时长和学期劳动志愿参与率均由选项中位数与在校时间之比计算得出。

（3）控制变量。针对学生生源地、性别、年级、政治面貌、专业代码前两位，生成控制变量，以减少估计的遗漏变量偏差。

（4）回归模型。本文运用了横截面数据进行 OLS 回归，方程如下：

$$influence_i = \alpha_0 + \alpha_1 time_i + \alpha_2 frequency_i + \beta X_i + \varepsilon_i$$

变量 $influence_i$ 表示第 i 个受访者劳动教育成效得分；$time_i$ 表示第 i 个受访者年平均劳动志愿时长；$frequency_i$ 表示第 i 个受访者学期劳动志愿参与频率；X_i 表示第 i 个受访者其他控制变量的集合；ε_i 表示残差项。

表 3　变量描述性统计

变量名（VARIABLES）	样本数（*N*）	平均数（*mean*）	标准差（*sd*）	最小差（*min*）	最大差（*max*）
劳动教育成效得分 *influence*	250.000	8.465	1.736	3.083	10.983
分享传播影响得分 *share*	250.000	1.047	0.363	0.000	1.371
年平均劳动志愿时长 *time*	250.000	7.255	6.566	0.125	40.000
学期劳动志愿参与频率 *frequency*	250.000	3.184	2.269	2.000	14.000
性别（男＝1）	250.000	0.316	0.466	0.000	1.000
生源地（城市＝1）	250.000	0.808	0.395	0.000	1.000

① 代理变量构造过程受篇幅所限并未展示，可向作者索要。

续表

变量名（VARIABLES）	样本数（*N*）	平均数（*mean*）	标准差（*sd*）	最小差（*min*）	最大差（*max*）
党员（是=1）	250.000	0.272	0.446	0.000	1.000
团员（是=1）	250.000	0.676	0.469	0.000	1.000
大二（是=1）	250.000	0.156	0.364	0.000	1.000
大三（是=1）	250.000	0.208	0.407	0.000	1.000
大四（是=1）	250.000	0.224	0.418	0.000	1.000
经济学（是=1）	250.000	0.296	0.457	0.000	1.000
法学（是=1）	250.000	0.136	0.343	0.000	1.000
文学（是=1）	250.000	0.244	0.430	0.000	1.000
管理学（是=1）	250.000	0.200	0.401	0.000	1.000
理学（是=1）	250.000	0.048	0.214	0.000	1.000
工学（是=1）	250.000	0.028	0.165	0.000	1.000

（二）基准回归结果

本文利用上述模型对数据进行了 OLS 回归分析。回归结果如下表 4 中的第（1）列和第（2）列，第（2）列为基准回归结果。第（1）列是加入控制变量前的回归结果，年平均劳动志愿时长（*time*）和学期劳动志愿参与频率（*frequency*）的系数在统计上均有显著性。但在第（2）列回归加入控制变量后，*time* 的系数变得不再显著，*frequency* 的系数仍然保持了 1%的显著性水平，系数与第（1）列基本保持一致。学期劳动志愿参与频率对于劳动教育成效的促进作用保持了较好的稳健性，证明了提高参与频率能够增加志愿服务的劳动教育成效的假设。

（三）中介效应：分享传播的作用

在预调研中发现，受访参与者普遍存在着分享传播行为，该行为既与志愿服务参与相关也影响着劳动教育成效。为了进一步验证分享传播对于志愿服务参与频率和劳动教育育人效果的影响机制，借鉴三步回归法进行中介效应检验[6]。结果表明，劳动志愿参与频率对于劳动育人成效的影响可以通过传播分享行为作为中介进行传递。中介变量 *share* 本身对于劳动育人成效的影响非常显著。

表 4　基准回归与中介效应

	（1）	（2）	（3）	（4）
变量名（VARIABLES）	劳动教育成效得分（*influence*）	劳动教育成效得分（*influence*）	分享传播影响得分（*share*）	劳动教育成效得分（*influence*）
分享传播影响得分（*share*）				1.371***
学期劳动志愿参与频率（*frequency*）	0.121**	0.141***	0.038***	0.090*
	（0.050）	（0.052）	（0.011）	（0.050）
年平均劳动志愿时长（*time*）	0.043**	0.027	0.007	0.018
	（0.017）	（0.019）	（0.004）	（0.020）
控制变量	不控制	控制	控制	控制
控制变量常数项（*Constant*）	7.765***	7.619***	0.991***	6.260***
	（0.185）	（0.717）	（0.119）	（0.876）
样本数（*Observations*）	250	250	250	250
R 平方（*R-squared*）	0.066	0.112	0.140	0.182

括号内为稳健标准误。

*** p 值＜0.01，** p 值＜0.05，* p 值＜0.1

（四）异质性分析

本研究还探讨了参与频率和参与时长在不同子样本下对劳动育人效果的影响。本文选取了政治面貌、受访者性别、生源地来源为标准分别进行了子样本回归。据表 5 结果发现，在党员和女性样本中，提升参与频率能促进劳动育人效果的提升；在非党员和男性样本中，并没有发现统计学上的证据；不同生源地（城市或乡村）样本中，参与频率均能促进劳动育人效果。此外，本文在各子样本中没有发现增加参与时间能够提升劳动育人效果的显著性证据。

表 5　异质性分析

	（1）	（2）	（3）	（4）	（5）	（6）
变量名（VARIABLES）	党员	非党员	女性	男性	城市	乡村
学期劳动志愿参与频率（*frequency*）	0.277***	0.097	0.147**	0.087	0.143**	0.198*
	（0.085）	（0.066）	（0.069）	（0.097）	（0.064）	（0.100）

续表

	(1)	(2)	(3)	(4)	(5)	(6)
变量名（VARIABLES）	党员	非党员	女性	男性	城市	乡村
年平均劳动志愿时长（*time*）	0.046	0.024	0.028	0.013	0.025	0.020
	(0.046)	(0.022)	(0.023)	(0.043)	(0.022)	(0.042)
控制变量	控制	控制	控制	控制	控制	控制
常数项（*Constant*）	6.473***	8.215***	6.696***	9.454***	7.753***	7.538***
	(0.999)	(0.717)	(0.917)	(1.103)	(0.840)	(0.910)
样本数（*Observations*）	68	182	171	79	202	48
R 平方（*R-squared*）	0.197	0.105	0.158	0.147	0.105	0.408

括号内为稳健标准误。

*** p 值<0.01，** p 值<0.05，* p 值<0.1

（五）进一步讨论

劳动志愿参与频率对于劳动教育成效促进作用保持了较好的稳健性。提升劳动志愿参与频率有助于学生掌握劳动知识和劳动技能，以深化劳动教育的成效。行为主义的奖励和惩罚机制也可以解释劳动教育参与频率对于劳动教育成效的促进作用：如果志愿者频繁参与劳动教育志愿活动，他们将更有可能收到正反馈或奖励，从而形成习惯和偏好，提升劳动教育的成效。

劳动志愿参与频率对于劳动育人成效的影响可以通过传播分享行为作为中介进行传递。在传播学研究中，社会影响理论也被广泛地用来解释人的行为[7]，分享者通过媒介受到分享信息的感染也可能被带动起来参与到行动中。

劳动志愿参与频率对于劳动育人成效的影响在党员群体和女性群体中更加明显，在不同生源地间没有明显的差异。党员群体具有自觉性和示范性，这一群体更易获取志愿信息，也有较强动力参与志愿服务活动。本文利用中国样本，同样得出了女性群体比男性群体更倾向于参与志愿服务的结论[8]。学校全日制在校女大学生占比 70%以上，参与意愿可能更高。

此外，由于问卷容量、调查期限和样本规模的限制，本文仅完成了横截面研究，综合评价标准合成的规范性还可以提升，因果识别的准确度有待进一步提高，仍需要进行长期动态追踪调查，进一步检验结论的有效性和稳健性。

四、结论与探讨

对外经济贸易大学全日制在校大学生对于劳动教育性质的志愿服务活动的了解程度和参与水平较高，继续参与意愿较强。活动有周期短、难度低、上手快三个特点。在组织这类志愿活动时，高校应努力实现活动参与广、活动影响久、活动价值高的开展目标，将劳动精神更广、更深地在学生群体中发扬。

劳动教育性质的志愿服务促进了贸大学生的综合能力提升，体现在劳动知识掌握、生活习惯养成、生活能力提高等方面。贸大学生通过参与该类志愿服务活动，能够学习掌握一定的劳动知识。该类志愿服务活动可以锻炼贸大学生动手能力、批判性思维与创新能力。

在劳动教育性质的志愿服务中，贸大学生志愿者会运用专业能力解决志愿服务中遇到的问题，在帮助他人的同时自我价值得以实现，提高了受访者的自我效能。

劳动教育性质的志愿服务深化学生对劳动意义的领悟，包括树立正确的劳动观点、培养热爱劳动和劳动人民的情感、提高公共服务意识、培养吃苦耐劳的精神等。该类志愿服务还有助于志愿者拓展职业视野，提高就业和升学竞争力。

劳动教育性质的志愿服务活动开展频率、活动内容和组织水平等方面受到了广泛的好评和肯定，但也存在着活动数量、质量和深度等方面的不足和问题。劳动教育性质的志愿活动已基本形成规模且发挥了积极影响，但仍需在内涵意义方面不断探索。学校需进一步加深同专业公益组织联系，通过引进、开发和共建多种形式充实项目储备以提高活动频率。优化劳动教育学分的考核标准，推动理论与实践相结合。

本文通过计量回归发现：提高参与频率能够增加志愿服务的劳动教育成效。劳动志愿参与频率对于劳动育人成效的影响可以通过传播分享行为作为中介进行传递。同时，传播分享行为本身对于劳动育人成效的影响非常显著。学校应继续加强宣传引导，鼓励志愿者主动分享服务经历，挖掘志愿者的群像价值和数据资源，提升宣传曝光度和传播辐射面。此外，我们还注意到党员和女性群体通过参与频率的增加提升劳动育人成效的现象突出，学校应适当提高非党员群体和男性群体活动参与的吸纳力度，探索新的育人机制。

“劳动教育”是以提升学生劳动素养的方式促进学生全面发展的教育活动[1]。志愿服务集成了劳动素养培养的多种形式和不同场域，是劳动教育的重要途径。青年大学生在志愿服务精神的感召下，积极投身参与志愿服务，成为我国志愿服务事业的主力军[9]。挖掘志愿服务的劳动育人价值意义重大，这将为学校不断健全志愿服务项目设计、运行管理、评价体系提供指引，推动学校志愿服务建设在深化价值引领、促进学生全面发展的维度上走得更远更好。

参考文献

[1] 檀传宝. 劳动教育的概念理解——如何认识劳动教育概念的基本内涵与基本特征[J]. 中国教育学刊，2019（2）：82－84.

[2] 李芳，李强. 志愿服务是劳动教育的重要内容与主要途径[J]. 中学政治教学参考，2022（3）：67－69.

[3] 彭立平. 志愿服务参与对大学生主观幸福感的影响：自我效能感和自我认同的链式中介作用[J]. 中国临床心理学杂志，2022，30（2）：1126－1129.

[4] 张红霞. 论大学生志愿服务的育人功能及其实现路径[J]. 思想理论教育导刊，2019（1）：152－156.

[5] 陶倩，卓凯，裔仕佳. 志愿服务对大学生就业能力提高的作用研究[J]. 思想教育研究，2009（4）：70－74.

[6] 温忠麟，张雷，侯杰泰，等. 中介效应检验程序及其应用[J]. 心理学报，2004（5）：614－620.

[7] Wilson J. Volunteering [J]. Annual Review of Sociology，2000，26（1）：215－240.

[8] 陈爱辉，鲁耀斌. SNS 用户活跃行为研究：集成承诺、社会支持、沉没成本和社会影响理论的观点[J]. 南开管理评论，2014，17（3）：30－39.

[9] 严惠敏，陈鸿佳. 改革开放 40 年来大学生志愿服务的发展与启示[J]. 当代青年研究，2018（5）：74－79.

高等学历继续教育数字化建设的实践探索与转型展望

——以对外经济贸易大学为例

姚殿菊

摘　要：本文聚焦国家教育数字化战略和高等教育高质量发展，以对外经济贸易大学为例，对高等学历继续教育数字化建设与转型发展进行探讨。高等学历继续教育是构建服务全民终身学习教育体系的重要组成部分，数字化转型是新时代普通高等学校学历继续教育改革发展的重要工作。本文阐述了高等学历继续教育数字化的意义和作用，总结分析了对外经济贸易大学学历继续教育数字化建设的实践经验和现实状况，展望了高等学历继续教育数字化转型的方向，具有一定现实意义和参考价值。

关键词：高等学历继续教育　数字化转型　实践　展望

引言

随着社会经济的发展和科技的不断进步，教育数字化已成为全球教育领域重要发展趋势。党的二十大报告及教育部国家教育数字化战略行动为教育数字化建设提供了强有力的政策支持及行动指导。

高等学历继续教育是面向在职从业人员的学历继续教育，主要任务是提升在职从业人员的素质与能力。在《教育部关于推进新时代普通高等学校学历继续教育改革的实施意见》（教职成〔2022〕2 号）中，明确高等学历继续教育是高等教育的重要组成部分，是构建服务全民终身学习教育体系的重要内容，推进数字化转型发展是新时代普通高等学校学历继续教育改革发展的一项重要工作。

作为曾经的现代远程教育试点高校，在服务高等教育大众化、普及化、学习型社会建设中，对外经济贸易大学学历继续教育数字化建设起步早、速度快、成果丰，为数字化教育教学打下了坚实基础。站在教育数字化转型的关键当口，总结学校学历继续教育数字化建设的实践经验，深刻认识数字化转型的战略意义，在实践基础上有的放矢地进行

作者简介：姚殿菊，对外经济贸易大学继续教育与远程教育学院副研究员。

数字化转型是值得重点研究、深入讨论并达成共识的新课题，也是学校高等学历继续教育改革创新实践的主要突破口。

一、高等学历继续教育数字化的意义与作用

数字化是一个数字性逐步增长的过程。高等学历继续教育数字化是指高校利用数字技术、数字媒体、网络和信息通信技术等持续推动学历教育教学创新和变革，逐步提高在职从业人员教育教学效率和效果的过程。它不仅仅是将教学内容数字化，而是把整个教育过程和教育管理数字化，包括教学资源的数字化、教学环境的数字化、教学过程的数字化、教学管理的数字化等方面。其意义和作用主要表现在以下四个方面。

（一）冲破大学“围墙”，延展办学空间

互联网数字技术一定程度上成就了网上大学。高等学历继续教育把大学办学的主阵地由校园搬到网上，冲破了传统大学“围墙”的限制，使大学的办学空间从校内拓展到校外且延展至境外。

（二）开放优质资源，促进教育公平

高等学历继续教育通过互联网等数字传输技术把大学优质的教育资源源源不断地输送到全国各地，既降低了大学教育成本，又在一定程度上弥补了当地优质教育资源的短缺，解决了教育资源不均衡问题。为区域在职从业人员提供了平等接受大学优质教育资源的机会，促进了教育公平。

（三）推动教育创新，提高教育质量

教育数字化能科学合理地配置教育资源，协调好教师、课程及教育教学各环节，为广大在职从业人员提供丰富优质的学习资源和更为灵活、高效的学习方式，在职从业人员在自主性学习过程中能享受到精准的个性化学习服务。教育数字化改变了高等学历继续教育办学模式，推动了教育理念、教学模式与教学手段的创新，促进了教育变革和进步，提高了教育质量。

（四）满足人才需求，强化人才支撑

分布在各领域的广大在职从业人员是我国社会主义现代化建设新征程上的主力军，高等学历继续教育数字化可以使教育更好地按照未来社会发展需要，满足在职从业人员专业知识及专业技能提升需求，提高在职从业人员数字化素养和终身学习的能力，提供更广泛的学习交流甚至是国际交流与合作的机会，培养出极具未来竞争力、能够迎接未来挑战的应用型、复合型人才。

二、对外经济贸易大学学历继续教育数字化建设的实践探索

在学历继续教育多年办学过程中，对外经济贸易大学加强领导，统筹规划，基于计算机网络，围绕人才培养，从学校办学模式、教育教学方式、课程、教师、学生、技术支撑等全方位进行数字化建设的实践，取得了一定成果，是已经和正在发生的鲜活实践案例，很值得总结。

（一）办学模式方面：校企合作进行数字化建设首开先河

多年来，学校一直采取校企合作模式进行数字化建设。与企业合作成立的教育科技公司，专门为学校学历继续教育提供技术服务与技术支持，公司不涉足自主招生、自主管理等办学自主权相关事宜。让专业的人做专业的事，教育科技公司的存在，极大地保证了学校在学历继续教育数字化建设上起步稳、速度快、效率高。该模式在同类院校中首开先河，获得了教育部及业界的普遍好评。

（二）校内定位方面：对外经济贸易大学数字化品牌建设稳步推进

学校对学历继续教育进行授权式归口管理，通过教务处一级管理整合全校优质教育资源，在数字化空间建设及数字化师资队伍建设等各方面给予强有力支持。多年来，树立了贸大数字化品牌，积累了足量的数字化课程资源，锤炼出了过硬的数字化师资队伍。

（三）数字化平台建设方面：教育教学全过程保障有力

基于互联网的学历继续教育数字化综合管理平台，包括门户网站、综合教务管理、教学辅助管理、学生学习管理、在线课程库、多媒体视频会议系统、网络课程制作系统、电子图书馆等软件系统，提供招生管理、教学教务、上万人规模的在线学习支持、在线作业与论文、互动交流、网上支付等工作数据、工作流程与支持服务。数字化建设日趋完善，教育教学全过程保障有力。

（四）课程建设方面：课程数字化建设程度高

学校自主开发了 14 个专业所需的数字教育教学资源，网络课程达 200 余门，包括国家精品（网络）课程等课程及配套学习资源。网络课程是提前制作并在教学平台上呈现，供广大在职从业人员随时获取。另外，在线开放课程是依托网络开展、以互动学习资源为主，具有学习评价、即时反馈和交互参与机制的课程。所有课程均按目录、单元或专题制作，便于拆分、共享使用。

（五）师资队伍建设方面：培育形成了一大批具有高数字素养与能力的师资队伍

学校始终把网络教学摆到与课堂教学同等重要的地位，从网络课程大纲编写、课件制作、网络教学脚本及后期的课件辅导与答疑要求、题库建设等各教育教学环节对承担网络教学的老师进行重点培训。200 余名校内师资在网络教育教学实践中，在满足在职从业人员的需求中，数字化素养与能力得到快速提升。该批教师亦迅速成为学校本科各专业数字化教学的中坚力量。

（六）服务国家战略方面：数字化建设作用凸显

学校学历继续教育注重把优质教育教学资源通过网络等多种技术手段输送到全国，尤其是云南等西南部边远地区，在助力国家乡村振兴、区域经济社会人才培养、教育大众化与普及化、教育公平方面发挥了应有的作用。多年来，为国家培养了 15 万毕业生，学员亦惠及港澳地区。另外，积极倡导和践行数字资源开放共享，通过网络向社会免费开放百余门网络精品课程及优质数字化教学资源。

三、对外经济贸易大学学历继续教育数字化建设的现状

（一）数字化建设已有扎实基础

经过多年实践探索，学校学历继续教育数字化建设已有扎实基础。续存的校企合作模式能保证学校学历继续教育始终站在技术前沿，抢占技术先机。运行平稳的数字化综合管理平台能较好地保证为学校学历继续教育教学服务，为众多在职从业人员提供多元化、个性化的学习支持服务。与其他高校横向比较，学校丰富的数字教育资源优势明显。相应规模的数字化师资队伍使学校在后续数字化转型中，能快速从容地应对数字化教育教学模式、方式方法的变革。

（二）数字化建设的不足

数字化建设离新时代学历继续教育的高质量人才培养尚有差距，主要表现在以下三个方面。

1. 数字化转型理念及要求需在工作中进一步贯彻落实

高校要深入学习理解国家教育数字化战略行动、高等学历继续教育数字化转型发展理念和要求，在教育部统筹下做好自身工作。

充分运用大数据、人工智能等技术手段，创新学历继续教育办学管理方式，加强教育教学全流程管理，提高办学管理的数字化、智能化水平；加强对学历继续教育教师线上教学、学生线上学习等在线常态监测；支持优质数字资源共建共享等。

进一步提升数字化教育教学质量。有效监督、管理学生学习进度和学习效果。有效监

督评价教师教学过程、教学效果。增强教师和管理人员数字化意识，包括数据安全意识。鼓励教师克服惰性，善于应用数字技术，提高数字技能，主动进行数字化变革与创新，逐步提升数字化素养。

2. 数字化课程资源需进一步升级改造

内容上，有些课程不能很好地反映新时代人才培养目标要求，需要增加课程思政等育人因素。有些内容陈旧，需要及时更新。有些过于深奥，难以理解，需拆分讲解。形式上，很多教师和学者缺乏对数字化教育的深入理解，存在在线课程过于简单、单一，缺乏教学活动设计及不生动、互动性不强等问题。另外，关于数字化课程资源，亦应切实考虑现有数字资源的质量与国家要求的匹配度，对不符合要求的，坚决予以淘汰。

3. 数字化综合管理平台有待进一步完善

要关注人工智能等新技术变革对高等学历继续教育教学的流程再造和模式重构，对现有数字化平台及时升级完善，整合和统一管理各类教育教学资源，实现更高质量的教学交互。要从大而全的数字平台向系统化、数字化的智慧型平台转型，为融入国家智慧教育平台打好基础。同时，坚决摒弃影响数字化转型的过时技术、孤立系统、已有惯性等。

四、高等学历继续教育数字化转型展望

高等学历继续教育数字化转型就是主动迎接快速发展的数字技术引领教育变革和创新的挑战，在学历继续教育领域树立数字思维，倡导数字技术与教育教学的深度融合，形成新的教育场景和教育形式，实现学历继续教育服务经济社会建设与人才培养整体水平的不断提高。高等学历继续教育数字化转型意味着办学空间、办学方式、战略方向从工业时代转向数字时代。转型过程中，传统教学模式会被颠覆，全新的发展样态会陆续被创造出来。通过数字化转型，让更高水平的数字教育教学方式惠及广大的在职从业学习者。

高等学历继续教育数字化转型动能来源于社会变迁引起的教育变革、来源于产业转型驱动的人才需求变化、来源于政策支持的教育数字化转型，亦来源于技术演进改变的育人方式。数字化转型的可行性在于已有丰富的技术，高校学历继续教育要把握数字化转型机遇，迎接数字化转型挑战，评估我们有什么、要什么、怎样要，逐步探索出数字时代学历继续教育更高效的办学模式和途径。

（一）人工智能等尖端数字技术将更好地赋能高等学历继续教育

人工智能技术赋能智慧教育教学流程再造及模式重构、虚拟教师、虚拟现实是教育领域的热门话题。高等学历继续教育数字化转型就是要推进技术与教育教学的深度融合，探索新的运营方式、战略方向和价值主张，面对和破解数字化转型中的新问题，最终形成符合要求的、更高效的与数字时代相适用的教育教学模式。以在职从业学习者为中心，为经济社会各行业人员接受优质高等学历继续教育提供更多教育资源、机会和更好服务，

技术平台和环境的搭建是基础，教育教学模式的改变是核心，教师能力及创新意识是关键。

（二）高等学历继续教育教育教学全流程管理智能化、智慧化水平将显著提升

高校要充分运用大数据、人工智能等技术手段，创新高等学历继续教育办学管理方式，加强招生、教学、考试、毕业等各环节全流程管理，提高办学管理的数字化、智能化水平，保证流程规范、监管有效。将相关信息主动纳入全国高等继续教育信息管理系统统一管理。充分利用数字技术，加强学历继续教育师生教与学在线活动日常监测，精准判断学生学习状态与教师教学质量，把教学效果纳入教师考核，将学习状态列入学生评价。

（三）数字教育资源将不断丰富，数字资源服务供给将更加便捷

高等学历继续教育必须洞察经济社会人才需求，丰富优质教育资源供给。加强校际、国际合作，联合开发更新优质网络课程资源，探索资源建设使用可持续发展机制，更大范围、更高层次地实现公益教育资源、优质资源开放共享。

（四）对教师的教学能力要求更高，教师角色转变成为必然

在职从业人员数字化认知和学习方式的数字化转型推动高校课程提供和教学服务也需要发生相应变革，这就对教师的教学能力提出了新的要求。数字技术赋能教育教学，学生知识传授可能不再需用教师，一定程度地使教师的角色由知识传授者转型为学生方向塑造者、学术指导者与发展咨询者。教师要在数字化教学实践中，适应新角色的变化，不断提升数字化创新意识与创新能力，用新思想、新理论和新方法武装自己的头脑。

（五）高等学历继续教育国际化办学步伐将进一步加快

数字化转型中，高等学历继续教育办学能力将大大提升，办学空间将得到进一步拓展。高校可借此积极发挥示范引领作用，积极探索面向境外在线开展学历继续教育的模式和途径，满足全球教育市场需求，如中国大量外派员工的教育需求、境外“一带一路”沿线国本土人才培养的需求等等，逐步提升我国高等学历继续教育国际化水平，抓住机遇，打造中国继续教育的国家品牌。

结语

高等学历继续教育数字化转型是从数据数字化、流程数字化到服务数字化的转型。高校要认清数字化转型的必然趋势，接受人才培养理念、方式和治理体系的系统性变革。

在数字化转型中，既要承接教育数字化历史，又要直面教育数字化未来，以学习者为中心，从服务在职从业人员的角度提升服务数字化水平，坚守教育初心，以数字化转型推动高等学历继续教育高质量发展。

参考文献

[1] 习近平. 高举中国特色社会主义伟大旗帜 为全面建设社会主义现代化国家而团结奋斗——在中国共产党第二十次全国代表大会上的报告[R]. 人民日报，2022.

[2] 春来潮涌东风劲 习近平总书记指引数字化推动高质量发展述评，中国网信，2023年第1期。

[3] 加快建设高质量教育体系 办好人民满意的教育，2023年全国教育工作会议，教育部新闻办 微言教育（2023年1月12 日发表于北京）。

[4] 高书国. 中国式教育现代化的历史逻辑、内在品质和未来向路——教育高质量发展支撑中国式现代化，中国远程教育。

[5]《教育部关于推进新时代普通高等学校学历继续教育改革的实施意见》（教职成〔2022〕2号）。

[6] 霍雄飞. 适应全球发展新需要，探索学历继续教育资源共享新路径，教育部2022年9月28日。

[7] 高等教育教学数字化转型研究报告，联合国教科文组织高等教育创新中心、清华大学教育研究院，2022年4月。

高校产教融合育人模式的挑战与思考

翟　娜　张栩凡

摘　要：近几年，国务院办公厅、教育部等先后发布产教融合相关文件，为产教融合纵深发展提供了方向和政策保障。目前高校与产业之间调整协同不够，协同育人成效达不到预期效果，学校的教学内容和实习实践要求与产业的实际需求不匹配，学生专业实践能力有待提升。本文从工作中发现的问题入手，从六个方面分析了文科专业产教融合面临的挑战，并提出相应的改革建议。

关键词：产教融合　育人模式　高校

引言

2017 年国务院办公厅发布《关于深化产教融合的若干意见》，指出“深化产教融合，促进教育链、人才链与产业链、创新链有机衔接，是当前推进人力资源供给侧结构性改革的迫切要求，对新形势下全面提高教育质量、扩大就业创业、推进经济转型升级、培育经济发展新动能具有重要意义”。[1]

2019 年国家发展改革委、教育部等 6 部门印发《国家产教融合建设试点实施方案》，提出“通过 5 年左右的努力，试点布局建设 50 个左右产教融合型城市，在试点城市及其所在省域内打造形成一批区域特色鲜明的产教融合型行业，在全国建设培育 1 万家以上的产教融合型企业，建立产教融合型企业制度和组合式激励政策体系。”[2]

党的二十大报告明确提出“统筹职业教育、高等教育、继续教育协同创新，推进职普融通、产教融合、科教融汇，优化职业教育类型定位”。[3]“加强企业主导的产学研深度融合，强化目标导向，提高科技成果转化和产业化水平”。[3]

从近几年出台的相关政策来看，政府越来越重视产教融合开展的深度，为产教融合纵深发展提供了政策保障。

作者简介：翟娜，对外经济贸易大学教务处助理研究员，实践教学与信息化科科长。

张栩凡，对外经济贸易大学教务处助理经济师，实践教学与信息化科科员。

一、产教融合的含义

（一）产教融合的含义

“产”是指“产业”，“教”是指“教育”，“产教融合”是指产业与教育资源的有机结合，通过在教育领域中开展实践性教学、实习、实训、科研等活动，促进产业技术与教育教学深度融合，以达到互相促进、共同提高的目的。

产教融合是一种新型的合作模式，也是一种新型的产业发展模式。通过产业与教育的深度融合，提高人才培养的质量和效益，同时促进产业结构的升级创新，达到二者共赢的效果。

（二）产教融合与校企合作的区别

产教融合与传统的校企合作，二者都是为了促进教育与产业的深度融合，提高人才培养质量，但是在目标、实施方式上还存在着一定的区别。

传统的校企合作主要通过学校与企业合作，提高人才培养的实践能力和就业质量，成为帮助学生连接起学校和社会二者之间的纽带，与此同时，学校也为企业提供更多的人才资源和科研支持。而产教融合是一种更深层次、更具有系统性的合作模式，通过产业需求引导教学内容的调整、教学方法的改进，使学校和学生更好地接触和了解产业需求，使教育培养的人才更加符合产业发展的需求，产教融合不仅是一种教学思想，更是一种教育思想，强调在培养理念、培养目标上与产业相结合。

校企合作主要通过建立实习基地、开展科研合作、共建实验室等方式来实现，向学生提供实习实训的机会，让学生在实际工作环境中提升理论联系实际的能力，提高就业竞争力。而产教融合除了以上合作方式之外，学校与产业还可以更深层次合作，比如引入产业导师、成立研究中心、研发创新创业类课程、研发应用型课程、改革教育教学方法、开展教学类科研项目、开展职业规划和指导，为学校专业结构优化、拔尖创新人才培养提供产业决策。在此过程中，企业可以从中挑选出符合自己需求的优秀人才，获得学校的技术支持和研发资源，共同开展技术研究，提高企业的技术水平。

产教融合已经成为许多国家和地区推进产业发展和人才培养的重要战略之一。

二、文科专业产教融合面临的挑战

党的十八大以来，我国高等教育与祖国共进、与时代同行，创造了举世瞩目的发展成就。[4]2000 年，我国高等教育毛入学率为 12.5%，2020 年毛入学率达到 54.4%，增长 3.35 倍，实现了历史性跨越，高等教育进入了普及化发展阶段。在高等教育普及化的同时，我国通过“211”工程、“985”工程和“双一流”建设，一批大学和一大批学科已经跻身世界先进水平[4]，人才培养质量不断提高，专业结构不断优化。

在取得成就的同时，一些亟须解决的问题逐渐凸显，其中一个问题就是学科专业设置与产业结构调整协同不够，产教融合协同育人成效达不到预期效果，尤其是文科类专业，学校的教学内容和实习实践要求与产业的实际需求不匹配，学生专业实践能力有待提升，主要问题表现如下。

（一）培养方案设置与用人需求脱节

高校在进行专业培养方案设置时，未能够与用人单位（或产业）进行有效的信息沟通，在设置课程时，通常由高校各专业决策层来决定，没有邀请用人单位共同参与培养方案的课程设置，导致按照这种培养方案培养出的人才与产业需求不匹配，用人单位招不到能够短期内投入工作的工作人员。从文科类专业目前的培养方案来看，多数高校比较重视学生理论知识的学习，而忽视学生实践能力的培养。

以某双一流高校为例，每个本科专业的课程学分约为 145～150 学分，而实践教学学分只有 28 学分，这 28 学分包括 6 学分毕业论文、5 学分社会实践、5 学分专业实习、10 学分实验课和 2 学分劳动教育，其中所谓的 10 学分实验课实际也是课程学分，以课堂授课为主，所以说，文科类专业的实验课实践性不强，真正的实践类课程几乎没有。

（二）课程建设缺乏整体规划

上面提到，培养方案的设置中对实践类课程重视程度不够，与此同时，专业课程建设也缺乏整体规划。据了解，多数高校培养方案每四年进行一次大的调整，每年进行一次微调，无论是大调整还是微调，新增课程绝大多数为理论类课程，新增的实践类课程很少，可以说几乎没有。这可能与实践类课程建设的特殊性有关，文科类高校在实践类课程改革和建设方面缺少经验，文科专业的实践类课程不像理工科专业实践课可以在实验室进行，与理论类课程相比，实践类课程开设需要投入大量资金，外出实践需要保障学生安全，实践内容受制于合作企业的接纳程度，对于人数较多的专业不易开展，而且文科类专业的教师缺少实践教学经验，所以鲜有学院和教师有意愿进行实践课程建设和改革。

除了纯实践类课程，目前各高校有不少理论与实践相结合的课程，对于该类课程的设计和建设，缺少产业专家的参与和指导，课程实践部分的教学设计是否合理，能否真正达到培养学生实践能力的目的，有待验证和检验，学校与产业之间在课程建设、课程开设等方面融合的广度和深度不够，实践类课程的建设比理论类课程存在更多的困难和挑战。

（三）师资队伍缺乏培训与融合

除了培养方案设置和课程建设存在问题，实践类课程师资也存在很大问题。高校专业教师来源比较单一，大多数都是从高校到高校，缺少产业工作经验和实践经验，虽然理论知识丰富，但缺乏实践操作能力，对产业最前沿的情况了解不深入，因此无法向学生教授实际工作中最需要的技术和能力。而学校在提高教师实践教学能力方面也缺乏培训和支持，教师不了解实践教学、不会实践教学的现象普遍存在。同时，高校也很少聘请产业专家到学校授课，即使有聘请，也多以开设讲座的方式聘请，未能够以整学期授课这种比较系统的教学模式来开展。

以某“双一流”高校为例，从2022年至今开展了共十二期“教师数字化素养与能力提升”系列教师教学工作坊培训，培训内容以数字化平台和工具使用方法培训、PPT设计、课堂教学设计、数智化课程建设等为主，没有关于实践类课程设计相关的培训内容。

（四）不重视实习基地建设与管理

文科类专业缺少长期合作的优质实习基地，多数实习项目时间短、人数少，难以真正起到培养学生工作能力的作用。高校和企业都缺乏完善的实习基地管理机制，对于实习基地的建设、实习项目的开展缺乏长期规划，未能够充分发挥实习基地的育人作用。

学生对实习的态度存在两种情况。一种是，学生不重视实习实践，参与实习项目只是为了获得实习学分，从而达到毕业要求，这类学生在实习过程中多为应付的态度，实习流于形式，难以提高自身理论知识与实际工作结合的能力；另一种是，学生特别重视实习实践，希望通过实习在毕业后获得一份工作的机会，对于这类学生，在实习单位的选择上有自己的计划和安排，多数情况下不愿意到学校安排的实习基地中实习，从这一点中也可以看出学校在进行实习基地建设中，对于合作企业的选择特别重要。

以某“双一流”高校为例，2022—2023学年，该校179个校外实习基地中，仅有26个接纳了共计235名学生进行实习，实习基地的利用率为14.5%；2021—2022学年，该校165个校外实习基地中，仅有22个接纳了187名学生进行实习，实习基地的利用率为13.3%。从这两组数据来看，校外实习基地的利用率非常低，各二级学院对这些实习基地的建设和管理缺乏总体规划。

（五）企业激励机制不健全

对于参与产教融合的企业来说，目前缺乏相应的激励机制鼓励企业加强与高校之间的融合。目前的情况是，高校比较热衷于开展产教融合，但是企业的积极性不高。从培养人才方面，对于企业来说，需要花费人力、物力、财力为高校学生提供实习实践的机会，而学生毕业后不一定选择留在该企业，导致企业没有从产教融合中获得实际的益处。从提高企业科研能力方面，与高校进行长期科研项目的合作，性价比不高，短期内难以看到实际效果，企业完全可以采用聘请高校专家的方式替代与高校进行产教融合，投入成本低，见效快。可以说，如果缺少相应的激励政策，企业很难愿意主动参与到与高校的合作中。

（六）合作模式较为单一

目前高校与企业之间的合作还停留在以往的校企合作的模式，如短期的科研项目合作、建设实习实训基地等，而长期稳定的合作、互相深入对方人才培养与科研技术攻关方面的合作较少，如高校课程建设、高校课程讲授、企业技术难题攻克等。

三、文科专业产教融合育人模式的思考

（一）在培养方案设置过程中加强产教融合

高校在专业培养方案设置时，加强对学生实践能力培养的重视程度，单独设置实践课程模块，并设置模块必修学分要求。同时加强与用人单位的信息沟通，了解用人单位的人才需求，根据需求制定人才培养目标，邀请用人单位共同参与培养方案的设置。

（二）加强实践课程建设与改革

学校应加强对产教融合的重视程度，加大对实践类课程和理论与实践相结合课程的支持力度，对于此类课程加强整体规划，鼓励有意愿进行实践课程改革的教师以立项方式进行课程内容、课堂组织形式等方面的改革，邀请产业专家共同进行课程开发和建设，加大资金投入，打造一批优质实践课程，填补文科类专业实践课程方面的空白。

（三）加强产教融合师资队伍建设

在加强产教融合师资队伍建设方面，应该从以下几个方面入手。第一，高校邀请产业专家给学生授课，课程类型可以是实践类课程，也可以是理论实践结合的课程，充分利用产业专家在产业技能、工作能力、行业前沿方面的优势，提升学生综合实践能力；第二，加强产业专家与高校专业教师之间的沟通交流，可以采用产业专家给高校专业教师培训的方式，提升高校教师实践教学能力；第三，学校对于有意愿开设实践类课程的教师提供培训和学习的机会，增加资金支持，鼓励更多教师发挥个人能力，进行实践课程建设和改革。

（四）加强实习基地建设与管理

高校和用人单位作为实习基地的合作方，应该共同做好基地建设与管理工作，定期开展基地工作研讨会，对基地工作的开展进行短期和长期规划，定期评估基地育人功能，并根据评估结果改进基地管理模式。

高校在选择实习基地合作方时，应该做好充分调研，听取师生建议，结合用人单位用工情况、企业实力、与本专业的契合度等方面，建设一些受学生欢迎的实习基地，充分调动学生参与实习的积极性。

（五）企业激励机制

在产教融合的过程中，除了高校和企业，还有一个重要的主体是政府，高校和企业是直接参与者，而政府是统筹者，政府需要在其中发挥好引领作用。产教融合中，高校的需求在于培养人才，用人单位的需求在于实现单位效益最大化，高质量的产教融合需要找到利益结合点。对于参与产教融合的企业，需要有一定的激励机制，提高企业的参与积极性。比如，政府可以通过在一定程度上减免税款、构建产教融合返税制度、设立实习实训基地专项补贴等方式，让企业从产教融合中得到能够看得到的利益，实现高校与产业双方合作共赢的局面。

（六）积极开拓合作模式

目前高校与企业之间的合作还停留在以往的校企合作的模式，如短期的科研项目合作、建设实习实训基地等，而长期稳定的合作、互相深入对方人才培养与科研技术攻关方面的合作较少，如高校课程建设、高校课程讲授、企业技术难题攻克等。

1. 构建产教融合育人共同体

产教融合的合作方不仅限于高校和产业双方，还可以多方共同合同，形成产教融合育人共同体，行业企业、科研院所、相关机构等与多所高校共同进行产教融合深度合作，共享资源、互惠互利。

2. 利用数字化资源开展产教融合

高校与科技公司合作，建设数字化教学资源与实习场所，如虚拟仿真等方式，打破学生必须到企业实地实习的局限性，让学生足不出校，就能体验到真实的工作环境和工作内容。

3. 建设文科人才协同培养创新基地

以行业人才需求为导向，以提升“成才率”为目标，推动行业企业深度参与人才培养全过程，建设人才协同培养创新基地。让企业全程参与人才培养过程，从培养方案设计、课程建设、课程讲授、实践教学、实习实训、学科竞赛、就业指导等全方面融入产业对人才的需求，积极引入行业企业实训资源、研发资源等，让学生在课堂中、竞赛中、实习中深刻体会产业和企业对人才的新要求。在基地中，联合校内与校外资源共同产出实践育人相关成果。

结语

目前高校与产业之间普遍存在调整协同不够的情况，协同育人成效达不到预期效果，主要表现有培养方案设置与用人需求脱节、课程建设缺乏整体规划、师资队伍缺乏培训与融合、不重视实习基地建设与管理、企业激励机制不健全、合作模式较为单一。建议高校在培养方案设置过程中加强产教融合、加强实践课程建设与改革、加强产教融合师资队伍建设、加强实习基地建设与管理，政府出台企业激励机制，高校与行业企业、科研院所、相关机构等积极开拓新的合作模式。

参考文献

[1] 国务院办公厅. 关于深化产教融合的若干意见，2017年12月19日。

[2] 国家发展改革委，教育部，工业和信息化部，财政部，人力资源社会保障部，国资委. 国家产教融合建设试点实施方案，2019.

[3] 习近平. 高举中国特色社会主义伟大旗帜 为全面建设社会主义现代化国家而团结奋斗——在中国共产党第二十次全国代表大会上的报告，人民日报，2022.

[4] 吴岩. 中国式现代化与高等教育改革创新发展，中国高教研究，2022.

高校互联网+教育一体化推进模式的建构与实践

——以对外经济贸易大学为例

王铭娴　周翔宇　周　博

摘　要：“互联网+教育”的发展为高等教育带来新的机遇与格局，但在信息技术与教育教学深度融合的过程中，仍旧存在着教育现代化发展需求与优质教学资源短缺、教育供给方式单一与学生发展需求多元、改革措施众多但改革成效不明显等矛盾。本文以对外经济贸易大学近年来教学改革实践为基础，以学生为中心，建构了一套“以学校政策为引领、智慧基建为基础、教师教学和校企合作为支撑、教学资源建设—教学方法改革—教学研究实证相互促进”的一体化推进模式，并具体阐述了学校在“互联网+教育”推进过程中的规划和部署，以期解决教育教学改革中单点突破产生的后劲不足、效果不明显、推广困难等问题，并为高校一流本科、一流专业建设提供经验。

关键词：互联网+教育　教学改革　学校重构　高等教育

引言

长期以来，我国高校课堂教学以信息单向传递的“满堂灌、填鸭式”教学模式为主（刘延东，2012）。在“课上—课下”的时间维度和“校内—校外”的空间维度上，均存在根深蒂固的“教与学”的隐形壁垒，导致教学模式僵化、人才个性化培养不充分等问题。随着信息技术的发展，尤其是大规模在线开放课程（MOOC）在国内外的兴起，基于技术和教学融合的实践逐步介入教育过程的各个环节，混合式教学模式也越来越流行。然而，在信息技术与教育教学不断融合的过程中，仍然存在着一些矛盾亟待解决，也为高校推进互联网+教育提出了更高挑战。

2015年，对外经济贸易大学在前期视频公开课、资源共享课等教学示范课的基础上，广泛开展了“互联网+教育”的建设与应用。通过九年多的探索与实践，建设了一批精品MOOC课程，汇聚了众多优质教学资源，同时借力MOOC开展混合式教学实践，形成了

作者简介：王铭娴，对外经济贸易大学教务处助理研究员；
周翔宇，对外经济贸易大学教务处助理经济师；
周博，对外经济贸易大学后勤与基建处助理研究员。

基于 MOOC/SPOC 的翻转课堂、“1＋M＋N”同课协同教学、线上线下混合式教学等多种教学形态，推进课堂教学模式改革和课堂再造。本文对对外经济贸易大学近年来推进互联网＋教育的成功经验进行归纳总结，提出高校互联网＋教育一体化推进模式，以期为更多高校促进教育教学与信息技术的深度融合提供借鉴和参考，助力高校一流本科、一流专业建设。

一、互联网＋教育一体化推进模式的建构

（一）目前高校教学改革过程中存在的矛盾

1. 教育现代化发展需求与优质教学资源短缺之间的矛盾

互联网＋、人工智能等手段和优质教学资源的深度融合，不仅作为“手段和工具”在师生教学、教师发展等多个方面发挥作用，同时还可作为“知识和内容”，提高教学有效性与及时性（姚晓丹、张文攀，2020）。然而，在高校还普遍存在着教师教学资源意识薄弱、教学资源建设能力不足、教学资源浪费与教学资源开发与利用效率低下等（王瑛等，2014）显著问题，很容易形成低位的教育现代化，直接影响教育教学质量。

2. 教育供给方式单一与学生发展需求多元之间的矛盾

由于应试教育班级人数庞大、时间精力有限（张旸，2009）等原因，传统高校课堂教学模式单一化、静态化，使得学生在教学过程中长期处于被动地位，因材施教和个性化学习收效甚微。随着信息技术的发展，单一的教学模式早已不能满足当代学生多元化的发展需求。

3. 教学改革措施众多与学校统筹力量单薄之间的矛盾

近年来，各类型教学改革项目层出不穷，但大多数教学改革项目从技术手段、方法策略等方面实行单点突破，项目支持一事一论，缺乏整体设计与规划，未能将教学实践、组织结构、领导力及其设计的预期愿景保持一致（Campbell et al.，2013）。从制度到经费到基础条件再到人员协作等，任何一个环节的不足都会直接影响教学改革的效果，导致单点突破产生的效果不明显、推广困难等问题。

从上述矛盾可以看出，“互联网＋”等信息技术手段在教育领域的运用并不是简单的加减运算，想要充分发挥信息技术在高等教育领域的作用、切实提高人才培养质量，还需要高校进行全盘考虑，从各方面为教学方法改革提供支持条件。

（二）互联网＋教育一体化推进模式

对外经济贸易大学于 2013 年启动互联网＋教育的建设，从 MOOC 到混合式教学到智慧校园，十一年的实践显示，高校推进互联网＋教育，虽然在最初可以从点切入，但持续健康地发展却需要一体化的设计和推进。在多年实践中，对外经济贸易大学试图建立逻辑模型和行动理论来指导教学改革，逐渐形成一体化推进模式以从整体层面对互联网＋教

育进行规划和部署。

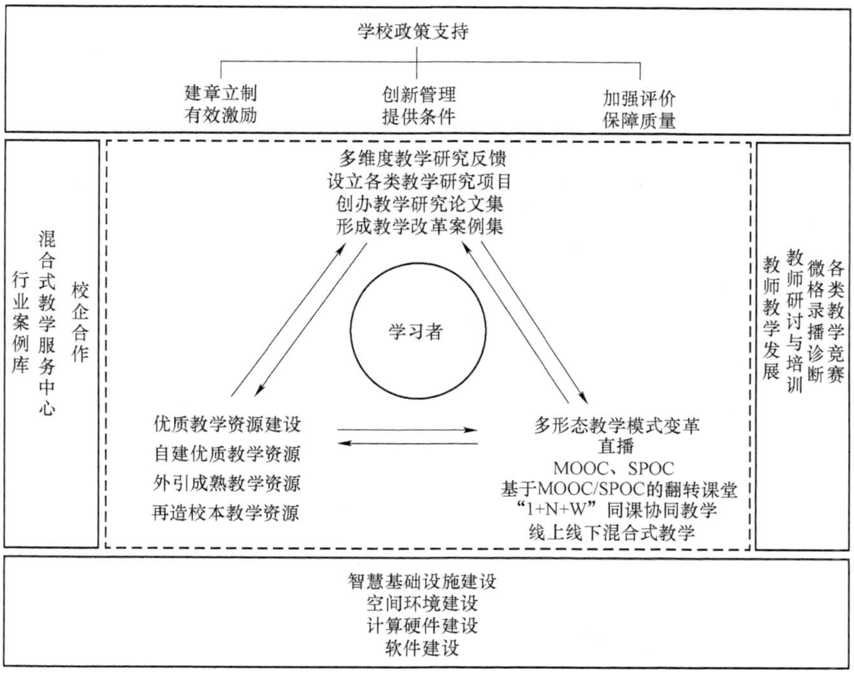

图 1　互联网 + 教育一体化推进模式图

一体化推进模式以学生为中心，主要包括外延支撑和内生互促两个部分，其中包含 7 个环节和 23 个操作点（见图 1）。外延支撑部分包括学校的政策支持、智慧基础设施建设、教师教学发展和校企合作四个环节，内生互促部分包括优质教学资源建设、多形态教学模式改革和多维度教学研究实证三个环节。各个环节之间相互支持与促进，下文将具体阐述各个环节中的具体操作点。

二、一体化推进中的外延支撑

（一）基建基础：智慧教室建设

基础设施建设是开展一切教学活动的基础，智慧教室建设让“互联网 + ”技术进一步融入教育教学当中，其设计和建造是为了在教学、学习和社会教育活动中提供最广泛的灵活性（Mahat et al.，2019），为开展“互联网 + 教育”创造条件。对外经济贸易大学在智慧教室的建设过程中充分考虑将空间和软硬件的建设与新兴的教育教学方法相结合，实现让有限的空间满足师生更多教学需求的愿景，支持各种“教与学”的可能性（见表 1）。同时，尽可能降低师生在开展教学改革中操作设备和技术的难度，引导教师主动思考和创造教改需求。

智慧教室建设的目标是形成“1+1+N”的智慧教育生态，即搭建一个学生自主学习平台，整合一个集培养方案、专业、课程建设于一体的教学管理平台、联通 N 个学校管理系统，能够提供数据支持，实现学生学习、教师授课、部门管理、学校治理整体进入智慧阶段。

表 1 对外经济贸易大学智慧教室分类表（以学校宁远楼为例）

教室类型	小型互动研讨智慧教室	中型通用智慧教室	大型阶梯智慧教室
适用课堂类型	小班授课研讨、知识分享、成果展示等	常态化教学、互动课程、资源录制、异地互动	板书多的数学类课程
适用人数	24～40 人	40～90 人	90 人以上
方案亮点	灵活移动的家具布局：带有滚轮的一体化桌椅能够支持排排坐、研讨、辩论等不同教学场景的快速切换	操作简单：老师一键启动全自动跟踪录制、连接多间互动教室、切换互动教室。一键即可实现所有多媒体设备的智能管控	高清显示：采用双台投影机和吊装辅屏，确保每一个学生都能看清屏幕上的内容。可保证学生长时间观看，减轻视觉疲劳
	学生及小组知识共享：支持将学生端的画面同步显示到教室主屏；教师可选择多个学生屏幕进行对比展示	互动教学：精品交互录播系统，实现跨地域的多教学场所的互动教学。课堂互动支持抢答等互动工具	板书扩显：实时转写教师讲课内容，实时显示字幕，教师可自由设置开关
	课堂成果展示与记录：教师在上课中所有的教学活动都可在课堂中展示并记录（如学生汇报、情景模拟等），形成案例库	支持不同教学场景的变换：部分教室采用条形或异形的活动桌椅，可依照教学设计灵活排列成讲座式、研讨式等不同教学场景	桌椅可灵活进出：大型阶梯教室人数多，为保证座位数，多采用连排椅设计，出入不方便。此次桌椅采用回弹设计，无需其他人起身让位，可自由进出

（二）顶层引领：学校政策支持

尽管越来越多的学校意识到教学环境改造的重要性，但教师在新环境中继续使用传统教学方法的现象也屡见不鲜，因此仅靠教学环境的改变使教学实践向理想的方向推进是不足的。在新的教学环境或教学形态出现时，学校本身往往忽视了“新”“旧”之间过渡所需要的过程和准备，导致新的教学实践难以出现（French, Imms, Mahat, 2020）。学校需要参与教学改革的过渡过程（Campbell et al.，2013），学校政策的顶层引领起到了重要的支撑和保障作用。对外经济贸易大学在一体化推进互联网+教育过程中，针对教学改革各方面出台了一系列针对性政策。

首先是建立有效激励的规章制度，充分调动教师教改积极性。为鼓励教学创新，学校依次下发了在线开放课程建设与运行管理办法、教学类成果认定标准与奖励办法等一系列文件，具体政策如：提供经费支持（校级课程提供 15～20 万的课程制作费用，根据课程线上运行情况提供运行经费）、承认在线开放课程运行与混合式教学的教学工作量（主讲教师录制 MOOC 供校内学生学习时，混合式教学承认线上线下所有工作量，并在工作量计算时将教学改革系数认定为1.3）等。这些政策从工作量、成果等各方面都明确了学校对教师开展教学改革的鼓励态度，充分起到了“定心丸”和“强心针”的作用。

其次是创新教学管理与运行，为教学方法改革提供条件。为配合互联网+教育改革，学校构建了“以学生为本”的弹性学分制管理新模式，承认学生选修在线课程和跨校选课的学习成果。在教师层面，提高研讨式、小班课堂比例，学校分别在2013年和2014年推出了新生研讨课和小班课堂的教学改革试验，截至2023年，30人以下课堂占比约46%，60人以下课堂占比约75%，推动“填鸭式”课堂的教学方法改革。

最后是建立健全评价与监督体系，保障教学改革的实践质量。学校构建了校院两级督导机制，形成了“校领导—教学院长—校级督导—院级督导”多层次本科教学督导制度。学校还形成了新的多维度教学评级策略，构建教师自评、同行互评、学生评价和督导评价的立体评价体系，并在原有课堂教学评价的基础上，增设了针对在线教学和混合式教学的问卷调查，及时跟踪教学改革实践情况。

（三）两翼助力：校企合作与教师教学发展

对于新的教学改革，教师的认识与学校的政策保持一致对于将短期的行为变化转化为长期实践至关重要，教师对政策的看法可能会从约束转向推动（French, Imms, Mahat, 2020），同时，教学改革实践通常达不到预期效果，其一部分原因是所使用的工具和需要完成的任务缺少学校层面的专业解读，而且教师缺乏开展教学变革所需要的培训和能力建设（Duke et al.，2008），因此，加强对教师 “互联网+教育”适应能力的培养必不可少，且要精准到位。而利用企业资源协同教学、共培师资，可以提高高校教学改革与实践的活力，进一步推动人才培养质量的提高（刘君，2017）。在校企合作层面，学校和企业联合成立了线下的“混合式教学服务中心”，为教师提供线上课程制作、混合式教学课程运行与管理等服务；另一方面增强产学结合，向企业征集实践中的项目和案例，为教师丰富课堂教学活动提供教学素材和资源。

三、一体化推进中的内生互促

高校教学改革要紧密围绕教师队伍“主力军”、课程建设“主战场”、课堂教学“主渠道”而展开。有研究者指出，以学生学习为目标开展的教育改革和改进，其核心是课堂层面教与学的相互作用（Rowan et al.，2009）。在外延支撑基础上，一体化推进中的内生促进要更加聚焦于课程、课堂与教学，具体表现在教学资源、教学模式和教学研究上。

（一）优质教学资源持续开发

在对外经济贸易大学的互联网+教育改革中，优质教学资源的建设发挥了重要作用。以资源建设为契机，很多教师开始进行教学模式的重塑，其原因在于：线上资源本身发挥了一定的教学作用，为此就要求教师对传统的讲授式教学做出调整。

对外经济贸易大学在教学资源上的部署具体呈现在三个维度：首先是重磅打造贸大精

品在线开放课程。学校本着“分层孵化、广泛建设”的原则，一方面依托学校经济学、法学等学科优势，打造了系列财经特色品牌课程，同时，建设若干门素质教育类通识课程，建设一大批贸大品牌在线开放课程，另一方面鼓励教师小成本录制微课课程。单独依靠校内力量很难实现全方位的互联网+教育，也难以实现优质教育资源共享。为此，学校一方面会购买一些来自外校的精品在线开放课程，弥补校内课程资源的不足，另一方面会借力各学科课程联盟平台，满足师生教学和专业发展的横向和纵向的资源需求（如外语慕课联盟、财经教育 EMOOC 联盟等），目前学校引入外部资源的数量达到了 120 门/学期。最后是充分利用在线教学平台，促进教学资源的生成与再造。学校鼓励教师依托各类在线教学平台对自建和引进的教学资源进行打散和重新组合，生成适合教学目标的教学设计，形成符合对外经济贸易大学本班需求的 SPOC 或网络资源，一方面使得资源的可用价值得到了进一步提高，另一方面也使得资源的使用场景得到扩展，加强了资源与校内教学的适应性。

（二）多形态教学模式变革

教学模式的重塑是高校互联网+教育的核心，在以学习者为中心的基本思想下，对外经济贸易大学经过多年实践，形成了 MOOC①、SPOC②、基于 MOOC/SPOC 翻转课堂③、线上线下混合式教学④、“1+M+N”同课协同教学、课堂直播等满足不同课堂需求的教学模式体系。不同网络教学方案特点如表 2 所示。借助于信息技术手段，学生的学习行为可以被实时记录和分析，形成自适应的学习路径，教师可以根据学生的学习情况有针对性地进行指导，形成学生个性化的培养模式。教学督导网络听课的评价结果显示，74.37% 的教师准备了与在线课程配套的课程讲义（或课件），能够帮助学生掌握课程内容，79% 的教师能在直播或答疑过程中维持良好的在线课堂（如弹幕、评论区）秩序。

表 2 不同网络教学方案特点一览表

	直播	录播	基于 MOOC/SPOC 的翻转课堂	QQ 或微信群	tas 公邮和研究生网络教学平台
使用前提	直播环境安静，网络条件较好	教师自行录制好教学视频	自建 MOOC 课程或其他 MOOC 平台上的教学资源	无	无
适用课程类型	大部分课程可用	1. 需要有大量推导计算的课程； 2. 直播环境和网络环境不好的课程； 3. 操作类实验课程	已有自建 MOOC 课程或拥有适用于本课程的校内外课程资源	所有课程	所有课程

① 学生按照《对外经济贸易大学在线开放课程应用实施细则》进行选课、自主学习、参加考试和学分认定。

② 学校购买校外 MOOC 课程用于对外经济贸易大学学生小规模授课，考核结果以“通过/不通过”计，考试通过后认定但不纳入绩点计算范围。

③ 授课教师引入 MOOC/SPOC 课程资源，开展翻转课堂教学，要求线下教学不少于 2/3 学时。

④ 不同学校的不同老师同上一门课，协同教学。

续表

	直播	录播	基于 MOOC/SPOC 的翻转课堂	QQ 或微信群	tas 公邮和研究生网络教学平台我
能够实现的功能	教学功能：课程直播、上传教学资源、课堂讨论问答、测验与考试等。 教学管理功能：查看学习进度、考勤、学情数据统计等	教学功能：上传教学资源，但无法进行课堂讨论、测验与考试。 教学管理功能：查看学习进度、考勤、学情数据统计等	教学功能：上传教学资源、共享屏幕、课堂讨论问答、测验与考试等。 教学管理功能：查看学习进度、考勤、学情数据统计等	发布通知、共享文件，答疑	发布通知和文件
优点	课堂互动性强，实时掌握学生的学习动态	教学灵活性强	课程资源丰富，前期准备较充分	即时性强，所需网络流量小	师生熟悉，方便使用
缺点	对设备性能和网络要求高	课前准备工作多，课堂互动性差	非自建课程教师需重新进行教学设计	仅可作为辅助工具使用	仅可作为辅助工具使用

（三）多维度教学研究反馈

开展教学研究既能让高校教师丰富教学理论，又能发现教学中存在的问题，因此，在互联网＋教育一体化推进模式中，教学研究也是重要一环。对外经济贸易大学通过多项举措鼓励教师开展教学研究工作，主要包括：第一，开展“事前—事中—事后”三位一体的“互联网＋教育”教学改革立项，使教师在事前现状调研、事中问题及方法研究、事后效果研究各个阶段都能够找到研究支撑，在研究反馈中不断对教育教学进行优化；第二，创办教学研究论文集《改革与探索：对外经济贸易大学本科教育教学论文集》，鼓励广大教师将相关实践整理成文，形成具有学校文化特点的一手校本论文集；第三，形成教学改革案例集，定期面向全校教师，征集优秀教学改革案例，重点培育教育教学示范精品，开展同行学习与评价，在同行实践的基础上进行创新迭代，最终达到试点先行、以点带面的效果。

结语

经过多年探索与实践，对外经济贸易大学“互联网＋教育”一体化推进模式在学校教学改革中取得了一些成果，在资源方面，促进了资源共享与教育公平；在教学方面，形成了在线教学和混合教学等新型教学形态，培养了教师适应未来教育的思维模式；在育人方面，让学生回归到教学的主体地位，促进了学生综合素养的提高。

本文阐述的“互联网＋教育”一体化推进模式经过多年的实践，已经证实这种模式在教学改革持续性推进过程中是可行的，并且是必要的。模式中的任何一个环节在具体的操作过程中都是不可或缺的，尽管每个环节在教学改革中都具有很大的创新空间，但单纯地从某一个点进行突破或者不考虑其他方面而进行的自我突破，都不利于教学改革的推进，只有各个环节之间相互支撑、全盘考虑，才能够避免单点突破所带来的后劲不足、教改实施障碍多、教师孤立作战等现实问题，进而实现教学改革持续地发展，达到提高人才培养质量的目标。

参考文献

［1］刘君.“互联网＋”背景下应用型本科高校校企合作人才培养模式［J］. 实验技术与理论，2017，34（6）：172－176.

［2］刘延东. 深化高等教育改革，走以提高质量为核心的内涵式发展道路［J］. 求是，2012（10）：3－9.

［3］王瑛，郑艳敏，贾义敏，任改梅，周晓清. 教育信息化资源发展战略研究［J］. 远程教育杂志，2014，32（6）：3－14.

［4］姚晓丹，张文攀. 从一块屏到一片天［N］. 光明日报，2020－11－20（12）.

［5］张旸. 因材施教：困境及超越［J］. 教育科学研究，2009（10）：15－18，27.

［6］Campbell M，Saltmarsh S，Chapman A，et al. Issues of Teacher Professional Learning within “Non-traditional” Classroom Environments. Improving Schools［J］. 2013，16（3）：209–222.

［7］Duke D L，Tucker P D，Higgings J，et al. Are Local Policies Supporting Instruction Becoming Standardized? Leadership and Policy in Schools［J］. 2008，（7）：1－29.

［8］French R，Imms W，Mahat M. Case Studies on the Transition from Traditional Classrooms to Innovative Learning Environments：Emerging Strategies for Success. Improving Schools［J］. 2020，23（2）：175－189.

［9］Mahat M，Bradbeer C，Byers T，et al. Innovative Learning Environments and Teacher Change：Defining Key Concepts［R］. Australia：University of Melbourne，2019：3－30.

［10］Rowan B，Correnti R，Miller R J，et al. School Improvement by Design：Lessons from a Study of Comprehensive School Reform Program［R］. Philadelphia，PA：Consortium for Policy Research in Education，2009：3－60.

高校青年教师职业使命感的实然反思与价值涵育

鲍天璐　童德毅

摘　要：随着社会生活压力的增强，教师职业认同感不足，职业倦怠时有发生。研究发现，35 岁以下青年教师的职业热爱感相对较低，随着教龄的增长，职业热爱感总体上呈增长趋势。本文分析影响青年教师职业使命感的因素主要包括思想信念因素、价值实现因素、现实压力因素、长期倦怠因素和生态环境因素，提出高校青年教师职业使命感的现实涵育路径。要丰富师德师风教育的价值内涵，引导青年教师在实践中增强职业使命感，带动青年教师在增强本领中提升职业使命感，以及完善青年教师服务保障体系。

关键词：高校青年教师　职业使命感　价值涵育

导论

1. 问题提出

习近平总书记在北京大学师生座谈会上强调："教师要时刻铭记教书育人的使命，甘当人梯，甘当铺路石，以人格魅力引导学生心灵，以学术造诣开启学生的智慧之门。"由此可见教师职责重大。党的十八大以来，以习近平同志为核心的党中央高度重视教师队伍建设问题，在不同场合多次强调教师工作的重要意义。党的二十大报告指出，要"加强师德师风建设，培养高素质教师队伍，弘扬尊师重教社会风尚"。

但是随着社会生活压力的增强，教师职业认同感不足，职业倦怠时有发生。及时研究影响教师职业认同感和使命感有助于提升教育教学质量。

2. 概念界定

高校青年教师，通常是指年龄不超过 40 岁，刚进入高校从事教学科研工作不久的青年人群，多数人尚未获得副高级职称（胡中俊，2015）。他们学历层次高（一些人还拥有海外或境外学习经历）、视野开阔、思想活跃，是高校教学与科研工作的生力军，承载着高校乃至国家、民族的厚望，但同时也是高校中压力较大、收入较低的群体之一。有社会学者将其类比为"工蜂"（廉思，2012），他们自己则常常自称为"青椒"或"学术民工"（郝迪婧，闫志刚，2014；辛阳，刘洪超，2016）。

作者简介：鲍天璐，对外经济贸易大学中国语言文学学院助理研究员；

童德毅，对外经济贸易大学外语学院副书记。

职业使命感，指的是个人在主观上认为工作在其生命中扮演达成其人生目标角色时的心理感受，是个体对职业的态度，常表现为对某个职业有着较强烈和有意义的热情，并由行动取向、目的清晰感和亲社会意图三个因素构成（BLAUGJ，1985）。已有研究发现，职业使命感与个体的组织承诺有强相关（DUFFRD，AUTINKL，ALLANBA，2015），因此，职业使命感不仅在个体的职业发展中起着重要作用，而且对组织的发展也起着积极作用。高等教育是一项政治性很强的社会公共事务，高校教师应该是有着明确政治立场、价值取向的社会利益代表，受党和政府的委托、代表人民的利益来培养人、发展人。

高校青年教师的职业使命感是指高校青年教师在从事教师职业中获得意义感、责任感和实现个人价值的激情与力量。历史和时代赋予了教师崇高的职业使命。高校青年教师担负着人才培养、科学研究与文化传承等重任，应责无旁贷地履行自身的职业责任。职业使命感受客观社会环境和主观内心世界变化的影响。教师职业的使命感是教育工作的内驱力，是教育得以发展的核心力量，体现在教书育人的过程中人生价值的实现。

一、高校青年教师的群体特征

目前高校青年教师的群体特征，参照廉思《工蜂：大学青年教师生存实录》等研究归纳出以下三点。

1. 代际特征明显

一方面，高校青年教师比老一辈学者具有更好的成长环境和全面系统的学术训练，不少人已开始在相关领域崭露头角；另一方面，他们又具有鲜明的时代特点。很多青年学者还有较长时间的海外学习和工作经历，对国内外物质生活水平的差距和西方价值观有比较深刻的体会。一方面他们追求更为实用的知识技能（如拥有多类资格能力证书），敢于展现自我，渴望自我价值实现，希望尽快得到社会的认可、尊重、理解；另一方面他们又过度关注自我，一切努力都围绕着是否有利于个人职称晋升和职务升迁，是务实理性的个体主义者。

2. 青年教师的价值观输出方式独特

高校青年教师是知识分子群体与青年群体的交叉集合体。一方面，他们思想敏锐，对社会思潮、青年学生的价值取向具有很强的引领作用。另一方面，他们内心十分重视自我尊严与价值的实现，重视自我权利的维护。当自身的利益受到损害而得不到伸张时，他们不会像社会弱势群体那样去选择沉默，也不会采取激烈的行为表达，而是往往采用迂回的、以退为进的方式，把各种不满通过自我暴露、自我鸣冤的方式表达出来。

3. 对生活质量抱怨较多

青年教师刚入职不久，工资和职称相对较低。申请课题经费难度较大，同时结婚、买房、买车、子女升学、赡养老人等现实问题又需要很大开销，看似福利待遇不错的高校教职，仍有许多服务保障工作不完善，这在一定程度上影响了高校青年教师的工作积极性和对社会的认知。

二、青年教师职业使命感的现状

教师职业使命感的高低对其专业知识的学习、创新能力的发挥以及教学积极性和教学质量有重要影响。近年来，由于教师职业认同感不足，职业倦怠时有发生，因此，有效研究青年教师职业使命感的影响因素，对激发青年教师的职业认同感和敬业精神具有重要意义。国内学者们对于职业使命感的内涵并没有达成统一意见，但对其广义内涵做了一定的阐述：第一，职业使命感是由内因和外因两个部分组成，内因是由个体内心及信仰等组成，外因是由社会需要构成；第二，职业使命感强调在工作的过程中获得职业认同感、责任感、满足感和幸福感；第三，职业使命感有亲社会倾向性或利他性的特征。综合国内外对职业使命感的研究，本文所涉及的青年教师职业使命感主要是指青年教师在工作过程中对自己职业的认同以及在工作中具有目标感、意义感、责任感和成就感。

目前的研究结果显示，对教师职业使命感的测量大多采用廖传景等编制的《中小学教师职业使命感问卷》（STVC）。该问卷具有较高的信效度，查阅的中文文献中对教师职业使命感的研究大多都采用此问卷。借鉴张春雨编制的三维度职业使命感量表（员工版），本研究中将关键词更换为高校青年教师，并对部分题目进行了修改以满足研究需要。修订后的量表共 13 个题目，分为使命感知、使命认同、使命践行 3 个维度。采用 5 点计分，从“1＝完全不符合”到“5＝完全符合”，分数越高，表示职业使命感越高。本研究中量表的 Cronbach’sα 系数为 0.92。职业认同感量表：采用李永鑫编制的职业倦怠量表，共计 15 个题目，主要从情感耗竭、人格解体、成就感降低 3 个维度测量个体的工作倦怠情况，其中成就感降低维度题目反向计分。采用 5 点计分，从“1＝完全不符合”到“5＝完全符合”，分数越高，表明职业倦怠水平越高。本研究中量表的 Cronbach’sα 系数为 0.76。

研究发现，35 岁以下青年教师的职业热爱感相对较低，随着教龄的增长，职业热爱感总体上呈增长趋势。新入职教师一般职业热爱感较低，但随着工作时间的增长，职业热爱感会随之增长。青年教师年轻、富有闯劲和冒险精神，还未形成稳定的职业发展倾向；青年教师教龄较短，还没有培养出对教育深厚的热爱之情；还有一些青年教师，选择教师职业是抱着先就业再择业的心理，并没有将教育作为一种长期的事业进行经营。青年教师的年龄正是个人追求事业的高峰期，偏低的工资收入及职称级别多少会影响其职业热爱感。在一定时期，金钱可以作为提升教师职业热爱感的因素，但当物质水平达到一定程度，金钱的激励作用就减弱甚至可能起到反向作用。

三、影响青年教师职业使命感的因素分析（见表 1）

在对高校教师职业使命感影响因素的相关研究中发现，对职业认同度高和能否从教师行业中收获职业获得感成为两个重大影响因素。兴趣是最好的老师，也是指引人们前进

的最大动力，而职业获得感不仅能体现教师自身的价值，也反映了自己的辛苦得到了师生的认同。（李洋洋，2021）

表 1　关于影响职业使命感的因素分析（%）

	提升因素				降低因素			
因素	关心关爱	稳定安全	认可度高	工作环境	家庭生活状态	职业获得感	发展空间受阻	重视度不足
占比	15	30	42	13	9	51	30	10

由于所从事的工作具有知识性、复杂性和创新性，大学教师需要更高层次、更内部化的工作动机和激励因素，例如工作激情（work passion）和职业使命感。所谓“职业使命感”（career calling），指的是一种来源于自我、并超越自我的卓越职业召唤，其目的在于通过追求目的感和意义感而形成特定的生活与工作角色，以实现利他性的价值和目标。（Dik，Duffy，2007）

新时代要筑牢高校青年教师使命认同，需在三个方面下功夫。厚植使命认同的信念根基，即在“培养什么样的人、怎样培养人”这两个根本性问题上树立不可动摇的信念；以职业获得感夯实使命认同的现实基础，努力形成践行职业使命和提升职业获得感互相促进的良性循环（张明霞，2021）。

1. 思想信念因素

青年教师的成长过程是一个动态过程，既要受到学校、家庭和社会的制约，又要受到自身德、识、才、学等诸因素的影响。虽然影响因素很多，但主要还是受自身专业素养、职业态度、学习方法三因素的影响。一是青年教师自身的专业素养会决定其成为什么样的教师。二是青年教师的职业态度决定其所能达到的高度。态度决定高度。这个态度包括如下四个方面：第一，热爱工作的态度；第二，善于学习的精神；第三，勤奋努力的科研精神；第四，教学反思，这是青年教师成长的重要途径。

2. 价值实现因素

研究表明 91.5%的教师认为自己的职业获得感不足。主要表现在生活幸福指数低、教学科研压力大等。青年教师的职业获得感主要是指从事课教学过程中所产生的对这一职业的认同感、满足感和幸福感。如果学校在物质层面无法保障青年课教师的收入，那么精神层面上的质的飞跃也较难达到。在对青年教师的个案访谈中了解到，部分学校的师生比例失调严重，甚达 1∶350。超负荷的工作严重挤占了他们的休息时间。除此之外聘任考核机制并不完整和完善，在访谈和调查中了解到，大部分高校并没有对各科教师量身制定考核标准，整齐划一的考核机制评价标准有待考量，而且单一的考核评价制度不符合各院实际情况，这在一定程度上影响了青年教师的积极性，也给他们的晋升、考评带来了一定的压力。

3. 现实压力因素

青年教师的职业压力主要来自工作和生活两方面。（1）工作方面。随着高等教育管理体制的改革，各地高校的办学规模迅速扩大，学生人数的激增造成了师生比例失调，师资力量严重不足，这在很大程度上加重了青年教师的工作任务。他们必须承担大量的课堂教学任务，还得完成学校、学院规定的科研任务，同时还要应对繁琐的行政管理事务。同时，政府加大了对各地方的管理力度，如制定有主讲教师资格认定制度、教师评聘制度、职称评定制度、绩效工资制度等，这些制度的制定和执行，无形之中形成了对青年教师的工作压力。（2）生活方面。扩大办学规模对人力、物力、财力的大量投入，使各地方自身面临着巨大的经济压力，而处于职业生涯初期的青年教师的收入处于高校低端，这多少会影响青年教师的教学热情和投入。

4. 长期倦怠因素

很多青年教师，尤其是毕业就直接入职的教师，刚从一个“象牙塔”走入另一个“象牙塔”，初入职场还保持着鲜明的个性。一是对职场工作具有高度的期盼性。这种期盼性分正反两个方面：青年教师工作热情高、精力充沛，会全神贯注地投入教育教学中；但是如果在教育教学过程中出现与之期盼不符的情景时，会导致其产生逆反心理，对职业的满意程度降低。二是对自身角色的转变有些不知所措。由于青年教师缺少实际教学经验，虽然对学术知识的理论功底很强，但是对大学生的心理状态和课堂表现不甚了解，使其对自己授课技巧以及如何引导学生缺乏信心。

5. 生态环境因素

青年教师是发展的希望，关注青年教师的成长，是高校发展的必须。当前，我国正处于社会与经济的快速发展时期，对高校、对大学生的期待很高，间接地对青年教师的要求也水涨船高。青年教师的成长也离不开其所在的社会环境因素的影响。

四、高校青年教师职业使命感的内生与增进

通过上文中对职业使命感的定性探究，我们在青年教师职业使命感的研究过程中，着重观测了与其密切联系、互相作用的五个问题，从职业价值观、职业幸福感、职业倦怠感、职业认同感和职业责任感等维度，分析鉴别和衍生出职业使命感的内生与增进机理。

从广义上看，教师的职业价值观是指教师对职业的认识和态度以及他对职业目标的追求和向往，职业使命感是职业价值观的一部分；从狭义上看，我们把职业价值观局限于教师对于职业行为中善恶的价值判断，是对职业行为在德性上的区分。价值观的确立，直接影响使命感的形成，对于正义善意行为的认可不断积累和加强，对增强职业使命感势必有积极作用。

职业使命感和职业幸福感共同体现出对职业属性的情感认知，都是在从业过程中产生的感性因素。教师幸福感的来源广泛，对于教书育人行为中的不同形态，都可能会产生不同程度的幸福感。但职业幸福感只有建立在科学正向的心理建设之上，建立在发展辩证的慎思逻辑之上，才能孕育和产生更为有效度的能量，才能产生更大效用。

青年教师的职业责任感是伴随职业选择而来的，在正式赋予其职业岗位后，必然会形成相应的责任意识。青年教师是高素质知识型人才，责任感会在职业初期确立，并在职

业中期不断深化。根据教师对职业岗位职责的理解和认识，在对教育客体实施进程中，职业责任感会不断变化。责任感的确定和深化，是使命感的基础，并与使命感互相作用，形成动态调整的同步效应。

职业认同感是一种富于周期性演变特征的情感性认识，受到一个阶段情感因素累积而呈现阶梯形变化。教师，尤其是青年教师对于职业的认同，与责任感具有类似特点。认同感的增强实质上亦是使命感的增强，在对于责任有明确界定后，使命感、认同感和责任感存在从互动到联动的效应。青年教师职业认同感具有叠加效应，要显现出职业荣誉和职业使命，从而不断夯实。

职业倦怠感是影响使命感长期稳定或不断增长的重要负面因素。在履职过程中，青年教师会遇到挫败、曲折、失落等负面情绪的干扰，从而容易导致偶发性职业倦怠感的产生。而职业倦怠的消解及淡化，能够帮助职业使命感的保持和稳定。建立有效的职业倦怠抒发途径，形成有效的职业倦怠引导机制，以及因势利导为职业使命感的强化搭建意识基础，是解决职业倦怠的科学方案。

五、高校青年教师职业使命感的现实涵育路径

1. 丰富师德师风教育的价值内涵

近年来，教育部等部门逐步提高教师师德师风建设标准和要求，各高校从入职教育入手，陆续建立并形成一整套青年教师师德师风培育体系和工作经验。师德师风教育需要在三个方面下功夫：一是要在挖掘“师者为师，教者从教”的内在价值上下功夫，将教师的职业使命讲深讲透，将其与教师的个人背景和成长经历结合起来讲；二是要在教师师德师风、使命感提升上下功夫，要有系统的教育设计，耳边常讲、心里常思，不断增强使命感；三是在形成激发青年教师内在动力的体制机制上下功夫，充分调动青年教师教学科研的主动性，多鼓励、多肯定、多指导、多关心。

2. 引导青年教师在实践中增强职业使命感

职业使命感的形成和增强，必须以实践做依托。在实践中思考、反思、领悟，在实践中深化对教师责任的认识，提高职业认同。在实践方法上，教学实践中的感悟，需要沉淀，需要定期总结，并进行有组织的交流，以达到确认、确立、确定的目的。在实践形式上，贯穿教书育人的各个环节，时间维度可分为课前、课中和课后。在实践内容上，要聚焦在师生共同参与的全时空中，在传道、授业和解惑中，凝练教书经验和育人智慧，在实践中发现热量、体现责任、承担使命，强化情感认同。

3. 带动青年教师在增强本领中提升职业使命感

青年教师面对青年学生群体，年龄差距小，共同交集多，但面对复杂问题时缺乏经验，易恐慌。这就要发挥老教师的作用，以老带新，言传身教，让青年教师在教学中成长，将使命感潜移默化传递给青年教师，还可以发挥教学技能比赛的作用，作为交流平台和互促机制，展示青年教师的能力，增强青年教师的职业自信，激发工作动力。发挥教学督导评估的作用，有了明确标准和责任，找准差距，精准发力，不断完善。要发挥教学

能力培训的作用，拉近理论与实践的距离，在练中学，在学中练，促进使命感的涵育。

4. 完善青年教师服务保障体系

职业使命感是支撑职业发展的重要部分。提升青年教师使命感，首先要提升对教师工作的认同感。高校要不断完善教师评价体系，减轻教学科研中不必要的负担，释放阻碍青年教师成长发展的束缚。强化职业荣誉感，完善教师职业发展和管理体系，保障青年教师切身实际的生活需求，建立教师与组织的友好型心理契约，增强青年教师的职业认同感和归属感，要在青年教师活动形式上不断创新，采取沉浸式、体验式等融入性强的活动形式，增加共情，增进理解，真正提高关心关爱青年教师的温度，使职业使命成为其与个人发展相伴相生的价值追求。

参考文献

[1] 赵小云，薛桂英，郭成. 煤炭企业员工的职业使命感与工作负荷、工作满意度的关系[J]. 中国心理卫生杂志，2016（1）：64－69.

[2] 顾江洪，江新会，丁世青. 职业使命感驱动的工作投入：对工作与个人资源效应的超越和强化[J]. 南开管理评论，2018，21（2）：107－120.

[3] 赵小云，王静. 幼儿教师的职业使命感与工作绩效的关系：组织承诺的中介作用[J]. 教师教育研究，2016，28（6）：59－64.

[4] BLAU G J. The Measurement and Prediction of Career Commitment [J]. Journal of Occupational Psychology，1985（58）：277－288.

[5] 韩雪，厉杰. 我的职业我做主：使命感对职业生涯自我管理的影响研究[J]. 中国人力资源开发，2018，35（9）：6－15.

[6] 张明霞. 高校青年教师使命认同的信念根基、现实基础与实践路径[J]. 北京教育，2012，2.

[7] 李洋洋. 青年思政课教师职业使命感影响因素分析[J]. 产业与科技论坛，2021，20（17）：95－96.

高校涉外人才培养服务高质量发展的路径研究

王怡坤　顾新宇　王秋蕴

摘　要：近年来，高质量发展成为我国新时代发展的主题。高等教育与产业结构、经济发展、社会进步密切相连，已成为时代变迁的创新源泉。高校必须坚持为党育人、为国育才，全面提高人才自主培养质量。在人才培养工作中，高校应充分发挥特色优势，扎根中国、融通中外，通过打造产学研教全链路培养模式、构建“五育”互育国际化学生平台，着力培养德智体美劳全面发展的涉外人才，主动服务国家战略需求，为国家经济社会高质量发展和高水平对外开放夯基固本。

关键词：涉外人才培养　高质量发展　产教融合　五育并举

引言

党的二十大报告提出：“高质量发展是全面建设社会主义现代化国家的首要任务。”高质量发展成为我国新时代发展的主题。高校必须坚持为党育人、为国育才，充分发挥学科特色和智力资源优势，着力造就全面发展的拔尖创新人才，全面提高人才自主培养质量，为国家经济社会高质量发展和高水平对外开放夯基固本。

高等教育与产业结构、经济发展、社会进步密切相连，已成为时代变迁的创新源泉。现有的高校育人工作研究从微观和宏观两个层面展开。微观层面以人的成长为主线，聚焦育人活动。各高校普遍开展“三全育人”“五育”并举建设，强调人才培养的全面性和综合度，但顶层设计仍需完善，有待进一步加强各环节协同互育机制建设。宏观层面强调教育的社会功能和社会需要，现阶段研究主要集中在职业院校或理工类院校，产业对接大多体现在工业制造、电子信息等领域，高等院校，尤其是人文社科类院校，产教协同发展研究仍有待补充。

本文聚焦涉外人才培养，文中的涉外人才是指与国家涉外业务相关的专业所培养的人才，主要包括外国语言文学范畴内的各类语种、翻译等，法学范畴内的国际政治、外交学、法学（涉外方向）、全球治理等，管理学范畴内的国际商务、会计学、国际企业管理、国际运输等，经济学范畴内的国际经济与贸易、国际税收、国际金融、国际经济发展合作等，以及其

作者简介：王怡坤，对外经济贸易大学外语学院本科教学秘书，助理研究员；
顾新宇，对外经济贸易大学招生就业处招生办公室主管，讲师；
王秋蕴，对外经济贸易大学国际经济研究院党务秘书，助理研究员。

他类别内运用国际规则、与国际业务相关的各类专业培养的涉外人才。

本项高校涉外人才培养服务高质量发展路径的研究将为两个问题提供解决思路：一是高等教育如何突出涉外人才培养特色，提高人才自主培养质量，主动服务国家涉外战略需求和社会经济高质量发展；二是高等教育如何发挥涉外特色优势，通过扎根中国、融通中外实现自身高质量发展，服务国家高水平对外开放。以上思路有助于高校人才培养工作完整、准确、全面贯彻新发展理念，为有力回答“强国建设，教育何为”这一时代课题提供更多的政策建议和路径支持。

一、高校人才培养工作服务高质量发展的思路

高校育人工作服务高质量发展，需要加强顶层设计。坚持落实立德树人根本任务，以全员全过程全方位育人思想为指导，以产、学、研、教、赛五位一体模式落地，打造德、智、体、美、劳全面发展的新格局，有效发挥“五育并举、五育融合”合力。

一是搭建“五育”互育育人体系，形成全员全过程全方位育人格局。“五育”地位平等、相互联系、有机融合，共同服务于立德树人的根本目标。德育为根本，注重党的思想引领，塑造学生家国情怀和健全人格；智育为重点，大力发展学科建设和全新布局，培养学生扎实且前沿的知识基础；体育为保障，增强学生体质，为高质量教育提供重要支撑；美育为平台，全面提升学生发现美、捕捉美、创造美的综合能力；劳育为方略，引领学生热爱劳动，走进自然，将所学融于技能，知行合一。“五育”体系建设是高校育人工作的重要抓手，为“三全育人”提供有效路径和着力点，提升育人工作深度，丰富育人工作内涵。

二是坚持服务国家和区域战略需求，提升科研创新和社会服务能力。人才是第一资源，高等院校要牢记初心使命，为高质量发展提供人才支撑，充分运用知识、技能和创新反哺社会。在新时代推动高质量发展的总体要求下，高校人才培养工作需要以行业企业发展需求为导向，培育学科交叉融合项目，拓宽人才培养口径，提高复合型人才与社会需求的契合度。贯通本、硕、博一体化育人机制，延长教育链条，提高人才培养深度、专业化和高精尖程度。积极探索教育教学改革，打造产学研教全链路人才培养模式。加强产教对接，促进传统专业和产业数字化转型，努力推动校企开展课题共研、项目共建，助力智力成果产业化。

三是做足做强做活“外”字文章，大力服务国家高水平教育对外开放。全国政协委员、四川外国语大学校长董洪川在2024年两会期间讲道：教育对外开放是我国对外开放战略的重要组成部分，也是建设教育强国的重要路径。北京师范大学中国教育政策研究院副院长薛二勇讲道：教育对外开放在助力人才培养方面大有可为。通过中外合作办学、推动出国留学、促进来华留学、推动国际交流合作等途径，充实育人活动内涵，扩大校园文化输出，渗透国际化育人效果，提升国际化人才培养能力。高校在高质量实施教育对外开放的同时，要注重引导学生关注国家国际时事，沉浸式体验中国立场，坚定“四个自信”；引导学生发挥哲学社会科学在融通中外文化、增进文明交流中的独特作用，利用

科学真知提高辨别是非和理性思考的能力。

二、涉外人才特点及其培养重点

涉外人才是指通过定向培养，成为具有国际化视野、更强的跨文化沟通能力和领导能力，在多元文化环境中适应性好、融入程度高，实践能力和综合素质强的拔尖创新人才。同时，涉外人才将普遍具有涉外学习或工作经历，成为我国递向世界各国的重要名片，一定程度上代表着国家形象和国家利益，家国情怀和意识形态的培养尤为关键。因此，高校涉外人才应着重培养以下方面。

（一）语言能力和跨文化交流能力

涉外人才培养首先强调语言能力的培养，除精通英语外，还应熟练掌握一门第二外语。通过多元化的课程设计，在培养体系中涵盖对象国语言、文化、国际关系等方面知识，使学生在国际交流中更加流利和顺畅地进行跨文化沟通。在掌握基本语言技能的基础上，在高年级培养学生的跨文化交流能力，尊重不同文化、习俗、价值观等，理解不同文化背景下的思维方式，强化在跨文化环境下合作和协调的能力。

（二）国际化视野和开放性思维

引入国际先进教育理念和方法，注重培养学生的国际化视野和开放性思维，使其具备适应全球多元文化背景下的竞争能力。在专业课堂教学中，使用与国际一流高校接轨的教学素材和教学方法，把握时代前沿，筑牢理论知识基础。通过搭建国际化合作平台，为学生提供丰富的国际交流和实践机会，鼓励学生参与国际实习、交换项目和社会实践，进一步拓宽视野、开拓思维。

（三）实践导向下的综合素质培养

涉外人才培养不仅注重学生的学术能力，还注重培养其综合素质，包括领导能力、沟通能力、实践能力等，以适应社会对高层次复合型人才的多角度需求。高校在课程设置中注重实践导向教学，深挖理论知识和研究的社会价值，重点培养学生解决实际问题和应对挑战的能力，探讨理论研究赋能社会经济领域高质量发展的可行路径，有针对性地培养能够解决社会经济发展中专业领域前沿核心问题的人才。

（四）专业学习中的价值引导

在涉外人才培养中，树立正确的价值导向极其关键。正确的价值导向有助于塑造学生的品格、态度和道德观念，影响他们未来的行为和决策。就涉外人才而言，还将影响国家形象和国家利益。高校在专业课堂教学中注重课程思政，通过案例分析、讨论、角色扮演等方式引导学生理解中国立场，坚定“四个自信”。在课堂外为学生提供资源引导，借助书籍、网络、讲座等方式提供知识资源和信息，在鼓励学生自主学习的同时传承家国理想，树立报国情怀。

以上方面共同构成了高校涉外人才培养的教育模式，旨在培养具有国际视野、跨文化交流能力和创新精神的人才，以服务国家经济社会高质量发展。高校在培养涉外人才的过程中还应对培养效果进行持续跟踪和评估，及时调整教育方案，确保实现培养目标并满足国家和社会对涉外拔尖创新人才的需求。

三、涉外人才培养路径分析——以对外经济贸易大学为例

作为高校育人工作的一环，涉外人才培养的路径围绕高校服务高质量发展的思路展开。具体而言，在涉外人才培养过程中，围绕育人体系顶层构建、服务国家战略需求、做足做强做活“外”字文章发展思路，高校应进行有针对性的特色设计。本文以对外经济贸易大学（以下简称贸大）为例，以学校已有实践做法和计划发展方向为基础，结合以上三项思路阐述涉外人才培养服务高质量发展的具体路径。

（一）构建“五育”并举系统框架，贯通“五育”互育育人机制

在“三全育人”基础上，打造德智体美劳全面发展的“五育”并举新局面，构建“五育”并举系统框架。以人的全面发展为目标，全过程提高“五育”互育，以产学研教赛五位一体模式落地，逐步完善育人体系，培养一批兼具开阔国际视野、较高外语水平和扎实专业能力的国际化复合型人才。

1. 统一全年整体育人工作，完成“五育”并举工作升级

以贸大为例，以“三全育人”思想为指导，全员发挥主体育人责任，建立全面育人机制。在全过程育人中增加涉外“五育”内容，丰富人才培养赛道。全方位突出“五育”内容，强调外向特色，多角度实现育人目标。例如在教学、教材、管理、招生、就业、校园生活等人才培养各链条中加入涉外“五育”内容，注重国际化特色，全流程贯穿始终；招生宣传加入国家使命担当及对外开放内容；用人单位探索志愿服务与支部共建方式；学生活动比赛加入涉外“五育”内容赛道等。在课程科研、社会实践、校园文化、网络媒体、心理资助、服务管理等各方各面突出涉外“五育”内容，如暑期社会实践增加类似方向选题、网络媒体打造良好氛围。

2. 细化教学链条育人工作，明确教学育人职责

以贸大为例，强化课程思政建设，立足国家重要发展领域，了解中外文化比较，助力德育培养；依托产教融合教学模式改革，丰富前沿知识内容，将国家亟须解决的重大问题、中外比较问题等融入课堂，提升智育水平；深化体育建设，充分利用校内教师国内外冠军得主资源，增设国际化体育项目，提高运动技能，增强运动兴趣，培养运动习惯；打造美育育人大环境，以中国美学为基础，通过国内外美学比较培养学生国际化的美学识别与创造能力，在专业学习中发现美、创造美；丰富劳育内容，优化实践教学，增加实践类课程数量及比例，结合不同国别的同一行业，将知识运用至动手环节，同时增加劳动教育课程，在田野上、乡村中、厂房间感受劳动之美，体会知识及技术的力量。

3. 优化校园生活育人工作，搭建国际化“五育”培养平台

以贸大为例，全年度依托国际国内重大活动、节日及校园品牌活动传递“五育”思想，在校园活动中融入涉外“五育”元素，国际文化节中增加“中外艺术展览”或“中外最美翻译”版块，毕业季活动中增加“红色助手”“经验传帮带”内容，突出“五育”内涵，实现大学生涯“五育”互育全贯通。

（二）创新产教融合培养模式，赋能产业发展创新升级

以服务国家战略需求为目标，以教育链对接产业链，以专业集群对接产业集群，打造人才培养、科学研究、资政服务三位一体的学科发展路径，培养具有研究能力、思辨能力和分析能力的高端“一带一路”研究型人才。

1. 优化双学士人才培养项目，推动跨学科教学资源共建共享

全面分析课程、学分、学期、师资的衔接和配置，制定知识体系结构合理的培养方案。打造跨学科复合型教学团队，建设一批具有学科交叉融合特色的课程和系列教材，推动跨学科、跨学院合作办学与联合管理，实现多专业协同创新。以贸大为例，近几年获批了国际贸易＋小语种、国际贸易＋法学、法学＋英语、金融＋英语、会计＋英语等双学士学位项目，以专业＋外语为起点，突出涉外人才的综合素质和专业技能的培养。

2. 强化实践引导，深挖产业发展前沿问题

打通教学、科研、实践等环节校企合作链条，完善行业专家授课和学生实习实践育人模式。运用贸大涉外功能，加强对标涉外产业需求的新兴话题研究和实践培养，采用相关行业真实数据和案例开展产业研究并反哺产业决策，推进知识创新成果的落地实施，推动涉外相关专业的蓬勃生长。

3. 聚焦国家战略需求，加深重点区域研究

立足贸大特色学科优势，重点开展中东、非洲、拉美、东南亚等关键区域的经贸、金融和商务环境研究，建设一批覆盖经济、国关、法学等专业领域的区域国别研究核心课程群，培养精通关键区域和特定领域的专门人才，服务国家经济社会高质量发展。

（三）善用国际特色优势，“外”字贯彻育人始终

积极服务国家对外开放事业，推动高水平人才“走出去”和优质教育资源“引进来”。在育人体系建设中，全方位彰显“外”字功能，为社会培养具有涉外特色的“五育”之材。坚持中国立场，坚定“四个自信”，在国际舞台上讲好中国故事，传播中国声音。

1. 依托高校国际化平台信息和资源优势，加强国际卓越人才培养

深入打造高水平国际交流合作平台，积极拓展国际交流项目、学术会议和合作研究、留学或交换计划、海外实践和志愿服务等，为学生提供高质量国际学习和实践机会。积极引进国际一流教学资源，将慕课、讲座、公开课等作为课堂教学的有效补充，实现课堂学习、实践学习、自主学习和开放性学习的有机统一。

2. 结合国际国内重大活动，建设校园品牌活动，实现教育对外开放

以传统重大节日及贸大国际青年文化节、金融文化节、洪堡论坛、中华诵、运动会、

毕业季系列活动为契机，充分展现中华优秀传统文化元素，通过中外思想、文化、理念、立场的交流共享贯通“五育”并举发展思路，实现育人要素有机融合，助力高等教育高水平对外开放。

3. 搭建扎根中国、融通中外的“五育”互育平台，培养德智体美劳全面发展的涉外人才

贸大学生发挥语言特长，高质量服务“一带一路”国际合作高峰论坛、“两会”、亚洲博鳌论坛、中非合作对话、G20 峰会等重要时事活动的志愿工作，以此为契机举办模拟活动，紧跟国际热点开展模拟联合国大赛，引导学生多角度思考问题，充分理解中国立场和理念，培养学生成为政治立场坚定、家国情怀深厚、文化道路自信、德智体美劳全面发展的复合型人才。

四、结语

高等教育的根本问题是培养什么人、怎样培养人、为谁培养人，做好育人工作必须牢牢把握人才培育方向，坚守为党育人、为国育才初心使命。建设教育强国的目的是培养一代又一代德智体美劳全面发展的社会主义建设者和接班人，向国家战略需求关键区域输送高水平人才，服务国家经济社会高质量发展。

坚持高水平对外开放是实现高等教育高质量发展的必由之路，教育对外开放的最终目标是通过高素质人才在国际舞台讲好中国故事，传播中国声音。要实现高等教育高质量发展，首先要实现立德树人，在人才培养过程中以德为先，扎根中国、融通中外，推动中国声音、中国理论、中国思想“走出去”。

在高质量发展的新时代主题下，高校涉外人才培养大有可为。一是从服务国家重大战略需求角度出发，深入重点区域研究。依托高校特色学科优势，强化国家涉外重大战略关键区域的经贸、金融和商务环境研究，拓宽育人口径，延长育人链条，培养精通关键区域和特定领域的专门化高精尖人才。二是从主动服务社会经济高质量发展出发，打通教学、科研、实践等环节校企合作链条，完善行业专家授课和学生实习实践育人模式。依托数字经济实验室、智慧商务实验室、产学研深度协同育人平台等资源，努力推动校企在数字经济、数字贸易、数字金融等领域开展共研共建，将理论研究转化为产业化成果。三是从实现高等教育高质量发展和高水平对外开放出发，搭建扎根中国、融通中外的“五育”互育平台，形成涉外育人“五育”并举的整体工作机制，以“五育”互育和产教融合为实现路径，以教学链条和校园活动为前沿阵地，实现协同育人的最终目标。

参考文献

[1] 阚阅，方洁. 新西兰国际高等教育复苏战略的实践及启示[J]. 现代教育管理，2023(9)：44－53.

[2] 马陆亭. 以高水平教育研究促高质量事业发展——庆祝中国高等教育学会成立 40 周

年[J]. 中国高教研究，2023（9）：17－20.
[3] 沈佳坤. 北京城市副中心参与跨城区政产学研金服用融通创新体系研究[J]. 中国商论，2023（18）：118－121.
[4] 袁勤勤，万伟平. 德国、美国、日本产教融合经验的比较研究[J]. 高等职业教育探索，2023，22（5）：60－67.
[5] 岳芸. 全球化时代的世界一流高等教育体系：内涵、挑战与因应[J]. 济南大学学报（社会科学版），2023，33（2）：155－162.

国际中文教育文化习得环境构建的教师素质分析

范璐璐

摘　要：近年来，国际中文教育事业发展迅速，汉语学习的需求已扩大到世界范围。“汉语热”既是中国和平发展的历史必然，也是中国文化的魅力使然。党的二十大提出“坚持创造性转化、创新性发展”“增强中华文明传播力影响力”。国际中文教育在向世界讲好中国故事、传播好中国声音中发挥着重要作用。国际中文教育高质量发展对国际中文教师的综合素质提出了新的更高要求。本文主要讨论在文化习得环境的构建中教师所需要具备的几种知识结构和文化素质。国际中文教师只有具备深厚的中国文化素养、了解外国文化背景知识并掌握现代教育技术等，方能更好地进行文化习得环境的构建，推动国际中文教育高质量发展。

关键词：国际中文教育　文化习得环境构建　教师素质

引言

2021 年 11 月，党的十九届六中全会审议通过的《中共中央关于党的百年奋斗重大成就和历史经验的决议》指出，“中华优秀传统文化是中华民族的突出优势，是我们在世界文化激荡中站稳脚跟的根基，必须结合新的时代条件传承和弘扬好”，强调“推动中华优秀传统文化创造性转化、创新性发展”。2022 年 10 月，党的二十大在北京召开，强调“高质量发展是全面建设社会主义现代化国家的首要任务”，作出“加快国际传播能力建设，全面提升国际传播效能”“深化文明交流互鉴，推动中华文化更好走向世界”新部署。国际中文教育是中华文明传播、交流的重要途径和有效载体，在向世界讲好中国故事、传播好中国声音中发挥着重要作用。“师严，然后道尊。道尊，然后民知敬学[1]”，专业师资是保障国际中文教育高质量发展的前提。

2023 年 4 月 20 日，是中国农历二十四节气中的“谷雨”，也是第十四个联合国中文日，外交部发言人汪文斌在例行记者会上介绍“我们高兴地看到，越来越多的外国朋友通过学习中文来了解丰富多彩、立体全面、真实可爱的中国。我也注意到，在座的很多外国媒体朋友能流利地使用中文提问。截至目前，全球共有 180 多个国家和地区开展中文教学，82 个国家将中文纳入国民教育体系，外国正在学习中文的人数超过 3 000 万，累计学习和使用中文的人数接近 2 亿[2]。”目前，国际中文教育事业发展势头迅猛，但国

作者简介：范璐璐，对外经济贸易大学国际经济研究院教师。

际中文教师队伍在数量和质量上都还不能满足发展需求。积极快速培训一大批高质量的教师是当务之急，将直接影响国际中文教育的高质量发展。

一、国际中文教育高质量发展对教师的素质要求

北京大学陆俭明教授在国际中文教育学科建设高端论坛（2021）中表示“国际中文教育必然伴随着文化教育”，“而真要使中华文化走向世界，融入国际多元文化的大家庭中去，让国外民众了解中华文化，就得靠学习、掌握好了汉语书面语的汉学家、中文翻译和本土汉语教师/中文教师[3]。”北京语言大学张浩教授在国际中文教育论坛（2022）上提出“国际中文教育的工作者、关注者、参与者和推动者们应以中文日为契机，携手并进，培养知华友华高端汉语人才，推动国际中文教育事业高质量可持续发展，同时用语言搭建沟通桥梁，促进中外人文交流，为构建人类命运共同体做出更大的贡献[4]。”在国际中文教育的讲台上，教师不仅仅是一个独立的个体，还是一个正在传播中国语言文化的中国人，代表的是中国教育工作者乃至整个国家的形象。因此，每一位国际中文教师的综合素质都必须过硬，能够足以担负起汉语教学和文化传播的重任。

然而，受过正规系统专业教育的科班出身的国际中文教师十分稀少，优秀教师更是凤毛麟角。中国农工民主党在 2023 年全国两会期间提交的“关于重视国际中文教育人才严重匮乏问题的提案”中指出，“目前全球急需 500 万国际中文教师，而持证人数不到 6 万，国际中文教育数量严重不足。”要想成为一名合格的国际中文教师，不仅要掌握汉语知识和外语知识，还应该对我国的历史文化有全面的了解，同时还应掌握国际中文课堂教学的实战技巧。没有纯熟的汉语教学技巧、实战经验严重缺乏等问题直接导致国际中文师资整体素质不高，具有优秀综合素质且熟练掌握教学方法的教师非常缺乏。

鉴于此，我国采取了多种措施加强国际中文教育专业化师资队伍建设。2022 年 8 月，《国际中文教师专业能力标准》（T/ISCLT 001—2022）（以下简称《标准》）由世界汉语教学学会发布，自发布之日起正式实施。《标准》突出以学习者为中心的理念，强调教师终身发展，突出教师跨文化交际能力与数字技术应用能力，以国际中文教师胜任力模型为基础，通过专业理念、专业知识、专业技能、专业实践和专业发展 5 个一级指标和 16 个二级指标将国际中文教师应具备的知识、技能、态度以及专业发展等能力划分为初级、中级、高级三个水平，对每一级水平进行了详细描述，为提升国际中文教育教师队伍素质指明了具体方向。

二、文化习得环境构建对教师的素质要求

中华优秀传统文化是中华民族的“根”和“魂”。外国人学汉语，只为学语言的少之又少，对中华文化的兴趣和热爱才是大部分学习者跨越重洋选择降落在这片土地上的原因，才是即使遇到种种语言学习的困难，跨文化交际的困境，对汉语的热情依然丝毫不减的不竭动力。然而，在实际教学中，这种对文化的需求是很难满足的。一方面，学习

者需要大量的中国文化知识；另一方面，文化教学作为语言教学一部分的地位又限制了其教学时间。这样一来，文化教学和文化需求之间的矛盾便凸显出来了。

随着语言教学的深入发展，环境对语言教学的深远影响已得到越来越广泛的认可。相比之下，文化和环境的紧密联系却往往被忽视。好在近年来一些专家也开始重视文化环境和文化习得的关系。因而，笔者认为，当语言教学与文化教学无法兼顾时，充分利用目的语文化环境沉浸式自然习得文化，构建文化习得环境无疑为上策。在这里，我们主要讨论在文化习得环境的构建中教师所必备的知识结构和文化素质。

（一）具备深厚的中国文化素养

2022年5月，习近平总书记在十九届中央政治局第三十九次集体学习时讲话指出，“中华优秀传统文化是中华文明的智慧结晶和精华所在，是中华民族的根和魂，是我们在世界文化激荡中站稳脚跟的根基[5]。”各个国家与民族的语言都同文化有着密不可分的联系，汉语更是如此。承载着中华民族厚重历史与灿烂文明的汉语可谓是在悠久的中华文化中脱胎出来的。即使是在以语言教学为主的国际中文教材中，蕴含的中华文化也是随处可见。文化类国际中文教材所涉及的中国文化更是丰富多彩，概括地说，有中国的山水景观、园林建筑、民风民俗、文学艺术、宗教哲学、科学技术等等。细分起来就更丰富了，如中国儒家文化、中国人的崇拜与禁忌、中华传统节日、中国服饰文化、中国古典文学、中国书法艺术、中国的茶文化等等。

具备深厚的中国文化素养也是各国留学生对国际中文教师的要求。具备深厚中国文化素养的教师身上所散发的独特的中华文化魅力，更易拉近与学生的距离。据网易网报道，各国在华留学生都有自己喜欢的教师类型，其中法国的 Martina Peregrine 说道“我现在的老师是我见过的最友好、最积极、最有意思的老师。我们听不懂的时候，老师不厌其烦地解释；大家感觉累的时候，老师就讲中国的笑话、传说、故事。跟着这些老师学习，不仅仅能学到汉语，也能学到很多深厚的中国文化里的精髓[6]。”

因此，国际中文教师只有不断地积累与教学密切相关的文化知识，才能准确领悟中华文化的深刻内涵，进而更好地进行汉语教学、传播中国文化。这就要求教师要有有关中国古往今来、方方面面的知识。中华优秀传统文化自不必说，因其蕴含的文化集中体现了中华文明的精髓，代表着中华民族的处世之道，凝聚着中华先贤的智慧。另外，对当代中国国情的了解也是必不可少的。比如对于中国的政治制度、经济形势、外交政策、科技发展等等的了解就是最基本的。另外，由于国际中文教育是面向国际的，对一些热点问题及敏感问题的了解也就显得尤为重要了。只有涉猎足够广泛、积累足够深厚，才能厚积薄发，在教学时游刃有余，娓娓道来。

（二）了解外国文化背景知识

“全世界都在学中国话，孔夫子的话越来越国际化……”当 SHE（中国著名女子演唱组合）在 2008 年春节联欢晚会上唱响令每个中华儿女为之骄傲和自豪的《中国话》时，汉语虽已如雨后春笋般在世界各地蓬勃发展，但还仅仅存在于学术、教学领域。而近年来，世界范围内对汉语学习的需求日益增长，无论是已经跨越重洋来到中国的留学生，还是分散在世界各地的外国学生，都对国际中文教师提出了这样一个看似可有可无实则必不可少的要求——尽可能多地储备一些其他国家的文化背景知识。比如异国的历史人文、价值体系、民风民俗、哲学宗教、流行文化等等。了解了外国文化背景知识、懂得了换位思考，就能自觉地站在他人的文化立场上去理解他人，这样一来，即使文化冲突露出了端倪，也可将其消弥于萌芽状态。

笔者曾对暑期项目的哈萨克斯坦学生阿依古丽·阿卡苏娃做过关于理想教师类型的访谈，当问到最喜欢什么样的汉语老师时，她回答说："来中国前我很兴奋，觉得会很有意思，会认识很多朋友。来到中国，我有些担心了。我觉得我的汉语不会有大麻烦，但是我在中国生活会有麻烦，因为我信伊斯兰教，我喜欢和中国的老师同学交朋友，想和他们一起吃饭，但是我不知道该怎么跟他们说我是穆斯林，我吃的东西会不一样。可是在中国一段时间后，我就不害怕了，因为我的汉语老师很好，懂很多我们的文化，每次都带我们去吃清真的东西，还专门给我们讲一些国家的饮食文化。所以，我很感动，我最喜欢这样的老师。"再如，很多高校以及国际中文教学机构都会根据学生的国籍、信仰等具体情况安排相应的假期和庆祝活动，以体现对外国文化的尊重和包容。像国内一些院校根据欧美国家留学生较多的情况，每年都会尽量把开学和放假时间提前，这样很多留学生就可以在圣诞节回国和家人团聚了。可见，在语言教学中，深厚的语言学功底固然必不可少，而在具有浓重涉外色彩的国际中文教育中，了解外国文化背景知识同样显得格外重要。

因此，外国文化背景知识是一名优秀国际中文教师知识储备中不可或缺的部分。优秀的国际中文教师平时应尽可能多地了解一些有关世界各国古往今来、方方面面的知识，比如，可以试着了解具有最悠久历史的四大古文明——尼罗河文明、两河文明、印度河文明、黄河文明，进而理解在此基础上产生的神话传说，以和而不同的态度看待各大宗教以及各种价值体系等等。

（三）掌握现代教育技术

在大数据时代的今天，随着科技的不断发展，各种先进的教学手段也如雨后春笋般层出不穷，作为与国际接轨的国际中文教师理应紧随时代步伐，顺应教育现代化的潮流，借助网络化、数字化、信息化等现代技术手段，加快教学法改革创新。

近年来，大规模开放式在线教学"慕课（MOOC）"热正在全球范围兴起，很多专家学者认为，这是当代教育面临的一场革命，有利于扩大优质教育资源覆盖范围，提高师资效益，激发受众的学习兴趣，为各国民众提供更便捷、更优质的汉语教学服务。2018年，在新时代新形势下如何推进孔子学院改革工作方面，提出了关于孔子学院改革创新的若干要求，比如，在孔子学院大会上，提出了一些有力的应对举措，像智慧汉语课堂、全球中文学习平台等科技产品越来越多地出现。新冠肺炎疫情全球蔓延时期，来华留学生规模缩水，教学模式转为线上教学，不完备的数据资源造成新形式与旧内容不匹配，传统国际中文教育模式面临挑战。但随着需求增加以及新科技的发展、新媒体的出现，线上教育转变为国际中文教育的主战场，逐渐完善的线上教学平台和网络资源加快了国际中文在线教育现代化进程，为中文教学、文化活动、师资培训、教学资源等方面带来了转型机遇，并取得了突出成果（禹平，2022）[7]。

2023 年 4 月 8 日，第 58 • 59 届中国高等教育博览会在重庆国际博览中心开幕，“智慧教室”的亮相引来围观。活动现场，“智慧书法”吸引了参观者眼球。小朋友临摹电子显示的“福”字，现场体验“智慧书法”。现如今，信息技术和数字技术带来丰富多元的资源获取渠道，使得教师不再成为知识方面的绝对权威，ChatGPT、大模型技术对教育界的冲击使得教师比任何人都需要跟上时代的发展、终身学习。陈闻（2020）提出国际中文教师数字素养需要“迭代化”，面对不断更新换代的新兴技术，教师要主动更新知识结构，提高数字素养，一方面为适应线上教学需求，另一方面可运用新兴技术产品丰富教学手段和教学形式，提高学生学习兴趣[8]。

可见，现代教育技术的发展日新月异，在国际中文教学中的辅助作用也得到了越来越广泛的认可，多媒体辅助教学已成为当今外语教学的主要发展趋势。正如前文所述，语音、汉字、词汇、语法等各项语言要素中都或多或少的渗透着文化因素，其中尤以汉字、词汇为甚。在这里，我们主要探讨汉字教学、词汇教学以及专门的文化教学中现代教育技术的应用。

1. 汉字教学中现代教育技术的应用

汉字教学向来是国际中文教学的难点。许多西方国家的文字是表音文字，一般情况下，特定的读音即可用特定的字母表示，特定的字母组合起来即可描述特定的读音。而汉字却是典型的表意文字，每个汉字的音和形之间并没有如此紧密的相关性。因此，一些初学汉语的学生，尤其是欧美学生，他们可以很轻松地学会汉语拼音，却无法接受“图画般的”汉字。既然直接教授汉字举步维艰，不如换个思路，从汉字所蕴含的文化意义入手，借助现代教育手段，将汉字形象地展现给学生。教师可以运用多媒体，以形象的、直观的、有趣的、各种各样的方式，如利用智慧黑板播放幻灯片、相关视频片段等方式，把汉字本身所蕴含的来源、形象、内涵、意义以及汉字所反映出来的意识形态、价值观念、当时当地的社会现状等一系列物质文化和精神文化全方位地展现给学生。这样一来，既节省了教师费力解释的时间，又避免了汉字教学的生硬和枯燥，充分调动学生各方面的综合感官刺激，增加趣味，加深印象，而且还能使其了解汉字所蕴含的文化意义，进而更好地理解中国人的思维方式和价值观。

2. 词汇教学中现代教育技术的应用

在所有民族的语言结构系统中，词汇一直都是富含浓厚民族文化的语言单位，包含着社会文化内涵，反映着民族心理和思维方式。因此，词汇教学在国际中文教学中既是重点也是难点，尤其是汉语中特有的反映中华民族特色和风土人情，在其他语言中没有与之文化等值的词汇，比如“京剧”“古琴”“琵琶”“琉璃”“迎亲”“花轿”等。而这些即使教师凭借其三寸不烂之舌费尽九牛二虎之力可能也无法解释清楚的文化词语，用多媒体就可轻而易举地解决。如《新实用汉语课本》中《这件旗袍比那件漂亮》一课，有些学生，尤其是欧美学生就会对“旗袍”一词的具体所指不是特别清楚，这时教师便可用智慧教室里的多媒体播放一段瑞蚨祥丝绸店的宣传片，当各种花色、各种款式的旗袍随着悠扬的古典音乐映入学生们的眼帘时，也会自然地映入他们的心田。

3. 文化教学中现代教育技术的应用

在专门的文化教学中，很多内容都可以借助智慧黑板、智慧教室、慕课、VCR 等现代教育技术来呈现。对外经济贸易大学利用互联网新媒体平台传播中华优秀传统文化，“特色武术”在线慕课已经被 30 多所高校采用，“聆听国乐”建成在线慕课，CCTV—风华国乐已经播出该慕课的经典曲目。此时，国际中文教师就要发挥主导作用，主动地帮助学生来筛选一些与教学内容密切相关的影视作品来欣赏，否则当学生面对纷繁复杂、良莠不齐的影视作品时会感到无所适从。比如讲到琴棋书画等中国传统艺术时，就可播放一段《开心学国学》的主题曲《龙文》，仅此一首歌就包含了包括中国古典乐器、中国书法、中国画等在内的多项中国传统艺术。然而，由于课堂教学时间有限，当讲到某一文化专题时，往往无法完整地观赏完某一相关影视作品，这样一来，教师对音频、视频、影视作品的编辑处理能力就显得尤为重要了。比如讲到中国的行政区划时，教师就可选取一些具有民族风情、地方特色的中文歌曲来播放，让学生来听歌猜地方。像《北京一夜》《回到拉萨》《我们新疆好地方》《美丽的草原我的家》《七子之歌》《东方之珠》等。但若是每一首歌都完整地播放完，必然会浪费很多时间，所以，此时就是考验教师多媒体应用技术的时候了。

可见，一名合格的新时代国际中文教师必须自觉掌握现代教育技术，努力扮演好教师在国际中文课堂上组织者、创建者、激励者、监控者的角色。例如，积极探索最新的教育技术及网络资源，向现代教育技术方面的专家请教，以及搜集一些与文化教学密切相关的网站、电子期刊等等。

三、结语

党的二十大强调“坚守中华文化立场，提炼展示中华文明的精神标识和文化精髓，加快构建中国话语和中国叙事体系，讲好中国故事、传播好中国声音，展现可信、可爱、可敬的中国形象”。国际中文教育是讲好中国故事的主要阵地，国际中文教师是传播好中国声音的重要生力军。国际中文教育高质量发展对国际中文教师的综合素质提出了新的更高要求。

关于国际中文教育中文化教学的必要性及文化教学量的讨论由来已久，但本文没有沿袭前人的讨论，继续研究怎样分配语言教学与文化教学的时间才能解决文化教学与文化需求的矛盾，而是从环境与文化、习得的角度出发，提出充分利用课内外文化环境提高教学效率，在不影响语言教学的前提下最大限度地拓展文化教学的时间和空间，构建文化习得环境。为了帮助学生更好地进行文化习得环境的构建，教师所需要具备的几种知识结构和文化素质主要有：第一，具备深厚的中国文化素养；第二，了解外国文化背景知识；第三，掌握现代教育技术。因此，国际中文教师要不断提升综合素质，促进国际中文教育高质量发展，推动中华文化更好地走向世界。

参考文献

[1] 学记[M]//十三经古注. 北京：中华书局，2014：1013.
[2] 外交部. 2023 年 4 月 20 日外交部发言人汪文斌主持例行记者会.[EB/OL]. https://www.mfa.gov.cn/fyrbt_673021/jzhsl_673025/202304/t20230420_11062419.shtml.
[3] 商务印书馆. 陆俭明 | 为确保当代中文走向世界必须做好的四件事.[EB/OL]. https://baijiahao.baidu.com/s?id=1714066193355044673&wfr=spider&for=pc.
[4] 北京语言大学新闻网. 国际中文教育论坛在北京语言大学成功举办.[EB/OL]. https://news.blcu.edu.cn/info/1011/22820.htm.
[5] 习近平. 把中国文明历史研究引向深入 增强历史自觉坚定文化自信[J]. 求是，2022，14.
[6] 网易网. 外国学生喜欢什么样的中文教师.[EB/OL]. https://www.163.com/dy/article/FK0MD53J0522E9U7.html.
[7] 禹平，魏然. 新时期国际中文教育的机遇、挑战与应对[J]. 中国高等教育，2022（1）：56－58.
[8] 陈闻. “化危为机”的汉语教学新态势[J]. 语言教学与研究，2020（4）.

教育数字化背景下数字教材建设探索与实践

谢书培　余佳果

摘　要： 大数据时代，数字化是教育转型发展的基本要求，数字教材集开放性、个性化、交互性于一体，是教育数字化转型的重要抓手。本文探讨分析了对外经济贸易大学数字化教材开发建设实践经验，通过深入推进新时代党的创新理论进教材、推动数字教材立项、加大教师培训力度、不断完善数字教材建设保障体系等举措不断完善学校数字教材建设体系，同时从建设数字教材研发的标准规范体系、营造数字化教育环境、优化数字教材评价体系等方面提出了优化建议，以期为教育数字化时代大学数字教材建设提供参考。

关键词： 教育数字化　数字教材　数字资源　教材评价

教育部从2022年开始实施国家教育数字化战略行动，不断推进教育数字化、教育现代化。数字化技术的迅猛发展，特别是人工智能的突破及应用，加速催生并引领了教育变革与创新。数字教材以其内容呈现的多样性、强互动性、便捷更新、便于携带存储、个性化学习支持和环保节能等显著优势，正在逐渐成为教育领域的重要发展方向。因此，加快数字教材建设的探索与实践具有重要意义。

一、数字教材的概念和优势

（一）数字教材概念

数字教材，即数字化教材，是指利用多媒体技术将传统纸质内容进行数字化处理，融入课件、图片、动画、音视频等多种媒体形式，以及搜索、导航、交互等便捷化的操作功能，进而便于阅读和教学且适用于各类电子终端的一套完整的学习系统。数字教材也称为网络教材、电子教材、电子课本、数字教科书等。

作者简介：谢书培，对外经济贸易大学教务处教材建设中心助理研究员；
余佳果，对外经济贸易大学教务处教材建设中心科员。

（二）数字教材的优势

1. 内容呈现多样性且更具像化

数字教材是立体的，既包括纸质教学用书的数字版，也包括丰富的数字化教学资源和应用工具，如配套音视频、图册、同步练习等，并在文字内容中融入了图片、动画、音视频等多种媒体形式，使得知识内容呈现出动态化和立体化，从而更加生动、形象，有助于激发学生的学习兴趣和积极性。

2. 互动性强

数字教材提供了丰富的互动功能，如在线测试、实时反馈、学习路径跟踪等，有助于增强学生的学习体验，提升学习效果。同时，这种互动性也使得学生能够更加深入地理解和掌握知识。

3. 更新便捷

数字教材可以实时更新，确保内容始终与时俱进。这对于需要快速反映社会、科技、文化等领域最新发展的学科来说尤为重要。基于此，对配套的教材编审制度提出了更高要求。

4. 存读方便

数字教材以电子形式存在，突破了物理空间的限制，实现了网络空间的学习，解决了移动学习的障碍，既方便学习者携带，又有利于利用碎片化的时间进行学习，能够帮助学习者更好地实现“处处学、时时学”。同时，数字教材可以通过网络平台实现全国范围内教育资源共享，既便于促进区域间优质资源共享流转，又有利于缩小区域教育发展的差距，推动教育优质均衡发展。

5. 个性化学习支持

数字教材能够监控并记录学生的学习情况，形成学习曲线，精准反映学生课堂学习动态和知识掌握情况，既帮助教师了解学生学习的薄弱点，又为学生提供了精准推送的教育服务，帮助学生更好设定并达成学习目标。智能化数字教材可以根据学生的学习进度、兴趣爱好等提供个性化的学习资源和建议，并能够对学习者学习行为进行有效评价，帮助学生更高效地进行自主学习。

6. 环保节能

相较于传统纸质教材，数字教材减少了纸张的使用，有助于节约资源、保护环境。同时，数字教材的印刷、仓储、运输以及发行等环节的成本较低，降低了学习者的教材使用成本。

二、对外经济贸易大学数字教材建设探索与实践

（一）学校数字教材建设举措

1. 牢记立德树人使命，深入推进新时代党的创新理论进教材

数字化教材建设承担着新时代为党育人、为国育才的重要使命。因此，新时代高质量

数字化教材建设要以习近平新时代中国特色社会主义思想为指导，深入贯彻习近平总书记关于网络强国、数字中国的战略部署，落实习近平总书记关于教育强国建设的重要指示精神。学校从加强组织领导、严格教材审核、加强专业指导、强化学习培训等方面坚守数字化教材建设的“思想观”。

（1）加强组织领导。各教学单位成立领导小组、专家组、工作专班，制订深入推进习近平新时代中国特色社会主义思想和党的二十大精神进教材工作方案，明确修订方向，细化修订内容。充分认识学院是教材工作责任主体，认真组织开展学校牵头编写的教材修订工作，指导编修团队或个人编写的教材修订工作。

（2）严格教材审核。落实教材编写由相应学院审核的主体责任，建立教材编写人员和教材审核人员核查公示制度，认真审核本学院组织编写的和本学院教师个人编写的教材，严把编写教材的政治方向、价值导向和学术质量。充分发挥教材审核专家库专家、各教学指导专业委员会委员对教材的审核、指导和咨询职能，将新时代党的相关重大理论创新成果和实践经验进课程教材作为重要审核内容。

（3）加强专业指导。教材编写单位组建专家指导组，加强统筹指导，推进教材及时修订，确保习近平新时代中国特色社会主义思想和党的二十大精神融入不同学段、不同学科、不同课程教材的准确性、系统性。充分发挥相关教科研力量，深入开展教育教学研究，为新时代党的创新理论进教材进课堂提供专业指导，注意听取吸纳一线教师、学生和社会各界意见。

（4）强化学习培训。开展课程教材编修团队培训，系统学习党的二十大报告和党章，学习习近平总书记在党的二十届一中全会上的重要讲话精神，运用好《党的二十大报告辅导读本》《党的二十大报告学习辅导百问》等辅导材料，全面准确理解党的二十大精神，确保相关人员深入领会、学懂弄通，切实为做好教材修订工作打牢思想基础、提高认识水平。

2. 加大数字化教材建设投入，推动数字教材立项

（1）启动校级“十四五”规划教材立项，为数字教材建设厚植土壤

为加大数字化教材开发力度，积极开展富媒体数字教材和在线教育数字课程教材建设，鼓励教师参与数字化教材建设，学校从2022年开始的校级“十四五”规划教材立项，加大数字教材支持力度。2022—2023年共支持数字教材立项14部，资助立项经费达100万元。

（2）经典教材传承创新，打造贸大“纸质+数字化资源”品牌教材

为培育一批体现学校学科特色的高质量、高水平教材，推出一批国家级、省部级立项建设和获奖教材，围绕学校一流本科专业和“双一流”建设学科需要，学校于2023年开展校级优秀教材培育项目建设工作，遴选出来的10部教材具有学科专业优势，内容和体系上明显体现学校特色，反映了学校教学改革和课程建设成果。每部教材支持建设经费10万元，经过两年的周期建设，所有立项教材要完成“多媒体数字化教材”和“新形态教材”升级，利用新技术探索纸质教材的加工转化，让教材活起来，达到提高教师教学和学生认知的效果。

3. 加大教师培训力度，打造高水平数字教材编写团队

数字化教材是“人工智能+教育”的重要组成部分。新时代高质量数字化教材建设要顺应数字时代课堂教学模式变革，着力教师数字意识、计算思维、终身学习能力和社会责任感等数字素养与技能的培养，激发数字化教材体系更强的运行活力。学校长期注重师生数字素养的培养，明确新时代数字化教材建设的发展目标，通过多样的培训形式将数字教材的编写意图、内容逻辑、教学重难点等内容向教师进行解读，使他们能够在技术应用、教学设计、教法创新、情境预设、资源整合等方面，深入把握数字教材的本真，并进行教学实践。

学校从 2021 开始，不断组织邀请数字化教材建设相关的前沿专家与学者做专题报告与培训，着重培养提升教师数字教材建设的认识与经验。如邀请首届国家教材建设一等奖获得者张新民教授做“精品教材培育与建设”主题报告、高等教育出版社经济管理与法律部于明主任做“新时代高等教育新形态教材”专题培训、清华大学出版社副编审徐永杰做“贸大高质量教材体系建设：省部级教材奖项申报”经验分享、中国大学 MOOC 运营服务中心北京区域负责人梁世超做“数字教材建设”研讨、科学出版社方小丽编审为大家做“新时代教材出版的设计、实施与思考”经验交流等。

4. 不断完善数字教材建设保障体系

（1）提高教材类成果认定等级

为激励广大教师不断提高数字教材建设热情和内在动力，学校以教师为主体，以教学成果认定为载体，开展教学类成果认定工作。《对外经济贸易大学教学类成果认定标准与奖励办法（2024 年修订版）》正在广泛征求教师意见，新办法中教材类成果认定等级较旧办法有较大提高，其中国家级优秀教材奖与国家级教学成果奖认定级别一致，公开出版的学科领域专业教材认定为 C 级教材类成果，此举大大提高了教师参与高质量数字教材编写的积极性，为学校开展数字教材建设提供了强力保障。

（2）开展学生课程教材评价工作

数字化教材作为教育数字化转型的重要组成部分，数字化教材建设的质量将会直接影响教育信息化的发展水平。数字教材建设能否取得实质进展，需要定期或不定期进行评价才能知晓。因此，学校充分发挥学生评价的督促和调节作用，于每学期末开展学生课程教材评价工作，全面掌握数字教材使用状况，探察存在的问题，及时对不适用教材进行更换，为学校数字教材建设工作高质量推进提供决策依据。

（二）数字教材建设过程中存在的问题

1. 数字教材研发出版标准不统一

在“十四五”期间，教育部针对数字教材的研发制定了一些基本标准，但比较笼统，多数出版社对数字教材的开发还是依照纸质教材的标准，暴露出比较突出的问题：一是数字教材编写过程过于注重数学技术方面的融合，“重形轻质”的现象频发，数字教材的思想性和教育性不佳；二是在审查过程中，数字教材有一定技术性要求，需要与之配套审查规范，但当前无论是出版社还是学校，都缺少成熟完善的审查标准；三是在出版过

程中，尚未建立与数字教材版权、形态、推广等配套的出版规范；四是在使用过程中，数字教材产品与在线教学系统平台缺乏标准化的交互方式，严重制约了数字教材的推广使用与共建共享。

2. 传统教学模式限制数字教材优势发挥

在传统教学模式下，数字教材能够增强纸质教材的表现能力，助力教师的数字化教学和学生的数字化学习。但数字教材的应用场景同样受限于传统教学模式，使其个性化、智能化教学的优势难以充分发挥。从教师层面来说，受传统教育方式的影响，教师普遍习惯于课堂主讲的授课方式，对开放性、交互性的学习场景一时难以沉淀出成熟的教学方法，这在一定程度上制约了数字教材的推广应用。从学生层面来说，对于相对新鲜的数字化教材也需要进行学习方式变革，当前存在一些分散注意力或跟不上授课进度的学习问题，这对数字教材的推广也是一种挑战。

3. 数字教材评价体系不完善

当前的数字教材评价体系主要以传统教材评价标准为蓝本，因两者在内容呈现、交互方式、学习体验等方面存在显著差异，因此缺少对数字教材技术性及主体适配性等方面的标准。同时，评价主体较为单一，缺乏多元化的评价视角。数字教材的评价涉及多个方面，包括内容质量、技术实现、用户体验等，需要不同领域的专家共同参与。目前数字教材的评价往往只由少数人或机构进行，难以保证评价的全面性和客观性。此外，数字教材评价的信息反馈机制尚不健全。理论上，数字教材可以实现评价信息的实时反馈，但现有的信息反馈机制不够畅通，导致评价结果难以得到有效利用。

三、对外经济贸易大学数字教材建设的优化路径

（一）建设数字教材研发的标准规范体系

建设数字教材研发的标准规范体系需要从多个方面入手，包括制定教材编写标准、规范教材开发流程、统一技术实现标准、建立用户交互规范、加强版权保护以及定期更新与修订等。基于此，可以推动数字教材研发工作的规范化、标准化和高效化，为提升教育质量和促进教育现代化提供有力支持。

1. 制定教材编写标准

在数字教材编写过程中要建立相应的编写标准，明确数字教材的内容、格式、技术要求等，要求数字教材编写既要符合国家的教育方针，又要符合学科、学习者的发展规律，还能充分利用数字技术的优势，保障数字教材内容的政治性、适用性、科学性等。

2. 规范教材开发流程

在教材开发方面，应建立规范的开发流程，包括选题策划、内容编写、审核修改等环节。同时，应明确各个环节的责任人和时间节点，确保内容的质量和时效性。此外，还应注重内容的多样性和个性化，以满足不同学生的需求。

3. 统一技术实现标准

在技术实现方面，应制定统一的技术标准，包括数字教材的文件格式、交互方式、数据接口等。这些标准应确保数字教材在各种终端设备上都能正常显示和运行，同时具备良好的交互性和用户体验。

4. 建立用户交互规范

数字教材的用户交互也是研发标准规范体系中的重要一环。应建立明确的用户交互规范，包括界面设计、操作方式、反馈机制等。这些规范应以提高用户体验为目标，确保学生在使用数字教材时能够轻松上手、高效学习。

5. 加强版权保护

在数字教材研发过程中，版权保护是一个不可忽视的问题。应建立完善的版权保护机制，包括版权声明、侵权处理等环节。同时，还应加强对数字教材内容的审核和监管，防止侵权行为的发生。

6. 定期更新与修订

随着技术的不断进步和教育需求的变化，数字教材研发的标准规范体系也需要不断更新和修订。应建立定期更新机制，对标准进行修订和完善，以适应新的技术环境和教育需求。

（二）营造数字化教育环境

首先，重视营造数字化教学环境，积极构建一体化运营的数字化教学设施、网络信息平台、数字化教学资源系统和技术支持系统。为团队创设资源制作空间，尽快成立教学资源中心，让中心专业人员协助团队制作数字教材中的图片、视频、音频等多媒体资源。将数字教材整合到全校数字化、信息化、智慧化环境中，促进数字教材与学校其他信息化平台进行深度融合，增加数字教材应用的深度与广度。

其次，引导培育师生的数字素养，提升对数字化教育的整体认知。一方面，引导教师利用数字教材开展数字化教学，包括选取不同数字教材重构个性化教材资源，把握数字教材应用方式，组织开展个性化教学、混合式教学、翻转课堂等，促进学生个性化与协同创新能力的培养。另一方面，引导学生利用数字教材进行自主学习，既注重结合自身能力选取个性化知识学习进度，又积极参与数字教材平台提供的交互活动不断深化学习效果。

（三）优化数字教材评价体系

优化数字教材评价体系需要从多个方面入手，包括明确评价目标、确立多元化评价内容、采用多样化评价方法、强化评价反馈与改进、加强评价标准的制定与更新以及建立评价数据库与信息系统等方面。

1. 明确评价目标

数字教材评价体系的优化应明确以提高教育教学质量为核心目标。这要求评价体系能够全面、客观、科学地评估数字教材在教育教学过程中的作用和价值。

2. 确立多元化评价内容

除了传统的知识掌握情况外，还应注重对学生的学习态度、学习能力、实践能力、创新思维等非认知因素的评价。同时，对数字教材的内容质量、交互性、易用性等方面也应进行评价。

3. 采用多样化评价方法

结合教师评价、学生评价、专家评价等多种评价方式，形成立体的评价网络。这有助于更全面地了解数字教材的使用情况和教学效果，为改进数字教材提供有力依据。

4. 强化评价反馈与改进

评价结束后，应及时将评价结果反馈给数字教材的编制者和使用者，帮助他们了解数字教材的优缺点，从而进行有针对性的改进。同时，还应定期对评价体系进行反思和调整，以适应教育教学发展的需要。

5. 加强评价标准的制定与更新

评价标准是数字教材评价体系的基石，应根据教育教学的新理念、新要求，及时更新评价标准，确保其与时俱进。同时，还应注重评价标准的可操作性和可量化性，以便于评价的实施和结果的统计。

6. 建立评价数据库与信息系统

通过建立评价数据库与信息系统，可以实现对数字教材评价数据的收集、整理、分析和展示，为优化数字教材提供数据支持。

四、结语

信息技术与教育教学深度融合已是大势所趋，数字化赋能高等教育现代化，要求我们主动适应信息科技创新带来的教育生态变革，学习者的学习方式需要变革，教育者的教学模式需要创新，管理者的管理绩效体系需要完善。本文探讨分析了对外经济贸易大学数字化教材开发建设实践与问题，从建设数字教材研发的标准规范体系、营造数字化教育环境、优化数字教材评价体系等方面提出了优化建议，以期为教育数字化时代大学数字教材建设提供参考。下一步，学校将筹建数字教材资源中心，汇聚全校数字教材资源，统筹学校数字化教材建设规划和建设进度，以数字教材平台建设支撑学校教育教学数字化转型。

参考文献

[1] 孙燕，李晓锋. 教育数字化转型背景下的数字教材发展需求、现状与对策[J]. 中国大学教学，2023(12)：85－91.

[2] 黄荣怀. 数字化教材、大数据测评、智能学习空间：未来学习，要构建智慧教育新生态[N]. 光明日报，2022－04－05(6).

[3] 姚彬蓉. 数字化转型时代数字教材的价值意蕴、现实挑战与优化路径 [J]. 教育科学论坛，2023 (35)：3-7.
[4] 杨世鉴，安薇. 数字教材的发展历程、开发原则与实施路径 [J]. 河南广播电视大学学报，2023，36 (3)：89-93.
[5] 陈淑清，张鑫瑶. 数字化教材质量评价指标体系构建的必要性、依据及基本原则 [J]. 吉林省教育学院学报，2023，39 (12)：65-69.
[6] 杨霞. 技术赋能数字教材“规模+特色”建设：逻辑理路与实践路径 [J]. 出版科学，2023，31 (5)：33-40.
[7] 李光亮. 职业教育数字教材开发的实践与思考 [J]. 中国编辑，2022 (8)：55-60.
[8] 邹云霞，杨又. 基于 VR 技术的大学数字教材开发建设研究 [J]. 传播与版权，2023 (15)：1-5.

课堂反馈收集频率和内容对教学效果的影响

黄鸣鹏

摘　要：学生反馈对于教师改进教学具有重要作用。本研究探讨了学生提供教学反馈的频率和反馈内容类型（课程内容相关、生活思考相关、教学改进相关）对学生学习效果以及学生对课程的评价的影响。具体来说，本研究提出学生提供教学反馈的频率与其学习效果和对课程的评价正相关。在此基础上，本研究进一步探讨了三种类型的学生反馈——课程内容型反馈、生活思考型反馈和教学改进型反馈——与学生学习效果和对课程的评价的关系。为了检验所提出的研究假设，本研究以 180 名学生为对象开展了问卷调查。数据分析结果支持了本研究提出的假设。最后，本文讨论了本研究结论的理论意义和实践启示。

关键词：学生反馈　学习效果　教学效果　问卷调查

引言

近年来，我国越来越重视本科人才培养工作。在人才培养工作中，教学是重中之重。如何提升本科课堂的教学效果是国家、学校、老师、学生和社会都始终关心的问题。在影响教学效果的因素中，教师的教学理念、方法和技能是非常关键的因素。特别是，当前本科教育越来越强调以学生为中心的教学（刘献君，2012；向立文，李培杰，2018；杨彩霞，邹晓东，2015）。提升教师的教学理念和技能对于教师本人的教学成果乃至学校的人才培养质量都有重要的影响。

本研究认为，以学生为中心的教学的前提是充分理解学生的学习特点、规律、需求和反应，而达成这种充分理解的关键是更多、更及时有效地收集学生的教学反馈（王凯，2011；杨晓东，杨卓娟，2011）。教学是一个意义和信息双向传递并构建的过程。在这个过程中，教师是信息传递的发起者，扮演着不断发出信息并推动信息在师生、生生之间传递的角色。同时，教师也是教学反馈信息的接受者，能够接收学生针对教学内容及方式给出的反馈。学生的反馈可以帮助教师了解教学信息传递的效果，并进行调整和修正，以改进教学效果（罗厚辉，林碧霞，2005）。教师教学水平的提升需要得到来自学生的及时、有效的反馈，如此才能不断发现自身在教学中的优势、劣势，从而更有针对性地改进，不断提升教学水平。

作者简介：黄鸣鹏，对外经济贸易大学国际商学院教师。

目前，多数高校都在学校层面设置了学生反馈机制，如期末教学评价等，但现有的学生教学反馈机制往往存在以下方面的不足（王凯，2011）：一是频率和时效低，学生仅在学期结束后才有一次评价机会，并且教师必须等到下学期才能获取学生的反馈内容，无法及时了解问题并改进；二是学生反馈结果效度不高，大部分学生只评分，不写评语，缺乏建设性反馈；三是缺乏个性化评价指标，所有课程都按照同一套标准评价，针对性不足。这些不足是由许多客观限制导致的，本身难以根本性优化。因此，需要有其他反馈机制来弥补其不足，提升教学反馈对于教学改进的作用。

鉴于此，本项目认为应当鼓励教师在日常教学中自主采取更高频率、更灵活的形式来收集学生的教学反馈。本项目主持人和几位成员近年来一直在进行此类尝试，并且取得了相当不错的效果：学生满意度不断提高，教师本人的教学水平也得到持续的迭代提升。另一方面，在实践中也存在一些困惑和问题：反馈收集频率如何设置为宜？收集的内容应该包含哪些方面？收集到反馈之后，如何回应这些反馈？这些相关的问题正是本项目试图探讨和分析的。对于这些问题的探讨可以帮助我们更好地理解教学反馈频率、内容对教学效果的影响。

一、研究模型与假设

本研究旨在探讨学生课堂反馈的频率和反馈内容类型对学生课堂学习效果以及课堂教学评价的影响。首先，本研究认为，学生提供课堂反馈的频率与学习效果正相关。学生提供课堂反馈的频率是指学生在课程学习过程中向老师提供反馈的频繁程度。例如，有些学生可能每次课都会给老师一些反馈，有些学生偶尔给出反馈，有些学生则从来不提供反馈。学习效果是指学生在多大程度上通过课程的学习增加了知识，提高了技能或拓展了思维。

课堂反馈本质上是学生与老师的沟通。在反馈过程中，学生有机会重新整理和思考当堂课所学习的主要内容，对课堂中存在的问题进行回顾和思考，这有助于学生更好地梳理和学习课程内容。此外，当学生在反馈中提出问题后，教师也能根据反馈做出多方面的改进。例如，在之后的课程中重新讲解学生遇到的难点；根据学生的反馈，采用更加有效的教学方式，从而提高学生学习效果。

基于以上论述，我们提出假设 1：

假设 1：学生在一门课程中提供课堂反馈的频率与其在该课程中的学习效果正相关。

进一步地，本研究认为，学生提供课堂反馈的频率与其对课堂的教学评价正相关。对课堂的教学评价是指学生在多大程度上认为教师良好地完成了自身的教学职责。第一，学生参与的课堂反馈越多，意味着与教师沟通越多。当老师基于学生的反馈进行改进之后，学生对老师的信任会增加，因此对教师和课程的评价会更高；第二，如前文所提到的，学生的反馈可以提升学习效果。当学生获得更好的学习效果后也更可能给出积极的教学评价。

基于此，我们提出假设 2：

假设 2：学生在一门课中提供课堂反馈的频率与其对该课的教学评价正相关。

此外，本研究认为学生提供教学反馈的类型也会影响其课堂学习效果。本研究将学生的反馈分为三种类别：（1）课程内容型反馈，即关于课堂学习内容的反馈，比如学习中的收获以及遇到的问题等；（2）生活思考型反馈，关于课堂学习内容之外的反馈，例如分享一些生活中的思考；（3）教学改进型反馈，对于教师教学方式的反馈，比如告知老师教学中出色的方面以及需要改进的方面和改进建议。以下，我们分别分析这三种类型的教学反馈对学习效果和教学评价的影响。

（1）课程内容型反馈与学习效果和教学评价

本研究认为课程内容型反馈与学习效果和教学评价都存在正相关关系。学生提供内容型反馈的频率越高，意味着学生在学习过程中对学习内容进行整理和反思的程度越高。这种对学习内容的梳理、整理和反思有助于学生从课堂学习中找到重点，加深思考，从而提升学习效果。同时，学生提供的课程内容型反馈越高，也越有可能在整理学习内容时感受到每次课学习的收获，这也会提高他们对于课程教学的评价。相反，如果学生很少进行课程内容型反馈，他们就缺少机会对所学知识进行梳理，对于课堂学习收获的体会也会更浅，因此，其学习效果和对课堂的评价也会降低。基于此，我们提出以下假设：

假设 3：学生在一门课中提供课程内容型反馈的频率与其 a）学习效果和 b）对该课的教学评价正相关。

（2）生活思考型反馈与学习效果和教学评价

当学生提供生活思考型反馈时，学生会分享一些他们近期的生活经历，或者给老师推荐一些书籍、美食、电影等等。在大学课堂之中，特别是在规模较大的班级中，学生与老师往往缺乏学习之外的交流机会。本研究认为，这样的反馈为学生提供了跟老师进行学习之外的交流的非正式机会。这种交流会增加学生与老师之间的熟悉感，从而使得学生对教师和教学有更好的评价。但这种交流对于学生的学习可能没有积极的影响。基于此，我们提出以下假设：

假设 4：学生在一门课中提供生活思考型反馈的频率与其对该课的教学评价正相关。

（3）教学改进型反馈与学习效果和教学评价

当学生提供教学改进型反馈时，学生会分享一些他们对于教师课堂教学方式、方法的反馈。这些反馈可能是指出教师教学中做得好的方面，也可能指出需要改进的方面。本研究认为这种反馈可以提高学生对课程的教学评价。原因有三：第一，教学改进型反馈可以帮助教师发现教学中做得好的方面，这有助于提高教师的教学自我效能感，进而带来更好的教学、提升教学效果和学生的评价（Brown et al.，2016；Judge et al.，2007）；第二，教学改进型反馈可以帮助教师改进存在的不足，从而提高教学水平（Becker，1978）；第三，当学生对教学感到不满时，通过提供改进型教学反馈，这种不满会得到释放。这会提高学生感知的过程公平（Roberson et al.，1999），进而对教学有更积极的评价。基于此，我们提出以下假设：

假设 5：学生在一门课中提供教学改进型反馈的频率与其 a）学习效果和 b）对该课的教学评价正相关。

二、研究过程与结果

（一）研究方法

为了对前述研究模型进行检验，我们在2019—2020学年第一学期，以180名学生为对象进行了研究。这180名学生都学习同一门课程（组织行为学），且都由同一位老师（本研究主持人）授课。在教学过程中，从学期开始，教师每次课都留下5～10分钟时间，邀请学生们写一张反馈“小纸条”，并说明以下规则：（1）小纸条为匿名，学生们可以自主选择是否填写和提交；（2）小纸条内可以写本课的学习所获、对老师教学的反馈，或任何生活中想与老师和同学们分享的事物或思考；（3）小纸条提交与否以及所写内容与成绩无关。整个学期教学结束之后，本文作者对学生进行了问卷调查。调查以网络问卷的方式进行。本文作者将问卷链接发送到课程的微信群里，并向同学们强调了问卷的匿名性。

最终有164名学生（91.11%）参加并完成了问卷。这些学生中116人所在年级为大二、45人为大三、3人为大四，其中71.34%为女生。在问卷中，学生们汇报了自己参与课堂反馈的总体频率、提供三种类型反馈的频率，并评价了课堂学习效果，给出了对教学的整体评价。具体测量方法如下：

课堂反馈参与，该变量由一个题目测量，具体为“你参与课堂小纸条环节的频率是多少”，采用7点量表，从1=“从来没有写”到7=“每次都写了”。

三种不同类型反馈的频率，各由一道题测量，即“在小纸条中，你是否写了自己当堂课的学习收获/课堂学习以外的一些思考和分享/给老师的教学反馈或改进建议”。同样采用7点量表，从1=“从来没有写”到7=“每次都写了”。

课堂学习效果，由一道题测量，即“通过本课的学习，我学到了很多新知识”。同样采用7点量表，从1=“完全不符合”到7=“完全符合”。

教学评价，由一个题目测量，即“你会在多大程度上推荐本课教师未来继续教授此课程”，采用7点量表，从1=“强烈不推荐”到7=“强烈推荐”。

控制变量：我们控制了学生的年级、班级和性别。

（二）数据分析及结果

为了检验理论模型中提出的假设，我们进行了回归分析，结果如表1和表2所示。

表1　反馈频率和类型对学习效果的影响回归分析结果

	学习效果		
年级	0.109	0.050	0.021
性别	−0.301	−0.281	−0.207

续表

	学习效果		
班级	−0.085	−0.094	−0.130
反馈频率	0.223*		
学习内容型反馈		0.115	
教学改进型反馈			0.137+
常数项	4.993***	5.888***	6.060***
adj.R^2	0.012	−0.001	0.007

注：+p 值<0.1，* p 值<0.05，** p 值<0.01，*** p 值<0.001，N=164

表 2 反馈频率和类型对教学评价的影响回归分析结果

	教学评价			
年级	−0.057	−0.069	−0.101	−0.100
性别	−0.110	−0.102	−0.069	−0.098
班级	−0.068	−0.072	−0.088	−0.075
反馈频率	0.112*			
学习内容型反馈		0.126**		
教学改进型反馈			0.057+	
生活思考型反馈				−0.015
常数项	4.398***	4.416***	4.976***	5.271***
adj.R^2	0.031	0.060	0.017	0.003

注：+p 值<0.1，* p 值<0.05，** p 值<0.01，*** p 值<0.001，N=164

表 1 和表 2 的结果显示，学生提供反馈的总体频率（假设 1），以及学生提供教学改进型反馈（假设 3a）的频率都对学习效果有积极影响。学生提供反馈的总体频率（假设 2）、提供教学改进型反馈（假设 5b）以及内容型反馈（3b）的频率都对教学评价有积极影响。假设 4 和假设 5a 没有得到支持。

三、研究结论与讨论

1. 研究结论

本研究的研究结论有以下四点。第一，在课堂上，学生给出反馈的频率越高，其课堂学习效果越好；第二，学生提供反馈的总体频率越高，学生对课堂的教学评价越高；第三，学生提的教学改进型反馈越多，其对教学的评价也越高；第四，学生提的课程内容型反馈越多，其学习效果和对教学的评价越高。本研究未发现生活思考型反馈和教学改进型反馈对教学评价的积极影响。

2. 研究启示

基于以上研究发现，本研究提出以下教学实践建议：第一，在学校层面无法提供及时反馈时，建议教师以个性化的方式为学生及时、高频率地进行反馈提供机会。学生进行反馈的频率越高，他们的课堂参与、学习效果和教学评价都会越高。例如，教师可以在每节课后给学生提供线上或线下的反馈机会。第二，鼓励学生多进行两个类别的反馈，即课程内容型反馈以及教学改进型反馈。研究表明，这两个反馈都可以提高学习效果和教学评价。

3. 研究不足及未来研究方向

最后，本研究还存在一些不足需要进一步的研究探讨。第一，本研究中所有变量为学生主观评价，存在同源问题。未来的研究可以将学生成绩作为学习效果的衡量指标。第二，本研究基于组织行为学这门课程展开调查，所得出的结论可能不适用于其他课程。例如，理工科类课程的性质差别较大，可能会对结果产生影响。因此，本研究的结论还需要在其他课程中进行检验，以确保结论的适用性。

参考文献

[1] 刘献君. 论"以学生为中心"[J]. 高等教育研究，2012（8）：5－10.

[2] 王凯. 反馈何以有效：对当前课堂教学评价的新思考[J]. 教育科学，2011，27（3）：34－38.

[3] 向立文，李培杰. 以学生为中心全面完善课程体系——湘潭大学档案学专业本科人才培养方案的修订[J]. 档案学通讯，2018（3）：74－78.

[4] 杨彩霞，邹晓东. 以学生为中心的高校教学质量保障：理念建构与改进策略[J]. 教育发展研究，2015（3）：30－36.

[5] 杨晓东，杨卓娟. 高等学校课堂教学信息反馈模式研究[J]. 中国高教研究，2011（10）：93－94.

[6] 罗厚辉，林碧霞. 教师教育的教学手段：学生反馈[J]. 全球教育展望，2005，34（9）：6.

[7] Becker, L. J. Joint Effect of Feedback and Goal Setting on Performance：A Field Study of Residential Energy Conservation. Journal of Applied Psychology，1978，63（4）：428－433.

[8] Brown，G. T.，Peterson，E. R.，& Yao，E. S. Student Conceptions of Feedback：Impact on Self-regulation，Self-efficacy，and Academic Achievement. British Journal of Educational Psychology，2016，86（4）：606－629.

[9] Judge, T. A., Jackson, C. L., Shaw, J. C., Scott, B. A., & Rich, B. L. Self-efficacy and Work-related Performance: The Integral role of Individual Differences. Journal of Applied Psychology, 2007, 92 (1): 107.

[10] Roberson, Q. M., Moye, N. A., & Locke, E. A. Identifying a Missing Link between Participation and Satisfaction: The Mediating Role of Procedural Justice Perceptions. Journal of Applied Psychology, 1999, 84 (4): 585.

面向新时代的中外合作办学高质量发展：核心内涵、实现路径与思考展望

赵 贞 宋瑞瑶

摘 要：推进中外合作办学高质量发展是探索提升教育国际化水平所面临的重大课题。文章通过分析中外合作办学高质量发展的核心内涵，进而在剖析中外合作办学与其他一般教育项目相比的共性和特性的基础上，探索外部质量监督、内部质量控制，以及促进融合创新、打造本土化品牌、提升高水平管理和服务等高质量建设实现路径，并进一步提出助力“双一流”建设、拓展深层次全方位交流与合作、展现中国教育智慧和自信等思考展望。

关键词：中外合作办学 高质量发展 核心内涵 实现路径 思考展望

引言

党的二十大报告指出：“坚持高水平对外开放，加快构建以国内大循环为主体、国内国际双循环相互促进的新发展格局。”新时代中外合作办学迎来了新的发展机遇，将肩负更为重要的历史使命。如何扎根中国大地办教育，推动中外合作办学高质量发展，培养高水平中外融通人才，对于中外合作办学内涵式发展具有重要意义。

中外合作办学是“外国教育机构同中国教育机构在中国境内合作举办以中国公民为主要招生对象的教育机构活动，是中国教育事业的组成部分[1]”。截至 2021 年 10 月底，经教育部批准的中外合作办学机构和项目共有 2 447 个，其中本科以上 1 295 个[2]。这个数据相比十年前翻了一番，很多中外合作办学项目在探索和实践中逐步形成了自身品牌。

一、中外合作办学高质量发展的核心内涵

国内对中外合作办学发展阶段的归纳有几种不同的说法，总体上看，中外合作办学经历了四个发展阶段，包括破冰期（1978—1994 年）、探索期（1995—2002 年）、制度完善

作者简介：赵贞，对外经济贸易大学继续教育与远程教育学院研究员；

宋瑞瑶，对外经济贸易大学继续教育与远程教育学院诺欧商学院项目部助理经济师。

期（2003—2009 年）、质量提升期（2010 年至今）。纵观 40 余年的发展，我国中外合作办学历经了从初步探索、逐步规范、规模扩大、质量为重的过程。回顾历史，中外合作办学在优质教育资源引进和本土化、培养中外融通人才方面，取得了有目共睹的成绩，为中外合作办学的发展奠定了坚实的理论和实践基础。立足当下，作为提升我国教育国际化水平的重要因素，中外合作办学对促进母体高校专业学科建设、推动高等教育体制机制改革、加速国际人文交流、服务国家外交战略、拓展教育对外开放的广度和深度等方面发挥着重要作用。展望未来，在新时代建设高质量教育体系、深化教育体制改革、推进教育现代化 2035 愿景的契机下，以习近平新时代中国特色社会主义思想为指导，党的二十大精神为引领，坚守“为党育人、为国育才”的教育初心，加强特色提升水平，打造中外合作办学领军品牌，是面向新时代的中外合作办学实现高质量发展的重要路径，也是其承载的核心使命。

质量是教育的生命线。中外合作办学实现高质量发展的关键在于建立“发展的自觉性”，并创造难以取代的价值[3]。这意味着我们既要有足够的危机意识，确保项目各个环节的高质量，也要有高瞻远瞩的战略观，积极整合各种资源，推进项目持续发展，办出特色和水平。

中外合作办学作为教育项目，既有与所有教育项目相同的共性特点，也有其独有的特点。和高校其他的普通教育项目相比，中外合作办学拥有众多的利益相关者，包括中外方政府、中外方高校、中外方教师、学生、管理人员，以及全球市场、国际关系、中外文化等间接影响因素，其办学模式更为复杂。在共性方面，一般的教育项目都包括从招生、教学、学生活动到毕业、校友等环节，高质量一定是所有环节的高质量。在特性方面，中外合作办学的特殊之处包括融合发展、多元文化、本土化建设、教师和学生主体不同带来的管理和服务不同等，这些也是打造高质量需要关注的内容，在这个基础上力求办出特色和水平。此外，面向新时代的中外合作办学，还要在助力“双一流”建设、拓展深层次全方位交流与合作、展现中国教育智慧和自信等方面体现高质量建设。中外合作办学高质量发展的核心内涵如图 1 所示。

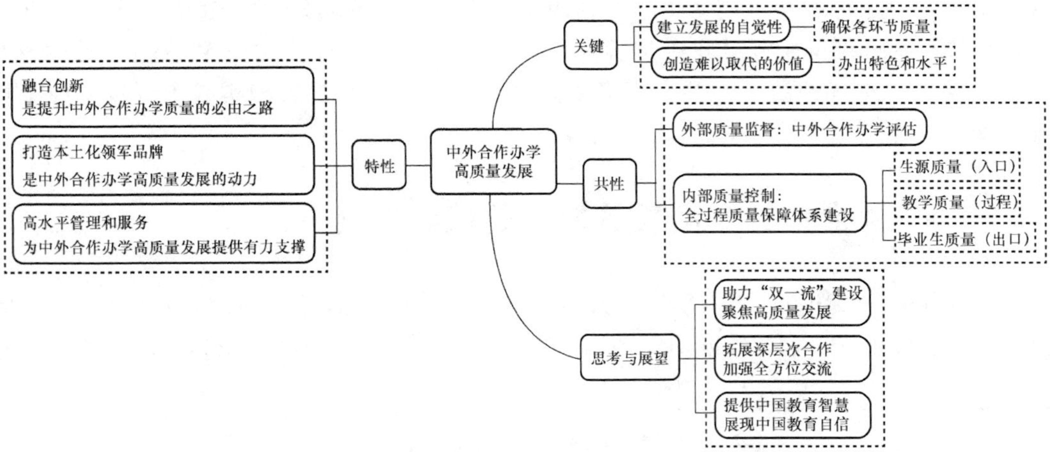

图 1　中外合作办学高质量发展的核心内涵图

二、中外合作办学高质量发展的实现路径

在探讨高质量时，我们力求它是具体的、可操作的，是有目标的、可实施的。一方面，高质量体现在项目各环节的高质量，可以通过外部质量监督和内部质量控制实现；另一方面，在融合创新、本土化建设、管理服务要求等特殊方面进行高质量建设。

（一）抓共性，加强质量保障

1. 外部质量监督

2009年，教育部颁布《中外合作办学评估方案（试行）》，明确规定对本科以上的中外合作办学开展合格评估，规范办学秩序，提高办学质量。历年来，在中外合作办学开展的合格评估中均有被评估为不合格的办学项目。以2018年为例，教育部终止了234个本科以上的机构和项目，某种意义上，这也是中外合作办学监督体系完善和创新的重要成果之一[4]。

外部质量评估对于监督中外合作办学质量方面起着重要作用，面向未来，在指标构建方面，我们尚需继续丰富和细化评估指标，从合格评估到分级评估；在体系建设方面，加强对社会资源及第三方评估机构的利用；在评估结果的使用方面，精准定位中外合作办学质量建设中存在的问题，持续提升质量。

2. 内部质量控制

内部质量控制是主办机构需要自身加以建设的机制，完善顶层设计，建立全过程质量保障体系。过程评价以动态视角跟踪教育活动和教育主体全过程，摒弃了结果评价的时间固化思维。中外合作办学要完善“闭环式”质量监控体系，激发以自身发展而非外界压力驱使的持续改进的理念与行动。具体来说，依据教育项目的特点，包括生源质量（入口）、教学质量（过程）、毕业生质量（出口）组成的闭环。

（1）生源质量（入口）

生源质量的重要性已经不言而喻。从长期来说，教育质量的提升会潜移默化地作用于生源质量，品牌的建设和口碑的树立以及良性发展，会促进生源规模的增加，质量是在一定规模的基础上得以提升的；从短期来说，建立完善有效的招生考核体系是生源质量的基本保障。一般来说，中外合作办学项目由中外双方联合招生，通过面试+笔试、主观+客观等方式进行考核。通过设定与培养目标相匹配的招生标准、科学设置考核指标和权重、优化招生流程等具体措施，构建多维度、全方位的招生体系，科学而全面地考查考生的综合素质。如果生源规模足够大则可以实现优中选优，如果规模尚且有限则淘汰最弱的，显然，前者对于招生工作的挑战更大，当然也是一流教育项目在招生中的重点工作。

（2）教学质量（过程）

作为教育项目，教学质量永远都是核心，也是学生满意度的关键指标。全球疫情给中外合作办学带来挑战，以案例讨论、师生互动为主的教学方式需要通过线上教学实现；

而随着国内趋于日益安全的公共健康环境，可以有效保障校园内师生正常教学活动和工作生活秩序，筹备恢复线下教学时，又要面对外方教师因长期线上教学导致的不愿踏出国门、担心入境签证困难，以及整体师资力量不足等现实问题。面向未来，我们要尽快恢复线下教学，继续加强案例讨论等分享式教学方式，另一方面也要充分利用线上教育优势，丰富教育元素。同时，持续加强多维度全方位的教学质量监控，完善教学督导队伍和督导工作机制，形成学生评教、督导听课、同行评价等多维度的内部评价体系。此外，在提升教学质量的同时进行培养方案的定期研讨，更新课程体系，这项工作也非常重要。

（3）毕业生质量（出口）

毕业生质量是培养成果，很大程度上是展示培养质量的重要指标。出口看似是结果，实际是闭环中的重要环节，通过对毕业生质量的评估进一步对培养目标进行修正和完善，在市场和社会检验的基础上，完成对培养目标的检验。这需要我们定期对毕业生和校友进行职业提升调查、满意度调查，定期组织雇主访谈，通过校友活动了解他们是否将所学运用到实践当中达到学以致用的效果，进而将调查结果反馈到教育过程当中，制定科学合理的人才培养模式。

（二）探特性，促进质量提升

1. 融合创新是提升中外合作办学质量的必由之路

要全方位提升融合创新水平，界定与学校“双一流”建设目标和任务相匹配的优质资源的内涵和标准，进行融合“专项研究”。进一步开发已有中外合作办学专业优势和资源优势，以国内高校为主导联合外方院校筹建各类特色论坛，并同步推进各专业领域的在线课程培训体系、教材编写和证书体系等标准体系建设，搭建国际融合创新平台，形成品牌建设合力。此外，妥善处理中外合作办学中因中外文化差异产生的认同问题。在实践中，大多数主办方都能够充分认识到这种差异和冲突，在教育理念、教学模式、管理方式等方面与外方进行深入交流与沟通，努力做到“和而不同”。未来，我们要继续完善中外交流协商机制，提升师生双向认同程度，提高冲突应急处理能力。

2. 打造本土化领军品牌是中外合作办学高质量发展的动力

具有国际化特色的中外合作办学也要在发展中量身定制，办出特色和水平，打造本土化品牌。在引进的同时注重平衡和协调，既保持开放的态度又注重自主的原则，这样才能培养出具有“国际视野、中国灵魂”“外懂世界、内懂中国”的中外融通人才。第一，提高第一课堂主体地位，在优质教育资源引进的基础上，利用、转化、开发出本土化教材与课程；第二，思政课课程设置突出“以生为本”理念，关注学生兴趣和需求；第三，发挥第二课堂实效性，加强学生党团队伍建设，提升辅导员综合能力素养，推进新媒体平台合理有效运用。

3. 高水平管理和服务为中外合作办学高质量发展提供有力支撑

和高校其他普通教育项目相比，中外合作办学涉及中外双方合作，在培养模式、教学理念、管理机制、教师学生主体等方面具有特殊性，管理和服务也有特殊性，应该在加强管理人员培训、完善考核制度方面多加研究。注重中外合作办学管理人员的国际化管理理念与意识的培养，加强其海外的交流与学习，这既有助于其学习和借鉴外方院校的办学理念、先进的教学方式以及国际化的管理经验等优质资源，也能够深入地了解海外学习中的文化、安全、生活等情况，有利于日后更好地开展工作。

三、中外合作办学高质量发展的思考展望

1. 助力“双一流”建设，聚焦高质量发展

据统计，首批 137 所“双一流”高校中有 120 所开展了中外合作办学，其中 50%以上“双一流”高校中外合作办学项目的数量在 3 个以上。中外合作办学应在学科建设和学科设置层面紧扣“双一流”建设，以优势与特色学科专业发展助力高校“双一流”建设，与高等教育高质量内涵式发展同频共振。在已有合作办学的基础上，研究“新兴学科、交叉学科”，围绕学校一流学科建设点，进行学科交叉融合布局，积极筹备申报对一流学科建设点有直接贡献的新项目，助力构建基础厚实而全面的“一流学科群”，丰富学科生态，优化学科布局。同时，适应并把握高等教育新发展契机，以自身高质量发展推动“双一流”建设，通过建设高质量中外合作办学，创新办学理念、完善管理制度，全面深化改革，引领高等教育质量提升。

2. 拓展深层次合作，加强全方位交流

合作办学不只是简单地引进师资，更是全方位的交流与合作。既要注重国外先进教师资源的引入，又要加强吸收和转化，带动中方教师教学科研能力与国际接轨，为国际化人才培养配备高水平师资。同时，突破项目合作边界，建立母体高校之间的交流机制，通过建立“校际联合实验室、跨学科国际研究中心、中外合作智库联盟”等，推进科研协同创新；通过搭建海外实践基地，进行跨文化产学研深度耦合；逐步恢复和加强校级高端会晤和定期对话制度，深化合作领域，拓展新的机遇。

3. 提供中国教育智慧，展现中国教育自信

从引进到引领，通过强强联合，分享先进的办学理念和办学经验，提升国内高校的治理能力和治理水平，提高国际办学影响力，这是中外合作办学的终极目标。以中外合作办学评估为基础，建立的中国跨境教育质量保障制度，输出切实可行的中国方案，引领国际同行的关注和认可。在构建人类命运共同体的理念下，中外合作办学承担的历史使命更加丰富，我们可以将中外合作办学 40 余年发展的成功经验，推广到全世界，并逐步参与全球教育规则制定和全球教育治理，拓展国际影响力，为世界教育事业贡献更大的力量，提供中国教育智慧，展现中国教育自信。

结语

高质量很大程度上是在对未来的预期和判断的基础上，主动迎接发展的意识和行动。

推进中外合作办学高质量发展是探索提升教育国际化水平所面临的重大课题。面向未来，我们需要更为主动地适应形势、迎接挑战，以高质量发展助力我国教育的全球影响力和竞争力提升，为实现教育现代化和教育强国做出新的贡献。

参考文献

[1] 中华人民共和国国务院令第 372 号［EB/OL］.（2003－03－01）http://www.gov.cn/gongbao/content/2003/content_62030.htm.

[2] 中国教育报［EB/OL］.（2021－12－09）https://baijiahao.baidu.com/s?id=1718651697492865791&wfr=spider&for=pc.

[3] 华长慧，孙珂. 高水平中外合作大学研究——理论建构与实践探索［J］. 高等教育研究，2018：69.

[4] 汪建华. 以教育评价改革牵引中外合作办学提质增效［J］. 上海教育评估研究，2021（2）：39－40.

[5] 中国教育在线［EB/OL］.（2020－7－14）https://baijiahao.baidu.com/s?id=1672196072954648927&wfr=spider&for=pc.

浅谈本科人才培养的定位、动力与保障

——以对外经济贸易大学为例

王　煜　韩淑伟

摘　要：本科人才培养涉及诸多要素，显然办学指导思想成为学校办学的灵魂，人才培养的定位明确，才能发挥一所高校的地缘优势、学科发展优势和办学传统优势，将人才培养改革发展的动力和培养质量的监控有机结合起来。本文结合多年的本科教学管理实践，阐述了内涵式发展道路；突出优势，以特色立校；转变思想，以学术兴校；不断深化教学改革，提升发展动力与质量保障。

关键词：人才培养　发展动力　保障体系

一、科学论证学校定位与办学指导思想，明确发展方向

办学指导思想是学校办学的灵魂。2000 年原对外经济贸易大学与原中国金融学院合并以后，以“对外经济贸易大学”为名，划转教育部直属管理，学校审时度势，经过充分论证，在“十五”建设规划中提出了自己的办学指导思想：坚持社会主义办学方向，坚持党的教育方针，坚持为社会主义经济建设和文化建设事业服务，坚持以人才培养为学校的根本任务，面向现代化、面向世界、面向未来，以学科建设为龙头，以师资队伍建设为根本，以深化教育教学改革、教育创新为手段，以各学科互为支撑，共同发展，科研、教学并重，稳定本科，适度发展研究生教育和来华留学生教育，为我国经济建设事业培养基础宽厚、视野开阔、具有跨文化交流能力的经管、法律、外语类精英人才。

学校的办学指导思想具体体现为以下三个方面：

（一）明确使命，增强实力，创建国内一流财经外语院校

对外经济贸易大学与大多数国家重点大学相比，学科门类少，仅有经、管、法、文等门类，办学规模小，因此，经过广泛深入的研究论证后，学校认为：对外经济贸易大学应该充分立足现有办学资源，走内涵式发展的道路，应该倡导追求卓越、创造精品的精神，应该把“树特色，入主流，创建国内一流财经外语院校”作为学校近期发展目标，

作者简介：王煜，对外经济贸易大学图书馆副编审；

韩淑伟，对外经济贸易大学教务处副研究员。

把建设特色鲜明、国内一流、国际知名的高水平大学作为自己的长期愿景和历史使命。

（二）弘扬传统，突出优势，以特色立校

随着我国改革开放力度的不断加大，面对我国加入世界贸易组织后的经济形势，学校的发展要在明确任务、立足于学校办学资源的基础上，寻找新的增长点，强化竞争优势。为此，学校提出未来发展必须弘扬传统，突出经贸学科优势，以国际化特色立校。

（三）转变思想，更新观念，以学术兴校

转变教育思想，更新教育观念，是深化教育教学改革，推进本科教学工作稳步发展的基本前提。自 1999 年以来，学校多次召开教学工作会议，就本科教学工作进行专题研讨，引导广大教职员工把握高等教育发展动向，转变思想，更新观念。2001 年下半年，学校组织全校范围内的教育教学思想大讨论，围绕教学工作的中心地位、本科教学工作根本任务以及学校办学的发展观、人才培养的质量观等问题进行全面深入讨论。学校提出，面对兄弟院校的快速发展，要在外经贸相关领域内继续保持领先地位，必须大力推进学科建设，大兴科学研究之风，以学术水平的不断提高促进学校科研能力的成长和教学质量的提高。

二、不断深化教学改革，探索人才培养模式成为高校发展的动力

办学指导思想只有贯彻到教学实践之中，通过深化教育教学改革，高校才能真正焕发生机和活力。从 20 世纪 80 年代中期开始，学校就不断探索教学改革思路，推动教学改革进程。

（一）学校教学改革的主要历程

学校的本科教育教学改革呈现出明显的阶段性，在不同的历史时期面对不同的形势，教学改革的任务和重点各有不同。

20 世纪 80 年代中期，学校通过反复研讨，决定引进和吸收教育发达国家的先进的教学管理理念和教学管理方式，在大部分专业中试行学分制改革，重新修订了专业教学计划，调整了教学管理制度，确定所培养的本科生应该具有“国际导向型、经营决策型、通专结合型”等基本特征，使学校成为改革开放以来我国高校最早实行学分制的学校之一。

20 世纪 90 年代初，学校的教育教学改革重点转移到学科建设方面。从 1990 年到 1993 年，学校围绕“经贸高等学校学科发展战略”这一课题，对国际经贸、国际工商管理等学科建设进行了深入调研，对各专业的人才培养目标、教学计划、教学管理、师资队伍建设等重大问题做出了统一的规范。这些教学建设与改革工作的探索和成果，对国际经贸、工商管理等学科在高校的兴起和发展，为学校 90 年代中期以后深化教育教学改革奠定了坚实基础。

（二）优化培养方案，培养复合型人才

为落实人才培养目标，学校自 1999 年就开始不断探索优化人才培养方案，到 2002 年，学校已初步形成了全新的符合学校实际情况的本科人才培养方案，2003 年至 2005 年每年对培养方案都进行修订和完善，使学校培养方案日趋成熟，对于保证学校人才培养目标的实现起到了积极有效的作用。

具体说来，学校培养方案具有以下四个特点。

1. 构建两个基础课平台，实践厚基础、宽口径的教育思想

学校充分利用经管法文四个学科门类所有课程资源，打破学科界限，形成各学科互为基础、互为支撑，交叉融合的综合性的公共基础课平台。与此同时，打破院系专业之间的界限，建立了统一的院系学科基础课程平台。两个基础平台，一方面真正体现了培养厚基础、宽口径人才的教育思想，同时也为学生的个性发展、自我培养奠定了基础。

2. 凝炼专业方向课，巩固和强化专业特色

学校在专业课程设置上体现了“小而精”的原则，即专业方向课程要精炼，要反映学科专业的前沿知识，要为学生就业和继续从事学术研究提供两种可能性，既保证学科基础课与专业方向课在知识体系上的内在逻辑关系，又注意开设研究型和应用型两类课程；既重视理论教学，又重视实践教学，把理论教学与实践教学尽可能完美地结合起来；同时，做到易于调整方向。在专业技能培养上，注重培养学生的适应力和应变能力，使之符合社会对复合型和特色型人才的需要。

3. 完善辅修制度，扩展选修空间，培养复合型人才

为了实现学校培养复合型人才的要求，自 2000 年起，本科培养方案在完善辅修专业制度的同时，新增了辅修双学位制度，同时实现了辅修专业和辅修双学位之间的衔接转换，为学校多方面专业技能的培养提供了条件，深受学生的欢迎。近两年，每年申请辅修的学生已经占到全部学生的 50%。辅修制度与公共基础课平台的建设以及允许跨院系选课制度互为表里，培养出一大批复合型人才，深受社会欢迎。许多用人单位表示：学校人才培养的主要特点之一就是外语好、专业也好。

4. 以主修专业培养方案为基础，探索多种人才培养模式

社会对不同类型人才的需求客观上要求学校必须具备多种人才培养模式，这必然要求学校的培养方案具备足够的弹性，为此学校设计和实施了富有弹性的主修专业培养方案，并在统一人才培养目标、培养规格基础上探索多种人才培养模式。近年来，我们主要探索了五种不同的人才培养模式，简称为“一带五”教学模式实验。所谓一，就是一个主修培养方案，所谓五，则指以下五种人才培养模式：“主修 + 辅修”模式，“国内 + 国外”模式，“国外 + 国内”模式，“主修 + 职业资格”模式，“荣誉学位实验班”模式。

三、加强教学基本建设和教学管理，健全教学质量监控保证体系

（一）加强教学基本建设，凸出本科教学基础地位和中心地位

教学基本建设是高校教学管理的基本任务，也是实践本科教学基础地位和中心地位的根本保障，为此学校确定了“课程建设、教材建设、教学实验课题”三大教学基本建设项目，专门成立领导机构，大力推进课程体系建设和教学内容整合，在三大教学基本建设项目上投入大量资金，通过制度建设和制度创新，引导教师投入教学基本建设和教学改革工作，取得了很好的成效。与此同时，学校加强实验室建设和实习基地建设，为全面推进实践教学创造条件。

1. 课程建设成果显著

学校自 1996 年开始开展专项课程建设，并将 15 门重点课程建设纳入“211 工程”建设项目，截止到 2005 年 10 月，学校课程建设立项 125 项，其中校级精品课程立项 54 项，获得北京市级精品课程称号 12 项、国家精品课程称号 3 项。

2. 教材建设取得实效

“十五”期间学校共批准立项编写教材 85 部，申请北京市精品教材立项 17 项，国家“十五”规划教材 9 项，投入编写费用和配套资金近 200 万元，形成了经贸、法学、金融、工商管理、保险等系列教材；其中多部教材分别获得教育部、北京市等省部级优秀教材奖，17 部教材获北京市精品教材称号。院系级规划教材也取得许多成果，出版教材 70 余部。

3. 教学实验课题效益明显

学校大力倡导开展教学改革立项，鼓励广大教师从事教育教学研究，特别是结合教学工作的实际需要开展课题研究，取得了明显的效益，推动了教学质量的提高。“十五”期间，学校教学实验课题立项 130 项。

4. 加强实践教学，培养学生的创新意识和实践能力

为了保证实践教学质量，学校近年来重点抓了社会实践、实验课程建设、实习基地建设等方面的工作。各专业都建起自己的专业实习基地，全校共建设 20 多个实习基地，实习基地对于解决学生专业实习难的问题发挥了重要作用。

（二）完善教学管理制度，加强教学规范，促进教学质量提高

学校教学管理工作的根本目标是保证教学工作的正常运行、教学资源的合理配置和教学质量的稳定提高。通过多年的努力，学校逐步形成了一整套比较科学、规范的管理制度和教学质量监控保障体系，使学校的教学管理工作有了明显的进步。

在学生学习管理方面，学校从修订学生学籍管理制度和学分制管理制度入手，完善了辅修制度，建立了弹性学制、试读制和跨院系转专业制、本科指导教师制、第二课堂学分制、本科教学分级分类制等。

在教师教学管理方面，学校首先加强了教学项目管理，形成了“学校院系两级规划相结合、学科建设与培养方案相结合、行政引导与专家定案相结合、程序公正与评审公正相结合”的“四结合”立项方式，保证了教学项目立项的透明、公正，激发了教师投身教学研究、教学基本建设的积极性，制订了鼓励教学创新，教学成果可折合科研成果等奖惩制度，为保证教学质量提供了制度保障。

（三）加强质量意识，构建教学质量监控保障闭合体系

学校始终把教学质量视作学校的生命线，把探索教学质量标准，完善教学质量监控保障体系作为自己的长期任务，逐步形成了“以学生为中心、全方位监控、全程管理、全员参与”的“一中三全”教学质量监控保障闭合体系，广大教师、教学管理工作者的质量意识普遍提高，教学效果逐步提高。

“以学生为中心”就是要切实从学生成长出发，把学生真正作为学校本科教学的主体，以学生的满意程度、学生的实际受益、学生的综合能力作为考察学校教学质量的根本依据，把能否实现学校的人才培养目标作为学校评估教学质量状态的核心指标。学校特别注意听取学生的意见，一旦发现学生学习中的问题，就会认真研究问题的根源，及时解决教学过程中存在的问题。

“全方位监控”就是学校从不同角度和不同层面观察、监控学校的教学情况。学校校办的“校长信箱”和教务处的网上“意见与反馈”栏目已经成为学生心目中的品牌服务项目。

“全程管理”就是对学生的整个学习过程实施全过程的观察、监控，以便随时发现教学质量问题。随机监控主要是通过院系、学校领导、专家听课制对课堂教学情况实行随机检查。

“全员参加”就是广大师生都参与到教学质量监控工作中。从 1993 年开始，学校一直坚持“两个百分之百”的课堂教学质量评估，即百分之百的课堂被评，百分之百的学生参评，评估结果在每学期初向院系反馈，院系根据本单位的实际进行奖惩。“全员参加”使每个人都对学校的教学质量承担起自己应尽的责任和义务。

学校教学质量监控保障体系已经做到闭合状态，无论是教学检查、随机听课还是督导意见，所有的观测监控结果能够做到凡事都有反馈，通过数量分析及时发现宏观、微观两个层面的教学质量问题，有针对性地制订改进措施，保证了教学质量监控的有效性。教师课堂教学的评估结果与教师开课、技术职务评聘、受奖等都形成了直接对应关系，对保证教学质量起到了切实的作用。

总之，要以办学指导思想为指导，以深化教学改革为动力，以各种配套措施为保障，以学科建设为龙头，有效实施人才强校战略，优化专业设置和专业布局，提高办学层次和办学质量，提高学校综合实力和核心竞争力，为学校实现跨越式发展打好基础，为学校的人才培养不断探索和努力。

参考文献

[1] 袁杰，贾小明，李卫忠，王娟娟."新农科"建设背景下林学专业本科人才培养方案的改革——以西北农林科技大学为例[J]. 中国林业教育，2023，41（3）：19-23.

[2] 黄捷扬，张应强. 核心素养视角下我国本科人才培养目标的问题与对策[J]. 高等教育研究，2022，43（9）：83-91.

[3] 柳德荣. 我国公办财经类本科院校办学定位研究——基于54所院校关于办学定位的表述[J]. 当代教育论坛，2022（2）：23-32.

[4] 赵普. 高等财经院校人才培养目标定位问题研究[J]. 生产力研究，2010（5）：137-139.

[5] 聂永成，董泽芳. 新建本科院校办学定位趋同的理性分析——基于对91所新建本科院校转型现状的实证调查[J]. 湖北社会科学，2016（12）：156-163.

[6] 李立国，薛新龙. 建立以人才培养定位为基础的高等教育分类体系[J]. 教育研究，2018（3）：62-69.

[7] 潘懋元. 中国高等教育的定位，特色和质量[J]. 中国大学教学，2005（12）：4-6.

新时代育人工作推进学校事业高质量发展实践路径探索

董优雅　王湘宁　杨树春

摘　要：新时代背景下，育人工作作为学校的核心任务，对于学校事业的高质量发展具有至关重要的意义。本文结合当前高校育人工作中面临的挑战，提出了育人工作推进学校事业高质量发展的实践路径，即“全员协同合力共振”“思政赋能提质增效”“文化传承固本铸魂”，围绕“时代新人铸魂工程”的具体实施，着力培养德智体美劳全面发展、堪当民族复兴大任的时代新人。

关键词：高校育人　全员协同　大思政格局　文化传承

引言

党的二十大报告指出：“育人的根本在于立德。全面贯彻党的教育方针，落实立德树人根本任务，培养德智体美劳全面发展的社会主义建设者和接班人。”2023 年 5 月 29 日，习近平总书记在中共中央政治局第五次集体学习时就建设教育强国发表重要讲话中提到“为党育人、为国育才是建设教育强国的根本目标”“培养什么人、怎样培养人、为谁培养人是教育的根本问题，也是建设教育强国的核心课题”。新时代背景下，党和国家从培养社会主义建设者和接班人的战略高度对高等教育提出了“三全育人”的重大命题（刘承功，2019）。高校是落实立德树人任务的重要基地，正面临着前所未有的发展机遇与挑战，除了学科知识的传授，还承担着培养学生综合素质、塑造健康人格、提升创新能力的重要使命，对学生人生观、价值观、世界观塑造发挥着重要的作用。提升育人工作质量是构建高水平复合型人才培养体系的重要抓手，将有助于高校进一步实现高质量内涵式发展。

作者简介：董优雅，对外经济贸易大学科研处助理研究员；
王湘宁，对外经济贸易大学统计学院助理研究员；
杨树春，对外经济贸易大学网络安全和信息化处工程师。

一、高校育人工作中面临的挑战

（一）全员育人缺少贯通联动

2017 年，中共中央、国务院印发《关于加强和改进新形势下高校思想政治工作的意见》以来，广大高校已充分认识到全员育人的重要性和必要性，但在具体实施过程中，育人模式未发生根本转变，还存在着德育智育占比不合理、育人内容无法统一、育人主题协调沟通不到位等情况（王敏，2022）。育人资源分布过于零散，缺少统筹协同，“五育”并举系统推进不足，“智育”没有与“德、体、美、劳”教育形成很好的协同，影响育人效率和质量，具体表现在：学生对全面发展的需求很旺盛，但参与多种育人活动的热情不高；开展的学生活动较多，但内容相对单一且缺乏融通。校内各部门以及校外的教育力量并没有实现高效整合，全员育人专业度不够高，全员育人的实际效果发挥不够充分等等。此外，在新的发展阶段，现有科研育人的形式单一，受限于学业年限、空余时间、精力投入的因素影响，科研育人仅停留在工作表面，让学生在参与科研中感受爱岗敬业、无私奉献的科学家精神及发挥学风引领等方面的作用还有待加强。

（二）校园“大思政”育人格局建设有待强化

2021 年，中共中央、国务院印发《关于新时代加强和改进思想政治工作的意见》，其中提到“构建共同推进思想政治工作的大格局”。“大思政”建构了全员参与、全要素流通、全方位联动的育人新格局（王晓宇，2023）。“大思政”育人格局建设是一项系统性工程，需要高校以整体性发展思路凝聚共识（王晓蕾等，2023）。当前，高校内的课程育人、心理育人、网络育人、实践育人活动开展各具特色，但还存在缺少全局性统筹规划，构建“大思政”育人格局的内容还不够新颖全面，形式还不够丰富创新，存在的壁垒还没有被彻底打破。近年来，课程思政和思政课程得到了广泛的重视，但“大思政”与学科建设及融通的关联度、产学合作仍有提升空间，课堂外开展的各类实践活动对于培养学生品格修为、丰富社会经验等方面还可继续拓展。此外，精准思政作为特色的工作手段，在“大思政”育人格局建设过程中，其个性化、差异化教育的特点还可深入挖掘。

（三）中华优秀传统文化赋能人才培养效用发挥不充分

文化自信是一个国家、一个民族发展中最基本、最深沉、最持久的力量[①]，对于增强国家软实力、推动社会创新发展具有重要意义。党的二十大报告中指出：中华优秀传统文化源远流长、博大精深，是中华文明的智慧结晶。高校是传承和弘扬中华优秀传统文化的重要阵地，党和国家高度重视中华优秀传统文化融入高校教育，但目前仍存在中华

① 引自《中共中央关于党的百年奋斗重大成就和历史经验的决议》（2021 年 11 月 11 日中国共产党第十九届中央委员会第六次全体会议通过）。

优秀传统文化融入高校教育的力度不够、质量不高等问题（莫忧，2023），“讲好中国故事、传播好中国声音”渠道还需进一步打通，具体表现在：传统文化品牌活动内容单一，仅停留在体验式的活动开展层面；红色文化育人融合度不够高，缺乏系统性统筹；对外展示机会较少，中华优秀传统文化的国际影响力发挥不够充分等。近年来，大部分高校尝试运用网络技术助力文化育人工作，但资源质量、体验形式、个性定制等方面还存在诸多挑战。

二、育人工作推进学校事业高质量发展的实践路径

培养有理想、敢担当、能吃苦、肯奋斗的新时代好青年是高校肩负的重要使命，育人工作对推进学校事业高质量发展有着直接而深刻的影响。围绕“时代新人铸魂工程”的具体实施，高校应统筹各方资源回归育人本位，贯通一二三课堂全过程育人体系，以“全员协同合力共振”“思政赋能提质增效”“文化传承固本铸魂”为路径，提升育人工作质量，着力培养德智体美劳全面发展、堪当民族复兴大任的时代新人。

（一）全员协同合力共振，谱写育人工作交响曲

1. 推进育人范式升级改革

坚持以党建为引领，构建院系、部门、校地多方协同育人网络，将党建工作、科教融合、部门协同、校地合作与育人工作有机结合，如：以“师生支部共建”为载体，积极推动党建与育人工作的结合；以“专业+”的教学模式，实现平台建设与专业建设、学科发展的深度科教融合；以“1+N”的部门协同机制，统筹推进工作，提高育人工作的效率和质量；以推进校地合作为契机，形成学校与区域资源优势互补、工作互动、协同互利，促进校地资源共享、学科共建、合作共赢。聚焦到校内工作，在创新拔尖人才培养方面，结合高校的发展阶段、学科优势等实际情况，不断探索新模式新机制，加强跨学院实验班建设，做好全球治理人才的培育储备工作。在学业指导帮扶方面，出台激励政策鼓励教职工开展课外育人工作，大力推进本科生导师制度，为每位学生配备专业、负责的导师，除了为学生提供专业领域的学习指导和科研探索引导外，还对学生的品德引导和职业发展提供个性化辅导和咨询。在育人共同体打造方面，广泛发挥离退休教师、校友、社会人士的育人作用，不断提升网络育人能力，以学校为育人工作主战场，加强对家庭教育的专业辅导和培训，充分利用社会资源，共商共研，提升家庭、学校和社会协同育人的具体实效。

2. 探索科研育人全新路径

在组织形式上，设置科研学分扩大本科生参与科研活动覆盖面，拨付专项经费支持学生在教师指导下开展科研尝试，鼓励学生组建团队发挥朋辈互助作用，破除教师与学生、教学与科研、学校与社会之间的壁垒。在平台建设上，有组织科研是当前高校科研育人的有效组织模式（杨兆强，2023），围绕精准服务国家战略、攻关重点领域，各高校正在积极采取措施促进有组织科研落地生根，有组织科研作为科研范式的变革手段，将构筑

多个育人基地吸引学生参与科研课题研究，在科研训练中聚集人才，储备人才，培养学生以服务国家重大战略需求为最高理想的报国信念、以勇于探索、开拓创新的精神提高自身的科学研究水平，提高人才培养质量。在学风引领上，大力弘扬不忘初心、淡泊名利、敢为人先、无私奉献的科学家精神，推进学术道德与科研诚信建设，营造风清气正的学术环境，涵养优良学风。

3. 提升全员育人专业水平

在培训安排上，有针对性设置培训计划，对于辅导员、学生工作人员、思政课教师重点开展教育理论、心理健康支持、沟通技能等方面的专业培训，提升其政治素养和专业本领；对于专业课教师，促进其整合育人元素到专业课程教学中，提高“课程思政”建设水平。在榜样选拔上，开展师德师风常态化教育工作，鼓励教职工时刻做到言传身教、以身作则，选树先进典型，引导教师争做“四有好老师”示范标杆、履行“四个引路人”职责使命。

（二）思政赋能提质增效，打造“大思政”育人新格局

1. 促进“三个课堂”[①]有效衔接

坚持用习近平新时代中国特色社会主义思想凝心铸魂。在第一课堂建设上，加大教学改革创新力度，充分发挥思政课“主题曲”的主渠道教育作用，适时调整教育理念，提高“思政小课堂”建设水平，促进课程思政和思政课程的有机融合。在第二课堂建设上，制定综合性的课程规划，与第一课堂学习内容实现有机互补，锤炼学生品格修为，同时对各育人平台实践内容和流程设计进行规范化、标准化，丰富学校“第二课堂成绩单”的评价维度和内容。此外，促进基础设施提档升级，满足新形势下探究式学习的需要，为学生提供多样化、定制化服务。在第三课堂建设上，“请进来——名师大家进课堂”“走出去——实践基地育新才”，发挥“社会大课堂”的示范作用，与社会资源紧密合作，精心组织策划社会调查、社会实践活动，吸引一批兼职教师走进第一课堂和第二课堂，形成育人合力的同时实现学生的自我教育。学生在不同课堂中的学习和实践经验将得到有效整合，学科综合素养和实际应用能力将得到有效提高，为未来的学习和职业发展打下坚实基础。

2. 开展“精准思政”多元实践

积极运用网络技术，探索构建虚拟仿真平台，推进传统媒体与新兴媒体融合，打造多元立体化的教学模式，提供丰富的精准思政教育资源和互动式学习新举措。结合学生的个性化差异化需求，因材施教，营造良好的课堂教学氛围。积极运用数字技术，延伸思政工作的手臂，改变“千人一面”的教育模式，形成学生的动态精准画像，在学业咨询指导、贫困学生资助、思想动态评估、网络舆情引导、活动喜好分级等多方面给予精准

① 根据《对外经济贸易大学关于教师教学服务工作量计算管理办法》《对外经济贸易大学二三课堂管理办法》（试行）（外经贸学教务字〔2015〕209 号）文件规定，本文所指三个课堂：第一课堂为学校内正式的课堂教学，二三课堂是为帮助学生更加适应时代和社会发展，提高学生综合素质、鼓励学生个性发展开设的，以校园文化活动、学术科研活动为主体的第二课堂和以校外的社会实践与志愿服务活动为主体的第三课堂所构成的课程体系。

施策，建立“一人一像”个性化数字档案。借助先进的科学技术手段，全面提高“精准思政”的实效性和针对性。

3. 强化“育心育德”双重合力

2023 年，教育部等十七部门联合印发《全面加强和改进新时代学生心理健康工作专项行动计划》，其中明确将心理健康教育贯穿德育思想政治工作的全过程。当前，大学生群体中一部分人自幼生活环境良好，抗压和抗挫折能力较差，进入高校群体生活面对困难时，易出现心理问题。高校应将心理健康教育与育人工作相结合，凝聚心理育人合力，及时纠正青年学生在成长过程中出现的认知误区和理解偏差，避免社会中的负能量流入高校校园。每学期可组织“育心育德四个一”系列活动，即进行“一次”科学的思想动态调研、形成“一套”重点人群工作方案、开设“一门”高质量心理健康通识课程、完成“一项”心理健康教育实践活动，帮助大学生形成正确的价值观、世界观和人生观，培养学生建立乐观向上的积极心态、奋发有为的意志品格。

（三）文化传承固本铸魂，弘扬伟大民族精神

1. 整合资源弘扬传统文化

2023 年，全国宣传思想文化工作会议首次提出了习近平文化思想，文化兴国运兴，文化强民族强，中华五千年优秀传统文化将助力大学生的成长发展。首先，将优质的传统文化资源引进校园。深入挖掘区域特色文化、传统文化元素、红色主题文化等资源，组织“百家大讲堂”，邀请民俗文化传承人、国学研究专家、老一辈革命家等到校讲学，动人的“中国故事”不仅可以增强学生的民族自豪感，还能为教师开展思政课教学提供新思路。其次，“知行合一”拓宽传统文化渗透路径。充分发挥“第三课堂”的育人作用，搭建实践育人平台，帮助学生近距离体验“非遗技艺”“民间艺术”等中国文化，举办京剧、诗词、武术、民俗、民乐等文化主题节日活动，以及中国传统节日的庆祝仪式、文化展览、艺术表演等，让学生深入感受传统文化的精髓，提升文化自信和国家认同感。

2. 创新方法提升“红色”育人实效

红色文化是中华优秀传统文化的传承和发展，也是能够体现中华民族精神和民族气节的先进文化（于师懿，2023）。在教育形式上，开展“穿越式”“沉浸式”体验教育，如：组织学生“重走长征路”“吃一顿忆苦饭”，体验红色之旅，“读家书”“听故事”“唱红歌”，让学生在真听真学真看中，传承红色基因，感悟伟大革命精神，坚定理想信念，培养爱国情怀。在平台建设上，红色文化育人应该覆盖到学生学习生活的方方面面，除了课堂教学、社会实践等，还应充分利用信息化技术，打造数字化红色教育平台，提供个性化服务，营造浓厚的红色文化育人氛围。此外，还可将弘扬伟大建党精神、完善党史学习教育形成常态化长效化机制，与校园红色文化建设有机集合，让听党话、跟党走成为师生的自觉追求。

3. 打造精品活动传播中国文化

为了让世界更好地了解中国，党的二十大报告提出了“讲好中国故事、传播好中国声音，展现可信、可爱、可敬的中国形象”。高校一方面可通过打造高端国际学术平台，组

织与国外高校合作的学术研讨，展示中国学生的科研能力和创新精神，为中国形象增添光彩；另一方面开展国际文化交流项目，选拔优秀学生走出校园，走出国门，参加国际学生组织、国际文化节、留学生交流活动等，亲身体验不同文化背景下的交流与互动，同时展示中国学生的智慧、友善和开放态度。此外，高校大学生还可通过参与国际扶贫支教项目、环保活动等志愿服务，展现中国大学生的奉献精神和社会责任感；利用社交媒体传播中国文化和价值观，将中华优秀传统文化传播到五湖四海。

结语

当前，世界面临百年未有之大变局，立足实现中华民族伟大复兴战略全局，新时代高校育人工作要坚持以习近平新时代中国特色社会主义思想为指导，适应社会发展的要求，不断创新教育理念和方式，通过德智体美劳“五育并举”，打造“三全育人”工作新局面，培养适应新时代要求的高素质人才，从而推动学校事业实现更高水平的发展。育人工作涉及的内容较多，本文从当前高校育人工作中面临的挑战入手，提出了通过加强全员协同、打造“大思政”格局、弘扬传统文化三大举措提高育人工作实效，进而推进学校事业高质量发展的具体实践路径，以期为推进教育强国、科技强国和人才强国建设提供参考。

参考文献

[1] 刘承功. 高校“三全育人”的核心要求、目标任务和实现路径［J］. 思想理论教育，2019（11）：92－95，111.

[2] 王敏. 协同视阈下高校“全员育人”的推进机制［J］. 山西财经大学学报，2022，44（S2）：106－108.

[3] 王晓宇.“大思政”育人格局建构机理探赜［J］. 邵阳学院学报（社会科学版），2023，22（5）：100－104.

[4] 王晓蕾，杨芳，齐再前.“大思政”格局下应用型大学新文科育人模式探索［J］. 北京联合大学学报，2023，37（6）：31－37.

[5] 习近平. 关于《中共中央关于党的百年奋斗重大成就和历史经验的决议》的说明［N］. 人民日报，2021－11－17（2）.

[6] 莫忧. 新时代高校中华优秀传统文化教育的多元协同路径探析［J］. 思想教育研究，2023（2）：130－134.

[7] 杨兆强. 有组织科研：高校科研育人的有效组织模式［J］. 大学教育，2023（16）：5－7，22.

[8] 于师懿. 新媒体视域下强化高校红色文化育人路径探究［J］. 新闻研究导刊，2023，14（23）：194－196.

新质生产力视域下对外经济贸易大学培养高素质财经人才的实践探索

周翔宇　王铭娴　张懿文

摘　要：习近平总书记提出的新质生产力作为先进生产力的具体体现形式，融入了中国创新和实践，是科技创新交叉融合突破所产生的根本性成果。高校作为人才发源地，应聚焦国家战略，为推动发展新质人才起到支撑作用。本文从新质生产力概念出发，结合高校站位和对外经济贸易大学学科特点及优势，立足财经人才培养方向，探究新质生产力视域下培养高素质财经人才的实践之路。对外经济贸易大学结合新质生产力概念和人才培养方向，从思政育人着手，提升思想格局，找到思想提质的关键"点"，为人才注入思想动能；用数智赋能高等教育，全"线"发力，为新质人才的培养整合资源；以产教融合有效弥补"四链"间的鸿沟，提质扩"面"，为新质人才培养铺就落地途径；以对外合作交流为契机，融通中外一"体"，培养复合型、具备国际化视野的新质财经人才。通过培养高素质财经人才战略的"点线面体"，全力打造人才奔涌的"新高地"。

关键词：新质生产力　产教融合　数智赋能　课程思政　人才培养

引言

习近平总书记于2024年3月5日在第十四届全国人大二次会议时指出，要牢牢把握高质量发展这个首要任务，因地制宜发展新质生产力。高校作为人才发源地，找准推动发展新质生产力过程中的战略性支撑作用尤为关键。以新材料、新技术、新能源、新业态为标志的新质生产力，区别于传统生产力，在生产力三要素：劳动力、生产资料和生产工具的基础上有数字科学和先进技术带来的科技、创新和智能（刘振天，2024）。

结合新质生产力概念和高校站位，延伸出了以下四方面人才培养的实践探索方向：首先，新质生产力与高校思政教育在人的自由全面发展价值基点上高度契合，它的发展为高校思政教育高质量发展提供了强劲推力。发展新质生产力亟需高校思政教育在坚定理想信念、激发创新精神、强化科技素养、提升实践技能上持续发力（万馨等，2024）。其

作者简介：周翔宇，对外经济贸易大学教务处助理经济师；
王铭娴，对外经济贸易大学教务处助理研究员；
张懿文，对外经济贸易大学研究生院初级工程师。

次，人工智能、数字信息技术和创新驱动是新质生产力的特点，不断催生新产业、新模式、新业态。因此，需开发高质量网络教学系统，构建资源丰富的数智化课程体系和网络教学与服务体系，通过三个体系有机融合，实现数字教育赋能拔尖创新人才培养（贺祖斌，林盟初，2024）。同时，加快发展新质生产力在于增强科技创新引领作用、新兴产业和未来产业的发展、数字经济与实体经济的深度融合。以上方面的发展都离不开科技创新（李强，2024）。而培养具备科技创新能力和创新意识的高素质人才需提高学生的实践能力，及时与产业发展需求相匹配，通过产学研一体化统筹产业链、教育链、人才链和创新链的协同发展。最后，发展新质生产力应加强国际合作和创新（蒲清平，2023），因此，高校应聚焦培养具备国际化视野的高水平人才。在新质生产力视域下，对应的高素质财经人才是具备大思政格局、创新变革思维、产业应用思维、国际化思维的复合型人才，能将知识与实践有机结合，将数字科学技术发展与实践相结合，具备开拓创新的能力，符合“因地制宜，发展新质生产力”的需要，能够助力国家高质量发展。

对外经济贸易大学坚持“人才培养为本，本科教育是根”的核心，聚焦新质生产力概念，从上述四个方面探索高素质财经人才培养路径。以思政育人着手，致力构建校园大思政格局，找到思想提质创新的关键“点”，为人才注入思想动能；用数智赋能教育，优化基础设施建设，构建资源丰富的数智化课程体系和资源库，全“线”发力，为新质人才的培养整合要素资源；以产教融合有效弥补“四链”间的鸿沟，提质扩“面”，为新质人才培养铺就落地途径；以对外合作交流为契机，融通中外一“体”，培养复合型、具备国际化视野的新质人才。通过培养高素质财经人才战略的“点线面体”，全力打造高素质财经人才奔涌的“新高地”，有力支撑新质生产力的发展。

一、思政育人构建校园大思政格局，为财经人才发展注入思想动能

新质生产力以推动我国经济高质量发展为目的，这一属性决定新质生产力的发展需要坚定的理想信念来提供思想支撑，离不开高校师生思想认识格局的提升。成长于综合国力显著增强时期的“Z 世代”青年学生更注重精神成长，学生获取知识的途径、方式较以往改变，同时自我意识不断增强。如何为高校学生做好政治思想工作并增强其社会参与感是高校思想政治工作的题中应有之义，也是高校如何构建“大思政”格局的关键。政治思想工作应秉承立德树人的根本核心，首先提升专职教师和党政教辅工作人员的思想认识，强化其育人意识、找准育人角度、提升育人能力。

思政课是落实立德树人根本任务的关键课程，以对外经济贸易大学为例，学校坚持以为党育人、为国育才为根本使命，在课程设计和实践活动方面均引入思政元素。促进习近平思想与课程思政相结合，推进二十大精神进课堂，收集典型案例，推动课程思政示范课程建设、课程思政教材编写、开展课程思政教学技能比赛和实践活动，开展课程思政讲习活动，评选课程思政示范项目、组织网上云课堂学习等，加强思政课教学，强调专题模块，将思政元素引入到实践教学环节中，实现课程思政教学改革。学校教师重

视价值建设，建设思政案例库，通过引入相关案例分析，将技术知识与价值观、世界观、人生观相融合，将思政元素与科技教育有效结合，将专业知识与社会责任结合，使学生深入理解承担社会责任的重要性，提升不同课程的价值观教育深度。

二、数智赋能高等教育，谱写财经高校新质人才培养新篇章

新质生产力具备“科技创新驱动”和“数字赋能”特征（姚树洁，张小倩，2023）。数智时代的学生处于科技飞速发展的环境中，应用数字科技工具到教学中去是学生乐于接受的方式。

在线开放课程以数字平台为载体，有助于学生更为便捷地获取知识，促进知识与技能的学习、结合、钻研和应用。对外经济贸易大学开展了在线开放课程的建设和应用，先后立项校级中文 MOOC 和英文 MOOC 课程，引进校外 MOOC 课程。开展线上线下混合式课堂学习，建设虚拟仿真实验教学项目，国家虚仿平台项目一学年浏览总数超 20 000 次，建设知识图谱资源建设项目，助力知识模块的集成，系统性地为学生提供知识梳理。设立“慕课西部行”专项，通过东西部联盟输送学校优质慕课课程，累计向西部 65 所院校输送 10 门以上课程。帮扶石河子大学免费开放共享学校 36 门慕课课程供学生学习使用。开通空中同步课堂，与新疆财经大学、贵州财经大学等西部高校开展多次同步课堂，让对外经济贸易大学和西部高校的师生实现远程实时互动。

推动新质生产力的发展，需要结合数字技术，加强与之匹配的基础性教学保障。对外经济贸易大学通过建设智慧教室和录播平台，改善基础性教学条件，学校的智慧教室建设完成后，将传统教室改造为小型互动研讨室、中型通用智慧教室和大型阶梯智慧教室，将传统多媒体教室的人机交互转变为多形态的交互教学模式，不仅能够实现设备与教师课件的交互，更支持教师和学生利用自有的智能移动终端来实现课堂教学的无线投屏、双屏互动、屏幕共享。除此之外，智慧教室也支持教师的课前云端备课和课前指导，支持学生课后的作业辅导和问题交流、讨论，支持课堂的教学评价和课后的课件、笔记分享。智慧教室提供了以学习者为中心的课堂教学形态，提供了更强交互能力的课上、课下教学模式和方法，对于提升教学质量、增强学生学习兴趣、提高教师授课水平具有很强的促进作用。同时，提高教学管理和服务工作效率，完善教学生态体系的建设，将传统教学模式转变为多形态的交互教学模式，实现课上、课下教学模式方法的交互，为教师提供课程录制资源库，为学生提供学习资源集成平台，有助于提升教学质量，提高教师授课水平。智慧教室以生态圈的思维引导教学信息化工作的体系化建设，把教室作为一个个互联网节点，围绕教学这一主干，形成覆盖教师、学生和管理者等不同人员之间的健全的教、学、管理和服务体系，使教学和管理服务工作以生态链的形式不断地迭代，推动建设协同办学、集成教学资源的教学模式，建成便于学院优化专业培养方案和进行专业管理的系统，通过海量数据集成和处理对接校内其他平台，例如综合教务系统和教师评价系统等，实现多个平台的集成统一，最终实现智慧校园的建设，为高素质财经人才的培养提供有力的基础设施支撑。

三、产教融合助推新质生产力发展，铺设财经人才培养实践新路径

新质生产力以创新为主导（万馨等，2024），创新能力的培养需加强学生的实践应用能力。产教协同培养能增强学生实践能力，增强高校办学能力，助力新质生产力发展（张继明，2024）。党的二十大报告也指出，要推进职业教育、高等教育和继续教育统筹发展，加强职普融通、产教融合、科教融汇。

对外经济贸易大学为致力于推进产教融合，赋能新质财经人才的发展。在指导单位的指导下，与龙头企业和职业院校一起成立产教融合共同体。行业产教融合共同体建设思路以“点、线、面、体”为核心，通过挖掘产教融合着力点，以主体单位为核心，挖掘诉求点；通过链接诉求点，形成关系线，主体单位互动反馈；通过拓宽产教融合应用面，统筹主体的核心要求，拓展应用场景和示范效应；最后构筑产教融合共同体，达到主体、内容、过程和方法有机协同，实现共赢。学校和其他共同体牵头单位一起，从以下四个方面探究共同体落地途径。

（一）企业提供实习和全流程项目参与机会，搭建人才资源库

高校通过与企业、职业院校建立合作关系，为学生提供更多到企业实习的机会，有助于学生了解更多行业前沿的资讯信息，打破信息壁垒，为企业定向输入更多优质人才。在企业学习的过程中，学生能结合自己所学的专业以及兴趣特长，选择更为擅长的从业领域。

企业可以在高校开展竞赛和项目，在项目经历中，串联起所学的专业知识，投入实际行业项目中，在全流程参与中，找到自己的兴趣点和未来从事的职业方向。

（二）高校教师到企业交流，双向共赢提升专业水平和育人能力

企业中存在大量真实的、高校学生在学校学习过程中接触不到的行业前沿数据和案例，高校可以与企业合作建立案例数据库，经数据分析与处理，将数据和案例转化为供学生学习和分析的案例，为学生提供基于真实数据的产学结合的教学，提高学生的实践操作能力，也同时为企业提供更多有价值的分析和创新报告，帮助企业提升创新发展的能力。同时，高校教师也能为企业提供更为专业的理论支撑，开展员工培训和专业技能提升讲座，实现高校与企业双向共赢，提升专业水平和育人能力。

（三）指导单位或政府赋能，促进资源要素高效聚集

指导单位或政府为高校、企业和职业院校的合作提供支持和帮助，推动制度型开放建设，促进资源要素高效聚集，推动高校改进教师职称评聘方式和学生培养方案等，提升教师教学自由度，给学生和教师更多到企业中实践、交流的机会，增强企业创新驱动发展能力，提升高校教师育人水平，增强学生在就业市场上的核心竞争力。

（四）建设产业教师队伍实现三师课堂，助推应用型人才建设

随着产教融合落地途径的进一步探索，高校聘请产业教师是链接教育链与人才链的有效途径（金劲彪，孙丽珍，2024）。通过职称评聘、绩效考核等制度设计落实引进产业教师的落地途径。产业教师兼具专业知识与实务技能，能为学生提供更多实操训练，打破固定的传统教师队伍构成，培养更多应用型和创新型的人才。聘任的产业教师与职业院校中教师同高校教师一起，利用智慧教室等云课堂技术，开展三师课堂，帮助学生在一节课中既学习专业知识，又把学到的知识与实践相结合，提升应用技能，同时也为企业提供有力的人才储备。

四、深化高水平对外合作交流，助推国际化高水平新质财经人才培养

新质生产力视域下的高素质财经人才需具备国际化视野，促进人才跨国流动，将人才链、产业链、创新链融入全球系统，为发展新质生产力提供了国际化人才支撑和创新环境（张志杰，马岚，2024）。为培养高水平、国际化的复合型人才，对外经济贸易大学开展特色暑期学校，通过邀请国外顶尖学府和组织机构的专家学者来学校开设国际化课程并研究全球治理领域的新兴话题，提供国际教育资源，为学生搭建和各领域专家学者共同交流学术新热点、新话题的平台，引导学生站在国际前沿，拓展国际视野，促进交叉拔尖创新人才的培养，写好“外”字文章。

通过开展联合培养，加强对外合作办学和交流，深化与世界一流大学和科研机构的合作，引入国外高校教师和世界一流教育资源，为学生提供更多优质的国际化课程，提升学生的英语水平，拓展国际化视野。利用智慧教室开展国内外双师和三师课堂，培养具备国际化视野的领军人才。通过搭建国际交流合作的沟通平台、资源平台和项目平台，设立合作研究基金等模式，实现国际优质教育资源共享和创新人才的培养（张志杰，马岚，2024），为高水平对外开放提供有力的人才储备。其次，通过来华留学教育和出国留学教育两方面提升对外开放的教育质量，提高双向留学交流机制的质量。对外经济贸易大学注重开放办学，与62个国家和地区的370余所著名大学和机构建立了合作交流关系。通过不断凝练办学特色、创新教育项目、优化结构层次、提升培养质量、规范管理服务、推动创业就业，提升留学教育的质量，与新中国外交战略、经济发展同频共振，从创新办学理念、优化工作机制、强化品牌建设三个方面深化改革、提质增效，走出了一条“建设特色鲜明、世界一流大学的贸大新路”。

结语

对外经济贸易大学在探索发展新质生产力和培育新质人才的关键阶段，以政策为导向，以人才培养为核心，通过开展思政育人教学模式，建设校园大思政格局，进行思想

教育提质创新；用数智赋能教育教学，将信息技术与教学深度融合，培养学生科技创新的能力；通过建设产教融合共同体，促进产学研一体化，使产业链、教育链、人才链、创新链深度融合，培养应用型人才；促进对外合作交流，促进国际合作，培养国际化人才。通过以上的实践方向，赋能高质量发展，为国家培养大批高素质财经人才。

参 考 文 献

[1] 贺祖斌，林盟初. 高校支撑新质生产力发展：内在逻辑与实践路径[J]. 国家教育行政学院学报，2024（5）：14－21，26.

[2] 金劲彪，孙丽珍. 产教融合背景下产业教师队伍建设的制度保障[J]. 高等工程教育研究，2024（1）：42－47.

[3] 李强. 政府工作报告——2024 年 3 月 5 日在第十四届全国人民代表大会第二次会议上[EB/OL]. 新华社，（2024－03－12）https://www.gov.cn/yaowen/liebiao/202403/content_6939153.htm.

[4] 刘振天. 新质生产力视域下高等教育强国建设的价值和使命[J]. 高校教育管理，2024，18（1）：4－7.

[5] 蒲清平. 加快形成新质生产力的着力点[J]. 人民论坛，2023（21）：34－37. DOI：10.3969/j.issn.1004—3381.2023.21.009.

[6] 万馨，聂秦勇，易显飞. 高校思政教育赋能新质生产力发展：内在逻辑、现实之需与纾解之策[J/OL]. 当代教育论坛，2024（6）：1－16.

[7] 姚树洁，张小倩. 新质生产力的时代内涵、战略价值与实现路径[J]. 重庆大学学报（社会科学版），2024，30（1）：112－128.

[8] 张继明. 高校服务新质生产力发展的能力审视与评价机制改革[J]. 河北师范大学学报（教育科学版），2024，26（3）：15－23.

[9] 张志杰，马岚. 教育促进新质生产力发展的理论逻辑与路径[J]. 河北师范大学学报（教育科学版），2024，26（3）：32－40.

元宇宙时代的教育创新：机遇、路径与应用限度

梁怀新

摘　要：近年来，元宇宙（Metaverse）迎来了爆发性增长，人类社会信息技术进入了全新的元宇宙时代。元宇宙技术与教育领域的结合，将给未来教育带来难得的创新契机，其体现为虚拟现实融合学习空间、沉浸式学习体验、开放式无限学习场域以及新型交互式学习样态等方面。从实践的角度来说，元宇宙时代教育创新的实施路径体现在两个方面：首先，在价值旨归方面，体现为可以推进教育信息化建设、进一步促进教育公平、提升人才培养质量以及增进教育者与学习者的数字化素养；同时，在建设向度方面，现阶段需要在理念培育、技术创新、基础设施建设、内容打造、产教融合、中外合作等向度上不断进行建设。但元宇宙教育作为一项新兴事物，也需要我们以积极审慎的态度，充分认识其应用限度，加强政策层面的引导和监管，保证元宇宙教育健康发展。

关键词：元宇宙　教育　虚拟现实　教育空间　教育平权

引言

技术是人类社会物质和精神文明演进的重要推动力。[1]2021年以来，元宇宙（Metaverse）这一新兴信息技术概念全面爆发，成为各方关注的焦点，甚至更有学者将2021年称为“元宇宙元年”[2]。元宇宙是区块链、虚拟现实（VR）、宽带通信、人工智能等现有技术发展到一定阶段后“新的组织聚合方式”，并由此衍生出新的互联网业态，[3]其所带来的影响不仅局限于电游、社交等领域，在教育领域也有着极大的应用空间。因此，进一步认识元宇宙给教育领域带来的难得机遇，并深入思考其可行的路径及应用限度，是现阶段教育领域必须进行前瞻性探索的重要问题。

一、技术狂欢：元宇宙带来的教育创新机遇

元宇宙这一概念最初由美国科幻作家尼尔·史蒂芬森（Neal Stephenson）提出，指一个和社会紧密联系但又与现实世界平行的虚拟现实三维数字空间。[4]近年来，元宇宙成为

作者简介：梁怀新，对外经济贸易大学国际关系学院副教授，硕士生导师。

项目资助：本文系国家社会科学基金2022年度青年项目“国际数字秩序构建中的意识形态风险及其防范策略研究”（项目编号：22CKS039）阶段性研究成果。

科技、金融投资等多元领域关注的技术蓝海，科技大厂纷纷布局元宇宙产业。2021 年 7 月，扎克伯格（Mark Elliot Zuckerberg）就表示将推动脸书（Facebook）从社交媒体公司转型为一家元宇宙公司。[5]元宇宙已然成为现阶段新兴信息技术发展的最尖端领域，毋庸置疑的是，人类社会即将迎来一个新的元宇宙时代。

（一）元宇宙时代的技术跃升

1. 虚拟与现实的高度融合

元宇宙最重要的技术特质在于，借助先进的仿真接入设备，在现实世界之上搭建一个虚拟的数字世界，人类可以在这一虚拟的数字世界之中生活。但元宇宙绝不仅仅局限于为人类再造一个与现实隔绝的虚拟空间，而是将人类真实生活的现实物理空间与人工营造出的虚拟空间高度对接，使人类在两大空间中进行的游戏、购物、教育等行为相互联通。与传统的二维网络空间不同，元宇宙空间与现实物理空间在架构上更为接近，同时元宇宙空间与现实物理空间也更趋近于无缝衔接。

2. 深度的沉浸式体验

从感官体验来说，元宇宙重在为其使用者提供身临其境的深层次沉浸式体验，这一体验方式的创新，主要来源于人工智能（AI）、虚拟现实（VR）、扩展现实（XR）以及区块链等基础技术的突破式发展，特别是随着人类网络应用技术的不断发展，零延迟、长续航以及高清晰成像等技术难点的攻克也变得愈发可能，这也将给元宇宙的使用者提供更加真实的沉浸式体验感受。为了追求更加真实的沉浸式体验，甚至还可以通过脑机接口（BCI）等更加高智能的方式来进行使用者的感官体验优化。[6]

3. 跨越地域环境限制的开放空间

元宇宙在现实物理空间之上搭建了一个虚拟的用户生存空间，而这一虚拟空间既对所有内容生产者开放，也对更为广大的内容使用者保持开放，是一个充分开放的空间。元宇宙的开放特性，使得处于不同物理空间的用户，可以通过充分开放的元宇宙空间相互衔接，从而突破地域和环境的限制。在这一框架下，用户可以依托元宇宙所构建的开放空间，随时随地进行各种实体行为。

4. 新型社交关系

元宇宙的演进带来了一场人类社交关系的革命。元宇宙将虚拟空间与现实空间进行了深度整合，现实空间中的行为个体在虚拟空间中同样具有独特的虚拟身份，并可以凭借虚拟身份进行深度社交。这一社交模式的创新，使得元宇宙用户可以从更为广阔的虚拟空间中获得社交网络的拓展，特别是通过人工智能等技术的深度运用，还可以帮助虚拟空间身份主体不断进行自主社交，从而大大提升人类的社交效率。

（二）元宇宙助力教育创新

现阶段，教育领域对元宇宙所包含的宽阔前景认识总体而言还有所不足。[7]但元宇宙时代的到来必将产生巨大技术赋能，为传统教育的创新发展带来难得契机。

1. 虚拟现实融合学习空间

学习空间是指用于学习的场所，但其也蕴含着学习可以发生在任意场所、学习空间包括物理空间和虚拟空间等丰富的隐喻。[8]长期以来，人们对学习场所的传统理解仅限于现实世界的物理空间，这极大桎梏了人类教育环境的进一步拓展和优化。元宇宙概念的出现以及其技术的进一步成熟，也将带来一场学习空间的革命，实现传统现实物理空间与虚拟空间无缝对接，学习者将可以在现实空间与虚拟空间中进行融合式学习。

2. 沉浸式学习体验

虚拟现实技术可以为学习者提供一个近乎真实的学习环境，借助这一虚拟学习环境，学习者通过高度参与互动、演练而提升技能。[9]将元宇宙创新性地引入教育领域，也将会使学习者在使用元宇宙的过程中产生此时正身处某地的“类真实”错觉，甚至于在元宇宙所营造出的虚拟现实空间中，学习者可以通过相应交互设备直接融入虚拟空间，对多维立体学习对象等进行操作。元宇宙的相应特点可以极大提升学习者的沉浸感，使学习者获得更好的沉浸式学习体验。

3. 开放式无限学习场域

学习场域视角下，可以通过对学习环境的塑造从而对学习效果产生影响。[10]元宇宙技术由于其自身所具有的开放性，可以给学习者创造一个在范畴上接近于无限，在深度上也大为拓展的新型学习场域。一方面，在元宇宙技术条件下，学习者可以摆脱其自身所处物理空间的制约，极大提升原有学习场域的知识深度；另一方面，元宇宙也给予了学习者最大的自主性，使其可以凭借元宇宙设备摆脱自身所处恶劣环境的影响，这在很大程度上也会提升学习者的学习效果。

4. 新型交互式学习样态

首先，新型交互式学习过程可以使学习者之间就学习对象进行深入的互动交流，提升学习者在学习过程中的多元化理解水平，这将极大助推学习者学习效果的优化；其次，学习者在虚拟空间的学习过程中，可以以自身的虚拟身份进行互动，而这一特性有助于学习者摆脱自身潜在特质的束缚，更加主动而积极地进行虚拟空间的学习；同时，新型交互式学习样态也可以在很大程度上拓展学习者的学习主题社交网络，进一步丰富学习者的学习样态。

二、实践探索：元宇宙教育创新的实施路径

现阶段，推进元宇宙教育的创新性发展，对于教育现代化而言具有重要意义。具体而言，其实施路径体现在价值旨归以及建设向度等两个相互衔接的方面。

（一）价值旨归

1. 推进教育信息化建设

元宇宙技术是对原有信息技术的一次革命性变革，极大重塑了人类对虚拟现实空间的

应用想象，是现代信息技术在未来相当长一段时期内应用发展的方向所在，充分将其引入教育领域，就是要实现对教育技术发展的深层次影响，提升元宇宙技术对教育教学的支撑水平，有力助推教育信息化的深入发展。

2. 进一步促进教育公平

共创、共享、共治是元宇宙的基本价值观。[11]在一个充分开放的元宇宙教育空间中，处于不同物理空间的学习者，可以借助元宇宙设备摆脱自身物理空间的制约，以沉浸方式有效学习海量的教育内容，甚至可以借助交互设备实现与在线授课者以及学习者的深度互动。元宇宙教育的开展在教育公平层面的价值在于解决教育发展不平衡不充分问题，助力教育资源相对落后地区教育事业发展，使学习者可以高效学习到优质教育资源。

3. 提升人才培养质量

教育的最终目标在于实现学习者的不断成长，而这需要以人才培养质量的提升为保障。元宇宙技术的兴起，从技术层面来说源于人类对虚拟现实空间深度融合的探索，而从体验层面来说则根植于对沉浸式学习的需求。元宇宙技术在教育领域的应用，将使沉浸式学习成为教育教学的主要方式，学习者可以在虚拟现实空间中实现对学习对象的多维度全面认识，更好地达成预设教育目标，从而有效提升人才培养质量。

4. 增进教育者与学习者的数字化素养

当今时代，数字技术对人类社会的发展产生着巨大变革作用，在此背景下，无论是教育者还是学习者都需要与时俱进提升数字化素养，以适应时代的变革。元宇宙是当今数字技术的最新发展前沿，将其深度运用到日常的教育教学活动中来，也可以籍此使教育活动参与者近距离感受数字技术发展的时代韵律，充分认识到数字技术给人类社会发展带来的革命性革新，使教育者和学习者自身的数字化素养得以不断提升。

（二）建设向度

1. 理念培育

虚拟现实空间的营造，是教育信息化发展的重要路径，元宇宙技术的不断成熟，为教育领域虚拟现实教育教学的全面推进带来了难得契机，但作为一项新兴信息技术，现阶段社会大众对于元宇宙的认识度和接受度都十分有限。因此，想要进一步推进元宇宙在教育领域的应用，需要大力加强元宇宙教育的理念培育，可采取的方式既包括出台政策文件进行观念引领，也包括建设模板元宇宙教育项目，此外还需要重视在不同层面进行元宇宙教育的理念宣传。

2. 技术创新

为不断深化元宇宙在教育领域的应用，还需要在技术手段方面不断加以创新，结合不同教育阶段和领域的实际情况，研发更加具有针对性的元宇宙教育技术。一方面，现有元宇宙技术在实现沉浸式体验方面还有极大的提升空间，需要结合教育教学的实际需求，进一步加强相关技术的创新；同时在保证虚拟现实空间深度融合效果的同时，也要逐步实现元宇宙教育设备的小型化、便捷化、多场景适用化，增强元宇宙教育设备的现实应用能力。

3. 基础设施建设

元宇宙技术在教育教学领域应用的不断深化，还有赖于相关基础设施建设的推进。元宇宙教育带来了一场学习方式的革命性变革，使得学习者可以在虚拟现实空间中实现沉浸式学习。但是，元宇宙沉浸式学习方式的营造，对于基础设施要求较高，因此在推进元宇宙教育应用的过程中，需要在虚拟现实教室等基础设施建设方面不断着力。此外，元宇宙教育的顺利推进，还有赖于高通量的通信网络作为支撑，这也使得在推进元宇宙教育的过程中，要大力加强教育通信网络的建设，以保证元宇宙教育效果的不断提升。

4. 内容打造

元宇宙教育的深度开展，还需要在元宇宙学习内容方面进行深入的打造。元宇宙依托于虚拟空间与现实空间的深度融合，特别是虚拟空间的搭建，将为元宇宙教育学习者提供更加具有想象力的学习空间。因此，在元宇宙教育的推进过程中，一方面需要发挥“数字孪生”的作用，在虚拟空间中搭建与现实物理空间相应的虚拟实体，增强学习者在元宇宙教育中的沉浸式体验；另一方面，也需要根据特定学习内容，在元宇宙空间中打造具有历史还原性、文学想象性、理化感受性等数字学习内容。

5. 产教融合

元宇宙教育的不断发展，既需要政府和公立教育机构的全力投入，也需要充分发挥民办教育机构以及相应技术企业的作用，推进产教融合，共同使元宇宙教育成为助推我国教育现代化的重要支柱。首先，政府和相关公立教育机构是现阶段我国教育发展的核心动力所在，需要抓住元宇宙技术发展这一契机，使元宇宙教育率先落地，尽快形成一定的规模与体系；同时，民办教育机构也是推动元宇宙教育发展的重要力量，可以积极引导相关民办教育机构投身元宇宙教育，不断丰富元宇宙教育的层次；此外，元宇宙技术企业是推动元宇宙教育发展的重要依托，需要不断密切教育界与产业界的合作，结合教育实践需求进行深度技术研发，推动元宇宙教育不断网络化和精细化。

6. 中外合作

在推动元宇宙教育的过程中，充分发挥国际合作的重要作用，有利于元宇宙教育的不断深化发展。首先，在元宇宙教育技术研发方面，可以充分利用国际尖端技术，不断提升我国在元宇宙教育方面的整体技术水平，为学习者提供更为优良的学习体验；其次，在元宇宙教育的内容打造方面，在做好审查筛选的基础上，引进更加丰富的多元化元宇宙教育内容，助力国内学习者不断开拓学习视野；另外，也可以在夯实自身元宇宙教育基础的同时，积极加强国际合作，推动优秀的中国本土元宇宙教育内容和技术走向国际，实现宣介中国优秀文化和提升中国在元宇宙教育国际价值链中地位的双重目标。

三、热潮中的冷思考：元宇宙教育的应用限度

当前元宇宙已然成为信息科技发展的最新风口，但需要注意的是这一元宇宙热潮也会产生一系列问题，需要我们以积极审慎的态度，稳步推动其健康有序发展。[13]同样，推动元宇宙在教育领域的应用，也需要我们充分认识其应用限度，加强政策层面的积极引导和适度监管，以保证元宇宙教育得以健康发展。

（一）元宇宙教育技术创新将是一个漫长的过程

现阶段，元宇宙技术已经呈现出蓬勃发展的良好势头，而其在教育领域的技术创新也成为各方关注的焦点，但依然十分明显的是，元宇宙作为一项新兴信息技术，其在教育领域的规模化技术应用依然需要历经漫长的发展过程。一方面，元宇宙教育技术创新需要着力补齐技术短板。现阶段，教育领域的元宇宙技术发展方兴未艾，在其基础技术链条上存在着一系列的短板，这极大制约着元宇宙教育应用的深化发展，因此，在元宇宙教育发展的进程中，需逐步补齐相应技术短板，突破关键核心技术，有效摆脱技术限制，助推元宇宙教育的不断成熟。同时，元宇宙教育技术创新需要不断提升学习者的用户体验。现有技术基础尚难以真正实现学习者在元宇宙空间中获得与现实物理空间无差异的沉浸式体验，因此，需要依托于元宇宙技术本身的逐步发展，不断优化学习者在元宇宙教育中的沉浸式用户体验。

（二）元宇宙教育与其他教育形式的协同发展问题

元宇宙教育发展过程中，需要充分发挥传统教育的内容供给作用。元宇宙教育发展初期，其在教育内容丰富度上存在极大的提升空间，而传统教育发展历史较长，在教育内容和教育素材方面有着深厚的积累，因此，在元宇宙教育的发展过程中，需要大力发挥传统教育的内容供给作用，通过传统教育内容的虚拟现实化转换等方式，不断扩充和丰富元宇宙教育的内容供给。其次，传统教育也可以依托元宇宙教育这一新兴教育方式，焕发出更大的活力。元宇宙教育虽在沉浸式体验等方面相较于传统教育形式具有极大优势，但元宇宙教育的不断普及也需要技术和基础设施等方面建设的及时跟进，可以预见的是，在未来相当一段时间内，传统教育形式依然将在整体教育体系中占据重要地位，但在元宇宙时代，随着元宇宙技术的不断发展，传统教育完全可以依托元宇宙教育这一新兴形式，根据特定教学单元的教学目标，适度引入沉浸式体验课程，有效提升整体教学效果。

（三）元宇宙教育中的政府监管机制构建与完善

这需要在以下几个方面着力：一方面，制定元宇宙教育发展的政策规划。元宇宙教育的健康发展，需要政府职能部门在充分进行前期调研的基础上，结合国际国内元宇宙教

育发展的实际情况，以提升人才培养质量为根本目标，制定切实可行的政策规划，设立相关职能机构，具体负责元宇宙教育的政府监管。另一方面，明确元宇宙教育的准入标准和运行规范。元宇宙教育发展中，政府需要根据教育领域的整体发展需求，进一步明确元宇宙教育的准入规范，制定相关运行规范，保证元宇宙教育在健康的轨道上良性发展。同时，对各类型元宇宙教育机构进行分类指导。元宇宙教育在各类教育分支领域均具有极大的发展空间，但限于各教育分支领域自身的固有特点，政府职能部门对不同分支领域元宇宙教育的推进，也需要结合其各自特点，进行具有针对性的分类指导，以保证推动不同分支领域元宇宙教育的更好发展。

（四）元宇宙教育中的意识形态安全维护

在元宇宙教育发展中，需要不断加强正确意识形态塑造。元宇宙教育是未来国家教育体系中的重要组成部分，承担着重要的人才培育职能，因此，加强对元宇宙教育的意识形态引领十分关键，需要我们将坚持正确价值观、牢固树立家国情怀等理念全面贯彻到元宇宙教育的全程，帮助元宇宙教育的学习者进一步巩固正确的意识形态。同时，在元宇宙教育发展中，也需要着重预防境外敌对势力的意识形态渗透。元宇宙空间具有鲜明的开放性，政府监管远远滞后于其发展速度，特别是大量的基础性平台和内容供应被国外企业所掌握，这使得元宇宙教育空间极易成为境外敌对势力对华进行意识形态渗透、推进“颜色革命”的渠道。因此，在充分认识元宇宙教育发展中国际合作重要性的同时，更需要相关职能部门加强政策监督和安全审查，确保元宇宙教育发展中的意识形态安全。

参考文献

［1］江小涓. 数字时代的技术与文化［J］. 中国社会科学，2021，308（8）：4－34.

［2］魏蔚. 巨头沉迷概念股疯涨 元宇宙基建仍在路上［EB/OL］. 中国网，http://tech.china.com.cn/game/20211105/382288.shtml.

［3］中国信息通信研究院. 元宇宙白皮书（2023 年）［EB/OL］. 中国信通院官网，http://tech.china.com.cn/game/20211105/382288.shtml.

［4］Stephenson，Neal. Snow Crash［M］. Random House Publishing Group，2003.

［5］Facebook Wants Us to Live in the Metaverse——What Does That even Mean?［EB/OL］https://www.newyorker.com/culture/infinite-scroll/facebook-wants-us-to-live-in-the-metaverse.

［6］探臻科技评论. 马斯克大力发展的新一代“脑机接口”是何方神圣？［EB/OL］. 科创中国，https://www.kczg.org.cn/article/detail?id=5482204.

［7］赵佳然. 对话朱嘉明：元宇宙应用潜力最大的领域是教育［EB/OL］. 中新经纬，http://www.jwview.com/jingwei/html/09-15/428891.shtml.

［8］许亚锋，尹晗，张际平. 学习空间：概念内涵、研究现状与实践进展［J］. 现代远程

教育研究，2015，No. 135（3）：82－94，112.
[9] 张治. 教育信息化 走进自适应学习时代［M］. 上海：上海教育出版社，2018.
[10] 吴南中，李健苹. 虚实融合的学习场域：特征与塑造［J］. 中国远程教育，2016，No.492（1）：5－11，79.
[11] 赵国栋，易欢欢，徐远重. 元宇宙［M］. 北京：中国对外翻译出版社，2021.
[12] 习近平对职业教育工作作出重要指示［EB/OL］. 中国政府网，http://www.gov.cn/xinwen/2021–04/13/content_5599267.htm.
[13] 左鹏飞. 元宇宙热潮：一场既有技术突破也有泡沫的游戏［N］. 科技日报，2021－11－25.

人工智能视角下高校教务管理工作者核心需求能力探析

李　亮

摘　要：人工智能（AI）概念于1955年提出，近几年以ChatGPT为代表的人工智能技术得到了飞速发展，已经影响着社会各界的生产、生活方式。教育作为前沿科技重要结合点，也迎来了新的变革与挑战，在此期间，人工智能赋能高等教育已成为无法阻挡的历史潮流。在新机遇与挑战下，作为高校教务管理工作者应具备信息化建设能力、数据分析能力、持续学习能力、角色转换能力、伦理和责任意识，同时应通过培训交流，完善AI时代高校教务管理工作者的以上能力，以适应新时代的高校教务管理工作。

关键词：人工智能　智慧教育　高校教务工作者　核心能力

一、研究背景

人工智能（Artificial Intelligence，缩写为AI）亦称智械、机器智能，指由人制造出来的可以表现出智能的机器。约翰・麦卡锡于1955年对其的定义是"制造智能机器的科学与工程"。安德里亚斯・卡普兰（Andreas Kaplan）和迈克尔・海恩莱因（Michael Haenlein）将人工智能定义为"系统正确解释外部数据，从这些数据中学习，并利用这些知识通过灵活适应实现特定目标和任务的能力"。2017年12月，人工智能入选"2017年度中国媒体十大流行语"；2024年3月21日，联合国大会通过首个关于人工智能的全球决议。近5年间，诸如ChatGPT、Sora等在内的人工智能技术得到了史无前例的飞速发展，人工智能正在以疾风迅雷的速度深刻影响着人们的工作、生活、劳动和学习方式。

习近平主席在向国际人工智能与教育大会致贺信中强调，"中国高度重视人工智能对教育的深刻影响，积极推动人工智能和教育深度融合，促进教育变革创新"。高校作为科技第一生产力、人才第一资源、创新第一动力的重要结合点，是科技成果转化的中坚力量。目前，人工智能在高校教育中已经有较为广泛的应用，2024年6月，教育部公布了首批18个"人工智能+高等教育"应用场景典型案例，"这些案例在人工智能技术应用上具有代表性、前瞻性且能够产生积极影响"。在18个典型案例中，有的基于大模型训练人工智能助教，有的做新型实验室用于学生训练，有的应用于教学垂直细分场景，如编

作者简介：李亮，对外经济贸易大学教务处助理研究员。

程、物理、传统文化、口语训练等，有的赋能课前、课中、课后整个教学流程，有的切入评测、学业预警等。

面对高等教育领域因人工智能技术发展而带来的变革，作为高校教务管理工作者应该具备何种能力，如何培养这些能力，成了一个值得深度思考的问题。

二、人工智能赋能高等教育

作为新质生产力的人工智能技术，其飞速发展正在改变着知识的生产方式、知识的传播方式以及招生、考试、教学等人才培养的核心环节。高等教育领域正在经历着新的教育革命，海量的基础教学数据以及对这些基础数据的智能分析形成的多维度指标为“因材施教”提供了更为精准的坐标，为高等教育人才培养过程中管理者的决策提供了技术支撑。

（一）人工智能赋能教学本身

人工智能技术的发展已经在改变着教师和学生的关系，传统教学的二元结构——“师、生”正逐步向三元结构——“师、生、机器”发生转变。不断出现的人工智能产品逐步成为教师教授课程、学生学习课程的助手，机器已经有部分助教、“同学”甚至是“导师”的功能。人工智能的出现使得教师教学方式更为生动，让学生沉浸在以往教学过程中“不可能”出现的场景中，例如在小语种口语练习课堂上，教室采用沉浸式 AR/VR 技术，可以让学生体验在战乱地区的语言交互；模拟太空场景，让学生更直观地体验太空中各项物理实验。人工智能技术的发展可以使教师有更多元化的教学手段，通过智能分析获取每个学生的学习状态与进度，从而为“因材施教”提供资源支撑；人工智能技术的发展使得学生获取知识有了更多元化的渠道、更沉浸式的体验，基于各类教育资源的转化与重构，学生可以在知识图谱的引导下为自己制定更个性化的“营养菜单”。可以说，人工智能正在以其独有的方式改变着教育业态。

（二）人工智能赋能教学管理

人工智能赋能教学本身的同时，在辅助高校教务管理方面也发挥出了越来越重要的作用。一是提升管理效率。人工智能够高效地处理和分析大量数据，在针对学生成绩、课程信息、教师资源等数据进行分析之后有助于教育管理部门快速掌握教学状况，做出科学合理的决策；在排课、选课、考试安排、学籍异动、毕业审核等规则明晰、重复性强的工作中，人工智能可准确地完成此类事务性工作；人工智能可根据培养方案、专业、课程、教室、课程时间等基础资源提供排课、排考的最优化解决方案。二是优化资源配置。人工智能的计算能力可以让进行大量重复性劳动的教务工作者得到适当的解放；可智能分析各班学生学习水平以及各教师教学画像进行最优化匹配，从而对高校人力资源进行最优化配置；通过对各业务、各项目的投入产出比进行系统化、智能化计算分析，完成教学项目资金支撑的最优化配置；通过对班级规模、教师授课习惯、班级容量等信息的计算可实现教室、实验室等资源的最优化配置。三是强化教学管理。通过人工智能技术可以实现对教学质量的实时监控和评估。利用智能课堂系统可以收集学生的学习数据，为教师反馈学生数据化的教学效果；同时可在线上完成课堂的监督、考试的巡考，进一步强化教学管理。

（三）人工智能赋能教学质量

人工智能可以根据学生的学习习惯、成绩、各科学习能力、兴趣爱好等优化学生学习路径和构建个性化有针对性的学习计划，同时为学生提供智能化、个性化的辅导和反馈服务，根据学生的学习进度及成效提供有针对性的学业规划与学业预警。同时，人工智能技术的发展可以实现对教学质量的实时监控，及时搜集、分析学生学习数据以及教师课堂教学效果，从而提出改进建议，提高教学质量。另外，人工智能可以通过对自然语言处理等技术，检测学术作品中的抄袭和剽窃行为，维护学术诚信和公平。

三、人工智能背景下高校教务管理工作者需具备的能力

2017 年 12 月，在第七届“吴文俊人工智能科学技术奖”的颁奖盛典上，当被问及“当前人工智能冲击最大的是哪个行业”时，中国工程院院士、中国人工智能学会理事长李德毅毫不犹豫地说：“是教育！”不难理解，人工智能的发展必然会给教育带来巨大变革，人工智能在教师“教”和学生“学”辅以技术的支撑后会逐步形成新的师生关系，高校教务管理工作者虽然不是教学的主体，但是服务的对象却是人工智能时代下的师生，高校教务管理工作者应该具备何种能力以适应、推动教育数字化、智能化转型成了我们不得不思考的问题。

（一）信息化建设能力

人工智能技术有涉及面广、更新迭代快、产品众多等特点。在教学过程中逐步引入人工智能技术之后，作为高校教务管理工作者，必须具有信息化建设能力以统筹考虑学校教育信息化建设。学校可以引入社会技术能力协助学校教育信息化、智能化建设，但是搭建什么样的系统、如何搭建这些系统、这些系统之间的关系、对同类系统的不同产品的甄别、何种信息技术较为先进等系统建设核心问题，是学校教务管理工作者必须明晰的。这就对新形势下教育管理工作者的能力提出了新的要求——需要具备较强的信息化建设能力，能“先于”师生了解、掌握、引进先进的人工智能技术，系统地为师生提供更好的全面保障。

（二）数据分析能力

人工智能的一大突出特点是强大的数据计算及分析能力，通过对教学过程中产生的过程性、结果性数据的记录、计算、分析，可为教学管理工作者的政策制定提供数据支撑。通过对各年级、各专业、各班学生的成绩分析可以形成一人一案的教学计划；通过对教

师教学评价数据的分析形成教师改进教学计划、方法的建议；通过对学生成绩的系统性分析从而及时发出学业预警与学业规划指导建议；通过对教师、教室以往授课数据的分析，得出授课教师的需求与偏好，在制度化管理的前提下提供人性化的服务等等；借助人工智能处理大量、复杂数据的能力，可以为教学管理提供更为精准、个性的决策支持。因此，数据分析能力就成了教务管理工作者必须具备的能力。

（三）持续学习能力

人工智能技术发展迅猛，更新迭代速度远远超过想象，新的技术和应用层出不穷，引入教育的人工智能技术应特别注重先进性的建设，而了解掌握这些技术，离不开教务管理工作者的持续学习；人工智能技术引入教育之后必然面临新的教学模式的改变，教务管理工作者应该有适应、改变新模式的能力，这同样离不开持续的学习；教育信息化建设必然带来海量的数据资源，高校教务管理工作者通过持续学习，掌握先进的人工智能技术，在日常教学管理过程加强对数据的处理可极大地提高工作效率；学生是探索学习新技术的先锋队，高校教务管理工作者应跟上、超越学生的信息技术掌握能力，才能更好地为其服务；最后，持续学习使教务管理工作者在激烈的高校竞争中保持较好的竞争力。可见，持续学习能力对高校教务管理工作者来说，不仅是提高工作效率、保持竞争力的有效方式，同样也是促进教育质量提高和教育模式创新的直接路径。

（四）角色转换能力

人工智能技术赋能高等教育之后，必然带来高校教学模式的改变，由“师生”二元关系逐步转变为“师机生”的三元关系。作为高校教务管理工作者应该直面服务对象的关系转变，同时，自身的角色也应该有所转变。高校教务管理工作者服务的对象由“师生”逐步转变为“师机生”，特别是面对海量数据时，如何提取有效数据，如何让海量数据有机结合，为教务管理工作提供最直接、准确的数据支撑是目前最迫切的需求。笔者认为，教务管理工作者与人工智能的关系更应该像教练与运动员的关系，教练不断向运动员提出要求，运动员结合历史数据，从而得出将来的预算结果。针对目前以 ChatGPT 为代表的人机交互模型，选取哪些数据、确定哪些指标、数据到指标的运算采用何种方法，可以说是每个高校教务管理工作者最需要提升的能力，角色的转换能力成了教务管理工作者亟待提升的能力。

（五）伦理和责任意识

人工智能赋能高等教育的同时，也对教务管理工作者提出了更高的伦理和责任要求。在教学过程中产生的海量个人信息需要更高的保密意识，避免个人信息泄露；在分配资源时，要警惕算法规则的公平公正，避免因算法偏见带来资源分配不当；引入人工智能技术辅助教学管理决策时，因其计算规则以及过程对服务对象是不公开的，在此过程中要能解释 AI 的算法以及计算规则；在人工智能决策出现偏差时，需要对其责任进行预先划分；在学生使用人工智能技术做作业甚至写毕业论文时，要避免由此产生的学术诚信问题。总之，在人工智能引入高等教育之后，伦理和责任是高校教务管理工作者务必要高度重视的问题。

四、人工智能背景下高校教务管理工作者能力提升路径

在人工智能的浪潮中，高校教务管理工作者不仅需要掌握传统的教育管理知识，还需具备信息化建设能力、数据分析能力、持续学习能力、角色转换能力以及强烈的伦理和责任意识，以适应新时代教育管理的需求。笔者认为在AI时代可从以下三方面提升高校教务管理工作者的能力。

（一）注重高校教务管理队伍的建设

高校教务工作者是整个学校教学活动得以正常运转的关键链接点，但是高校教务工作者的队伍建设长期得不到重视，如政策及资金等方面投入不够，教务管理人员的工作积极性和主观能动性的发挥受到很大的制约，对教务工作者仅仅是“上传下达”“汇总报表”的功能定位偏见应当予以纠正。在AI时代的浪潮下，学校更应该注重这支队伍的建设，在经济待遇、职称评定和职务晋升等方面制定较为合理的激励政策，充分调动教务管理工作者的积极性和主观能动性，稳定教务管理人员，吸引高素质人才进入教务管理队伍。在AI时代背景下，还应该加强教务管理者的信息化素养的提升，信息化素养在不久的将来不应该是某种特殊的素养，而是会成为新时代每一个教务工作者的基本素养。高校应该在此方面加大投入，补齐短板。

（二）注重高校教务管理工作者的信息化素质提升

人工智能涉及知识面广、更新迭代速度快，单纯依靠自我学习是远远不够的。在人工智能的时代背景下，高校应为高校教务管理工作者提供、创造专业的培训与交流机会以提升高校教务管理者的信息化素养。学校应充分利用高校资源、整合理工类院校的计算机特长，对高校教务管理工作者开展软件、硬件、网络、安全、大数据技术等相关专业知识培训与交流，使其信息化素养不断得到提升和完善，以满足AI时代对高校教务管理工作者的新要求。与此同时，高校教务管理工作者彼此之间也应建立交流学习机制，通过彼此的经验分享，互相学习、互相进步、取长补短、汲取经验，不断提高综合素质。

（三）加强高校教务管理工作者伦理素养培养

面对愈发先进的AI技术，高校教务管理工作者应建立正确的学术、教务伦理观。通过培训交流等方式，增强教务队伍的伦理意识和责任感，在教学管理工作中自觉遵守伦理规范，恪守大数据使用道德准则。建立较为完善的诚信教务体系，面对新时代中产生的新的“师—机—生”关系，在教学管理过程中融入诚信监督体系，使AI技术是教学的手段而不成为学生投机取巧做作业的工具。同时，通过保密培训、算法优化等专题培训

建立完善的伦理管理制度，使得在AI辅助决策时避免数据隐私暴露、算法偏见等问题。

结语

高校教务管理工作本就有着纷繁复杂、头绪众多、涉及面广的特点，教务管理工作者需要具备较高的思想政治意识、处理事务的能力和创新能力，以此来保障高校教学活动顺利开展。同时，在长年累月、日复一日的事务工作中，高校教务管理工作者的职业倦怠感也应受到关注，这本身是一个长期以来亟待解决的难题。在AI时代的浪潮当中，在教育经历的第四次革命的过程中，AI赋能高校教育，为将高校教务管理工作者从纷繁复杂的事务中解脱出来提供了可能，同时，也将高校教务管理工作变成了一项更为综合的工作，其不再是“打杂”的定位，而是要求从业者在信息素养方面有较大提升、在综合问题面前有统筹能力、在伦理道德方面更加严谨。高校教务管理工作者综合素质的提高已成为迫切的一项任务，同时也是必然的趋势要求，势必也将是一项长期的工作。

参考文献

[1] 杨宗凯. 从“3C”走向“3I”：推动高等教育数字化纵深发展[J]. 中国高教研究，2024（4）：1-6.

[2] 赵方圆. 新时代高校教务管理人员专业素养提升研究[J]. 福建开放大学学报，2022（1）：81-84.

[3] 张艳红. 人工智能时代背景下的教育浅谈[J]. 数字通信世界，2024（4）：170-172.

[4] 林雪尾. 高校教务管理人员素质及提高途径[J]. 科学咨询，2018（2）：25.